lonely planet

L'essentiel du Costa Rica

Pour découvrir le meilleur du Costa Rica

Édition écrite et actualisée par

Wendy Yanagihara, Gregor Clark, Mara Vorhees

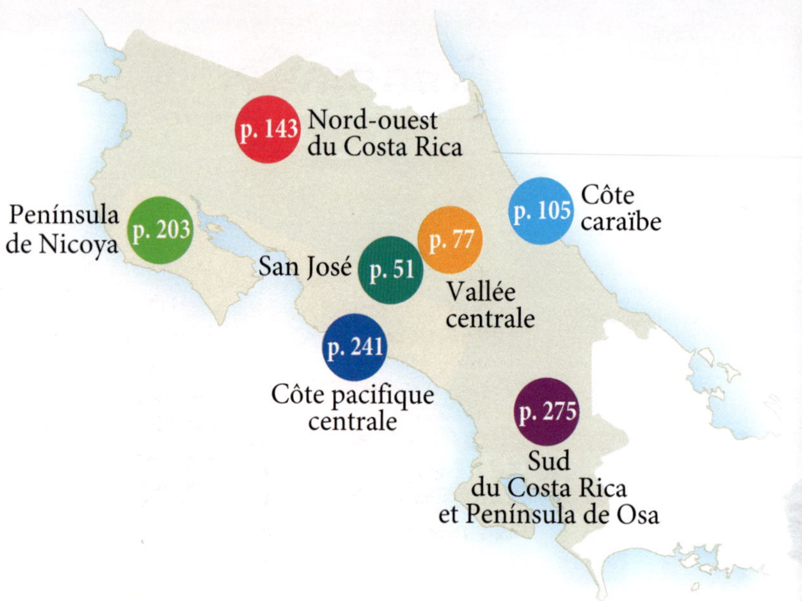

San José

Vallée centrale

Côte caraïbe

Península de Nicoya

Côte pacifique centrale

Sud du Costa Rica et Península de Osa

Sommaire

Avant le départ

Sur la route

Nord-ouest du Costa Rica

Sommaire

Sur la route

En savoir plus

Carnet pratique

Sud du Costa Rica et Península de Osa 275

Quelques mots sur le Costa Rica

Vous rêvez depuis longtemps de paradis sous les tropiques ? Respirez, vous l'avez trouvé. Terre de volcans assoupis, de plages désertes et de jungle dense, le Costa Rica offre un équilibre parfait entre la destination aventure source d'adrénaline et un dépaysement tropical relaxant. La canopée bruisse de l'impétuosité des singes à tête blanche, les collines résonnent des cris des aras rouges et les arbres au bord des sentiers croulent sous les fruits mûrs. Ce qui ressemble à un merveilleux rêve sous les tropiques n'est autre que le Costa Rica.

Ici, l'aventure est aussi courante que les fruits tropicaux. Initiez-vous au surf dans des eaux chaudes, partez en randonnée au-dessus des nuages, dévalez des rapides puis laissez-vous porter par une tyrolienne à travers la cime des arbres de la jungle. Séduit ? Et ce n'est qu'un début dans ce pays, fer de lance du tourisme d'aventure et écolo en Amérique centrale.

Le Costa Rica voit la vie en vert. La politique gouvernementale a ainsi permis le classement de plus de 25% de cette terre d'une grande richesse en espaces protégés nationaux. Regroupant près de 5% de la biodiversité de la planète sur une surface dix fois plus petite que la France, les paysages verdoyants et pleins de vie du Costa Rica séduisent naturellement les passionnés d'oiseaux, de randonnée ou d'écologie en tous genres. Même les touristes pas forcément attirés au préalable par l'ornithologie ou la randonnée ne résistent pas à la promesse d'apercevoir un quetzal d'un vert iridescent ou de débusquer une cascade ou une piscine naturelle au bout du sentier.

Et puis, il y a les Costaricains. Les Ticos, comme ils se surnomment eux-mêmes, sont très fiers de leur petit coin de paradis. Ils accueillent les voyageurs au rythme nonchalant de la *pura vida* (littéralement, "la vie pure"), qui est aussi bien un slogan accrocheur qu'une profession de foi.

“ Ce qui ressemble à un merveilleux rêve sous les tropiques n'est autre que le Costa Rica ”

Coquette à queue fine
GLENN BARTLEY/GETTY IMAGES ©

Costa Rica

Costa Rica
Lago de Nicaragua
NICARAGUA
Sapoá
Peñas Blancas
San Carlos
La Cruz
Santa Cecilia
Los Chiles
11°N
85°O
San José
Upala
Caño Negro
Río Frío
Llanura de Guatusos
Parque Nacional Santa Rosa
21
Cordillera de Guanacaste
Volcán Rincón de la Vieja (1 895 m)
Volcán Santa María (1 916 m)
Río San
Golfo de Papagayo
Río Liberia
Río Tempisque
Río Tenorio
San Rafael de Guatuso
Boca Tapada
Llanura de San Carlos
LIBERIA
Río San Carlos
El Coco
Laguna de Arenal
Nuevo Arenal
Muelle de San Carlos
Puerto Viejo de Sarapiquí
Bagaces
Río Arenal
2
Pital
Río Toro
Parque Nacional Marino Las Baulas de Guanacaste
18
Filadelfia
Tilarán
Volcán Arenal (1 633 m)
La Fortuna
15
Huacas
Bebedero
Cañas
Jabillos
San Miguel
Tamarindo
Santa Elena
Puerto Humo
Monteverde
Cordillera de Tilarán
Ciudad Quesada (San Carlos)
Parque Nacional Volcán Poás
Playa Tamarindo
11
Santa Cruz
Corralillo
1
Puente La Amistad
16
Interamericana
Paraíso
Nicoya
Zarcero
Volcán Poás (2 704 m)
Cordillera Central
Península de Nicoya
Miramar
San Ramón
Río Barranca
Hojancha
10°N
23
ALAJUELA
13
Nosara
Carmona
Ferry
Esparza
HEREDIA
PUNTARENAS
San Mateo
8
Playa Naranjo
SAN JOSÉ
Ciudad Colón
Sámara
19
Bejuco
Paquera
Río Tárcoles
Santiago de Puriscal
Golfo de Nicoya
San Ignacio de Acosta
Parque Nacional Carara
Tambor
25
San Marcos de Tarrazú
Playa Santa Teresa
Montezuma
Mal País
4
9
Jacó
Valle de Parrita
Parrita
Quepos
Savegre
3
Parque Nacional Manuel Antonio
86°O
Isla del Coco (300 km)
87°04'O
87°02'O
9°N
0
4 km
5°34'N
OCÉAN PACIFIQUE
5°32'N
Isla del Coco
Cerro Iglesias (634 m)
5°30'N
85°O
84°O

Forêt de nuages de Monteverde

Étendue de forêt vierge préservée, la forêt de nuages de Monteverde (p. 180) doit une grande partie de sa beauté naturelle à quelques quakers, qui, arrivés des États-Unis dans les années 1950 (pour protester contre la guerre de Corée), ont contribué à la mise en place de mesures de protection environnementales avec les Ticos de la région. Tout intéressante que soit l'histoire, ce qui l'est davantage, c'est la nature exubérante de Monteverde, sorte de pays imaginaire nimbé dans la brume où s'épanouissent les mousses espagnoles, les fougères et les broméliacées, où jaillissent les cours d'eau et où la vie foisonne.

1

KATHRIN ZIEGLER/GETTY IMAGES ©

2

Sources chaudes autour de La Fortuna

Même si le spectacle nocturne des coulées de lave du Volcán Arenal n'est plus, l'activité tectonique de la région continue à alimenter les sources au pied de l'immense volcan assoupi. De La Fortuna, un court trajet en voiture permet d'accéder à plusieurs sources chaudes, dont certaines gratuites que les habitants vous indiqueront. D'autres sont plus luxueuses, comme les romantiques Eco-Termales (p. 152), une bonne entrée en la matière.

Parque Nacional Manuel Antonio

Bien que pris d'assaut, le Parque Nacional Manuel Antonio (p. 261) – parc national le plus couru (et le moins grand) du pays – reste un petit bijou. Des singes capucins filent à toute allure sur des plages de rêve, des pélicans bruns plongent en piqué dans les eaux limpides, tandis que des paresseux surveillent nonchalamment les sentiers faciles d'accès. C'est l'endroit idéal pour initier les enfants aux merveilles de la forêt tropicale humide. Certes, il y a du monde, mais vous l'oublierez devant tant de beauté.

Paresseux à trois doigts, Parque Nacional Manuel Antonio

3

MICHAEL MELFORD/GETTY IMAGES ©

Les meilleurs… Couchers de soleil

MANUEL ANTONIO
Haut perchés sur une colline, les restaurants installés au bord de la route menant à Manuel Antonio offrent un point de vue imprenable. (p. 261)

VILLAGE DE TORTUGUERO
À admirer en buvant une *cerveza* (bière) bien fraîche sur fond de musique reggae. (p. 116)

PLAYA TAMARINDO
À bord d'un bateau sur l'océan Pacifique d'un bleu profond pour voir le soleil disparaître derrière la côte escarpée. (p. 218)

CERRO CHIRRIPÓ
Pour une vue sauvage et panoramique depuis le Crestones Base Lodge, posté sur le sommet venteux du point culminant du Costa Rica. (p. 304)

Les meilleurs... Parcs nationaux

PARQUE NACIONAL CORCOVADO
Aventure dans la forêt tropicale humide préservée et faune abondante attendent les courageux randonneurs. (p. 294)

BOSQUE NUBOSO MONTEVERDE
Des forêts tropicales d'altitude chevauchent la ligne continentale de partage des eaux. (p. 180)

PARQUE NACIONAL MANUEL ANTONIO
Journée parfaite à la plage en compagnie des singes et randonnées faciles pour toute la famille. (p. 261)

PARQUE NACIONAL LOS QUETZALES
Un beau relief montagneux où évolue l'insaisissable et splendide oiseau. (p. 308)

PARQUE NACIONAL TORTUGUERO
Tortues de mer et caïmans sur la côte caraïbe. (p. 123)

SLOW IMAGES/GETTY IMAGES ©

4 Montezuma

Si vous appréciez la compagnie de néorastas et d'inconditionnels du yoga, si vous avez envie de cracher du feu, d'apprendre l'espagnol ou de lézarder sur le sable blanc, direction Montezuma (p. 230). En balade dans cette ville envoûtante, vous ne serez jamais loin de la mer et du bruit des vagues. De là, vous accéderez facilement à la fameuse réserve de Cabo Blanco (p. 234). Lorsque la faim se fera sentir, vous trouverez sur place certains des meilleurs restaurants du pays.

MICHAEL & PATRICIA FOGDE/GETTY IMAGES ©

5 Parque Nacional Corcovado

Dense et marécageuse, la forêt tropicale humide du Parque Nacional Corcovado (p. 294) n'a rien d'une sinécure. Équipés d'une bonne paire de chaussures, les voyageurs peuvent s'enfoncer dans l'inconnu pour une expérience mémorable. Au programme : les meilleures conditions du pays pour observer la faune et les plages désertes au détour de sentiers peu fréquentés.

Pavones

6

Charmante petite localité reculée à l'extrémité sud-ouest du pays, Pavones (p. 299) est la dernière étape des surfeurs sur la côte pacifique. On y vient pour paresser dans des hamacs ou surfer l'une des plus longues gauches de la planète. Ajoutez-y une succession de *cabinas*, simples mais propres, un certain nombre de cours d'eau et des collines couvertes d'arbres à fruits tropicaux sauvages et vous n'aurez plus envie de repartir.

IAN MCDONNELL/GETTY IMAGES ©

KEVIN SCHAFER/GETTY IMAGES ©

7

Rafting sur le Río Pacuare

Les amateurs d'adrénaline purs et durs auront tout le loisir de filer sur des kilomètres de cours d'eau en l'espace de quelques jours, eu égard à la modeste superficie du pays. Ceux qui souhaitent se limiter à un cours d'eau choisiront entre le Río Pacuare et le Río Sarapiquí aux tronçons paisibles permettant d'admirer la jungle luxuriante qui borde ces gorges. (p. 100)

San José

Le cœur de la culture costaricaine bat à San José (p. 51). Si cette ville n'est pas la plus attrayante d'Amérique centrale, elle n'en abrite pas moins de gracieux édifices de styles néoclassique et colonial espagnol, des quartiers verdoyants ainsi que des musées d'objets précolombiens en jade et en or. L'art de rue émaille le paysage urbain.

Catedral Metropolitana, San José

8

SURAARK/GETTY IMAGES ©

Les meilleures… Montées d'adrénaline

LA FORTUNA
La "capitale" du Costa Rica pour les sports d'aventure, du saut à l'élastique à la tyrolienne. (p. 153)

TURRIALBA
Les rapides en eaux vives les plus déchaînés du pays. (p. 100)

PARQUE NACIONAL CORCOVADO
Franchissez à gué des rivières vers le poste des gardes forestiers de Sirena pour essayer d'entrevoir le furtif jaguar. (p. 294)

LA VIRGEN
Une destination au nord du pays pour les amateurs de kayak. (p. 197)

NOSARA
Le plus long circuit en tyrolienne dans la canopée au monde. (p. 224)

Mal País

Petite localité de surfeurs dans un coin sauvage de la côte, Mal País (p. 235) offre une mer riche en poissons et des vagues idéales. Les verdoyantes collines alentour et le long littoral sont parsemés d'hébergements de charme. Et si la route qui y mène est encore très accidentée, le village de pêcheurs de Mal País vous garantit un dépaysement authentique.

9

RYAN CREARY/GETTY IMAGES ©

Les meilleures... Plages sous les tropiques

MONTEZUMA
Détente sur le sable blanc d'une crique cachée pour admirer le coucher de soleil sur la Península de Nicoya. (p. 230)

MARINO BALLENA
Tentez d'apercevoir des baleines sur votre propre petit coin de paradis désert. (p. 270)

MANZANILLO
Palmiers au vent et plage dorée en font le plus beau bord de mer de la côte caraïbe. (p. 138)

MAL PAÍS
De puissantes déferlantes de toutes parts avec pour toile de fond la luxuriante jungle tropicale. (p. 235)

PLAYA CONCHAL
Coquillages broyés et eau turquoise. (p. 215)

ALFREDO MAIQUEZ/ALAMY ©

10 Parque Internacional La Amistad

Prêt pour l'aventure ? Rejoignez l'extrémité du parc international "de l'amitié" (p. 312), une immense réserve protégée à cheval entre le Costa Rica et le Panama. Résolument hors des sentiers battus, il attire les voyageurs les plus intrépides qui viennent y visiter des villages de montagne amérindiens et chercher la solitude absolue. Point de simples promenades ici mais, le plus souvent, des excursions encadrées sur plusieurs jours qui en valent, comme le reste du parc, la chandelle.

11 Surf à Tamarindo

Si les surfeurs confirmés ont pour destination la Salsa Brava sur la côte caraïbe ou la mythique et interminable gauche de Pavones, les novices et les grands débutants pourront trouver des plages plus adaptées et quantité de moniteurs de surf partout ailleurs au Costa Rica. La ville de Tamarindo (p. 218) sur la Península de Nicoya est l'un des lieux les plus accessibles pour s'initier. Elle compte aussi de nombreux bons restaurants et une riche vie nocturne.

STEPHEN J. BOITANO/GETTY IMAGES ©

12

Parque Nacional Tortuguero

Parcourir en kayak les canaux du Parque Nacional Tortuguero (p. 124), où la jungle épaisse vient à la rencontre de l'eau, permet de croiser des caïmans, des tortues d'eau douce, des hérons bihoreaux, des singes et des paresseux. Si la saison s'y prête, vous pourrez assister, la nuit venue, au fabuleux spectacle des tortues creusant leur nid pour la ponte sur les plages de sable noir. Niché entre de verdoyantes zones humides et la mer des Caraïbes, ce parc national est l'un des meilleurs endroits pour observer la vie sauvage.

13

Plantations de café de la Vallée centrale

Sillonner les petites routes de campagne de la Vallée centrale permet de découvrir un paysage bucolique, où un patchwork de terres agricoles et de plantations de café émaille les collines. La visite d'une plantation permet d'en savoir plus sur la fabrication de ce breuvage, de la culture des grains à la tasse de l'amateur. Parmi les meilleures visites guidées figure celle de la Finca Café Britt (p. 95), à Barva.

Ascension du Cerro Chirripó

Le sommet escarpé du Cerro Chirripó (p. 304), point culminant du pays, offre une vue différente du Costa Rica : rochers battus par les vents et lacs glaciaires. Pourtant, l'excursion de deux jours au-dessus des nuages compte parmi les plus belles randonnées du pays. En partant avant l'aube, les randonneurs endurcis ont des chances de pouvoir admirer le lever du soleil rougeoyant et un panorama allant de la côte caraïbe à la côte pacifique, à 3 820 m d'altitude. Parque Nacional Chirripó

14

THOMAS MARENT/GETTY IMAGES ©

Les meilleurs... Sites d'observation de la vie sauvage

WILSON BOTANICAL GARDEN
Très fréquenté par les ornithologues à la recherche d'oiseaux rares d'altitude. (p. 310)

PARQUE NACIONAL CORCOVADO
Le discret jaguar y évolue, mais vous apercevrez plus probablement des aras rouges. (p. 294)

PARQUE NACIONAL LOS QUETZALES
Ce parc porte le nom de son attraction phare, le quetzal resplendissant. (p. 308)

TORTUGUERO
Oiseaux, tortues, singes, paresseux et bien d'autres animaux sont courants dans ce parc à la vie sauvage abondante. (p. 123)

Les meilleures…

Destinations hors des sentiers battus

ZANCUDO
Bons spots de surf, bungalows pittoresques et un peu de calme à la pointe sud. (p. 299)

PARQUE NACIONAL VOLCÁN TENORIO
Nombreux sentiers de randonnée, cascade cristalline et peu de visiteurs. (p. 192)

RESERVA INDÍGENA BORUCA
Difficile d'accès, cette réserve amérindienne mérite le détour pour qui souhaite découvrir le passé précolombien du pays. (p. 309)

PUNTA MONA
Très isolé, mais un lodge y propose une formidable expérience de développement durable. (p. 140)

15

Puerto Viejo de Sarapiquí

Sarapiquí s'est d'abord fait connaître comme principal port à l'époque où la United Fruit Company régnait sur le pays. Elle est ensuite devenue une destination de choix pour les amateurs de rafting et de kayak, attirés par les eaux tumultueuses du Río Sarapiquí. C'est aujourd'hui encore leur paradis, qui compte aussi des écolodges sensationnels et des réserves forestières parfaites pour en apprendre davantage sur la vie des Amérindiens et approcher au plus près la jungle. (p. 200)

Ci-dessus : aracari perché sur un régime de bananes. Ci-contre : Río Sarapiquí

Tyrolienne dans la forêt tropicale humide, Monteverde

16

Un circuit dans la canopée en met plein les yeux. Quoi de plus jouissif que de s'élancer à grande vitesse attaché à un câble au-dessus et à travers la canopée de la jungle dense ? L'expérience, grisante, enchante petits et grands. Inventées à Monteverde (p. 174), les agences de tyroliennes se sont rapidement multipliées aux quatre coins du Costa Rica.

STEVE MACAULAY/GETTY IMAGES ©

STEPHEN J. BOITANO/GETTY IMAGES ©

Sud de la côte caraïbe

17

Somnoler dans un hamac, rejoindre à vélo des plages isolées pour faire du snorkeling, plonger dans les bassins naturels alimentés par des cascades ou visiter des territoires reculés sont autant d'activités possibles en une journée. Le soir, place aux saveurs caribéennes et au groove du reggaetón. Avec son ambiance décontractée, Puerto Viejo de Talamanca (p. 134), avant-poste de ce mélange unique de cultures afro-caribéenne, tica et amérindienne, est un point de chute parfait pour de telles aventures. Boutique de plage, Puerto Viejo de Talamanca

Tortues au Parque Nacional Marino Las Baulas de Guanacaste

Des parcs de renommée internationale, un engagement durable pour la protection de l'environnement et une diversité époustouflante permettent au Costa Rica d'abriter une multitude d'espèces rares ou en danger. Le Parque Nacional Marino Las Baulas De Guanacaste (p. 216) constitue le meilleur endroit pour assister à la ponte des tortues luths, les plus grandes tortues de mer au monde.

18

GARY BRAASCH/GETTY IMAGES ©

Les meilleurs… Écolodges

LUNA LODGE
Une adresse isolée et luxueuse sur la péninsule d'Osa jouxtant le Parque Nacional Corcovado. (p. 294)

CELESTE MOUNTAIN LODGE
Développement durable et style contemporain à l'ombre du Volcán Tenorio. (p. 192)

SELVA VERDE LODGE
Une ancienne *finca* (plantation) reconvertie en beau lodge protégeant plus de 200 ha de forêt tropicale humide. (p. 199)

ARENAS DEL MAR
Une merveille architecturale près de Manuel Antonio avec Jacuzzis privatifs surplombant la côte. (p. 259)

LAPA RÍOS
Un véritable laboratoire associant développement durable et luxe écolo. (p. 294)

Playa Sámara

19

Certains expatriés surnomment Playa Sámara (p. 227) "le puits du bonheur" en raison probablement de ce croissant de sable s'étendant entre deux promontoires rocheux, mais aussi des possibilités d'y apprendre le surf, le stand-up paddle, la pêche au lancer ou encore de survoler des baleines en migration dans un ULM, sans compter les innombrables plages et criques naturelles des environs. Tout est facile d'accès, à pied ou en transports, d'où la popularité grandissante du lieu auprès des familles, séduites par l'accessibilité et la tranquillité de Sámara.

JONATHAN GREGSON/LONELY PLANET ©

Les meilleurs... Lieux de détente

SAN GERARDO DE DOTA
Pêche à la truite, air vif de la montagne, nuits fraîches et excellentes conditions pour observer des oiseaux d'altitude. (p. 306)

CAHUITA
Une station balnéaire discrète qui vit à son propre rythme caribéen, tranquille. (p. 127)

NOSARA
Un cocktail enchanteur de nature sauvage isolée, de plages et de bonnes déferlantes. (p. 223)

UVITA
Paisible bourgade en bordure d'une réserve marine tout aussi paisible, idéale pour décompresser. (p. 269)

ZUMA/ALAMY ©

20 Kayak dans le Golfo Dulce

Une balade en kayak dans le "golfe sucré" fait découvrir la richesse de la vie marine dans la baie, des dauphins joueurs aux baleines émergeant de l'eau en passant par des bancs multicolores de poissons tropicaux filant comme des flèches. En quittant le large pour le labyrinthe de canaux de la mangrove, un monde radicalement différent s'offre à vous au cours d'une navigation silencieuse : hérons, caracaras huppés, serpents et paresseux.

Sector Santa Rosa

21

Au rang des plus anciennes et vastes réserves naturelles du Costa Rica, l'Área de Conservación Guanacaste (386 km^2) assure la protection de la plus grande surface de forêt tropicale sèche d'Amérique centrale. Presque toutes les activités intéressantes se concentrent sur une vaste superficie appelée Sector Santa Rosa (p. 193). Les biologistes et les amoureux de la nature s'y rendent pour son incroyable biodiversité et ses excellents sentiers de randonnée. Pic vert et noir, Parque Nacional Santa Rosa

ANIA TUZEL/GETTY IMAGES ©

OGPHOTO/GETTY IMAGES ©

22

Dominical

Station balnéaire paisible au rythme indolent, Dominical (p. 265) saura combler tous vos désirs. Mais quand les vagues sont au rendez-vous et que le soleil brille, peu de voyageurs en demandent plus. C'est une destination tout indiquée pour apprendre à surfer, côtoyer des surfeurs en herbe du monde entier et se régaler de poisson pêché localement. Qui plus est, elle est idéalement située pour visiter quelques-uns des parcs nationaux du pays.

Nosara

Nosara (p. 223) est un cocktail de culture surf internationale, de microclimats de jungle, de yoga et de trois belles plages reliées entre elles par un réseau de pistes cabossées serpentant dans les collines bordant la côte. Vous pourrez séjourner dans la charmante enclave de Playa Guiones dédiée au surf et dotée de quelques bons restaurants et d'une plage magnifique ou à Playa Pelada, aussi romantique que sauvage et reculée. Playa Pelada

23

Les meilleurs… Spots de surf

DOMINICAL
Haut lieu du surf sur la côte pacifique centrale, Dominical garantit des cours de surf de qualité en journée et une ambiance festive le soir. (p. 265)

PLAYA AVELLANAS ET PLAYA NEGRA
Le lieu de tournage du film sur l'épopée du surf, *Chasseurs de vagues*. (p. 221)

PAVONES
Un petit coin de paradis sans prétention où déferlent des gauches parmi les plus longues de la planète. (p. 299)

PUERTO VIEJO DE TALAMANCA
Des *breaks* parmi les plus puissants du pays, à commencer par la Salsa Brava. (p. 134)

MAL PAÍS ET SANTA TERESA
De grandes et jolies plages modelées par une large variété de rouleaux. (p. 235)

Observation du quetzal, San Gerardo de Dota

Considéré comme un oiseau divin par la population précolombienne d'Amérique centrale, le quetzal resplendissant était très recherché pour les longues plumes vertes iridescentes de sa queue, qui servaient à décorer les coiffes royales.
Ce superbe oiseau aux tonalités émeraude figure aujourd'hui sur la liste des espèces que les ornithologues cherchent à surprendre. On peut en voir régulièrement à San Gerardo de Dota (p. 306), surtout durant la saison des amours, d'avril à mai.

24

GLENN BARTLEY/GETTY IMAGES ©

Les meilleures... Destinations en famille

MONTEVERDE
Une myriade d'activités de plein air pour divertir les enfants dans la forêt de nuages. (p. 168)

RÍO SARAPIQUÍ
Les meilleurs rapides de classes I et II, adaptés aux enfants et à l'observation de la vie sauvage. (p. 197)

PARQUE NACIONAL MANUEL ANTONIO
Sentiers de randonnée très accessibles, y compris aux plus jeunes, et belle diversité d'animaux. (p. 261)

JACÓ
Le paradis des enfants : Bodyboard, circuits dans la canopée, équitation et hôtels familiaux avec piscine. (p. 250)

25

Parque Nacional Carara

Carara (p. 250) se situe à la jonction de deux des zones climatiques du Costa Rica les plus riches en animaux, dans une explosion de couleurs, de sons et de vie. Ce parc est l'un des meilleurs endroits du pays, outre la très reculée Península de Osa, pour voir des aras, emblématiques du Costa Rica et ce, avec peu d'efforts. Accessible à tous, le début des sentiers de randonnée du parc se trouve à proximité de l'Interamericana et à quelques mètres du parking. Aras rouges

Les meilleurs itinéraires du Costa Rica

De San José à Monteverde Perles du Nord

5 JOURS

Ce circuit classique vous mènera de la capitale aux montagnes, en passant par des volcans bouillonnants, des sources chaudes et de paisibles forêts tropicales d'altitude.

1 San José (p. 60)

La capitale très étendue du Costa Rica est parfois un choc pour les sens, mais les activités n'y manquent pas. Commencez par vous rendre au Mercado Central très animé pour marchander aussi bien du café que des mangues. Pour oublier un temps la foule et la chaleur, allez admirer des sculptures en jade précolombiennes multiséculaires au Museo del Jade. Étape incontournable pour les passionnés d'architecture et de culture, le Teatro Nacional, principal théâtre de San José, est une remarquable construction coloniale.

SAN JOSÉ ➔ LA FORTUNA

3,5 heures Interamericana via Alajuela.

4 heures Des bus partent 3 fois/jour via San Ramón.

2 La Fortuna et Volcán Arenal (p. 152)

Sur les flancs du Volcán Arenal, la ville pourtant touristique de La Fortuna est à mille lieues du tohu-bohu de San José. Votre première étape sera le volcan à la silhouette parfaitement conique. La belle luminosité permet de faire de longues balades dans les forêts alentour, avant d'admirer, le soir, le spectacle des étoiles. Si le temps n'est pas coopératif, patientez dans l'une des luxueuses sources chaudes en ville : une attraction en soi.

LA FORTUNA ➔ MONTEVERDE

6 à 7 heures via Tilarán.

3 heures en bateau par la Laguna de Arenal, puis navette jusqu'à Santa Elena.

3 Monteverde et Santa Elena (p. 168)

La paisible ville bohème de Santa Elena compte de charmants cafés, des restaurants variés, des musées sur la vie sauvage, des galeries d'art intéressantes et des glaces délicieuses. Son principal point d'intérêt reste néanmoins la Reserva Biológica Bosque Nuboso Monteverde, où il est possible d'apercevoir l'insaisissable quetzal et d'autres oiseaux magnifiques. À proximité se trouvent les brumeuses forêts de nuages de la Reserva Santa Elena et du Bosque Eterno de los Niños.

Forêt de nuages de Monteverde (p. 180)

Du Volcán Irazú au Volcán Poás
La Vallée centrale mystique

Volcans endormis, café serré et immersion dans l'âme du pays figurent au programme. La plupart des touristes optant pour la plage, vous profiterez des marchés et des places de village sans la foule.

1 Parque Nacional Volcán Irazú (p. 97)

Ce circuit débute par le plus grand et le plus ardent volcan du Costa Rica, l'Irazú – "coup de tonnerre" en amérindien –, qui porte bien son nom. Il faut entreprendre tôt et par temps clair l'ascension jusqu'aux beaux paysages volcaniques dénudés pour embrasser du regard, au loin, l'océan Pacifique et la mer des Caraïbes.

VOLCÁN IRAZÚ ➔ TURRIALBA

🚗 **1,5 heure** Principalement sur des routes de montagne sinueuses. Suivez la Rte 230 puis la Rte 10.

🚌 **6,5 heures** Via Cartago.

2 Turrialba (p. 99)

Au pied du volcan, Turrialba constitue un excellent point de chute pour deux raisons bien distinctes : le Monumento Nacional Arqueológico Guayabo, seul site archéologique d'envergure du pays, une merveille de pétroglyphes et d'aqueducs, et les rapides du Río Pacuare. Il s'agit de l'un des meilleurs parcours de rafting du Costa Rica, dans l'une des plus belles gorges d'Amérique centrale.

TURRIALBA ➔ VALLE DE OROSI

🚗 **1 heure** Reprenez la Rte 10 vers l'est puis suivez la Rte 224 vers le sud.

🚌 **2 heures** Via Cartago.

3 Valle de Orosi (p. 97)

Cap au sud au cœur du Valle de Orosi où des villages bucoliques ponctuent les collines interminables. La boucle de 60 km à travers les plantations de café en terrasses combine idéalement deux des principaux trésors économiques du pays, le tourisme et le café. La partie sauvage de la vallée se dévoile au Parque Nacional Tapantí-Macizo Cerro de la Muerte, un parc naturel à la nature préservée sillonné de centaines de cours d'eau et peuplé d'oiseaux rares d'altitude.

VALLE DE OROSI ➔ CARTAGO

🚗 **30 minutes** Rte 224 puis Rte 10 vers l'ouest jusqu'au centre de Cartago.

🚌 **40 minutes**.

4 Cartago (p. 95)

Dégourdissez-vous les jambes à Cartago en vous promenant autour de la plus grande basilique coloniale du pays, la Basílica de Nuestra Señora de los Ángeles, d'un blanc éclatant au milieu des bâtiments fonctionnels en béton de cette ville sans autre grand intérêt.

CARTAGO ➔ VOLCÁN POÁS

🚗 **1,5 heure** Suivez l'Interamericana jusqu'à Alajuela, puis la Rte 120 vers le nord.

🚌 **2,5 heures** Départs tous les quarts d'heure pour San José, d'où une correspondance est assurée via Alajuela à 8h30.

5 Parque Nacional Volcán Poás (p. 88)

Terminez par la découverte matinale du Volcán Poás et ses lacs de cratère brumeux facilement accessibles, sur les hauts plateaux de la Vallée centrale.

Volcán Poás (p. 88)

10 JOURS

De Tamarindo au Parque Nacional Corcovado

La côte pacifique

Après la découverte de destinations phares du Costa Rica sur la Península de Nicoya, longez la côte pacifique centrale vers le sud pour profiter de ses stations balnéaires ainsi que de ses beaux parcs nationaux.

1 **Tamarindo** (p. 218)

Débutez votre périple dans une ambiance festive à Tamarindo, la célèbre station touristique de la péninsule où les complexes hôteliers, les plages ensoleillées, les bonnes tables et les immenses discothèques ne manquent pas. Les vagues gentillettes de Playa Grande feront une mise en bouche idéale si vous êtes au Costa Rica pour un séjour surf.

TAMARINDO ➜ MAL PAÍS

5 heures Suivez le littoral pacifique par la Rte 160.

10 à 12 heures Via Puntarenas avec correspondance par bateau.

2 **Mal País** (p. 235)

Vie sauvage, grosses vagues, nature intacte, excellents restaurants… Mal País vaut chaque minute du long voyage qui y mène. Faites quelques exercices de yoga le matin, un peu de surf l'après-midi et un détournement de plats raffinés latino-américains le soir. Un pas si "mauvais pays".

MAL PAÍS ➜ QUEPOS

4 heures Remontez la côte pour prendre le car-ferry à Paquera, puis suivez les routes du littoral.

4 à 5 heures Transfert inclus après la traversée Paquera-Puntarenas.

3 **Quepos et Manuel Antonio** (p. 254)

En longeant la côte pacifique vers le sud, la route conduit à Quepos, petit bourg tico à la lisière de l'incontournable Parque Nacional Manuel Antonio. Dans ce parc, les singes descendent des arbres pour gambader (et chiper les pique-niques) sur le bord de mer frangé de palmiers.

QUEPOS ➜ DOMINICAL

45 minutes Par la Hwy 34, la Costanera Sur.

2 à 3 heures.

4 **Dominical** (p. 265)

Pas encore rassasié de cette côte pacifique de carte postale ? Direction Dominical au sud pour encore plus de vagues, de soleil et pour prolonger le voyage – car il se peut que vous vous éternisiez dans cette station balnéaire résolument décontractée vivant au rythme des vagues.

DOMINICAL ➜ PUERTO JIMÉNEZ

2,5 heures Par la Hwy 34, la Costanera Sur qui rejoint l'Interamericana (Hwy 2) à Palmar Norte, puis par la Rte 245.

6 heures Via San Isidro ou Palmar Norte.

5 **Puerto Jiménez** (p. 289)

Encore plus bas dans la péninsule, Puerto Jiménez est la porte d'entrée officielle au Corcovado. Découvrez la mangrove en kayak ou goûtez au charme de cette petite ville tout en faisant des provisions pour la grande aventure qui vous attend.

PUERTO JIMÉNEZ ➜ PARQUE NACIONAL CORCOVADO

2,5 heures 4x4 obligatoire.

3 heures Départs de *colectivos* (taxis minivans) 2 fois/jour.

6 **Parque Nacional Corcovado** (p. 294)

Bijou incontesté de la Península de Osa, ce parc est l'un des meilleurs lieux d'observation de la vie sauvage du pays. Les randonnées à la journée sont incroyables, mais cela vaut la peine de passer plusieurs jours à s'enfoncer dans le parc, la présence d'un guide rendant l'expérience bien plus magique.

Mal País (p. 235)

10 JOURS

De Turrialba à Tortuguero

Rafting en montagne et dépaysement dans les Caraïbes

L'espagnol fait place à l'anglais et les rythmes latinos à ceux des Caraïbes dans cet "autre Costa Rica". Certains des villages côtiers les plus reculés ne sont accessibles qu'en bateau.

1 Turrialba (p. 99)

Avant de flotter dans les eaux turquoise de la mer des Caraïbes, pourquoi ne pas dévaler les meilleurs parcours en eaux vives d'Amérique centrale ? En pleine jungle, les baroudeurs se passionnent pour les superbes rapides du Río Pacuare.

TURRIALBA ➔ CAHUITA

2,5 heures Par la Hwy 10 puis la Hwy 32 jusqu'à la côte, puis suivez la Hwy 36.

4,5 heures Six liaisons par jour en bus via Siquirres et Limón.

2 Cahuita (p. 127)

Continuez à descendre la côte jusqu'à Cahuita, capitale de la culture afro-caribéenne et porte d'accès au Parque Nacional Cahuita. Sur ses plages de sable blanc, ne soyez pas étonné de voir des mammifères affamés surgir de la jungle pour avaler des crabes détalant à toute vitesse. En ville, imprégnez-vous de l'ambiance détendue de ce village où la musique reggae et l'odeur du riz coco saturent l'air.

CAHUITA ➔ PUERTO VIEJO DE TALAMANCA

20 minutes Suivez la côte par la Hwy 36.

30 minutes à 1 heure Des bus directs partent 5 fois/jour.

3 Puerto Viejo de Talamanca (p. 134)

Un court trajet en bus ou en taxi vous conduira au sud à Puerto Viejo de Talamanca, épicentre du surf, de la vie nocturne et de la culture rasta sur la côte caraïbe. Face à la plage, la Salsa Brava, un *break* mythique, est la première à avoir attiré l'attention sur la ville. Avis aux surfeurs expérimentés, il s'agit de la plus grosse vague du Costa Rica. Même sans être un as du surf, on peut facilement passer quelques jours ici à faire la tournée des bars.

PUERTO VIEJO DE TALAMANCA ➔ MANZANILLO

20 minutes.

1 heure.

4 Manzanillo (p. 140)

Après les joies du surf et des soirées, louez un vélo pour rejoindre le village de Manzanillo, au bout de la route. Au programme : snorkeling, kayak et randonnée dans le Refugio Nacional de Vida Silvestre Gandoca-Manzanillo. Cette réserve a préservé de l'urbanisation Manzanillo, qui a conservé son allure de destination hors des sentiers battus, malgré la nouvelle route goudronnée.

MANZANILLO ➔ TORTUGUERO

2,5 heures Correspondance par bateau-taxi à Puerto Viejo puis transfert à Moín.

5 Tortuguero (p. 116)

Les aventuriers remonteront au nord pour prendre le bateau à Moín et longer la côte émaillée de canaux jusqu'au village de Tortuguero pour observer la ponte des tortues vertes et des tortues luths. Autre possibilité : une excursion en canoë dans la mangrove sur les canaux du Parque Nacional Tortuguero, sorte de mini-Amazonie costaricaine.

Jungle et plage, Manzanillo (p. 140)

2
SEMAINES

Le meilleur du Costa Rica
Le grand tour

Ce circuit de deux semaines à travers le pays inclut tous ses atouts : volcans, jungle et cascades, surf et randonnée en haute montagne.

1 San José (p. 60)

Comme vous atterrirez probablement à San José, autant en profiter. Adoptez le rythme latino-américain en explorant les musées de la ville et ses vieux quartiers arborés, sa cuisine internationale et sa scène musicale. Les principaux sites touristiques du Costa Rica se trouvent ailleurs, mais il serait dommage de ne pas consacrer une après-midi à flâner dans Chepe.

SAN JOSÉ ➜ VOLCÁN ARENAL

3,5 heures Interamericana, via Alajuela.

3,5 heures Des bus partent 3 fois/jour via San Ramón.

2 Volcán Arenal (p. 158)

Avec deux semaines devant vous, vous pouvez prendre votre temps et vous accorder quelques jours de détente, entre l'ascension du Volcán Arenal, les sources chaudes voisines et un détour par la Catarata de Fortuna, une cascade dans la jungle. Il est ensuite temps de redescendre de la montagne et de traverser la Laguna de Arenal.

VOLCÁN ARENAL ➜ MONTEZUMA

4 heures Par la Hwy 18 et la Hwy 21.

6 heures Bus pour Puntarenas, puis ferry jusqu'à Paquera suivi d'un court trajet en bus vers le nord.

3 Montezuma (p. 230)

Mêlez-vous aux globe-trotteurs, aux touristes écolo et aux surfeurs en herbe dans cette station balnéaire alternative et éloignée. Dotée de belles plages et de cascades, elle cultive en permanence la décontraction. La toute proche Isla Cabo Blanco constitue une excellente idée d'escapade.

MONTEZUMA ➜ MANUEL ANTONIO

3 heures Par le ferry Paquera-Puntarenas et la route du littoral.

8 heures Ferry Paquera-Puntarenas, puis bus jusqu'à Quepos.

4 Manuel Antonio (p. 261)

Certes, le lieu, très touristique, n'a plus rien de secret, mais peut-on blâmer l'affluence des visiteurs face à tant de beauté ?

Cascade, Uvita (p. 270)
CYRIELLE BEAUBOIS/GETTY IMAGES ©

Palmiers au vent, singes facétieux, eau d'un bleu limpide et nombreux oiseaux à observer, voici le Costa Rica sous son meilleur jour.

MANUEL ANTONIO ➔ UVITA

🚗 **1 heure** Par la Costanera Sur vers le sud.
🚌 **1,5 heure** Direction sud le long de la côte.

5 Uvita (p. 270)

Rattachée au reste du monde par la Costanera Sur il y a déjà quelques années, Uvita est en passe de devenir une destination à part entière de la côte pacifique centrale. L'océan séduit les amateurs de kayak et de snorkeling, alors que les longues plages désertes du Parque Nacional Marino Ballena garantissent la paix aux baigneurs.

UVITA ➔ CHIRRIPÓ

🚗 **1 heure** Par la Costanera Sur vers le nord, la Rte 43 jusqu'à San Isidro, puis la route de montagne jusqu'à San Gerardo de Rivas.
🚌 **3 heures** Changement de bus à San Isidro.

6 Chirripó (p. 304)

Las de la plage ? Prenez de la hauteur au Chirripó, l'un des plus hauts sommets d'Amérique centrale et le point culminant du Costa Rica. Vous ne regretterez pas le trajet sur la petite route qui grimpe jusqu'à la ville de San Gerardo de Rivas et la fraîcheur du climat, un bon bol d'air frais. Une excursion de deux jours jusqu'au sommet permet aux randonneurs d'expérimenter tout à fait autre chose que les charmes de la côte, avec, pour point d'orgue, le lever du soleil. Inoubliable.

CHIRRIPÓ ➔ TORTUGUERO

🚗 **4,5 heures** Interamericana jusqu'à San José, puis Cariari où le trajet se poursuit en ferry.
🚌 ⛴ **24 heures** Bus jusqu'à San José afin de repartir le lendemain pour Cariari d'où embarquer vers Tortuguero.

7 Parque Nacional Tortuguero (p. 124)

Parcourez des canaux navigables dans la jungle jusqu'à l'un des parcs les plus emblématiques du pays, votre destination finale. La "mini-Amazonie de l'Amérique centrale" est une formidable destination pour conclure ce séjour à l'enseigne d'une biodiversité remarquable. Le trajet fluvial menant à Tortuguero constitue une aventure en soi, au cours de laquelle vous apercevrez probablement des crocodiles au soleil, des spatules rosées, des iguanes, des paresseux et des singes.

TORTUGUERO ➔ SAN JOSÉ

⛴ 🚌 **7 heures** Bateau et bus pour Cariari, puis bus jusqu'à San José, correspondance à Guápiles.

L'agenda

Les grands rendez-vous

- **Las Fiestas de Palmares**, janvier
- **Feria de la Mascarada**, mars
- **Día de Juan Santamaría**, avril
- **Fête de l'Indépendance**, septembre
- **Día de los Muertos**, novembre

Janvier

Avec son climat sec en journée et de rares averses l'après-midi, janvier est un mois très agréable. Le début d'année est marqué par l'afflux de touristes costaricains et nord-américains qui se pressent dans les stations balnéaires pour fêter le Nouvel An.

Fiesta de la Santa Cruz

Organisée à Santa Cruz la 2e semaine de janvier, cette fête met à l'honneur le rodéo et la corrida. C'est aussi l'occasion d'assister à une procession religieuse, à des concerts, des danses et à un concours de beauté.

Jungle Jam

Plus grande manifestation musicale de Jacó, le Jungle Jam s'installe à la mi-janvier, plusieurs jours durant, dans les salles de la ville. Sa scène principale est aménagée en périphérie, dans la forêt tropicale.

Las Fiestas de Palmares

Dix jours de carnaval, avec spectacles équestres, courses de taureaux et autres festivités, égaient la petite ville de Palmares la seconde moitié du mois. (www.fiestaspalmares.com)

Février

Le mois idéal : temps splendide et pas d'augmentations des prix liées aux vacances. Le ciel de la péninsule de Nicoya est particulièrement limpide, et c'est le moment-clé de la saison de ponte des tortues.

Best Fest

Ce nouveau festival de musique met à l'honneur les jeunes talents prometteurs du Costa Rica, mais aussi venus d'autres pays d'Amérique latine ou du Nord. Le Best Fest s'invite à Uvita début février. (www.thebestfestival.com)

Février Carnaval, Liberia

S.B. NACE/GETTY IMAGES ©

Fiestas de La Fortuna

Cette grande fête annuelle, organisée mi-février à La Fortuna, invite à deux semaines de corrida à la mode tico (le taureau n'est pas blessé), des manèges de fête foraine colorés, une nourriture bien grasse, des stands d'artisanat et des machines à sous inhabituelles. C'est gratuit, la bière exceptée.

Envision Festival

Organisé à Uvita fin février, ce festival tendance new age réunit danseurs de feu et artistes de tous horizons, et propose aussi des ateliers de yoga, de musique et de spiritualité. (www.envisionfestival.com)

Fiesta Cívica de Liberia

Un concours de beauté et une ambiance de carnaval animent Liberia à la fin février.

Mars

Le temps reste au beau fixe au début du mois, mais les prix grimpent dès la fin mars, qui correspond à l'époque de la Semana Santa (Semaine sainte), qui précède Pâques, et aux vacances de printemps en Amérique du Nord.

Día del Boyero

Défilé bigarré à Escazú, donné, le 2e dimanche de mars, en l'honneur des conducteurs de chars à bœufs, avec bénédiction d'animaux.

Feria de la Mascarada

Durant cette fête, les participants arborent d'immenses masques colorés dont certains pèsent jusqu'à 20 kg. Ils se rassemblent pour danser et défiler autour de la grand-place de Barva, généralement la dernière semaine de mars.

Festival Imperial

Quelque 30 000 fans de musique se pressent dans La Guácima, salle en plein air d'Alajuela, à l'occasion du plus important festival rock du pays. Parmi les artistes qui s'y sont récemment produits, citons TV On The Radio, Skrillex, Björk, LMFAO et The Flaming Lips. Dates de programmation approximatives, environ tous les deux ans en mars ou avril.

Avril

Les plages sont bondées ; les tarifs grimpent en flèche. Il fait très chaud et très sec à Nicoya comme dans le Guanacaste, et les précipitations sont rares.

Día de Juan Santamaría

À travers des défilés, concerts et danses, cette fête célèbre, une semaine durant, le héros national du Costa Rica, mort au combat contre les troupes du colon américain William Walker en 1856. Les réjouissances les plus endiablées ont lieu le 11 avril à Alajuela, ville natale de Juan Santamaría.

FIA (Festival Internacional de las Artes)

Durant la première quinzaine d'avril, ce festival international des arts investit depuis 1989 plusieurs lieux aux quatre coins de San José. (www.festivaldelasartes.go.cr, en espagnol)

Mai

L'humidité gagne tout le pays. C'est le début de la basse saison, avec des prix en baisse. Les tarifs avantageux et le temps, assez beau, font du mois de mai une période excellente pour les voyageurs à petit budget.

Fête de San Isidro Labrador

Occasion rêvée de goûter à l'abondance de produits du terroir de la région, cette foire agricole (partout au Costa Rica, mais plus particulièrement dans tous les bourgs et villes portant le nom de San Isidro) est l'une des plus importantes du pays. Elle a lieu le 15 mai.

Juin

La côte pacifique est certes très arrosée au mois de juin, mais les rouleaux de l'océan sont plus gros. Avec le début de la "saison verte", les bonnes affaires hôtelières ne manquent pas.

Costa Rica Film Festival

Le septième art débarque à l'extrême sud de la péninsule de Nicoya avec ce festival du film organisé à Montezuma.

Día de San Pedro y San Pablo

Célébrations accompagnées de processions religieuses dans les villages portant les noms de ces saints, organisées le 29 juin.

Juillet

Juillet est un mois très humide, surtout sur la côte caraïbe, malgré une courte période sèche que les Ticos appellent *veranillo* (été).

Fiesta de la Virgen del Mar

Régates et parades de bateaux à Puntarenas et Playa del Coco. La manifestation a lieu le samedi le plus proche du 16 juillet.

Día de Guanacaste

Célébration de l'annexion du Guanacaste, repris au Nicaragua. Un rodéo a lieu à Santa Cruz le 25 juillet.

Août

Même si l'on est au milieu de la saison des pluies, les matinées sont belles et ensoleillées. Les voyageurs que la pluie n'effraie pas bénéficieront de tarifs très avantageux dans les hôtels et sur les séjours tout compris. C'est aussi le mois idéal pour les surfeurs, car la pluie alimente la houle et les vagues.

La Virgen de los Ángeles

La sainte patronne est fêtée le 2 août, à la faveur d'une importante procession religieuse qui part de San José et rejoint Cartago.

Septembre

La Península de Osa est trempée en septembre. C'est le cœur de la saison des pluies, que les Ticos appellent *temporales del Pacífico*, et la période la plus économique de l'année pour découvrir la côte pacifique.

Fête de l'Indépendance

Des manifestations sont organisées aux quatre coins du pays pour fêter comme il se doit son indépendance. La plus importante, une course de relais, voit passer la "flamme de la liberté" du Guatemala au Costa Rica. Celle-ci arrive à Cartago le soir du 14, et le pays tout entier entonne alors l'hymne national.

Octobre

L'un des mois les plus arrosés au Costa Rica et beaucoup de routes sont impraticables avec la crue des rivières. Nombre de lodges et de tour-opérateurs ferment leurs portes.

Día de la Raza

Le débarquement de Christophe Colomb sur l'Isla Uvita se fête traditionnellement par un petit carnaval, des défilés, des concerts et des danses le 12 octobre à Puerto Limón.

Novembre

Le temps reste incertain jusqu'à la fin du mois. L'accès au parc national du Corcovado reste difficile après plusieurs mois de pluies.

Día de los Muertos

Le 2 novembre, les familles se retrouvent au cimetière et organisent des processions religieuses en l'honneur des défunts – une célébration pleine d'ambiance et de caractère.

Décembre

Si le début du mois est idéal pour visiter le pays, avec des ciels dégagés et des sites d'intérêt peu fréquentés, l'animation redouble vers Noël, période pour laquelle il convient de réserver de bonne heure.

Las Fiestas de Zapote

Si vous vous trouvez dans le secteur de San José entre Noël et le Nouvel An, ne manquez pas ces festivités qui célèbrent, une semaine durant, le folklore costaricain (rodéos, *sabaneros*, parades, stands de *bocas* et boissons). Chaque année, des milliers de Ticos se rassemblent pour l'occasion dans l'arène du faubourg de Zapote.

Fiesta de los Diablitos

Vêtus de masques de démons et de sacs en toile, les hommes vont de maison en maison pour se faire offrir à boire, avant de rejouer la bataille entre les indigènes et les Espagnols. La fête se déroule à Boruca du 30 décembre au 2 janvier, et à Curré du 5 au 8 février.

Page de gauche Rodéo
Ci-contre Femme portant le costume traditionnel du Guanacaste

Quoi de neuf ?

Pour cette première édition de L'essentiel du Costa Rica, *nos auteurs ont traqué nouveautés, tendances et événements inédits. Voici quelques-uns de leurs coups de cœur.*

1 MUSEO DEL JADE

Ce musée s'est installé fin 2014 dans un tout nouveau bâtiment spécialement construit pour accueillir ses magnifiques collections de jades précolombiens et d'objets en or, en face du Museo Nacional, à San José. (p. 60)

2 RÍO PERDIDO

Nouveau complexe hôtelier unique en son genre, installé sur une réserve privée de 242 ha, le Río Perdido est un havre délicieusement isolé. Son circuit dans la canopée s'effectue dans une forêt naine (une rareté) et sa rivière est alimentée par une source thermale. (p. 188)

3 *CERVEZA* ARTISANALE DU COSTA RICA

Les bières artisanales sont en plein essor au Costa Rica, ce qui ne manquera pas de ravir les amateurs de *cerveza* (bière). Ces dernières années, des brasseries artisanales sont apparues en divers endroits connus, offrant d'inventives *birras* aux palais curieux de saveurs plus raffinées que celle de l'omniprésente Imperial. On peut donc désormais siroter une Hefeweizen locale à l'ananas ou une brune aromatisée au cacao.

4 GRANDE RANDONNÉE EN FORÊT

Les randonneurs en bonne condition physique peuvent désormais effectuer un trek de 2 jours de Monteverde à l'Arenal au cœur des forêts de nuages.

5 CINCO CEIBAS

Créée récemment dans la vallée de Sarapiquí, cette immense réserve naturelle privée abrite la plus longue passerelle en bois du pays à travers la jungle, et comporte des activités telles que l'équitation, le kayak et le yoga. (p. 195)

6 BEST FEST

Nouveau venu sur la scène festive de la côte pacifique centrale, le festival Best Fest accueille des musiciens du monde entier sur la Costa Ballena, début février. (www.thebestfestival.com)

7 JUNGLE JAM

Gagnant toujours plus en popularité, le festival musical de Jacó attire des groupes internationaux. Les concerts embrasent la scène principale, aménagée dans la jungle, ainsi que les petites salles de la ville.

8 EL SÓTANO

Haut lieu de la vie nocturne de San José, cette demeure restaurée comporte un club de jazz en sous-sol à l'ambiance décontractée et intimiste, ainsi qu'une scène à l'étage où des groupes jouent d'autres genres musicaux. (p. 68)

9 TRAIN DE BANLIEUE DE CARTAGO

Le train circulant en semaine au départ de l'Estación del Atlantico de San José, une gare centenaire, a repris du service en 2013. Un moyen pratique et amusant de se déplacer entre les deux villes.

En avant-goût

Livres

- **La forêt tropicale humide** (Henri Puig, Belin, 2002). L'un des ouvrages de références sur le sujet.
- **Mourons ensemble, Federico** (Joaquín Gutiérrez, Actes Sud, 2003). Un récit tragi-comique et l'un des rares romans costaricains traduits en français.
- **Oro** (Cizia Zykë, Pocket, 2009). Dans ce best-seller paru en 1985, Cizia Zykë relate ses aventures, incroyables et parfois violentes, de chercheur d'or hors-la-loi au Costa Rica.

Films

- **El Regreso** (Hernán Jiménez, 2011). Salué par la critique internationale, ce film raconte le retour d'un homme à San José après 10 années passées à New York.
- **Agua Fría** (Paz Fábrega, 2010). Récompensé par plusieurs prix internationaux, ce film à portée sociale se déroule sur une plage paradisiaque du Pacifique.
- **El cielo rojo** (Miguel Alejandro Gomez, 2008). Comédie d'apprentissage mettant en scène de jeunes Ticos à l'aube de l'âge adulte, dans le Costa Rica d'aujourd'hui.

Musique

- **Sí San José** (2011). Collaboration entre un ingénieur du son américain et neuf groupes de rock indépendant venus du Costa Rica.
- **Chavela Vargas, Coleccion Original RCA** (1946). Enfin réédité en 2011, ce disque de la chanteuse mexicaine, née au Costa Rica, comporte des ballades folk d'une beauté envoûtante.
- **Malpaís, Un Día Lejano** (2009). Ce groupe de rock costaricain, désormais séparé, mêle calypso, jazz et ballades d'Amérique latine.

Sites Web

- **Imágenes Tropicales** (www.costarica-nature.org). Géré par une agence de voyage francophone, ce site offre une présentation détaillée du pays, prolongée par de nombreux liens.
- **Tico Times** (www.ticotimes.net). Le site du journal en anglais du Costa Rica. Archives très utiles pour préparer un séjour.
- **Guías Costa Rica** (www.guiascostarica.com). Des liens Internet pour accéder à l'essentiel – sorties, santé, etc.

Sur le départ ?

Cette sélection vous offre un aperçu instantané du Costa Rica.

Un livre *Costa Rica – Voyage au cœur du vivant* (Stéphan Bonneau, Vigot, 2004) offre un apercu unique des beautés naturelles du pays.

Un film Dans *Chasseurs de vagues* (Bruce Brown, 1994), Pat O'Connell et Robert Weaver chevauchent les vagues mythiques du Costa Rica.

Un disque *Calypsos: Afro-Limonese Music From Costa Rica* (Various) capture l'essence de la scène folk afro-caribéenne du pays.

Un site Le site Web de l'office du tourisme du Costa Rica (ICT ; www.visitcostarica.com) propose des informations d'ordre général sur les voyages, ainsi que des conseils et des détails sur certaines destinations.

Surfeurs au crépuscule
COREY RICH/GETTY IMAGES ©

Ce qu'il faut savoir

Monnaie
Colon (₡) et dollar américain ($US).

Langues
Espagnol ; l'anglais est parlé dans les régions touristiques et sur la côte caribéenne.

Visa
Les ressortissants français, belges, suisses et canadiens sont dispensés de visa pour un séjour touristique de moins de 90 jours.

Argent
DAB largement répandus ; colon et dollar disponibles. Visa et Mastercard acceptées partout, contrairement aux cartes moins connues.

Téléphone
Possibilité d'insérer des cartes SIM locales dans votre téléphone portable ; vérifiez qu'il est bien désimlocké avant de partir.

Wi-Fi
De plus en plus répandu dans les restaurants et les hébergements, malgré une vitesse de connexion lente.

Accès Internet
PC mis à disposition des résidents dans la plupart des auberges de jeunesse, des hôtels et des B&B, moyennant une somme modique ou nulle.

Pour plus de détails, reportez-vous au *Carnet pratique* p. 349.

Quand partir

Haute saison
(déc-avr)

- Malgré les averses subsistant durant la saison “sèche”, les stations balnéaires font le plein de touristes costaricains.
- Les prix des hébergements et des services flambent durant la Semana Santa (semaine avant Pâques), Noël et le Nouvel An.

Saison intermédiaire
(mai-juil, nov)

- Le flot de touristes s'amenuise avec la reprise des pluies.
- Les routes sont boueuses, ce qui complique le tourisme hors des sentiers battus.

Basse saison
(août-oct)

- Les précipitations atteignent leur pic, entraînant une forte houle sur la côte pacifique et des conditions de surf idéales.
- Les routes de campagne sont parfois impraticables en raison des cours d'eau à franchir.
- Les tarifs des hébergements chutent de manière significative.

À prévoir

- **Deux mois avant** Réservez votre hébergement si vous visitez le pays pendant la Semana Santa ou les congés de Noël.
- **Un mois avant** Réservez une voiture sur Internet afin de la récupérer à l'aéroport et de rentabiliser votre temps.

Budget quotidien

Moins de 40 $US

- Lits en dortoir : 8-15 $US
- Repas dans les innombrables *sodas* (restaurants ouverts) ; marchés locaux ; cuisine préparée par vos soins : 3-7 $US
- Entrée des parcs : 5-15 $US
- Bus locaux : moins de 25 $US pour l'énorme majorité des destinations nationales

40-100 $US

- Chambre sommaire avec sdb : 20-50 $US
- Repas dans les restaurants pour touristes : 5-12 $US
- Bus privés d'excellente qualité, comme Interbus : à partir de 39 $US

Plus de 100 $US

- Luxueux bungalows en bord de plage et hôtels de charme : à partir de 80 $US
- Repas dans les restaurants internationaux : à partir de 15 $US
- Location d'un guide pour partir à la découverte de la faune : à partir de 25 $US
- Location d'un 4×4 pour les courtes distances : à partir de 70 $US/jour

Taux de change

Canada	1 $C	410 ₡
Europe	1 €	577 ₡
Suisse	1 FS	553 ₡

Pour connaître les taux de change actuels, consultez le site www.xe.com.

À emporter

- **Du répulsif antimoustiques** Privilégiez les répulsifs contenant du DEET, notamment pour les longues expéditions dans la jungle.
- **Une bouteille isotherme** L'eau du robinet étant potable, une bouteille isotherme contribuera à réduire votre impact environnemental.
- **Un guide de conversation espagnol** Connaître quelques rudiments de la langue fait toute la différence.
- **De bonnes chaussures** Prévoyez des sandales imperméables et de solides chaussures de marche.

Arriver au Costa Rica

- **Depuis/vers l'Aeropuerto Internacional Juan Santamaría (San José)**

Bus 0,75 $US ; fréquents, les bus entre Alajuela et San José vous déposeront n'importe où dans Paseo Colón.

Taxi 20-30 $US ; départ depuis les stations officielles ; comptez de 20 à 60 minutes pour rallier San José.

Voiture de location De nombreuses agences de location disposent d'un guichet à l'aéroport.

Comment circuler

- **Avion** Les compagnies nationales et les charters privés peuvent vous aider à profiter au maximum de votre séjour.
- **Bus** En fonction du degré de confort voulu, optez pour les bus privés avec climatisation ou les autobus locaux, moins onéreux.
- **Taxi** À San José et dans les zones rurales, le taxi vaut la dépense si vous êtes pris par le temps.
- **Voiture** La voiture de location est le meilleur moyen d'explorer le Costa Rica à son propre rythme ; à noter que le 4×4 est toujours requis, sauf dans les secteurs les plus touristiques.

Se loger

- **B&B** Établissements de catégories moyenne et haut de gamme généralement tenus par des expatriés nord-américains ou européens.
- **Auberges de jeunesse** Hébergements d'un bon rapport qualité/prix, en phase avec les besoins du baroudeur moderne.
- **Hôtels** Gamme très large, de la modeste adresse petits budgets au luxueux complexe cinq étoiles.

Mises en garde

- **Climat** Chaleur tropicale sur les côtes, averses fréquentes dans les forêts humides et températures fraîches en altitude – prévoyez la tenue adéquate.
- **Frais de location de voiture** Véritable coût caché, l'assurance nationale obligatoire peut doubler le tarif annoncé en ligne.
- **Vols** Ne laissez *jamais* quoi que ce soit (de valeur ou non) dans votre véhicule ou sans surveillance sur la plage. Dans votre chambre d'hôtel, mettez tous vos objets de valeur sous clé.

San José

L'apparent maelström de San José cache des points d'intérêt paisibles. Malgré sa réputation qui peut fausser la donne, "Chepe" (comme on surnomme affectueusement San José) dévoile vite ses charmes à quiconque lui donne une chance. Promenez-vous dans ses quartiers historiques pour reléguer le bruit des klaxons et de l'assourdissant reggaeton au second plan. Vous y découvrirez des demeures coloniales aménagées en galeries d'art contemporain et de petits parcs urbains, véritables îlots au cœur des rues animées.

De saisissants graffitis et fresques colorés racontent l'histoire actuelle de la ville, tandis que de jeunes musiciens dans le vent ou de curieux jongleurs sur des monocycles apparaissent au coin des rues les plus inattendues. Les musées de la ville (consacrés à l'or, au jade ou encore à l'histoire nationale) présentent les différentes périodes de l'héritage précolonial et colonial ainsi que les grandes figures qui ont fait du Costa Rica le champion écologique et le pays pacifiste tant appréciés aujourd'hui.

Laitier, San José

ERIC L. WHEATER/GETTY IMAGES ©

Porche donnant sur une rue de San José
ALFONSE PAGANO/GETTY IMAGES ©

San José
1 Trésors culturels
2 Mercado Central
3 Espaces verts
4 Plaza de la Cultura
5 Los Yoses et San Pedro
HEREDIA
PUEBLA
SAN PABLO
SANTO DOMINGO
SANTO TOMÁS
SAN MIGUEL SUR
GUAYABAL
SAN VINCENTE DE MORAVIA
SAN ANTONIO
ALTO
MATA DE PLÁTANO
CARIARI
BARREAL
Autopista General Cañas
Río Virilla
Río Tibás
Río Tiribi
Aeropuerto Tobías Bolaños
SAN JUAN
LA URUCA
GUADALUPE
TOURNON
OTOYA
SABANILLA
PAVAS
ROHRMOSER
Río Torres
SABANA NORTE
MÉXICO
Universidad de Costa Rica
DENT
LOURDES
Parque Valle del Sol
SANTA ANA
SAN RAFAEL DE ESCAZÚ
Parque Metropolitano La Sabana
Cementerio General
AMÓN
CALIFORNIA
Los Yoses
San Pedro
GRANADILLA
LA GRANJA
San José
SABANA SUR
Río Cruz
Río Chiquero
Río Herrera
Río Ocloro
ESCAZÚ
HATILLO
ZAPOTE
BELLO HORIZONTE
Parque Recreativo La Paz
CURRIDABAT
Río Agres
SAN SEBASTIÁN
SAN FRANCISCO
SAN ANTONIO DE ESCAZÚ
ALAJUELITA
DESAMPARADOS
0
2 km

San José
À ne pas manquer

Trésors culturels

Les excellents musées de San José vous plongeront au cœur de la culture costaricaine au gré de superbes pièces en or précolombiennes, de sculptures de jade et d'œuvres d'art avant-gardistes. La capitale affiche aussi la programmation la plus dynamique du pays en matière d'art, de musique et de théâtre émergents. Céramiques de Gran Nicoya, Museo Nacional de Costa Rica (p. 61)

1

2

Mercado Central

L'activité commerçante de San José a pour point névralgique le marché central (p. 69), une longue succession d'étals proposant toute une variété de produits, de la viande aux souvenirs en passant par les vêtements d'occasion. Il vous faudra de bonnes capacités de négociation pour obtenir des prix bas ; ceci dit, vous vous prendrez vite au jeu du marchandage en espagnol avec les vendeurs.

STEFANO PATERNA/ALAMY ©

3

Espaces verts

Si elle compte peu de promenades arborées, San José ne manque pas de parcs verdoyants dans le centre-ville. Le Parque Metropolitano La Sabana (p. 64) est l'une des meilleures escapades urbaines. C'est une oasis parfaite pour un footing sans voiture ou un pique-nique familial au bord du lac. Le parc abrite aussi un musée gratuit sur l'art costaricain et le stade national récemment rénové. Parque Metropolitano La Sabana (p. 64)

MATTHEW MICAH WRIGHT/GETTY IMAGES ©

ALFONSE PAGANO/GETTY IMAGES ©

4

Plaza de la Cultura

Cœur spirituel et géographique de la ville, la Plaza de la Cultura (p. 64) se résume à une dalle bétonnée sans grand charme en plein centre-ville. Pourtant, pour les habitants, il n'y a pas meilleur lieu pour se donner rendez-vous en famille ou entre amis ou encore déguster une glace en observant le va-et-vient.

5

Los Yoses et San Pedro

Ces deux quartiers à la périphérie de San José méritent résolument une visite pour saisir l'âme de la ville. Los Yoses et San Pedro (p. 73) ont chacun leurs propres caractéristiques ; Los Yoses est cossu et distingué, tandis que le quartier universitaire de San Pedro est plus bohème.

San José : le best of

Grand luxe

Hotel Grano de Oro Pour un séjour dans une vaste demeure de style "victorien tropical" du début du XXe siècle au mobilier d'époque. (p. 65)

Park Café Le chef étoilé Richard Neat concocte des plats sublimes dans un cadre romantique insolite. (p. 66)

Shopping

Mercado Central Le commerce traditionnel latino-américain. Un joyeux bazar pour le plaisir de regarder, même sans acheter. (p. 69)

Galería Namu Une galerie d'art éthique présentant de beaux exemples d'art amérindien. Le montant des recettes va directement aux artistes de communautés autochtones. (p. 69)

Biesanz Woodworks Pas d'inquiétude sur la provenance des objets dans cet atelier artisanal de sculpture sur bois, sans doute le meilleur du pays. (p. 75)

Loisirs

Teatro Nacional Programmation culturelle de qualité dans le plus ancien théâtre de la ville. (p. 61)

Jazz Café Un club intimiste très fréquenté le soir pour ses concerts de jazz, de folk et de rock sans égal. (p. 74)

Centro Comercial El Pueblo Un centre commercial réunissant des dizaines de bars et de clubs. Ne venez pas trop tôt : l'animation commence bien après minuit. (p. 68)

Restaurants

La Esquina de Buenos Aires Belles nappes, bougies et vieux tango égayent le meilleur restaurant de grillades du Costa Rica. (p. 67)

Sofía Restaurante Mediterráneo Authentique cuisine méditerranéenne, parfois agrémentée d'événements culturels et d'animations. (p. 73)

Café Mundo Idéalement situé dans une demeure d'antan à la terrasse des plus romantiques. (p. 66)

Café de los Deseos Un café haut en couleur où siroter un smoothie ou un verre de vin en compagnie d'une clientèle bohème. (p. 66)

À gauche : épices sur un marché
essus : restaurant de l'Hotel Grano de Oro (p. 65)

Ce qu'il faut savoir

À PRÉVOIR

Un mois avant Réservez votre voiture de location. Les agences prennent en charge leurs clients à l'arrivée à l'aéroport.

Deux semaines avant Consultez la programmation et réservez vos billets pour le Teatro Nacional et le Jazz Café.

ADRESSES UTILES

Instituto Costarricense de Turismo (www.visitcostarica.com). Le principal office du tourisme du Costa Rica.

Tico Times (www.ticotimes.net ; en anglais). La référence pour des informations et l'agenda local des manifestations.

COMMENT CIRCULER

Avion L'Aeropuerto Internacional Juan Santamaría est la porte d'entrée du Costa Rica pour la majorité des vols internationaux. L'aéroport se situe en lisière d'Alajuela, à 20 km du centre de San José.

Bus Le réseau urbain est dense, bon marché et relativement fiable.

Taxi Un moyen simple et sûr de se déplacer rapidement, surtout le soir. Les taxis officiels sont rouges avec un triangle jaune sur la porte. Si le chauffeur n'enclenche pas le compteur, rappelez-le-lui en demandant "*la maria, por favor*" pour éviter tout malentendu sur le tarif.

À pied Le centre-ville, compact, se prête bien à la flânerie en journée.

MISES EN GARDE

Délinquance Comme toute grande ville, San José possède des quartiers peu recommandables : faites preuve de bon sens dans la rue. Garez-vous toujours dans des parkings sécurisés et ne laisser jamais rien dans la voiture.

Circulation Il est déconseillé de conduire à San José même en raison de la densité de la circulation et du manque de parkings publics.

Promenade dans San José

Découvrez le cœur de la capitale du Costa Rica grâce à cette courte promenade dans le centre-ville compact au gré de ses musées, parcs et marchés. D'un point de vue global, San José peut intimider un peu, mais une balade intimiste à plus petite échelle rend "Chepe" beaucoup plus sympathique.

DONNÉES PRATIQUES

- **Départ** Museo del Jade
- **Arrivée** Mercado Central
- **Distance** 2,5 km
- **Durée** 4 heures

1 Museo del Jade

Fort de la plus importante collection au monde de jades de valeur, ce musée au fonds multiculturel bien préservé mérite amplement une heure de visite. Le jade était le bien d'échange le plus précieux dans les cultures précolombiennes et la situation du Costa Rica au centre de l'Amérique centrale explique la richesse des collections (p. 60).

2 Parque Nacional

En sortant du musée, cap sur ce parc ombragé, lieu de promenade des amoureux et de discussions politiques entre vieux messieurs, sous l'œil attentif des statues de héros culturels et politiques latino-américains.

3 Museo de Arte y Diseño Contemporáneo

L'historique Manufacture nationale de liqueurs accueille désormais les œuvres d'art contemporain d'artistes d'Amérique centrale et du Sud, Costa Rica compris (p. 61).

4 Galería Namu

Si vous ne comptez pas explorer les régions amérindiennes du Costa Rica, cette galerie d'art éthique vend dans sa boutique (p. 69) de beaux spécimens de masques boruca, des paniers, des poupées guaymí et des objets sculptés.

5 Parque Morazán

Même si ce parc (p. 61) était jadis un lieu de prostitution peu recommandable, il s'est émancipé de son passé trouble. Ses bancs à l'ombre se prêtent désormais à une pause en cours de promenade. Au centre, le kiosque à musique en béton du Templo de Música est le symbole non officiel de San José.

6 Plaza de la Cultura

Clowns, vendeurs ambulants et une foule de passants font de cette place (p. 64) un endroit plein de vie. On s'y assoit pour se régaler d'une glace en observant le flux de cadres, d'adeptes du lèche-vitrine et de *working girls* pomponnées.

7 Teatro Nacional

Les statues de Beethoven et de Calderón de la Barca (dramaturge espagnol du XVIIe siècle) se détachent de la façade néoclassique aussi gracieuse qu'audacieuse de ce monument emblématique (p. 61). Aux horaires d'ouverture, jetez un coup d'œil au somptueux hall en marbre et ne manquez pas l'*Alegoría al café y el banano*, une toile offrant une vision idyllique des récoltes de café et de banane. Le tableau provient d'Italie et l'image illustrait jadis des billets de banque costaricains.

8 Mercado Central

Si la promenade vous a ouvert l'appétit, faites un tour au Mercado Central (p. 69), un marché passionnant, chaotique voire parfois oppressant, cœur commerçant de San José. On y trouve à peu près de tout (des bananes au kilo aux bibelots importés par camions entiers), mais avant d'aller chiner, dégustez une délicieuse cuisine maison fraîche et bon marché dans l'un des *sodas* (gargotes) populaires.

San José en...

UN JOUR

Familiarisez-vous avec la culture costaricaine en suivant notre promenade. Au lieu de rejoindre le Mercado Central, revenez jusqu'au Barrio Amón pour déjeuner en terrasse au **Kalú Café & Food Shop** (p. 67), avant d'écumer les boutiques et les petites galeries d'art de ce quartier chargé d'histoire. Terminez la journée par un dîner argentin à **La Esquina de Buenos Aires** (p. 67).

DEUX JOURS

Commencez par la visite du **Museo Nacional de Costa Rica** (p. 61), puis celle du **Mercado Artesanal** (p. 68) pour son artisanat. Direction ensuite le **Parque España** (p. 64), au nord-ouest, afin d'admirer l'élégante architecture environnante et continuez toujours vers le nord-ouest jusqu'au **Mercado Central** (p. 69) pour faire provision de café costaricain, de cigares et grignoter à moindres frais. En fin de journée, rendez-vous à Los Yoses et San Pedro, à l'est, où vous attendent certains des meilleurs bars et restaurants de San José, avant de conclure par un concert au **Jazz Café** (p. 74).

Marché, San José

Découvrir San José

Les incontournables

- **San José** Si la capitale du Costa Rica n'emballe pas de prime abord, elle recèle bien des atouts cachés.
- **Los Yoses** (p. 73) Architecture moderne, auberges d'époque et restaurants à la bonne franquette.
- **San Pedro** (p. 73) Ambiance bohème et sympathiques boutiques typiques, près de l'Universidad de Costa Rica (UCR).
- **Escazú** (p. 74) Un quartier branché de boutiques et de bonnes tables fréquentées par les expatriés.

Fresque murale à San José
JONATHAN GREGSON/LONELY PLANET ©

SAN JOSÉ

POPULATION (AGGLOMÉRATION) : 1,6 MILLION D'HABITANTS

San José s'explore agréablement à pied : mêlez-vous à la foule sur les trottoirs et les boulevards piétonniers qui conduisent à des théâtres, des cafés bondés, des parcs ou des musées parmi les meilleurs d'Amérique centrale.

À voir

Museo de Oro Precolombino y Numismática Musée

(carte p. 66 ; ☎2243-4221 ; www.museosdelbancocentral.org ; Plaza de la Cultura, Av. Central et Av. 2 entre C. 3 et C. 5 ; tarif plein/étudiant/enfant 11/8 $US/gratuit ; ⏲9h15-17h tlj). Ce musée abrite une impressionnante collection de trésors précolombiens en or et d'autres objets parmi les plus inestimables du Costa Rica, ainsi que des pièces de monnaie anciennes et de l'art contemporain régional. Aménagé sous la Plaza de la Cultura, il appartient au Banco Central, et son architecture est à l'image du hall feutré d'une grande banque. Règles de sécurité strictes : on doit laisser son sac à l'entrée.

Museo del Jade Musée

(carte p. 66 ; ☎2287-6034 ; Plaza de la Democracia ; adulte/enfant 9 $US/gratuit ; ⏲8h30-15h30 lun-ven, 10h-14h sam). Transféré dans un édifice flambant neuf en 2014, ce musée possède la plus grande collection au monde de jades précolombiens.
La grande salle donne accès aux collections diverses de quelque 7 000 pièces en jade translucide finement travaillées et très bien conservées, représentant des déesses de la fertilité, des chamans, des grenouilles et des serpents, ainsi que d'exceptionnelles

poteries (certaines reflètent des influences mayas).

Teatro Nacional Édifice remarquable

(carte p. 66 ; ☎2010-1100 ; www.teatronacional.go.cr ; Av. 2 entre C. 3 et C. 5 ; 7 $US ; ⏲9h-18h jan-avr, 9h-16h lun-sam mai-déc). Du côté sud de la Plaza de la Cultura, le Teatro Nacional est le bâtiment public le plus révéré de San José. Construit en 1897, il comporte une façade néoclassique à colonnes, flanquée des statues de Beethoven et de Calderón de la Barca, célèbre auteur de *La vie est un songe* au XVIIe siècle. Les somptueux hall et auditorium en marbre sont ornés de peintures qui décrivent des scènes de la vie quotidienne au XIXe siècle.

La plus célèbre, l'*Alegoría al café y el banano*, dépeint de manière idyllique (et irréaliste) les récoltes de café et de banane. Réalisée en Italie et expédiée au Costa Rica pour être installée dans le théâtre, cette peinture figurait sur l'ancien billet de 5 ₡ (retiré de la circulation). Le théâtre a un agréable **café (carte p. 66 ; ☎2010-1119 ; www.almadecafe.net ; Teatro Nacional ; plats 5-10 $US ; ⏲9h-19h lun-sam, 9h-18h dim)**.

Museo Nacional de Costa Rica Musée

(carte p. 62 ; ☎2257-1433 ; www.museocostarica.go.cr ; C. 17 entre Av. Central et Av. 2 ; adulte/enfant 8/4 $US ; ⏲8h30-16h30 mar-sam, 9h-16h30 dim). Ce musée, auquel on accède en traversant un superbe atrium en verre abritant un jardin de papillons exotiques, donne un aperçu de l'histoire costaricaine. Les pièces précolombiennes provenant de fouilles en cours, ainsi que les objets de l'époque coloniale et du début de la république, sont exposés dans l'ancienne forteresse Bellavista, autrefois quartier général de l'armée et théâtre de violents combats lors de la guerre civile de 1948 (dont témoignent des impacts de balles).

Museo de Arte y Diseño Contemporáneo Musée

(carte p. 66 ; ☎2257-7202 ; www.madc.cr ; angle Av. 3 et C. 15 ; 3 $US, lun gratuit ; ⏲9h30-17h lun-sam). Communément appelé MADC, le musée d'Art et de Design contemporain occupe le bâtiment de la Manufacture nationale de liqueurs (1856). Essentiellement consacré aux œuvres d'artistes contemporains d'Amérique latine, le MADC n'a pas d'égal en la matière. Il accueille aussi parfois des expositions temporaires dédiées au design, à la mode et aux arts graphiques.

Parque Morazán Parc

(carte p. 66 ; Av. 3 et Av. 5 entre C. 5 et C. 9). Au sud-ouest du Parque España, le Parque Morazán doit son nom au général Francisco Morazán, qui tenta, par des moyens politiques et militaires, de réunir

Museo Nacional de Costa Rica
RICHARD CUMMINS/GETTY IMAGES ©

San José

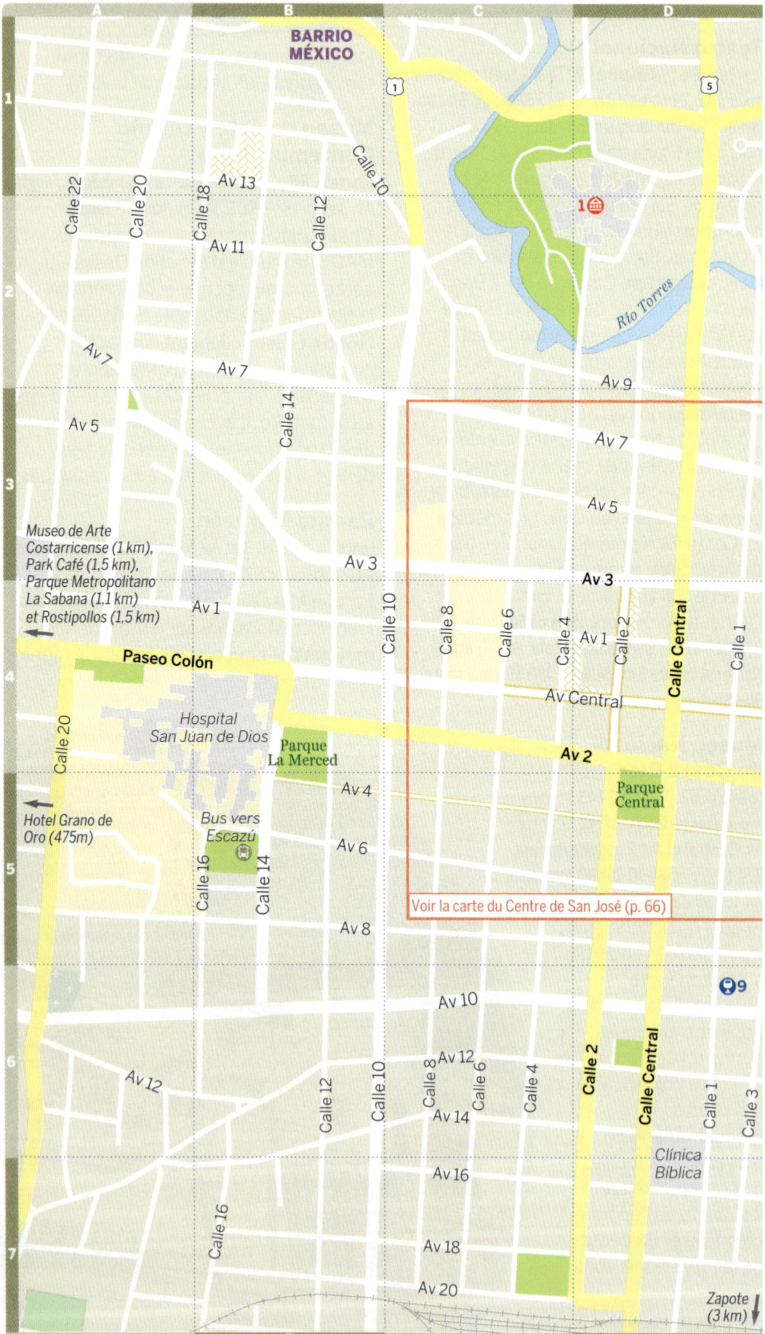
BARRIO
MÉXICO
Calle 22
Calle 20
Calle 18
Calle 12
Calle 10
Av 13
Av 11
Av 7
Av 5
Av 9
Río Torres
Calle 14
Av 3
Av 1
Museo de Arte
Costarricense (1 km),
Park Café (1,5 km),
Parque Metropolitano
La Sabana (1,1 km)
et Rostipollos (1,5 km)
Paseo Colón
Calle 8
Calle 6
Calle 4
Calle 2
Calle Central
Calle 1
Av Central
Hospital
San Juan de Dios
Parque
La Merced
Av 2
Av 4
Parque
Central
Hotel Grano de
Oro (475m)
Bus vers
Escazú
Calle 16
Av 6
Voir la carte du Centre de San José (p. 66)
Av 8
Av 10
Av 12
Av 14
Av 16
Av 18
Av 20
Calle 3
Clínica
Bíblica
Zapote
(3 km)

0 500 m
BARRIO TOURNON
BARRIO ARANJUEZ
BARRIO AMÓN
BARRIO OTOYA
BARRIO LA CALIFORNIA
Moravia (6 km)
Olio (400 m)
Sofía Restaurante Méditerráneo (350 m)
Hostel Toruma (225 m) et Jazz Café (2km)
Parque Morazán
Parque España
Bâtiments de la Cour suprême de Justice
Av 13
Av 11
Av 9
Av 7
Av 3
Av 1
Av Central
Av 2
Av 6
Av 8
Av 10
Av 12
Av 14
Av 16
Av 18
Calle 3
Calle 3A
Calle 5
Calle 7
Calle 9
Calle 11
Calle 13
Calle 13A
Calle 15
Calle 17
Calle 19
Calle 21
Calle 23
32
108

San José

À voir

Où se loger

Où se restaurer

Où prendre un verre et faire la fête

Où sortir

Achats

sous un même drapeau les nations d'Amérique centrale au XIXe siècle. Le parc est superbement illuminé en soirée. Au centre, le **Templo de Música (temple de la Musique ; carte p. 66)**, un kiosque à musique en béton, est un symbole officieux de San José.

Parque España — Parc

(carte p. 66 ; Av. 3 et Av. 7 entre C. 9 et C. 11). Entouré d'une intense circulation, le petit Parque España se remplit d'oiseaux au coucher du soleil et leurs chants couvrent alors les bruits de la ville. Endroit plaisant pour une halte à l'ombre, le parc s'enorgueillit d'une statue de Christophe Colomb, donnée au peuple costaricain en 2002 par ses descendants pour célébrer le 500e anniversaire de l'arrivée de l'explorateur à Puerto Limón.

Plaza de la Cultura — Place

(carte p. 66 ; Av. Central et 2 entre C. 3 et C. 5). Pour de nombreux Costaricains, cette *plaza* constitue le cœur géographique du pays. Entourée de bâtiments en béton quelconques, elle est souvent pleine de badauds qui dégustent une glace en contemplant l'animation : clowns jongleurs, vendeurs ambulants et adolescents en balade. C'est peut-être l'un des endroits les plus sûrs de la ville, d'autant qu'un poste de police en occupe l'un des angles.

Parque Metropolitano La Sabana — Parc

Ancien site du principal aéroport de San José, ce parc de 72 ha, à l'extrémité ouest du Paseo Colón, abrite un musée, un étang et différents équipements sportifs – notamment le stade de football national. En journée, le parc est parfait pour une promenade détendue, un jogging ou un pique-nique.

Museo de los Niños et Galería Nacional — Musée

(carte p. 62 ; ☎2258-4929 ; www.museocr.org ; C. 4, au nord de Av. 9 ; adulte/enfant 2,60/2 $US ; ⌚8h-16h30 mar-ven, 9h30-17h sam-dim ; 👪). Ce musée original éveille l'intérêt des enfants pour l'art et la science. Installé dans un ancien pénitencier datant de 1909, il comprend un musée pour enfants et une galerie d'art. Les petits apprécieront les expositions interactives relatives à la science, la géographie et l'histoire naturelle, tandis que les plus grands seront sensibles à la juxtaposition inhabituelle d'art contemporain et de cellules de prison désaffectées.

Museo de Arte Costarricense — Musée

(☎2256-1281 ; www.musarco.go.cr ; entrée est du Parque La Sabana ; ⌚9h-16h mar-dim ; 👪). Ce musée occupe un édifice de style espagnol qui était le principal terminal de l'aéroport jusqu'en 1955. Nouvellement réaménagé, il accueille des œuvres d'art d'Amérique centrale.

Où se loger

Hostel Pangea — Auberge de jeunesse $

(carte p. 66 ; ☎2221-1992 ; www.hostelpangea.com ; Av. 7 entre C. 3 et C. 3A, Barrio Amón ; dort 14 $US, d avec/sans sdb 45/34 $US, ste à partir de 55 $US ; P @ ☎ ≋). Succès non démenti pour cette vaste auberge de jeunesse (25 dortoirs et 25 chambres) au cœur de la ville. Il y a une piscine, un restaurant-lounge sur le toit en terrasse (vue splendide), en plus d'un bar-salle de cinéma. L'ambiance est à la fête.

Hotel Aranjuez Hôtel **$$**

(carte p. 62 ; ☎2256-1825 ; www.hotelaranjuez.com ; C. 19 entre Av. 11 et Av. 13 ; avec petit-déj s 37- 52 $US, d 52-67 $US, s/d sans sdb 27/36 $US ; P @). Ce vaste hôtel du Barrio Aranjuez se compose de 5 demeures d'époque bien entretenues, reliées entre elles par des allées et des jardins. Les 36 chambres impeccables (coffre et TV câblée) sont toutes différentes. Un somptueux buffet est dressé pour le petit-déjeuner dans le patio luxuriant.

Hotel Grano de Oro Hôtel de charme **$$$**

(☎2255-3322 ; www.hotelgranodeoro.com ; C. 30 entre Av. 2 et Av. 4 ; d 170-289 , ste f/jardin/vista-del-oro 300/345/515 $US ; P @). Voici une adresse chérie des couples en lune de miel. Aménagé dans une vaste demeure victorienne du début du XXe siècle, cet hôtel de charme compte 39 chambres de style "victorien tropical", avec lits en fer forgé et riches brocarts. Quelques-unes sont dotées d'un patio privé où murmure une fontaine. Des fleurs tropicales fraîches et les boiseries égaient les parties communes.

Hotel Don Carlos Hôtel **$$$**

(carte p. 66 ; ☎2221-6707 ; www.doncarloshotel.com ; C. 9 entre Av. 7 et Av. 9 ; s 85-96 $US, d 96-107 $US, avec petit-déj ; P @). Aménagé dans une maison du début du XXe siècle ayant appartenu au président Tomás Guardia, ce ravissant hôtel du Barrio Amón baigne dans une atmosphère coloniale. Les 33 chambres (TV câblée, coffre et sèche-cheveux) entourent un jardin de sculptures à thème précolombien, agrémenté d'un solarium, d'un Jacuzzi et d'une petite piscine, idéale pour les enfants. À l'étage, les chambres sont souvent plus agréables qu'au rez-de-chaussée, où elles sont plus humides.

Ma sélection

Art et culture ticos à San José par Maria Amalia

EX-DIRECTRICE MARKETING DE L'OFFICE DU TOURISME DU COSTA RICA (INSTITUTO COSTARRICENSE DE TURISMO, ICT)

1 TEATRO NACIONAL
Chef-d'œuvre d'architecture néoclassique de la fin du XIXe siècle, le majestueux théâtre national (p. 61) abrite une série de grands tableaux illustrant le patrimoine rural du Costa Rica. Des concerts et autres événements majeurs y ont lieu.

2 MUSEO DE ORO PRECOLOMBINO Y NUMISMÁTICA
Ce musée (p. 60) réunit à la fois une collection d'objets précolombiens en or, comme des ornements façonnés à la main remontant à l'an 400 av. J.-C., un fonds numismatique sur l'histoire de la monnaie costaricaine et un espace pour les expositions temporaires.

3 MUSEO DEL JADE
Ce musée regroupe la plus grande collection au monde de jades (p. 60). Les vitrines abondent en sculptures sophistiquées représentant aussi bien des grenouilles et des serpents que des chamans ou des déesses de la fertilité, toutes superbement travaillées et très bien conservées.

4 MUSEO NACIONAL DE COSTA RICA
Le plus important musée d'histoire du pays (p. 61) comprend une collection de *metate* (meules), un bel ensemble d'objets en or et un espace dédié au prix Nobel de la paix Óscar Arias.

5 MUSEO DE ARTE Y DISEÑO CONTEMPORÁNEO
Rien ne vaut les œuvres d'artistes contemporains costaricains et latino-américains de ce musée (p. 61) pour se familiariser avec la culture et l'art ticos passés, présents et futurs.

Centre de San José

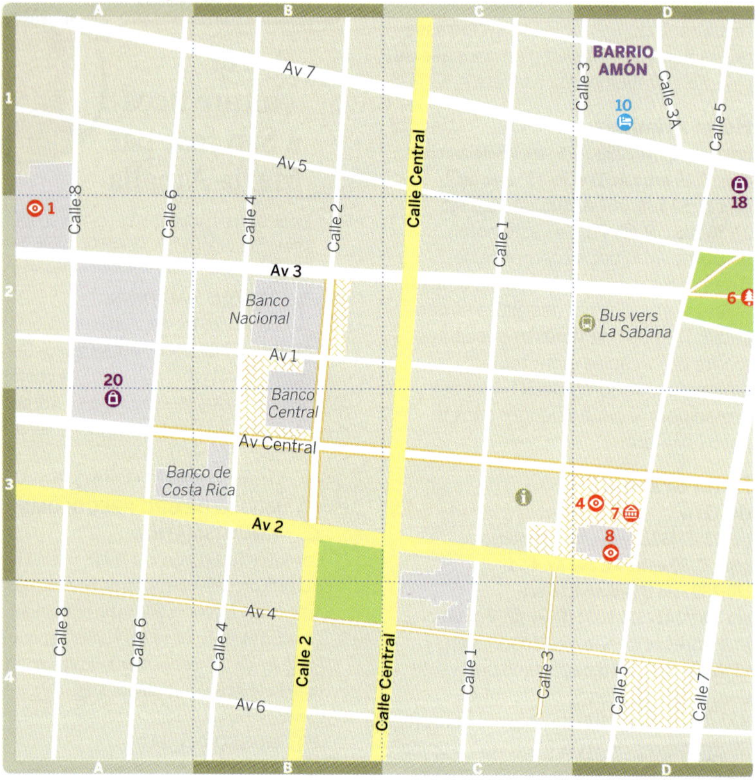

Où se restaurer

Café de los Deseos Café $

(carte p. 62 ; ☎2222-0496 ; www.facebook.com/Cafedelosdeseos ; C. 15 entre Av. 9 et Av. 11 ; plats 5-12 $US ; ⏲14h-22h mar-sam). Fréquenté par une clientèle jeune et bohème, ce bar douillet et coloré du Barrio Otoya est un lieu romantique, idéal pour boire un verre (vins, cocktails, smoothies), grignoter des *bocas* (tortillas maison avec du fromage Turrialba, salades, poulet *teriyaki*, pizzas individuelles) ou se laisser tenter par des desserts appétissants.

Café Mundo Italien $$

(carte p. 66 ; ☎2222-6190 ; angle Av. 9 et C. 15 ; plats 8-36 $US ; ⏲11h-22h30 lun-jeu, 11h-23h30 ven, 17h-minuit sam ; 🖉). Un emplacement de rêve pour ce café italien, depuis longtemps fréquenté par les expatriés. Installez-vous sur la grande terrasse de cette vieille demeure du Barrio Otoya et commandez une pizza ou des pâtes, en sirotant un verre de vin. En semaine, ne manquez pas le *plato del día* abordable (8 $US), servi le midi.

Park Café Européen $$$

(☎2290-6324 ; parkcafecostarica.blogspot.com ; tapas 6-15 $US ; ⏲17h30-21h30 mar-sam). Dirigé par le chef Richard Neat, étoilé au Michelin, ce restaurant, mariage réussi entre un magasin d'antiquités et un restaurant français, propose un menu dégustation exquis composé de petites portions qu'accompagnent des vins soigneusement sélectionnés. Romantique, la cour éclairée aux chandelles a été décorée avec des objets asiatiques anciens. Le Park Café

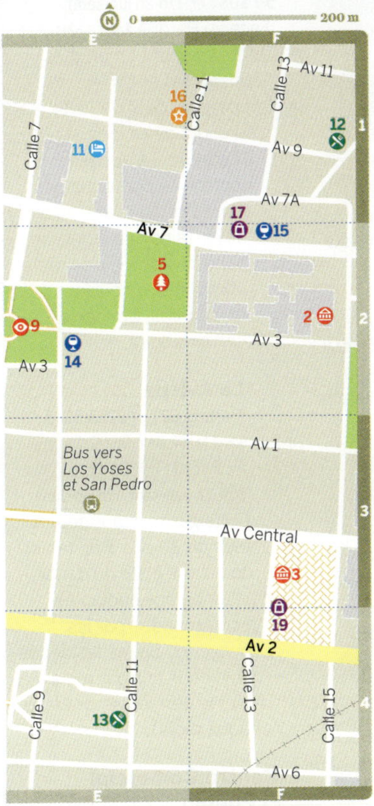

Centre de San José

À voir

1 Mercado Borbón A2
2 Museo de Arte y Diseño Contemporáneo F2
3 Museo del Jade F3
4 Museo de Oro Precolombino y Numismática D3
5 Parque España E2
6 Parque Morazán D2
7 Plaza de la Cultura D3
8 Teatro Nacional D3
9 Templo de Música E2

Où se loger

10 Hostel Pangea D1
11 Hotel Don Carlos E1

Où se restaurer

Alma de Café .... (voir 8)
12 Café Mundo F1
13 La Esquina de Buenos Aires E4

Où prendre un verre et faire la fête

14 El Morazán E2
15 Stiefel F2

Où sortir

16 Centro de Cine E1

Achats

17 eÑe F2
18 Galería Namu D1
19 Mercado Artesanal F3
20 Mercado Central A3

se trouve près du coin nord-est du Parque La Sabana (à 100 m au nord de Rostipollos).

La Esquina de Buenos Aires — Argentin $$$

(carte p. 66 ; ☎2223-1909 ; laesquinadebuenosaires.com ; angle C. 11 et Av. 4 ; plats 15-29 $US ; ⏲11h30-15h et 18h-22h30 lun-jeu, 12h30-23h ven-sam, 12h-22h dim ; ✎**).** Les tomettes au sol, les nappes blanches et les airs de tango évoquent les bistrots de Buenos Aires, tout comme la carte, qui affiche de la viande rouge argentine grillée, des *empanadas* maison et un grand choix de pâtes fraîches agrémentées de délicieuses sauces. L'excellente carte des vins faisant la part belle aux crus latino-américains, le service attentif et les chandelles en font l'adresse idéale pour un dîner romantique. Réservation conseillée.

Kalú Café & Food Shop — International $$$

(carte p. 62 ; ☎2221-2081 ; www.kalu.co.cr ; angle C. 7 et Av. 11 ; plats 15-21 $US ; ⏲12h-19h lun-mar, 12h-22h mer-ven, 8h-22h sam ; ✎**).** Le chef Camille Ratton officie derrière les fourneaux de ce café, fort d'un patio exceptionnel, qui partage un élégant espace avec la galerie-boutique Kiosco SJO (p. 69) dans le Barrio Amón.
La carte fusion internationale comprend des soupes, des salades, des sandwichs, des pâtes et des délices originaux comme le trio de tacos de poisson (saumon glacé à la mangue, crevettes au curry rouge et thon en croûte de noix de macadamia). Gardez de la place pour le divin cheese-cake, servi avec des fraises fraîches cuites dans du vinaigre balsamique.

Si vous aimez... Les marchés

Vous aimez le Mercado Central ? Nul doute que vous apprécierez aussi ces autres marchés de San José :

1 **MERCADO BORBÓN**
(carte p. 66 ; angle Av. 3 et C. 8). Attenant au Mercado Central, le marché Borbón est plus axé sur les produits frais.

2 **MERCADO ARTESANAL**
(carte p. 66 ; Plaza de la Democracia, Av. Central et Av. 2 entre C. 13 et C. 15 ; 9h-18h). Un marché touristique où trouver de l'artisanat et des souvenirs typiques.

3 **FERIA VERDE DE ARANJUEZ**
(carte p. 62 ; www.feriaverde.org ; 7h-12h sam). Café bio, chocolat artisanal, glaces à l'eau aux fruits tropicaux, produits frais, cuirs, bijoux, etc. Dans le parc à l'extrémité nord du Barrio Aranjuez.

4 **MARCHÉ DE PETITS PRODUCTEURS D'ESCAZÚ**
Il se tient le samedi dans l'Avenida 2, au sud du parc à Escazú Centro. Des producteurs bio s'installent aussi le mercredi, à 1 km au sud de Paco, en face du bâtiment de la Croix-Rouge.

Où prendre un verre et faire la fête

Stiefel Pub
(carte p. 66 ; www.facebook.com/StiefelPub ; 18h-1h lun-sam). Proche de la Plaza España, ce pub animé a récemment ouvert dans un superbe bâtiment historique et propose une quinzaine de bières artisanales costaricaines à la pression. Optez pour une pinte de Pelona, de Maldita Vida, de Praying Nun ou de Japi Ending. Mieux encore, vous pourrez commander l'ensemble dégustation composé de 4 verres miniatures pour pouvoir toutes les goûter !

El Morazán Bar
(carte p. 66 ; 2256-5110 ; www.facebook.com/barmorazan ; angle C. 9 et Av. 3 ; cocktails 5-7 $US ; 17h-2h lun-sam). Face au Parque Morazán, cet établissement en briques apparentes et carrelages espagnols date de 1904. Au cours de sa longue existence, il a accueilli nombre de personnalités (dont Che Guevara, au dire de certains). La jeunesse bohème apprécie sa carte complète de boissons et d'en-cas. Concerts certains soirs.

La Avispa Gay et lesbien
(carte p. 62 ; 2223-5343 ; www.laavispa.com ; C. 1 entre Av. 8 et 10 ; 20h-1h jeu, 20h-3h ven-sam, 17h-3h dim). Boîte gay existant depuis plus de 30 ans. Bar, tables de billard, piste de danse à l'ambiance endiablée recommandée par les voyageurs. Soirée lesbienne une à deux fois par mois (dont le dernier vendredi de chaque mois).

Centro Comercial El Pueblo Bar, club
(carte p. 62 ; 2221-9434 ; Barrio Tournon ; horaires variables). Cette galerie marchande en plein air, de style méditerranéen, abrite une multitude de bars, de discothèques et de clubs de musique. Gardé, l'endroit est habituellement sûr, hormis peut-être à l'approche de l'aube. L'animation débute vers 21h et peut ne faiblir que vers 7h. Entrée gratuite en milieu de semaine.

El Sótano Concerts
(carte p. 62 ; 2221-2302 ; www.facebook.com/sotanocr ; angle C. 3 et Av. 11 ; 20h-2h). Nouveau club plein de cachet, El Sótano tient son nom de son club de jazz en sous-sol, où la foule afflue pour les concerts fréquents, notamment les jam-sessions du mardi. À l'étage, un ensemble de salles élégantes et hautes de plafond ont été transformées en galerie, scène de théâtre et piste de

danse où des groupes se produisent régulièrement.

Achats

Galería Namu — Art et artisanat

(carte p. 66 ; 2256 3412 ; www.galerianamu.com ; Av. 7 entre C. 5 et C. 7 ; 9h-18h30 lun-sam toute l'année, 13h-16h dim déc-avr). Gérée par Aisling French, cette galerie de commerce équitable rassemble des œuvres d'art et objets artisanaux de diverses ethnies de la région : masques boruca, paniers wounaan finement tressés, poupées guaymí, canoës bribrí, céramiques chorotega et tapis en roseau traditionnels huetar, ainsi que de l'artisanat contemporain urbain et afro-caribéen. L'équipe de la galerie pourra aussi vous aider à organiser des visites dans les territoires amérindiens des différentes parties du pays.

Kiosco SJO — Art et artisanat

(carte p. 62 ; 2258-1829 ; www.kioscosjo.com ; angle Av. 11 et C. 7, Barrio Amón ; 12h-19h lun et mar, 12h-20h mer-ven, 10h-20h sam). Élégante galerie-boutique axée sur le design durable et les œuvres d'artistes et d'artisans d'Amérique latine. On peut aussi bien succomber pour des bijoux ou des bottes en cuir, que pour des photos originales, ou des articles de mode et de décoration conçus par des créateurs reconnus. Si les prix sont élevés, la qualité est exceptionnelle.

eÑe — Art et artisanat

(carte p. 66 ; 2222-7681 ; laesquina13y7@gmail.com ; angle Av. 7 et C. 13 ; 10h-18h30 lun-sam). Cette petite boutique branchée, en face de la Casa Amarilla, vend toutes sortes d'articles créés par des artistes ou des stylistes costaricains : vêtements, bijoux, sacs, cadres ou œuvres d'art graphique.

Circ

Compéte
Corrales
connus et
José avec so
Tours (www.
com) assorti
notamment su
l'architecture, le
urbain à San Jos
à thème s'adresse ourmands
ou aux photographes.

Mercado Central — Marché

(carte p. 66 ; Av. Central et Av. 1 entre C. 6 et C. 8 ; 6h-18h lun-sam). Il n'y a pas mieux en ville pour dénicher toutes sortes d'articles à prix imbattables, des hamacs fabriqués au Nicaragua aux T-shirts *pura vida*. Le café et les cigares, d'excellente qualité, sont bien moins chers que dans les boutiques pour touristes.

Shopping à San José
ALFONSE PAGANO/GETTY IMAGES ©

Ci-contre : Teatro Nacional (p. 61)
…sous : sculpture dans le hall du Teatro Nacional

Renseignements

Canatur (Cámara Nacional de Turismo ; ☎2234-6222, 2440-1676 ; www.canatur.org ; Aeropuerto Internacional Juan Santamaría ; ⏲7h-22h)

Instituo Costarricense de Turismo (ICT ; ☎2222-1090 ; www.visitcostarica.com ; Edificio de las Academias, Av. Central entre C. 1 et C. 3 ; ⏲9h-17h lun-ven)

Hospital CIMA (☎2208-1000 ; +www.hospitalcima.com ; Los Laureles)

Depuis/vers San José

San José est la plaque tournante des transports dans le pays. Vous y passerez donc très probablement. Si vous ne restez en ville qu'un ou deux jours, vous vous déplacerez le plus souvent à pied.

Voiture

Ne louez pas de voiture pour circuler dans San José même. La circulation dense, les rues étroites et les caniveaux profonds rendent le stationnement difficile, sans parler des vols fréquents. Par ailleurs, un supplément s'applique pour les locations à l'Aeropuerto Internacional Juan Santamaría.

Avion

San José compte deux aéroports. Une taxe (29 $US) s'applique pour les départs vers l'international. L'Aeropuerto Internacional Juan Santamaría accueille tous les vols internationaux et les vols intérieurs de NatureAir dans son terminal principal. Les vols intérieurs de la compagnie Sansa partent du terminal Sansa.

Dans la ville de banlieue de Pavas, l'Aeropuerto Tobías Bolaños est réservé aux locations d'avions privés.

Aéroports et compagnies aériennes

Tous les vols internationaux partent de l'aéroport de Juan Santamaría (SJO) en périphérie d'Alajuela.

Aeropuerto Internacional Juan Santamaría (☎2437-2400 ; fly2sanjose.com). Accueille le trafic international et les vols intérieurs de

NatureAir dans son terminal principal. Les vols intérieurs de Sansa partent du terminal Sansa.

Aeropuerto Tobías Bolaños (☎2232-2820). Dans la banlieue de Pavas ; location d'avions privés.

Bus

L'absence de compagnie de bus publique et de gare routière centrale, ainsi que les changements réguliers de prix et d'horaires, compliquent parfois le réseau de bus à San José. Téléchargez le plan (utile mais pas forcément mis à jour) du réseau en PDF sur le site d'ICT (www.visitcostarica.com/ict/paginas/LEYES/pdf/ItinerarioBuses_es.pdf).

Vers le nord-ouest du Costa Rica

Bus pour **La Fortuna** (5 $US, 4 heures) au départ du Terminal San Carlos à 7h, 10h45 et 14h30.

Bus pour **Monteverde/Santa Elena** (5,60 $US, 4 heures 30) au départ du Terminal San Carlos à 6h30 et 14h30. Réservez tôt car les places partent vite.

Vers la Península de Nicoya

Bus pour **Montezuma** et **Mal País** (13 $US, 6 heures) au départ du Terminal Coca-Cola à 6h, 8h, 10h, 12h, 14h, 16h et 18h.

Empresa Alfaroha assure des départs à destination de **Nicoya** (7,80 $US, 5 heures) à 6h30, 10h, 13h et 17h ainsi que vers **Playa Nosara** (9,60 $US, 6 heures) à 6h et **Playa Tamarindo** (11,30 $US, 5 heures) à 11h30 et 15h30.

Vers la côte caraïbe

Du Gran Terminal del Caribe, Empresarios Guapileños dessert **Cariari** (3,35 $US, 2 heures 30) avec correspondance pour **Tortuguero**, avec des départs à 6h10, 9h, 10h30, 13h, 15h, 16h30, 18h et 19h.

Autotransportes Caribeños (Gran Terminal del Caribe) assure une liaison pour **Puerto Limón** (6,30 $US, 3 heures) toutes les demi-heures de 5h à 19h.

Autotransportes Mepe (Gran Terminal del Caribe) rallie **Puerto Viejo de Talamanca** (10,85 $US, 4 heures 30) avec des départs à 6h, 10h, 12h, 14h et 16h.

San José avec des enfants

Si vous devez passer un jour en famille à San José, le Museo de los Niños (p. 64) constitue une valeur sûre pour les enfants touche-à-tout grâce à ses expositions interactives. Les jeunes amoureux de la nature apprécieront la proximité avec les papillons du **Spirogyra Jardín de Mariposas** (carte p. 62 ; ☎2222-2937 ; www.butterflygardencr.com ; Barrio Amón ; adulte/enfant 7/5 $US ; ⏰8h-16h 🚌jusqu'à El Pueblo) ou la rencontre avec les animaux exotiques du **Parque Zoológico Nacional Simón Bolívar** (carte p. 62 ; ☎2233-6701 ; www.fundazoo.org ; Av. 11 entre C. 7 et C. 9 ; adulte/enfant 5/3,50 $US ; ⏰8h-15h30 lun-ven, 9h-16h30 sam-dim).

Vers la côte pacifique centrale et le sud du Costa Rica

Du Terminal Coca-Cola, des bus Transportes Morales partent pour **Dominical** et **Uvita** (5 $US, 7 heures) à 6h et 15h.

Transportes Jacó (Terminal Coca-Cola) assure une liaison pour **Jacó** (4,75 $US, 3 heures) à 7h30, 10h30, 13h, 15h30 et 18h30.

Blanco Lobo dessert **Puerto Jiménez** (15 $US, 8 heures) avec des départs à 8h et 12h. Ce bus se remplit vite en haute saison : pensez à réserver à l'avance.

Navettes

Grayline (☎2220-2126 ; www.graylinecostarica.com ; 33-89 $US) et **Interbus** (☎2283-5573 ; www.interbusonline.com ; 37-57 $US) proposent des minibus climatisés au départ de San José pour de nombreuses destinations touristiques. Plus chers que les bus standards, ils sont toutefois plus rapides et offrent un service porte à porte.

Centres culturels de San José

Plusieurs institutions étrangères accueillent des soirées cinéma, des expositions artistiques, des pièces de théâtre, des concerts et des conférences académiques. En janvier et en février, mieux vaut se renseigner par téléphone car les horaires ont tendance à être réduits.

Alianza Francesa (☎2222-2283 ; www.afsj.net ; angle C. 5 et Av. 7). Cours de français, petite bibliothèque et expositions artistiques temporaires à l'Alliance française, dans une maison ancienne du Barrio Amón.

Centro Cultural de España (☎2257-2919 ; www.ccecr.org ; Rotonda del Farolito, Barrio Escalante). Large programmation, espace audiovisuel et bibliothèque de prêt.

Centro de Cine (carte p. 66 ; ☎2223-0610, 2223-2127 ; www.centrodecine.go.cr ; angle C. 11 et Av. 9). Ce centre cinématographique organise des festivals, des conférences et des événements hors les murs.

AGGLOMÉRATION DE SAN JOSÉ

Au fil des ans, l'agglomération de San José a envahi les collines, brouillant les frontières entre le cœur de la ville et les villages des environs. Assez disparate, elle englobe aussi bien des bidonvilles surpeuplés que d'élégants quartiers résidentiels. À quelques centaines de mètres à l'est du centre de San José, les quartiers contigus de Los Yoses et de San Pedro abritent un certain nombre d'ambassades et la plus prestigieuse université du pays, l'Universidad de Costa Rica (UCR). À 7 km vers l'ouest, à Escazú, l'urbanisation à l'américaine cohabite avec de vieilles fermes costaricaines.

Los Yoses et San Pedro

Ces deux quartiers voisins ont chacun une identité bien à eux. Los Yoses est un charmant quartier résidentiel à l'architecture moderne et pourvu d'auberges chargées d'histoire et de restaurants à l'ambiance décontractée. Quant à San Pedro, il bruisse de bars, de clubs et d'étudiants dans son quartier universitaire.

Où se loger et se restaurer

Hostel Toruma Auberge **$**
(**info 2234 8186 ; www.hosteltoruma.com ; Av. Central entre C. 29 et C. 33; dort/s/d 12/35/45 $US ; ; San Pedro, taxi**). Sur une petite colline surplombant l'Avenida Central, cette séduisante maison de style néoclassique a jadis appartenu à José Figueres, le président costaricain à l'origine de la suppression de l'armée nationale et de l'instauration du droit de vote pour les femmes. La rénovation complète des lieux fin 2009 n'a pas altéré le dallage espagnol et l'éclat des frises décoratives de la façade. Malgré ses 4 dortoirs, le Toruma fait davantage penser à une pension grâce à ses 17 grandes chambres privatives, toutes dotées d'une sdb moderne, d'un canapé, du Wi-Fi et d'une TV à écran plat. À l'étage, l'espace Internet est meublé de poufs ; en bas, on peut petit-déjeuner, grignoter ou se désaltérer au modeste restaurant au bord de la piscine. L'une des meilleures adresses pour petits budgets de San José, fréquentée par une clientèle de voyageurs en solo, de couples et de jeunes familles. Ambiance détendue.

Olio Méditerranéen **$$**
(**2281-0541 ; angle C. 33 et Av. 3 ; tapas à partir de 5 $US, plats 10-20 $US ; 12h-minuit lun-ven, à partir de 18h sam ;**). Installé dans un bâtiment centenaire en briques du Barrio Escalante, ce *gastropub* douillet présente une longue carte aux accents méditerranéens qui fait la part belle aux tapas : succulents *hongos madrileños* (champignons farcis), croquettes de fromage de chèvre, pâtes maison et crevettes à l'ail. Tentante, la carte des boissons inclut de la sangria maison et un choix correct de bières et de vins. Le décor s'autorise quelques éléments excentriques, et l'endroit est idéal pour un rendez-vous romantique.

Sofía Restaurante Mediterráneo Méditerranéen **$$**
(**2224-5050 ; www.sofiamediterraneo.com ; angle C. 33 et Av. 1 ; plats 8-22 $US ; 12h-23h mar-sam, 12h-17h dim ;**). Ce petit bijou caché dans le Barrio Escalante se spécialise dans les plats méditerranéens authentiques, dont du houmous, des *dolmas*, des tortellinis

Chorreadas (galettes de maïs)
DREAMPICTURES/SHANNON FAULK/GETTY IMAGES ©

et de l'agneau grillé. Les formules du jour changent régulièrement. Fameux baklava en dessert. Le restaurant se double d'un centre culturel communautaire, où Mehmet Onuralp, le propriétaire turc, organise occasionnellement des dîners à thème avec musiciens, chefs et conférenciers de tous les pays de la Méditerranée.

Sortir

Jazz Café Concerts

(**2253-8933 ; www.jazzcafecostarica.com ; Av. Central ; droit d'entrée 6-10 $US ; 18h-2h lun-sam**). L'adresse incontournable à San José en matière de musique vivante, avec un groupe différent chaque soir. On ne compte plus les artistes qui s'y sont produits, dont le légendaire pianiste cubain Chucho Valdés et la pop-star colombienne Juanes. Son petit frère d'**Escazú** (**2288-4740 ; côté nord de l'Autopista Próspero Fernández ; à partir de 19h**) propose une programmation similaire de groupes locaux et étrangers. Droits d'entrée variables, à partir de 5 $US.

San José

JOHN COLETTI/GETTY IMAGES ©

Escazú

Gringos expatriés, riches aristocrates et vie de village costaricain d'antan composent le patchwork improbable de ce vaste quartier périphérique, adossé à une colline abrupte surplombant San José et Heredia.

Où se loger et se restaurer

Costa Verde Inn Auberge $$

(**2228-4080 ; www.costaverdeinn.com ; avec petit-déj s/d/tr 60/70/80 $US, app d à partir de 90 $US ; P @ 🛜 🏊**). Ce chaleureux lodge en pierre est posé dans un jardin tropical agrémenté d'un Jacuzzi, d'une piscine carrelée de mosaïques, d'un espace barbecue et d'un solarium avec accès Wi-Fi. Outre 14 chambres de dimensions variées, avec lits king-size, rocking-chairs et quelques éléments d'art populaire, 5 appartements sont dotés d'une cuisine équipée. Copieux petit-déjeuner tico servi sur la terrasse. Tarifs à la semaine proposés.

Posada El Quijote B&B $$

(**2289-8401 ; www.quijote.cr ; C. del Llano ; d standard/supérieure/deluxe/studio app avec petit-déj 85/95/105/115 $US ; P 🚭 ❄ 🛜**). Installée à flanc de colline, à Bello Horizonte, cette *posada* de style espagnol est considérée comme l'un des meilleurs B&B de la région. Les chambres standard sont douillettes et s'agrémentent de parquet et de tapis, de la TV câblée et d'une sdb (eau chaude). Celles de catégorie supérieure ou deluxe comprennent un petit patio ou une terrasse privée. Les hôtes sont conviés pour un verre au bar, avant d'admirer la vue sur la Vallée centrale dans le patio.

La Casona de Laly Costaricain **$**

(☎2288-5807 ; angle Av. 26 et C. 132 ; bocas 2-5 $US, plats 6-15 $US ; ⏲11h-minuit lun-sam, 11h-18h dim). La cuisine tica campagnarde de cette taverne d'Escazú Centro fait l'unanimité auprès des gens du coin et des expatriés. Chacun se régale de délicieuses *bocas* bon marché, accompagnées d'une bière fraîche, le tout au son du merengue – et du pépiement des oiseaux en cage, qui couvrent l'intégralité du mur ouest de la salle de restaurant. Un conseil : goûtez aux *dados de queso* (cubes de fromage frits).

Buena Tierra Bio **$**

(☎2288-0342 ; www.facebook.com/CafeOrganicoBuenaTierra ; angle C. 134 et Av. 34 ; plats 6-8 $US ; ⏲9h-17h30 lun-ven, 9h30-14h sam ; ✎). Avec ses tables en troncs d'arbres et ses immenses fenêtres ouvertes sur l'extérieur, ce joli et sympathique établissement d'Escazú Centro est parfait pour purifier son organisme ! Seuls des fruits, légumes, riz et haricots bio sont utilisés. Les *batidos* (milk-shakes aux fruits) sont préparés au choix, avec de l'eau, du lait, du lait de chèvre, du yaourt ou du lait d'amande. Le Buena Tierra organise un marché bio de petits producteurs le mercredi matin.

Achats

Biesanz Woodworks Art et artisanat

(☎2289-4337 ; www.biesanz.com ; ⏲8h-17h lun-ven, 9h-15h sam). Sur les collines de Bello Horizonte, à Escazú, cette adresse pas forcément évidente à trouver mérite pourtant amplement le détour. L'atelier de Barry Biesanz, un artisan renommé dans le travail du bois, est l'un des plus beaux du pays. Ses bols et ses récipients décoratifs, ravissants, s'inspirent de techniques précolombiennes ; les veines et les formes naturelles du bois déterminent la structure et la taille des objets. Si les pièces sont chères (à partir de 85 $US pour une coupelle), elles sont uniques et si délicatement sculptées qu'elles ne dépareraient pas dans un musée.

Comment s'y rendre et circuler

Des bus relient fréquemment San José à Escazú (environ 0,75 $US) en 25 minutes. Ils partent tous de l'est du Terminal Coca-Cola ou au sud de l'Hospital San Juan de Dios et empruntent plusieurs trajets différents, via San Rafael.

Vallée centrale

L'âme du Costa Rica trouve son origine sur les versants couverts de caféiers de la Vallée centrale. Centre géographique du pays, la région en est aussi le foyer culturel et spirituel. C'est ici que les Espagnols s'établirent à leur arrivée et ce sont ces plantations de café qui ont fait du pays une nation prospère.

Dans cette région montagneuse aux endroits isolés, il fait bon flâner dans une bourgade d'altitude animée et assister aux rassemblements des habitants les jours de marché ou de messe. Pour autant, cela ne veut pas dire qu'il n'y a rien d'autre à faire. Descente de rapides déchaînés, visite de la plus ancienne église coloniale du pays, observation de trogons multicolores dans la forêt nimbée de brume et ascension de volcans font partie des possibilités. Prenez votre temps pour explorer la beauté de la Vallée centrale et de ses paysages ayant forgé l'identité du Costa Rica.

Dessins géométriques traditionnels de Sarchí (p. 90)

Vallée centrale

0
20 km
Magasay
Horquetas
Heredia
Cariari
Río Tortuguero
Río Chirripó
Limón
Santa Clara
Guápiles
Guácimo
Cordillera Central
Rainforest Adventures (circuits dans la canopée)
Bureau des gardes forestiers Quebrada González
Río Corinto
Río Costa Rica
Río Blanco
Río Toro Amarillo
Río Patria
Parque Nacional Braulio Carrillo
Río Sucio
32
Tunnel de Zurquí
Reserva Forestal Cordillera Volcánica Central
Volcán Turrialba (3 328 m)
Alto Palma
San Isidro de Heredia
Parque Nacional Volcán Turrialba
San Jerónimo
Río Guayabo
San Isidro de Coronado
Las Nubes
Volcán Irazú (3 432 m)
5
Parque Nacional Volcán Irazú
Santa Cruz
Lajas (Santa Teresita)
Moravia
Rancho Redondo
2
Guadalupe
Zona Protectora Río Tiribi
219
230
Monumento Nacional Arqueológico Guayabo
San Pedro
Tierra Blanca
San Gerardo
Curridabat
Tres Ríos
Pacayas
Pavones
Turrialba
1
Desamparados
Cot
230
Juan Viñas
Catie (Centre agronomique tropical)
Zona Protectora Cerros de la Carpintera
8
Cervantes
CARTAGO
Río Reventazón
Tejar
10
Presa de Cachí
La Suiza
Cartago
Paraíso
Jardín Botánico Lankester
Ujarrás
Cachí
Lago de Cachí
Río Navarro
Orosi
Zona Protectora Cuenca del Río Tuis
Valle de Orosi
Palomo
Río Macho
Tapantí
Purisil
Parque Nacional Tapantí-Macizo Cerro de la Muerte

Vallée centrale À ne pas manquer

Rafting à Turrialba

Charmante ville de la Vallée centrale, Turrialba (p. 99) sert de point de départ à de belles descentes de rapides en rafting. Grâce aux hauts sommets et à une longue saison des pluies, les cours d'eau autour de Turrialba offrent une grande variété de niveaux permettant à tout le monde d'y trouver son compte. Descente de rapides, Río Pacuare (p. 100)

1

MARCO SIMONI/GETTY IMAGES ©

2

Monumento Nacional Arqueológico Guayabo

Plongez dans le passé en longeant les aqueducs et en admirant les mystérieux pétroglyphes du plus grand site archéologique du pays. Il ne reste que quelques modestes vestiges de la cité précolombienne de Guayabo (p. 102) jadis peuplée par plus de 20 000 habitants en avance sur leur temps.

PEARL BUCKNALL/ROBERT HARDING ©

DREAM PICTURES/GETTY IMAGES ©

3 Barva

En bordure de la ville de Heredia, la cité coloniale de Barva (p. 94) date de l'installation de colons espagnols en 1561. Aujourd'hui, elle est surtout connue comme étant le siège du plus célèbre torréfacteur du Costa Rica, la Finca Café Britt (p. 94).

Fruits du caféier

SURAARK/GETTY IMAGES ©

4 Sarchí

Berceau des *carretas* (chars à bœufs), ces symboles hauts en couleur de la classe ouvrière costaricaine, la modeste bourgade de Sarchí (p. 90) compte aussi des dizaines d'ateliers de sculpture sur bois qui transforment du bois dur aux nuances prononcées en objets sophistiqués. Roue colorée d'une *carreta*, Sarchí

5 Volcán Irazú

Point culminant de la Vallée centrale, à 3 432 m, ce volcan actif (p. 97) a exprimé sa fureur plus d'une quinzaine de fois dans la courte histoire du pays. Assagi pour l'instant, il ménage, par temps clair, de son sommet, une vue dégagée à la fois sur l'océan Pacifique et sur la mer des Caraïbes.

Vallée centrale : le best of

Musée et monuments

- **Museo Juan Santamaría** Hommage au plus célèbre "petit tambour" de l'armée costaricaine dans une ancienne prison. (p. 86)
- **El Fortín** Les ruines d'une forteresse espagnole, emblème d'Heredia. (p. 92)
- **Basílica de Nuestra Señora de los Ángeles** Le monument religieux le plus révéré du pays. (p. 96)
- **Monumento Nacional Arqueológico Guayabo** Le principal site précolombien du Costa Rica. (p. 102)

Grand luxe

- **Xandari Resort Hotel & Spa** Profitez de ce havre de paix avant de reprendre l'avion du retour. (p. 88)
- **Casa Turire** Un séjour d'une élégance exquise à l'ambiance coloniale. (p. 101)
- **Hotel Chalet Tirol** Le charme pittoresque et inattendu d'un chalet de style alpin. (p. 93)

Photos souvenir

- **Volcán Irazú** Par temps dégagé, vue imprenable sur les côtes du Pacifique et des Caraïbes depuis le sommet. (p. 97)
- **Palmares** Ses fêtes, parmi les plus importantes du pays, rassemblent des dizaines de milliers de personnes. (p. 91)
- **Pacuare inférieur** Certaines des plus belles descentes en rafting d'Amérique centrale. (p. 100)

Gastronomie

- **Xandari** Le panorama y est aussi époustouflant que sa carte bio. (p. 89)
- **Finca Rosa Blanca** Une auberge-restaurant joliment adossée à la colline pour une cuisine inventive et locale. (p. 95)
- **La Casona del Maíz** Plats régionaux à base de maïs et délicieuse cuisine tica rurale. (p. 89)
- **Finca Café Britt** La meilleure adresse pour déguster une tasse de café d'ombre fraîchement moulu. (p. 95)

À gauche : Basílica de Nuestra Señora de los Ángeles (p. 96) **Ci-dessus :** Río Pacuare (p. 100)

Ce qu'il faut savoir

À PRÉVOIR

- **Un mois avant** Réservez votre voiture de location pour une prise en charge à l'Aeropuerto Internacional Juan Santamaría.
- **Deux semaines avant** Consultez le *Tico Times* (www.ticotimes.net) pour connaître l'agenda des fêtes régionales et réservez vos hôtels.
- **Une semaine avant** Réservez vos activités rafting.

COMMENT CIRCULER

- **Avion** Alajuela (et non San José) est la ville la plus proche de l'aéroport international.
- **Bus** Liaisons rapides et fréquentes entre les villes.
- **Voiture** Les routes sinueuses de montagne ménagent un panorama dégagé sur la vallée et font de la voiture le meilleur moyen pour sillonner la région.
- **À pied** Les principales villes de la région ne présentent pas de danger à pied en journée, ni, en principe, en soirée.

MISES EN GARDE

- **Signalétique** Les routes de la Vallée centrale sont mal indiquées. Prévoyez une bonne carte routière ou, mieux encore, louez une voiture avec GPS.
- **Escroquerie au pneu crevé** Nombre de voyageurs ayant loué une voiture à l'Aeropuerto Internacional Juan Santamaría en ont été victimes pendant des années. Si vous crevez à la sortie de l'aéroport, gardez-vous d'accepter "l'aide" d'un bon Samaritain. Les agences de location conseillent généralement de rouler (avec le pneu crevé) jusqu'à la station-service la plus proche pour une assistance.
- **Vol de voiture** Même si la région est globalement très sûre, on enregistre régulièrement des vols. Comme partout ailleurs au Costa Rica, ne laissez jamais rien de valeur dans votre véhicule.

Suggestions d'itinéraires

Cette agréable escapade de quelques jours entre rapides et beaux points de vue sur les vallons depuis les hauts plateaux de la Vallée centrale est riche en sensations fortes.

3 JOURS

DE TURRIALBA AU PARQUE NACIONAL VOLCÁN TURRIALBA
LE CIRCUIT DE TURRIALBA

Si le temps vous est compté, prenez un bus pour Turrialba, point de chute idéal d'où avoir un aperçu rapide et grisant des atouts de la région : eaux vives, patrimoine précolombien et routes panoramiques de campagne. De plus, si votre voyage débute à San José, il vous suffira de rejoindre par bus rapide Turrialba pour explorer quelques-uns des sites incontournables de la Vallée centrale.

Une fois vos marques prises à ❶ **Turrialba** (p. 99), réservez une descente en rafting auprès de l'un des tour-opérateurs recommandés en ville. En fonction de la période de l'année et de votre niveau, vous aurez pour destination l'un des tronçons du ❷ **Río Reventazón** ou du **Río Pacuare** (p. 100). Les sorties à la journée permettent de tester un bon échantillon de rapides, mais vous pouvez aussi opter pour une formule sur deux jours. Pour réduire la cadence d'un cran, cap sur le ❸ **Monumento Nacional Arqueológico Guayabo** (p. 102), précieux témoignage culturel sur la population précolombienne de la région. Si possible, intercalez une promenade à cheval sur les versants brumeux du très peu touristique Volcán Turrialba qui vous hissera jusqu'au ❹ **Volcán Turrialba Lodge** (p. 103).

5 JOURS

D'ALAJUELA À TURRIALBA

LES VILLES DE LA VALLÉE CENTRALE

Si les plages et les forêts tropicales humides raflent la vedette au Costa Rica, pour bien comprendre le pays, il faut comprendre ses habitants. La majorité de la population vit dans les villes de la Vallée centrale, aussi y passer quelques jours vous familiarisera avec la région où bat le cœur du pays.

Ville la plus proche de l'aéroport, 1 **Alajuela** (p. 86) permet aux voyageurs désorientés d'atterrir en douceur. Elle compte un parc séduisant où viennent se détendre les Ticos.

Siège d'une grande université, 2 **Heredia** (p. 92) bourdonne d'activité et représente désormais une alternative agréable à la capitale toute proche. Quelques immeubles remarquables témoignent de l'histoire coloniale espagnole du Costa Rica.

Première capitale et rivale de longue date de San José (surtout sur les terrains de football !), 3 **Cartago** (p. 95) a pour centre l'une des plus impressionnantes basiliques d'Amérique centrale.

Pour finir, même s'il ne s'agit guère que d'un gros bourg par rapport aux trois villes précédentes, 4 **Turrialba** (p. 99) dégage un certain charme bucolique et s'ouvre sur un bel environnement naturel.

Vue sur les montagnes depuis Turrialba

SWISH PHOTOGRAPHY/GETTY IMAGES ©

Découvrir la Vallée centrale

Les incontournables

- **Alajuela** (p. 86) Abrite l'aéroport international du Costa Rica et un charmant parc urbain.
- **Heredia** (p. 92) Une paisible alternative à la capitale où résonnent les échos du passé colonial.
- **Cartago** (p. 95) Possède l'une des plus impressionnantes cathédrales d'Amérique centrale.
- **Turrialba** (p. 99) Point de départ pour quelques-unes des meilleures activités en eaux vives du pays.

La cathédrale d'Alajuela
TRAVELIB PRIME/ALAMY ©

ALAJUELA

43 000 HABITANTS

Avec son architecture sans grand attrait, ses rues souvent encombrées et ses rares curiosités, Alajuela est loin d'être une destination touristique. Pourtant, cette cité typiquement costaricaine dévoile son charme à l'occasion de moments paisibles, comme lorsque les familles s'attablent pour déjeuner le dimanche ou quand les adolescents échangent en secret des baisers dans le parc. Elle constitue aussi une bonne base pour explorer la campagne au nord.

À voir

Parque Central — Parc

(Av. Central et Av. 1 entre C. Central et C. 2). Ce parc est idéal pour se détendre à l'ombre des manguiers ou observer le ballet des passants le soir.

Museo Juan Santamaría — Musée

(☎2441-4775 ; Av. 1 entre C. Central et C. 2 ; 🕒10h-17h mar-dim). GRATUIT Installé dans un édifice centenaire ayant servi de prison et d'arsenal, ce musée retrace l'histoire du Costa Rica du début de la colonisation espagnole jusqu'au XIXe siècle, mettant l'accent sur la vie de Juan Santamaría et les batailles cruciales de Santa Rosa, Sardinal et Rivas dans les années 1850. La collection comprend des vidéos, des cartes anciennes, des tableaux et des objets liés au conflit qui aboutit à l'indépendance du pays.

Cathédrale — Église

(C. Central entre Av. Central et Av. 1). À l'est du Parque Central, cette cathédrale

Alajuela

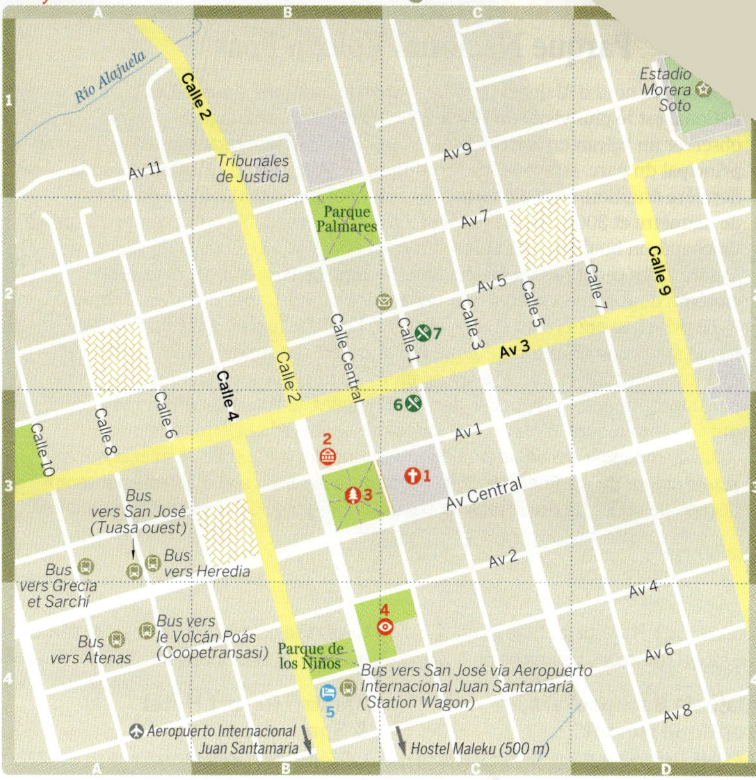

du XIXe siècle a subi des dommages considérables lors du tremblement de terre de 1991. Sa coupole hémisphérique est composée de plaques de tôle ondulée rouge. Deux présidents reposent ici.

Parque Juan Santamaría Place

(C. 2 entre Av. 2 et Av. 4). À deux pâtés de maisons au sud du Parque Central, cette place est ornée d'une statue du héros en action, flanquée de canons. En face, le petit **Parque de los Niños** compte une aire de jeu où gazouillent les bambins.

Alajuela

À voir

1 Cathédrale C3
2 Museo Juan Santamaría B3
3 Parque Central B3
4 Parque Juan Santamaría C4

Où se loger

5 Alajuela Backpackers Boutique Hostel B4

Où se restaurer

6 Coffee Dreams Café C3
7 Jalapeños Central C2

Où se loger

Maleku Hostel Auberge de jeunesse $

(☎2430-4304 ; www.malekuhostel.com ; dort petit-déj inclus 15 $US, s/d sans sdb 25/38 $US, petit-déj inclus ; @ 📶). Dans une maison ancienne entre l'aéroport et le centre-ville (en face de l'Hospital San Rafael), ce sympathique repaire de routards tenu par une famille comprend 5 chambres reluisantes et une cuisine commune. Un espace permet de laisser gratuitement en dépôt ce dont vous n'aurez pas besoin au Costa Rica (manteaux d'hiver, caisses

étour

Nacional Volcán Poás

ıela par une route panoramique sinueuse, ce parc ıté du Costa Rica. Il présente l'avantage de pouvoir ı activité sans avoir à effectuer une rude ascension. L'attrait t, vous l'aurez compris, le Volcán Poás (2 740 m), dont la en 1953, forma l'immense et inquiétant cratère de 1,3 km) m de profondeur, offrant la formidable opportunité d'admirer un cha illonnant et fumant cracher des jets de boue et de vapeur de souffre à des taines de mètres dans les airs. Le Poás compte deux autres cratères, dont l'un est occupé par un lac bleu saphir frangé de forêts d'altitude.

Le principal cratère du Poás reste actif. En 1989, le parc a été brièvement fermé après une éruption mineure qui a projeté des cendres volcaniques à plus de 1 km d'altitude et une activité de moindre importance a conduit à le fermer par intermittence en 1995. Ces dernières années, le Poás n'a représenté aucune menace imminente, mais les volcanologues le surveillent étroitement.

En attendant, le principal problème des touristes est le voile de nuages qui se masse autour du sommet vers 10h (y compris à la saison sèche). Même par temps dégagé, il faut s'y rendre le plus tôt possible, sous peine de ne pas voir grand-chose.

à vélos, etc.). Navette gratuite pour l'aéroport toutes les heures de 5h à 17h.

Alajuela Backpackers Boutique Hostel Hôtel **$**

(**2441-7149 ; www.alajuelabackpackers.com ; angle Av. 4 et C. 4 ; dort/ch/ste 17/55/70 $US ;**). Un peu impersonnel de prime abord, cet établissement sur 4 niveaux aux chambres toutes semblables possède cependant des atouts fort appréciables : navettes gratuites depuis/vers l'aéroport, dortoirs et doubles climatisés avec sdb, et excellent bar en terrasse au dernier étage, parfait pour prendre un verre en regardant les avions décoller au loin.

Trapp Family Lodge Auberge **$$**

(**2431-0776 ; www.trappfam.com ; ch petit-déj inclus 99 $US, pers supp 20 $US, 3-11 ans 15 $US ; P**). L'option la plus séduisante près de l'aéroport (2 km, transfert gratuit), avec un cadre de style *hacienda*. Les 8 chambres carrelées de terre cuite comportent des lits confortables et, pour les meilleures, un balcon donnant sur la piscine turquoise et le jardin verdoyant planté de figuiers et de bougainvillées.

Xandari Resort Hotel & Spa Hôtel **$$$**

(**2443-2020 ; www.xandari.com ; d villa 299-418 $US, qua villa 622 $US ; P**). Dominant la Vallée centrale, ce lieu d'exception est l'œuvre d'un couple d'architectes-designers californiens. Ses villas spacieuses, égayées de teintes tropicales et de textiles artisanaux, ont toutes un coin salon et une douche avec vue sur le jardin. La propriété compte 4 km de sentiers, 5 cascades, 3 piscines, 2 Jacuzzi, un spa et un restaurant bio. Le site Internet vous fournit toutes les indications pour s'y rendre.

Où se restaurer

Jalapeños Central Mexicain **$**

(**2430-4027 ; C. 1 entre Av. 3 et Ave 5 ; plats 4-8 $US ; 11h30-21h lun-sam, 11h30-20h dim**). Cuisine relevée dans ce tex-mex fréquenté, tenu par un Américano-Colombien originaire de New York.

La carte comprend aussi des spécialités ticas, du poulet rôti à la broche et un cheese-cake à la new-yorkaise.

Coffee Dreams Café Café **$**
(**2430-3970 ; angle C. 1 et Av. 3 ; plats 5-9 $US ; 7h30-21h lun-sam ; 9h-19h dim ;**). Pour un petit-déjeuner, des *bocas* (amuse-gueule), des plats costaricains typiques ou un café accompagné d'un dessert gourmand, cette adresse centrale constitue une valeur sûre.

La Casona del Maíz Costaricain **$**
(**2433-5363 ; plats 4-16 $US ; 7h-21h**). À environ 14 km à l'ouest d'Alajuela, La Casona del Maíz fait généralement le plein de familles qui apprécient sa merveilleuse cuisine rurale. La carte privilégie les grillades de viande et les spécialités à base de maïs, mais on trouve ausssi des *casados* (formules) végétariens. Outre les délicieuses *chorreadas* (galettes de maïs), ne partez pas sans goûter la savoureuse soupe de maïs aux amandes douces fraîches ou les *costillas de cerdo* (travers de porc) bien tendres. Divin.

Xandari International **$$$**
(**2443-2020 ; www.xandari.com ; Xandari Resort Hotel & Spa ; plats 9-24 $US ; 7h-22h ;**). Pour un rendez-vous galant, rien ne vaut cet élégant restaurant (dans l'hôtel du même nom) qui jouit d'une vue fabuleuse. À la carte : des spécialités costaricaines et internationales (dont de nombreux plats végétariens), préparées avec des produits bio provenant du jardin du domaine et de producteurs locaux. Tout est à la fois sain et savoureux.

Le Volcán Poás
OLIVER J DAVIS PHOTOGRAPHY/GETTY IMAGES ©

Comment s'y rendre et circuler

La course en taxi du centre d'Alajuela à l'aéroport international Juan Santamaría revient à environ 7 $US.

Il n'y a pas de gare routière centrale, mais plusieurs petits terminus et arrêts de bus sont éparpillés dans la partie sud-ouest de la ville. Au départ de la Calle 8, entre l'Avenida Central et l'Avenida 1, des bus partent pour les destinations suivantes :

Heredia (Tuasa est) ; 1,05 $US, 30 minutes, départs toutes les 15 minutes 4h-22h

San José via l'aéroport international Juan Santamaría (Station Wagon) ; 1,10 $US, 45 minutes, départs toutes les 10 minutes 4h-23h30

San José (Tuasa ouest) ; 1,10 $US, 45 minutes, départs toutes les 10 minutes 5h-23h

Sarchí 0,75 $US, 30 minutes, départs toutes les demi-heures de 5h à 22h

Volcán Poás (Coopetransasi) ; aller-retour 4,65 $US, 1 heure 30 dans chaque sens, départ/retour 9h/14h30

Vaut le détour
Los Ángeles Cloud Forest Adventure Park

À 18 km au nord de San Ramón, cette **réserve** (2289-6569 ; 20-45 $US/pers ; 8h-16h) privée s'organise autour d'un lodge et d'une ferme laitière jadis propriétés de l'ex-président Rodrigo Carazo. Une promenade en planches traverse quelque 800 ha de forêts primaire et secondaire et, sur 11 km, des sentiers mènent à de hautes cascades et à des points de vue brumeux sur la forêt tropicale d'altitude. Cette forêt (attenante à la réserve de Monteverde) a l'avantage d'être comparativement peu touristique, si bien que les chances sont meilleures d'y observer la faune (des jaguars et des ocelots par exemple) et tout particulièrement l'avifaune.

Des guides-naturalistes organisent des randonnées à pied (30 $US/pers) ou à cheval (20 $US/heure). Vous pouvez aussi vous déplacer en tyrolienne au sommet des arbres en optant pour le circuit dans la canopée (45 $US/pers).

De San Ramón, la course en taxi jusqu'à la réserve et l'hôtel tourne autour de 15 $US. De l'Interamericana, l'embranchement est bien signalé.

SARCHÍ

12 300 HABITANTS

Centre d'artisanat réputé, Sarchí produit des chars à bœufs, peints avec des couleurs vives, et des meubles en bois et en cuir qui font la réputation de la Vallée centrale. Vous saurez que vous êtes arrivé en voyant les motifs géométriques qui couvrent tous les bâtiments, jusqu'à l'hôtel de ville. Même s'il s'agit un peu d'un piège à touristes, l'endroit est joli.

Le Río Trojas divise la ville en Sarchí Norte et Sarchí Sur. Elle s'étend sur plusieurs kilomètres le long de la grand-route de Grecia à Naranjo, et s'explore plus facilement en voiture particulière.

Cœur de la bourgade, Sarchí Norte compte une **église** à deux tours, quelques restaurants et *pulperías* (épiceries) et une place ornée d'un grand **char à bœufs**.

Où se restaurer

Don Felipe Costaricain **$$**

(2454-4374, 8816-8212 ; Sarchí Sur ; plats 8-18 $US ; 9h-17h mar-dim). Ce restaurant familial attenant à la Fábrica de Carretas Joaquín Chaverri fait partie des adresses les plus populaires pour une pause déjeuner. Spécialité de steak et toute la gamme de la cuisine typique.

Super Mariscos Produits de la mer **$$**

(2454-4330 ; plats 9-24 $US ; 11h-22h ; P). Au niveau d'un virage en contrebas sur la route de Sarchí Sur, 1 km au sud-est de la place, cette table prépare un bon *ceviche*, des recettes à base de riz et beaucoup de fruits de mer, sans oublier des pâtes et quelques plats de bœuf. Tout est accompagné de frites et d'un peu de salade.

Achats

La plupart des voyageurs font le déplacement à Sarchí pour les *carretas*, ces chars à bœufs sophistiqués et bariolés – souvenir classique du pays en version miniature et symbole officiel des travailleurs costaricains –, ou encore les rocking-chairs très confortables en cuir et en bois qui ornent les terrasses à travers tout le pays.

Les ateliers ouvrent généralement tous les jours de 8h à 16h. Ils acceptent les cartes bancaires et les dollars américains et peuvent livrer à l'international. Voici une liste des plus connus et des plus réputés. Avec plus de 200 commerçants, mieux vaut toujours comparer car les prix et la qualité varient.

Coopearsa Artisanat

(☎2454-4196, 2454-4050 ; www.coopearsarl.com ; Sarchí Norte). À 200 m à l'ouest du terrain de football, un paradis kitch de *carretas*, d'objets en bois et de plumes peintes.

Fábrica de Carretas Eloy Alfaro Artisanat

(☎2454-4131 ; Sarchí Norte). Juste à l'ouest du centre-ville (100 m au nord du supermarché Palí), cette fabrique a réalisé l'énorme char à bœufs qui trône sur la place principale.

Fábrica de Carretas Joaquín Chaverri Artisanat

(☎2454-4411 ; Sarchí Sur). La fabrique la plus ancienne et la plus connue, à 1,5 km au sud-est de la place principale ; vous pourrez voir les artisans à l'œuvre dans le petit atelier à l'arrière.

Depuis/vers Sarchí

Les départs/arrivées de bus se font à Sarchí Norte.

Alajuela 1,65 $US ; 1 heure 15 ; départs toutes les 30 minutes 5h-22h

Grecia 1 $US ; 20 minutes ; départs toutes les 30 minutes 5h-20h30

San José 2,25 $US ; 1 heure 30 ; 3 bus directs quotidiens – sinon, changez à Grecia

PALMARES

Palmares est célèbre pour **Las Fiestas de Palmares**, des fêtes annuelles bien arrosées. Organisées sur dix jours à la mi-janvier, elles attirent quelque 10 000 personnes autour de défilés de carnaval, de la *tope* (parade équestre), de feux d'artifice, de fanfares, de danses exotiques, de stands, de grillades et de *guaro* (eau-de-vie locale à base de canne à sucre). C'est l'une des plus grandes fêtes du pays, retransmise par la télévision nationale. Le reste de l'année, Palmares est une ville assoupie où l'animation se concentre sur la jolie place principale ombragée, autour de l'**église** aux vitraux raffinés.

Pendant les fêtes de la ville, des bus relient en permanence San José

Carretas (chars à bœufs) de couleurs vives

RICHARD CUMMINS/GETTY IMAGES ©

à Palmares. Programmation musicale disponible sur www.fiestaspalmares.com.

En voiture, de Sarchí, la route continue vers l'ouest jusqu'à Naranjo où elle se divise : suivez les indications pour Palmares, à 13 km en direction du sud.

HEREDIA

123 600 HABITANTS

Au XIXe siècle, la Ciudad de las Flores (Cité des Fleurs) était habitée par l'aristocratie *cafetalera* (du café), qui avait fait fortune en exportant le meilleur café du Costa Rica. Aujourd'hui, le centre historique de Heredia a en partie gardé cette allure privilégiée, avec une verdoyante place principale entourée de bâtiments caractéristiques de l'architecture espagnole coloniale.

À voir

Iglesia de la Inmaculada Concepción Église

Faisant face au vaste et plaisant **Parque Central**, cette belle église blanche, construite en 1797, se distingue par sa structure massive et ses murs épais.

El Fortín Tour de guet

Édifiée en 1876 sur ordre du gouverneur de la province, cette tour constitue l'emblème de Heredia. Elle a été déclarée monument historique national en 1974, mais sa fragilité interdit l'ouverture au public.

Casa de la Cultura Musée

(**2261-4485 ; angle C. Central et Av. Central ; horaires variables).** GRATUIT Occupant un emplacement privilégié à l'angle de la place principale, juste au-dessus de l'église, cet édifice colonial du XVIIIe siècle magnifiquement entretenu fut la résidence d'Alfredo González Flores, président de 1913 à 1917. Outre une collection permanente consacrée à l'histoire, il accueille des expositions d'art temporaires.

INBioparque Jardins

(**2507-8107 ; www.inbioparque.com ; Santo Domingo ; tarif plein/étudiant/enfant 25/19/15 $US, serpentarium adulte/enfant 3/2 $US ; 9h-15h ven, 9h-16h sam-dim ;**). Ce remarquable jardin botanique accessible en fauteuil roulant est géré par le National Biodiversity Institute (INBio), un organisme à but non lucratif. On peut y voir des plantes et des animaux endémiques du pays au sein d'une version réduite de leur écosystème, des animaux de la ferme, un jardin de papillons et un exemple d'habitat durable. Des pièces de théâtre et des spectacles multimédia pour enfants ont lieu tout au long de la journée. À 4 km au sud de Heredia (itinéraire disponible sur le site Internet).

El Fortín

JOHN MITCHELL/ALAMY ©

Heredia

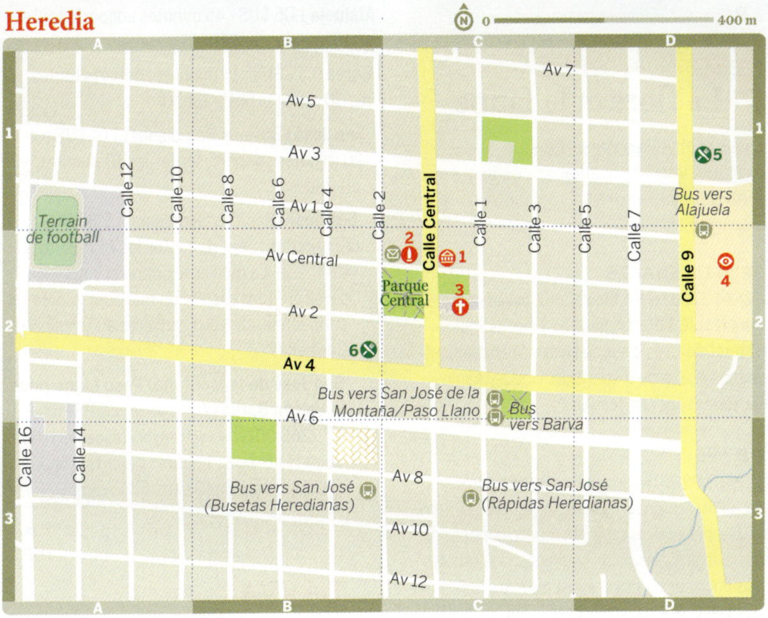

Où se loger

Hotel Chalet Tirol Auberge **$$$**
(**2267-6222 ; www.hotelchaleteltirol.com ; d/ste 98/138 $US ; P**). Au nord-est (3 km au nord du Castillo Country Club), cette charmante adresse évoque un chalet alpin. Les 25 suites et bungalows, avec TV et *room service*, s'inscrivent dans un beau paysage de montagne. Certains ont un Jacuzzi, une cheminée ou des aménagements pour les personnes en fauteuil roulant. Le week-end, le restaurant accueille des concerts.

Hotel Bougainvillea Hôtel **$$$**
(**2244-1414 ; www.hb.co.cr ; Santo Domingo ; d 123-152 $US petit-déj inclus ; P @**). À 6 km de la ville, sur un domaine de 4 ha, cet hôtel fonctionnel est entouré d'un vaste jardin parsemé d'arbres anciens, de superbes fleurs et de nombreuses statues. Les 82 chambres, aux murs blanchis à la chaux, sont agrémentées d'un balcon avec vue sur la montagne ou la ville. Des sentiers serpentent autour de la piscine et des courts de tennis, à travers forêt et vergers. Cartes bancaires acceptées.

Heredia

À voir

1	Casa de la Cultura	C2
2	El Fortín	C2
3	Iglesia de la Inmaculada Concepción	C2
4	Universidad Nacional	D2

Où se restaurer

5	Cowboy Steakhouse	D1
6	Espigas	B2

Où se restaurer

Espigas Costaricain **$**
(**2237-3275 ; angle Av. 2 et C. 2 ; plats 7-8 $US ; 7h-21h**). Parmi les rares restaurants ouverts le dimanche, Espigas propose des petits-déjeuners et des *casados* traditionnels, à déguster en contemplant la place principale de l'autre côté de la rue. Passez votre commande au comptoir pour un repas assis, ou achetez un *batido* (smoothie aux fruits) depuis la devanture, sans oublier de jeter un coup d'œil aux alléchantes pâtisseries.

Si vous aimez... La flore et la faune

En plus des merveilles naturelles de l'INBioparque, vous apprécierez ces autres incursions dans la nature foisonnante de la Vallée centrale.

1 **WORLD OF SNAKES**
(☎2494-3700 ; www.theworldofsnakes.com ; adulte/enfant 11/6 $US ; 🕗8h-16h). Le principal point d'intérêt de Grecia est ce vivarium accueillant des serpents en voie de disparition. Une agréable sortie "serpentesque" en famille.

2 **ZOO AVE**
(☎2433-8989 ; www.zooavecostarica.org ; La Garita ; adulte/enfant 11/5 $US ; 🕗9h-17h ; P 👪). Plus de 115 espèces d'oiseaux, les quatre espèces de singes costaricains, des chats sauvages, des reptiles et d'autres animaux du pays, ayant pour la plupart été recueillis, évoluent dans cette réserve animalière bien conçue. Plus qu'un simple zoo, l'endroit est aussi un important centre de reproduction et d'élevage, qui s'emploie à réintroduire des espèces endémiques dans leur milieu naturel. Les droits d'entrée servent à financer des programmes de sauvetage, de réhabilitation, de lâcher et de conservation.

3 **JARDÍN BOTÁNICO LANKESTER**
(☎2511-7939 ; www.jbl.ucr.ac.cr ; tarif plein/étudiant 7,50/5 $US ; 🕗8h30-16h30). L'université du Costa Rica gère ce jardin exceptionnel, un paisible espace de 11 ha recelant plus de 1 100 orchidées. Un jardin japonais et des espaces riches en broméliacées, en palmiers, en balisiers et autres plantes tropicales le complètent. Il se situe à 5 km à l'ouest de Paraíso, sur la route de Cartago.

Cowboy Steakhouse Grill $$
(☎2237-8719 ; C. 9 entre Av. 3 et Av. 5 ; plats 7-18 $US ; 🕗17h-23h lun-sam). Peint en jaune et rouge, composé de deux bars et d'un patio, ce grill sert d'excellents steaks, ainsi que des salades et de nombreuses *bocas*.

Depuis/vers Heredia

Les bus desservent les destinations suivantes :

Alajuela 1,05 $US ; 45 minutes ; départs toutes les 15 minutes 5h-22h

Barva 0,55 $US ; 15 minutes ; départs toutes les 30 minutes 5h15-23h30

San José (Busetas Heredianas) 1,05$US ; 20 minutes ; départs toutes les 10 minutes 5h-23h

San José (Rápidas Heredianas) 0,85 $US ; 20 minutes ; départs toutes les 15 minutes 4h40-23h. La meilleure option si vous devez prendre ensuite un bus pour la côte caribéenne, car vous arriverez au Terminal Caribeña.

San José de la Montaña/Paso Llano pour le Volcán Barva (Transportes del Norte ; ☎2266-0019; www.transportesdelnorteltda.com) ; 1,40 $US ; 1 heure ; départs à 5h25, 6h25 lun-ven, 6h40 sam, 6h45 dim.

BARVA

5 000 HABITANTS

À tout juste 2,5 km au nord de Heredia, la cité historique de Barva, qui date de 1561, a été déclarée monument national. Son centre, autour de l'**Iglesia San Bartolomé** (1893), se caractérise par des bâtiments bas du XIXe siècle. Cernée de belles montagnes, elle dégage un charme colonial.

À voir et à faire

Museo de Cultura Popular Musée
(☎2260-1619 ; Santa Lucía ; 🕗8h-16h lun-ven, 10h-17h dim). GRATUIT Dans une ferme restaurée du XIXe siècle, à 1,5 km au sud-est de Barva et 3 km au nord de Heredia, ce petit musée géré par l'université nationale présente meubles, textiles, céramiques et autres objets anciens. Le dimanche, le restaurant La Fonda sert des *casados* (8 $US) sur une agréable terrasse en plein air.

Finca Café Britt Visite guidée
(☎2277-1600 ; www.coffeetour.com ; tarif plein avec/sans déj 37/22 $US, étudiant 32/17 $US ; 🕗11h toute l'année, visite supp à 15h en saison ; 👪). Ce torréfacteur,

le plus connu du Costa Rica, organise une visite guidée bilingue de 1 heure 30 de sa plantation, comprenant une dégustation, la projection d'un documentaire et un spectacle sur l'histoire du café. Des visites plus approfondies sont également proposées, ainsi que des forfaits incluant le transport depuis San José (réservez tôt). Si vous conduisez, vous ne pourrez pas manquer les multiples panneaux qui indiquent la *finca* entre Heredia et Barva.

Où se loger et se restaurer

Finca Rosa Blanca Auberge **$$$**

(☎2269-9392 ; www.fincarosablanca.com ; Santa Bárbara ; d petit-déj inclus 305-540 $US ; P @ ☏ ≋). À flanc de coteau, au cœur d'une magnifique plantation de café à 6 km au nord-ouest de Barva, cette collection de suites et de villas, rappelant le style de Gaudí, se cache sous un manteau d'arbres fruitiers qui ombragent des chemins privés. Les 13 chambres en adobe, d'une blancheur étincelante, avec poutres au plafond et balcons privés, sont somptueusement aménagées. L'une d'elles est située au sommet d'une tour (vue à 360°) desservie par un escalier en colimaçon taillé dans un tronc d'arbre. Douchez-vous sous une cascade artificielle, plongez dans la piscine sous la lune, profitez d'un bain biologique agrume-café dans le spa, puis offrez-vous un dîner romantique dans l'excellent restaurant de spécialités locales, comme la truite de montagne au ragoût de maïs. Cartes bancaires acceptées.

Comment s'y rendre et circuler

Des bus circulent toutes les 30 minutes entre Heredia et Barva (0,55 $US, 15 min) et s'arrêtent devant l'église de Barva.

CARTAGO

147 900 HABITANTS

Personne ne se soucia de reconstruire la ville, endommagée par un important tremblement de terre au début du XXe siècle, en respectant son cachet ancien. Comme d'autres villes commerçantes, elle compte nombre de bâtiments fonctionnels en béton. À l'exception, notable, de la **Basílica de Nuestra Señora de los Ángeles**, d'un blanc immaculé – reconstruite après la catastrophe –, qui est visible de nombreux endroits de la cité et domine les édifices alentour.

À voir

Las Ruinas de la Parroquia Vestiges

(Iglesia del Convento ; C. 0, entre Av. 0 et Av. 2). Construite en 1575, cette église dédiée à saint Jacques (Santiago, en espagnol) fut détruite par le tremblement de terre de 1841, rebâtie quelques années plus tard et de nouveau ravagée par un séisme

Python vert, World of Snakes

CHRISTOPHER P. BAKER/GETTY IMAGES ©

MATTHEW D WHITE/GETTY IMAGES ©

À ne pas manquer
Basílica de Nuestra Señora de los Ángeles

Monument le plus important de Cartago – et sanctuaire le plus sacré du Costa Rica –, cette basilique possède une grâce byzantine avec ses beaux vitraux, ses peintures intérieures dorées et ses chapelles décorées dotées d'autels en bois sculpté. Si la structure a changé à maintes reprises depuis sa première construction en 1635, la relique qu'elle contient demeure intacte. **La Negrita** ("Vierge noire"), une petite statue de 1 m sans doute réalisée par un Amérindien, fut trouvée ici le 2 août 1635 par une femme du pays.

INFOS PRATIQUES

Calle 15, entre Avenida 0 et Avenida 1

en 1910. Seuls subsistent aujourd'hui les murs extérieurs, mais les ruines restent un endroit plaisant, malgré la légende prétendant que le fantôme d'un prêtre décapité hante le site les nuits de brouillard.

Où se loger et se restaurer

Les possibilités d'hébergement étant limitées, mieux vaut se rendre à Cartago dans le cadre d'une excursion depuis San José ou Orosi. Pour manger couleur locale, direction les *sodas* ou les étals de denrées alimentaires du Mercado Central. Sinon, des boulangeries et des petits restaurants bordent les Avenidas 0 et 1, au cœur de la ville.

Los Ángeles Lodge B&B **$$**

(☎2591-4169, 2551-0957 ; hotel.los.angeles@hotmail.com ; Av. 1, entre C. 13 et C. 15 ; s 35-40 $US, d 50-65 $US, petit-déj inclus ; ❄ wifi). Doté de balcons donnant sur la Plaza de la Basílica, ce B&B correct dispose de chambres spacieuses et confortables, avec douches chaudes et petit-déjeuner sur commande.

La Puerta del Sol Costaricain **$$**
(**2551-0615 ; Av. 1, entre C. 13 et C. 15 ; plats 8-13 $US ; 8h-22h**). Au rez-de-chaussée du Los Ángeles Lodge, cet agréable restaurant en activité depuis 1957 prépare moult spécialités costaricaines, ainsi que des burgers et des sandwichs.

Depuis/vers Cartago

Bus

Les arrêts de bus pour les destinations suivantes sont disséminés dans la ville.

Orosi (Autotransportes Mata Irola) 0,70 $US ; 40 minutes ; départs toutes les demi-heures de 5h30 à 22h, du lundi au samedi.

San José (Lumaca) 0,85 $US ; 45 minutes ; départs tous les quarts d'heure, entre 5h et minuit.

Turrialba (Transtusa) 1,40 $US ; 1 heure 30 ; départs toutes les 45 minutes de 6h à 22h en semaine, moins fréquents le week-end.

Volcán Irazú 6 $US ; 5 heures A/R ; départ de Cartago vers 8h30, retour vers 12h30.

PARQUE NACIONAL VOLCÁN IRAZÚ

Dominant l'horizon à 19 km au nord-est de Cartago à vol d'oiseau, l'Irazú, dont le nom provient du mot amérindien *ara-tzu* (coup de tonnerre), est le volcan actif le plus vaste et le plus haut (3 432 m) du pays. En 1723, le gouverneur espagnol de la région, Diego de la Haya Fernández, fut le témoin impuissant de l'éruption qui détruisit la ville de Cartago (l'un des cratères porte le nom du gouverneur). Depuis le XVIIIe siècle, 15 éruptions majeures ont été recensées.

L'une des plus mémorables eut lieu en mars 1963, lors d'une visite du président américain John F. Kennedy. Une grande partie de la Vallée centrale fut recouverte d'une couche de cendres volcaniques, atteignant une épaisseur de plus de 500 mm. En 1994, l'Irazú a expulsé un nuage de gaz sulfurique, puis s'est rapidement calmé. Actuellement, le volcan ne laisse plus échapper que quelques fumerolles.

Le parc national fut créé en 1955 afin de protéger un secteur de 23 km² au pied du volcan. Le sommet est un paysage désolé de cratères couverts de cendres volcaniques. Le cratère principal mesure 1,050 km de diamètre et 300 m de profondeur. À côté, le cratère Diego de la Haya, 1 km de diamètre pour 80 m de profondeur, renferme un petit lac.

Depuis/vers le Parque Nacional Volcán Irazú

Le seul bus pour Irazú (9 $US) part de San José à 8h et arrive au sommet vers 10h. Il repart d'Irazú à 12h30.

VALLE DE OROSI

Cette charmante vallée fluviale est réputée pour ses paysages montagneux, ses sources thermales, un lac de barrage, un parc national véritablement sauvage et le café, omniprésent. Une boucle panoramique goudronnée de 32 km serpente à travers un paysage de collines couvertes de plantations de café d'ombre en terrasses et de larges vallées aux villages bucoliques. Cette boucle s'effectue idéalement en voiture (ou à vélo), mais vous pouvez en découvrir la majeure partie avec des bus publics.

Le circuit commence à 8 km au sud-est de Cartago à Paraíso, puis descend vers Orosi, au sud. Là, vous pouvez soit continuer vers le sud jusqu'au Parque Nacional Tapantí-Macizo Cerro de la Muerte ou regagner Paraíso en faisant un crochet par Ujarrás.

Où se loger et se restaurer

Orosi Lodge Auberge **$$**
(**2533-3578 ; www.orosilodge.com ; d/tr 66/77 $US, chalet d/tr/qua 107/124/141 $US ; P**). Tenu par un couple d'Allemands, ce havre de paix comporte 6 chambres lumineuses avec poutres apparentes,

Ci-contre : Parque Nacional Tapantí-Macizo Cerro de la Muerte
Ci-dessous : papillon *Anartia Fatima*
(CI-DESSOUS) MATTHEW D WHITE/GETTY IMAGES © ; (CI-CONTRE) KONRAD WOTHE/GETTY IMAGES ©

carrelage, minibar, cafetière et café bio gratuit. La plupart donnent sur un jardin agrémenté d'une fontaine, et l'une d'elles est accessible en fauteuil roulant. Le café coloré, pourvu d'une jolie terrasse, sert des petits-déjeuners délicieux (8 $US).

À côté, un chalet en duplex de 3 chambres disposant d'un parking et d'une entrée privative peut loger jusqu'à 5 personnes. Une cuisine et un salon confortable occupent le rez-de-chaussée, une suite et une terrasse avec vue splendide sur les volcans Irazú et Turrialba se tiennent à l'étage. En face, une *casita* héberge jusqu'à 4 personnes.

Hotel Quelitales Bungalows **$$$**
(☎2577-2222 ; www.hotelquelitales.com ; d 160-185 $US ; 📶). Inscrits dans un cadre idyllique, ses 4 bungalows chics de style contemporain présentent des chambres spacieuses avec parquet, matelas douillets, douches intérieure et extérieure et terrasses (certaines donnent sur une cascade).

Chacun d'eux porte le nom d'un animal (colibri, toucan...), peint sur une grande toile. Le restaurant (ouvert aux non-résidents le week-end) sert de la truite et des spécialités costaricaines.

Restaurante Coto Costaricain **$$**
(☎2533-3032 ; plats 7-15 $US ; ⌚8h-21h). Sur le côté nord du parc, ce restaurant fondé en 1952 sert une savoureuse cuisine typique dans une salle à manger ouverte sur l'extérieur. Une bonne adresse pour admirer la montagne et savoir ce qui se passe en ville.

PARQUE NACIONAL TAPANTÍ-MACIZO CERRO DE LA MUERTE

Ce **parc national** (adulte/6-12 ans 10/1 $US ; ⌚8h-16h ; 👪) de 580 km², qui protège les versants nord luxuriants de la Cordillera

de Talamanca, est le plus humide du Costa Rica : il reçoit en moyenne 7 000 mm de précipitations par an. Appelé simplement Tapantí, il couvre une contrée sauvage et moussue, arrosée par des centaines de rivières. Les cascades abondent, la végétation est épaisse et les animaux vivent ici en grand nombre, mais on les aperçoit difficilement en raison du terrain accidenté. Le parc a été agrandi en 2000 pour englober le Cerro de la Muerte, ou "mont de la Mort". Ce pic vertigineux constitue le point culminant de l'Interamericana et la limite septentrionale du *páramo,* un habitat de haute altitude composé d'arbustes et de touffes d'herbes, commun dans les Andes, peuplé de rares espèces aviaires. Près de l'entrée du parc, un **espace d'information** (✆2200-0090 ; ⏲8h-16h) fournit des cartes basiques mentionnant deux sentiers conduisant à plusieurs points d'intérêt. La saison "sèche" (janvier-avril) est en principe la meilleure période pour s'y rendre.

ℹ Depuis/vers le Parque Nacional Tapantí-Macizo Cerro de la Muerte

Vous pouvez parcourir en voiture les 11 km qui séparent Orosi de l'entrée, sachant que la route se transforme en piste gravillonnée et bosselée (4x4 conseillé) à mi-chemin, près de la localité de Purisil.

TURRIALBA

31 100 HABITANTS

Après la fermeture du réseau ferroviaire en 1991, l'activité marchande de Turrialba déclina, mais la ville demeura un centre agricole régional, où les planteurs de café locaux apportaient leurs récoltes. Avec l'essor du tourisme dans les années 1990, la bourgade fut bientôt connue pour donner accès à des descentes en raft parmi les meilleures de la planète.
Au début des années 2000, Turrialba était un rendez-vous de rafteurs du monde entier, désireux de dévaler des rapides de

Rafting dans la Vallée centrale

La région de Turrialba constitue un haut lieu du rafting. Le **Río Reventazón** et le **Río Pacuare** étaient traditionnellement les deux fleuves les plus fréquentés, mais le cours du premier a été très affecté par une série de projets hydroélectriques et le sera encore davantage avec l'énorme barrage de 305 MW actuellement en chantier.

En conséquence, la plupart des sorties organisées depuis Turrialba concernent le Río Pacuare, qui offre sans doute les plus belles descentes d'Amérique centrale. Il plonge vers la côte caraïbe à travers une série de gorges spectaculaires couvertes de forêt vierge, passant par des rapides et des secteurs plus calmes qui permettent d'admirer les parois de verdure quasi verticales s'élevant sur des centaines de mètres.

- **Pacuare inférieur** C'est le parcours le plus accessible grâce à des rapides de classes II à IV : 28 km à travers des gorges rocheuses et une jungle préservée, en passant par un village amérindien.

- **Pacuare supérieur** De classes III-IV, il comporte quelques sections qui peuvent passer en classe V selon les conditions. Comptez 2 heures de route pour arriver au point d'accès, mais vous serez récompensé par la traversée d'une jungle splendide.

Le Pacuare est navigable toute l'année, mais la meilleure période s'étend de juin à octobre. D'octobre à décembre, le niveau d'eau est au plus haut avec un courant rapide et d'énormes vagues. Le fleuve est à l'étiage de mars à avril, mais reste difficile.

classe V. Pour le moment, le Río Pacuare est toujours praticable.

À voir

Catie Jardins
(Centro Agronómico Tropical de Investigación y Enseñanza ; ☎2556-2700 ; www.catie.ac.cr ; tarif plein/étudiant/jeune 10/8/6 $US, visite guidée 25-50 $US ; 7h-16h lun-ven, 8h-16h sam-dim). À 2 km à l'est de Turrialba, le Centre agronomique tropical de recherche et d'enseignement couvre 10 km² dédiés à l'agriculture tropicale, et c'est l'un des centres les plus réputés des tropiques. Vous devez réserver pour l'une des visites guidées des laboratoires, des serres, d'une banque de semences, des parcelles d'expérimentation et de la bibliothèque consacrée à l'agriculture tropicale. Sinon, vous pouvez prendre une carte et vous promener seul dans les jardins.

Circuits organisés

De nombreux tour-opérateurs locaux proposent du kayak ou du rafting dans la région. **Costa Rica Ríos (☎2556-8664, au Canada 888-434-0776 ; www.costaricarios.com)** organise, sur réservation, des séjours rafting et kayak d'une semaine. Citons aussi **Locos (☎2556-6035, www.whiteh2o.com)**, **Explornatura (☎2556-0111, au Canada 866-571-2443 ; www.explornatura.com ; Av. 4 entre C. 2 et C. 4)** et **Tico's River Adventures (☎2556-1231 ; www.ticoriver.com)**.

Où se loger et se restaurer

Hostel Casa de Lis Auberge de jeunesse $
(☎2556-4933 ; www.hostelcasadelis.com ; Av. Central près de C. 2 ; dort 10 $US, s/d/tr/qua 36/40/45/50 $US, sans sdb

20/25/35/40 $US ;). De loin le meilleur rapport qualité/prix de Turrialba, cette ravissante adresse centrale de 6 chambres (4 autres étaient en chantier lors de notre passage) réalise le rêve de tout voyageur. Les dortoirs et les doubles impeccables, dotés de matelas confortables et de lampes de chevet individuelles, s'accompagnent d'une cuisine équipée, d'un toit en terrasse donnant sur les volcans et d'un joli jardin à l'arrière. Il y règne une ambiance chaleureuse et quantité d'informations sont disponibles. Petit-déjeuner (6 $US) et service de blanchisserie (8 $US par machine).

Hotel Interamericano Hôtel **$**
(**2556-0142 ; www.hotelinteramericano.com ; Av. 1 près de C. 1 ; s/d/tr/qua 27/37/50/65 $US, sans sdb 12/22/33 /44 $US ; P**). Du côté sud de l'ancienne voie ferrée, cet hôtel modeste est *le* lieu de rendez-vous des rafteurs à Turrialba. Il compte 21 chambres plutôt défraîchies, avec ou sans sdb, dont beaucoup combinent lits superposés et lits standards. Préférez celles à l'étage, plus lumineuses et engageantes – mieux vaut comparer avant de vous décider.

Turrialtico Lodge Lodge **$$**
(**2538-1111 ; www.turrialtico.com ; d petit-déj inclus 58-75 $US ; P**). Aménagé dans une ancienne ferme à 9 km à l'est de Turrialba, près de la route de Siquirres, l'établissement jouit d'une vue panoramique spectaculaire sur la vallée du Río Reventazón. Les 19 chambres lambrissées s'agrémentent de peintures d'artistes locaux. Celles qui occupent le bâtiment de la réception partagent une vaste terrasse aménagée. Un agréable restaurant en plein air propose de la cuisine tica (plats 4-18 $US).

Casa Turire Hôtel de luxe **$$$**
(**2531-1111 ; www.hotelcasaturire.com ; d standard/ste/ste master petit-déj inclus 160/**

Ma sélection

Rafting à Turrialba

PAR DANIEL BUSTOS ARAYA, GUIDE DE SPORTS AQUATIQUES POUR EXPLORNATURA

1 LE RÍO REVENTAZÓN POUR DÉBUTANTS

Le Río Reventazón est divisé en quatre tronçons entre le barrage et l'arrivée à Siquirres. Las Máquinas (centrale électrique) est un parcours de classes II–III idéal en famille, tandis que Florida, le dernier tronçon (et aussi le plus fréquenté) est un beau parcours de classe III avec un peu plus de rapides.

2 PACUARE INFÉRIEUR

Le Río Pacuare n'a pas à rougir de son principal concurrent. Son cours inférieur comme son cours supérieur comportent un bel éventail de rapides. Le Pacuare inférieur est le parcours le plus accessible grâce à des rapides de classes II à IV : 28 km à travers des gorges rocheuses et des canyons isolés, en passant par un village amérindien et la jungle préservée d'où s'échappent les cris d'animaux sauvages.

3 PACUARE SUPÉRIEUR

La partie supérieure du Río Pacuare possède des rapides de classes III à IV et quelques tronçons pouvant passer en classe V selon les conditions. Le départ se situe à environ 2 heures de route : prévoyez un peu plus de temps pour accéder à cet endroit reculé. Mais le voyage en vaut la chandelle, surtout pour la traversée de la jungle la plus dense des environs.

4 LE RÍO REVENTAZÓN POUR LES AMATEURS DE FRISSONS

Si vous avez déjà fait du rafting ou que vous avez confiance en vos capacités physiques et en la rapidité de vos réflexes, ce cours d'eau comprend des tronçons plus difficiles.

Vaut le détour

Monumento Nacional Arqueológico Guayabo

Niché sur le versant boisé d'une colline à 19 km au nord-est de Turrialba, **Guayabo** est le plus important site archéologique du pays : il s'agit des vestiges d'une cité précolombienne qui aurait connu son apogée vers 800, alors qu'elle comptait quelque 20 000 habitants. Aujourd'hui, les visiteurs peuvent découvrir les traces d'anciens pétroglyphes, des plateformes qui supportaient des structures en bois, des rues pavées et un impressionnant réseau d'aqueducs. Ce dernier fut construit avec des rochers provenant du Río Reventazón et tirés le long d'une route pavée de 8 km. Les citernes fonctionnent toujours et le site dispose d'eau potable (en théorie).

Sans doute occupée dès 1000 av. J.-C., Guayabo fut abandonnée vers 1400. Les explorateurs espagnols ne laissèrent aucun document prouvant qu'ils avaient découvert les ruines. Durant des siècles, la cité resta pratiquement intacte sous l'épaisse forêt d'altitude. En 1968, l'archéologue Carlos Aguilar Piedra, de l'université du Costa Rica, entama les premières fouilles systématiques de Guayabo, mettant au jour des poteries polychromes et des artefacts en or, aujourd'hui exposés au Museo Nacional de San José.

En 1973, alors que l'importance du site devenait évidente, Guayabo fut déclaré monument national et des mesures de protection supplémentaires furent instaurées en 1980. Le site occupe 232 ha, dont la majeure partie n'a pas encore été fouillée. Ne vous attendez donc pas à voir des structures impressionnantes, à l'image des pyramides mayas.

En voiture, sortez de Turrialba par le nord et tournez à droite après le pont métallique. Bien indiquée, la route n'est pas asphaltée sur les trois derniers kilomètres – mieux vaut l'emprunter en 4x4.

Des bus quittent Turrialba (0,95 $US, 1 heure) à 6h20, 11h15, 15h10 et 17h30 du lundi au samedi, à 9h et 15h le dimanche. Ils repartent de Guayabo tous les jours à 7h, 12h30 et 16h. Un taxi depuis Turrialba vous coûtera environ 25 $US aller-retour, avec 1 heure sur le site.

250/400 $US, pers supp 25-35 $US, gratuit enfant - de 6 ans ; P ❄ @ ☯ ≋). Parfaitement intégrée dans le paysage, somptueux, cette élégante auberge comprend 16 chambres joliment aménagées, hautes de plafond, avec parquet et lits en fer forgé, et toutes avec balcon ; l'immense suite "master" bénéficie d'un Jacuzzi et d'une vue sur les plantations de café et de noix de macadamia au loin. À cela s'ajoutent un spa, un restaurant et un bar, ainsi que la possibilité de s'adonner à l'équitation, à l'observation des oiseaux et au kayak sur le lac de la propriété.

Restaurant Betico Mata — Grill $

(☎2556-8640 ; Hwy 10 ; gallos 1,80 $US, plats 5-9 $US ; ⏲11h-minuit, plus tard sam-dim). Paradis des carnivores à l'extrémité sud de la ville, le Betico Mata se spécialise dans les *gallos* (tortillas de maïs) garnis de succulentes viandes grillées – bœuf, poulet, porc et saucisses –, préparées dans une marinade maison. Tout cela se marie très bien avec une bière glacée. Un comptoir sur la rue, pratique si vous passez en voiture, vend des en-cas à emporter.

Depuis/vers Turrialba

Une gare routière moderne se situe à la lisière ouest de la ville, près de la Hwy 10.

San José via Paraíso et Cartago 2,80 $US ; 1 heure 45 ; toutes les heures 5h-18h30

Siquirres, correspondance pour Puerto Limón 2,30 $US ; 1 heure 30 ; départs toutes 60-90 minutes 6h-18h

PARQUE NACIONAL VOLCÁN TURRIALBA

Rarement visité, ce volcan actif fut appelé Torre Alba (Tour Blanche) par les premiers colons espagnols, en raison des panaches de fumée qui s'échappaient du sommet.

Fondé en 1955, le parc national protège les alentours du volcan dans un rayon de 2 km. En dessous du sommet, le parc se compose de forêt tropicale d'altitude et de forêt de nuages, humides et moussues, remplies de fougères, de broméliacées et de bosquets de bambous. Bien que restreints, ces habitats protégés abritent 84 espèces d'oiseaux et 11 espèces de mammifères.

Le 30 octobre 2014, le Turrialba a connu sa plus importante éruption depuis celle de 1866, crachant durant plusieurs jours des gaz et des pluies de cendres, ces dernières se répandant jusqu'à 60 km aux alentours. Le cratère avait commencé à donner des signes d'activité depuis 2010, émettant régulièrement quantité de gaz sulfurique et de cendres, endommageant la route d'accès au sommet, tuant la végétation et obligeant le transfert des petites communautés agricoles sur le versant ouest.

Lors de la rédaction de ce guide, le volcan restait sous surveillance et le parc était fermé. Pour connaître les conditions d'accès au moment de votre visite, contactez le **bureau du parc** (☎8704-2432, 2557-6262 ; pnvolcanturrialba@gmail.com ; ⏲8h-15h30). Les autorités prévoyaient d'instituer un tarif supérieur à celui des autres parcs nationaux, tous les visiteurs devant être obligatoirement accompagnés d'un guide officiel.

Pour l'instant, une façon d'approcher la magie du Turrialba consiste à effectuer l'excursion à cheval organisée par **Volcán Turrialba Lodge** (☎2273-4335 ; www.volcanturrialbalodge.com ; 45 $US/pers petit-déj inclus), sur le versant ouest.

Côte caraïbe

Avec son identité bien à part, la côte caraïbe possède une culture complètement différente du reste du pays. Alors que sur la riche côte pacifique le climat ensoleillé et un accès facile ouvraient la voie au développement, la côte caraïbe patientait. La jungle pluvieuse et infestée par le paludisme, qui au début du XVIe siècle a découragé les Espagnols de s'y installer, a isolé la région pendant des siècles. Ainsi la culture régionale, lente fusion naturelle entre les peuples autochtones et les migrants venus des Antilles, a créé cette terre unique au Costa Rica. Aujourd'hui encore, le voyage jusque sur cette côte pour voir les sites de ponte des tortues de Tortuguero ou plonger dans les récifs de Manzanillo demande un peu plus d'efforts, mais le parfum des Caraïbes vaut amplement le déplacement.

Écolodge, Puerto Viejo de Talamanca (p. 134)
BRIAN BAILEY/GETTY IMAGES ©

Côte caraïbe

Santa Clara
Guápiles
Guácimo
247
248
Río Toro
Río Costa Rica
Río Blanco
Río Corinto
Río Sucio
Punta del Riel
San Rafael
Reserva Pacuare-Matina
Río Reventazón
Río Pacuare
Laguna Cuatro
Zona Protectora Acuíferos Guacimo y Pococí
Reserva Cordillera Volcánica Central
32
Siquirres
Batán
Matina
Río Matina
Parque Nacional Volcán Turrialba
Volcán Turrialba (3 328 m)
Volcán Irazú (3 432 m)
Reserva Río Pacuare
10
Portete
PUERTO LIMÓN
Moín
Isla Uvita
Liverpool
Parque Nacional Volcán Irazú
Santa Cruz
Monumento Nacional Guayabo
Parque Nacional Barbilla
Veragua Rainforest Research & Adventure Park
Río Bananito
Pacayas
Turrialba
Pavones
CARTAGO
Cervantes
Zona Protectora Cuenca del Río Banano
Sloth Sanctuary Aviarios del Caribe
Paraíso
Cachí
Cartago
Tuis
Moravia
Río Navarro
Lago de Cachí
Palomo
Reserva Indígena Alto y Bajo Chirripó
Valle de la Estrella
Penshurst
Limón
Río Orosi
Río Estrella
Pandora
Cahuita
3
Parque Nacional Cahuita
Cañon
2
Parque Nacional Tapantí-Macizo Cerro de la Muerte
Río Chirripó
Parque Internacional La Amistad
Reserva Indígena Tayní
Reserva Biológica Hitoy-Cerere
Puerto Viejo de Talamanca
5
2
Playa Chiquita
Punta Uva
4
Punta Mona
Bribrí
Reserva Indígena Cocles/KéköLdi
Manzanillo
Interamericana
San José
Parque Nacional Chirripó
Río Telire
Shiroles
Bratsi
Reserva Indígena Telire
Reserva Indígena Talamanca Cabécar
Reserva Indígena Yorkín
Río Sixaola
Refugio Nacional de Vida Silvestre Gandoca-Manzanillo
División
Cerro Chirripó (3 820 m)
Cordillera de Talamanca
Amubri
Reserva Indígena Talamanca Bribrí
Sixaola
PANAMA
Guabito

Côte caraïbe À ne pas manquer

Parque Nacional Tortuguero

C'est notamment en canoë que l'on parcourt paisiblement les canaux étroits à travers la jungle, en grande partie impénétrable, et les vastes mangroves du Tortuguero (p. 124). Avec, à la clé, la possibilité d'apercevoir une faune et une avifaune exceptionnelles : caïmans, oiseaux uniques, rares loutres de rivière et groupes de singes faisant bruire les feuilles.

1

2 Puerto Viejo de Talamanca

Sans aucun doute, Puerto Viejo (p. 134) est le cœur culturel de la côte caraïbe. Fier bastion sonore de la culture rasta, Puerto Viejo séduit en nombre les touristes grâce à sa musique et ses spécialités aux influences jamaïcaines. Quand vous n'êtes pas en train d'écouter du reggae ou de déguster du poulet à la jamaïcaine, détendez-vous sur une plage de rêve en sirotant une noix de coco fraîche.

CYRIELLE BEAUBOIS/GETTY IMAGES ©

3 Cahuita

Cahuita (p. 127) est loin d'être aussi développée que Puerto Viejo de Talamanca, et ses habitants l'aiment ainsi. Elle offre cette touche de précieuse authenticité qui fait défaut à sa voisine plus délurée et sert de base pour l'exploration du remarquable parc national éponyme. Raton crabier, Parque Nacional Cahuita (p. 133)

CHRISTIAN ASLUND/GETTY IMAGES ©

4 Manzanillo

Manzanillo (p. 140) dégage les meilleures ondes positives de la région. Traditions, récif et forêt tropicale humide mettent en valeur cette petite bourgade. Qu'importe vos origines, ici on se fait vite des amis. Tout est facile d'accès à pied, à la nage ou en barque, et le village se montre à la hauteur de son slogan : à Manzanillo, au minimum vous aurez le meilleur.

5 Salsa Brava

Cette vague mythique avale et recrache les surfeurs depuis des générations. Juste au large de Puerto Viejo, la Salsa Brava (p. 136) tient son nom d'une sauce épicée qui vient rappeler la difficulté et la dangerosité (avec son lot de planches et de bras cassés) de ce mur d'eau venant s'écraser contre le récif.

La côte caraïbe : le best of

Balades

- **Parque Nacional Tortuguero** Une balade en bateau sur ses canaux est incontournale. (p. 124)
- **Manzanillo** Pour en profiter pleinement, descendez la côte à vélo depuis Puerto Viejo. (p. 140)
- **Sloth Sanctuary of Costa Rica** Courtes promenades fluviales et rencontre avec d'adorables bébés paresseux. (p. 131)
- **Parque Nacional Cahuita** Une promenade paisible dans ce parc côtier pour observer des paresseux, des oiseaux et la beauté sauvage de la côte. (p. 133)

Grand luxe

- **Tortuga Lodge & Gardens** Explorez le jardin privatif de plusieurs hectares de ce havre de paix à Tortuguero. (p. 120)
- **Cashew Hill Jungle Cottages** Une adresse isolée, à l'écart de l'animation de Puerto Viejo. (p. 138)
- **Congo Bongo** Séjour au beau milieu d'une ancienne plantation de cacao. (p. 140)
- **Playa Negra Guesthouse** Une oasis verdoyante face à une plage de sable noir. (p. 130)

Panoramas

- **Parque Nacional Tortuguero** Vue panoramique sur la merveilleuse nature environnante à bord d'un canoë. (p. 124)
- **Parque Nacional Cahuita** Coucher du soleil sur la côte caraïbe. (p. 133)
- **Salsa Brava** À défaut de surfer la vague, observer ceux qui s'y mesurent procure de belles sensations. (p. 136)
- **Refugio Nacional de Vida Silvestre Gandoca-Manzanillo** Randonnées et panoramas rien que pour soi sur la mer. (p. 141)

Restaurants

- **Sobre Las Olas** Fruits de mer les pieds dans l'eau, dans une ambiance détendue et romantique. (p. 132)
- **Stashu's con Fusion** Un mariage enivrant de saveurs caribéennes, indiennes, mexicaines et thaïes. (p. 138)
- **Selvin's Restaurant** Le poulet *caribeño*, concentré parfait des saveurs des Caraïbes. (p. 139)
- **La Pecora Nera** Bougies et spécialités italiennes pour un plaisir romantique haut de gamme. (p. 139)

Page de gauche : papillon, Manzanillo
Ci-dessus : Parque Nacional Tortuguero (p. 124)

Ce qu'il faut savoir

ADRESSES UTILES

- **Tortuguero Information** (www.tortugueroinfo.com). Renseignements touristiques actualisés et adresses sur le village de Tortuguero et le parc national.
- **Cahuita.CR** (www.cahuita.cr). Informations pratiques sur les hébergements et les restaurants à Cahuita.
- **Puerto Viejo Satellite** (www.puertoviejosatellite.com). Adresses, plan et informations sur Puerto Viejo.

COMMENT CIRCULER

- **Vélo** Le meilleur moyen pour voyager de Puerto Viejo à Manzanillo, avec des pauses pour observer les singes ou pique-niquer et siroter des smoothies sur la plage.
- **Bateau** La seule façon d'accéder au Parque Nacional Tortuguero.
- **Bus** La côte caraïbe est bien desservie en bus, ce qui rend accessoire la location d'une voiture.
- **À pied** Toutes les plages invitent à de longues balades à la pêche aux trouvailles.

MISES EN GARDE

- **Délinquance** Puerto Limón ne présente en principe pas de dangers pour les étrangers, mais peut être un peu louche le soir venu. Ne vous baladez pas seul la nuit et restez simplement sur vos gardes.
- **Contre-courants** Parfois dangereux sur certaines plages de la côte caraïbe. Prenez garde aux alertes sur place.

À PRÉVOIR

- **Un mois avant** Dans le cas d'une formule tout compris en lodge à Tortuguero, réservez votre chambre. Ces formules incluent généralement les transferts depuis/vers San José.
- **Deux semaines avant** La visite du Parque Nacional Tortuguero, excentré, ne s'improvise pas. Étudiez les moyens de transport si vous comptez vous y rendre par vos propres moyens, surtout si vous disposez de peu de temps.

Suggestions d'itinéraires

La plupart des touristes mettent directement le cap sur les vagues du Pacifique. Pourtant, la côte caraïbe offre une perspective culturelle totalement différente. Elle égrène ses atouts au bord d'une mer calme pour un séjour balnéaire aussi tranquille que relaxant.

3 JOURS

DE PUERTO VIEJO DE TALAMANCA À LA FRONTIÈRE PANAMÉENNE

PUERTO VIEJO ET SES ENVIRONS

Si vous ne pouvez passer que quelques jours sur la côte caraïbe, un conseil, faites de ❶ **Puerto Viejo de Talamanca** (p. 134) votre première étape. La principale station balnéaire de la région donne un bon aperçu de la culture afro-caribéenne et elle constitue un point de chute pratique pour accéder aux sites à proximité, sans compter qu'elle sait faire la fête. De San José, le voyage en bus direct ne dure que quelques heures. Les surfeurs confirmés auront probablement envie d'exécuter des prouesses à Salsa Brava, tandis que les moins expérimentés pourront descendre la côte vers les rouleaux plus cléments de la Playa Cocles. En fin de journée, mettez-vous à l'heure caribéenne grâce à l'excellente cuisine régionale au rythme du reggae. Vous avez de l'énergie à revendre ? Louez un vélo pour parcourir la route de 13 km bordée de plages frangées de palmiers jusqu'au village idyllique de ❷ **Manzanillo** (p. 140), avec au programme du snorkeling, de la plongée et du kayak. Concluez ce périple de rêve en partant à la découverte des animaux du ❸ **Refugio Nacional de Vida Silvestre Gandoca-Manzanillo** (p. 141) qui s'étire jusqu'à la frontière avec le Panama.

5 JOURS

DE PUERTO LIMÓN AU PARQUE NACIONAL TORTUGUERO
DÉCOUVERTE DE TORTUGUERO

Si vous avez un peu plus de temps et l'esprit d'aventure, délaissez le confort pour explorer le parc national le plus sauvage de la région. Entre l'observation des tortues de mer, ou celle des caïmans et des crocodiles en canoë, Tortuguero est, à juste titre, comparé à une mini-Amazonie : incontournable pour les inconditionnels de la nature.

Même si le farniente ne vous tente guère, débutez votre circuit dans la ville portuaire de 1 **Puerto Limón** (p. 114) pour découvrir l'histoire complexe de la plus grande ville de la côte caraïbe. Rejoignez ensuite, près de là, la gare maritime de 2 **Moín** (p. 115), véritable point de départ de votre voyage. Longez en bateau la côte sillonnée de canaux jusqu'au village reculé de 3 **Tortuguero** (p. 116). Bien que ses racines vivaces afro-caribéennes et ses colonies de tortues de mer en fassent une destination à part entière, n'hésitez pas à poursuivre le voyage dans la jungle et la mangrove du 4 **Parque Nacional Tortuguero** (p. 124) voisin. Lieu privilégié pour assister à la ponte des tortues ou observer des grenouilles et des amphibiens à foison, ce parc naturel est à des années-lumière des stations balnéaires retouchées situées plus au sud.

Refugio Nacional de Vida Silvestre Gandoca-Manzanillo (p. 141)

…ouvrir …a côte caraïbe

Les incontournables

- **Puerto Limón** La principale ville portuaire de la côte caraïbe vit aux rythmes afro-caribéens.
- **Village de Tortuguero** (p. 116) Au cœur des merveilles naturelles de la côte caraïbe.
- **Puerto Viejo de Talamanca** (p. 134) La florissante capitale culturelle de la région.
- **Manzanillo** (p. 140) Un village du sud de la côte, hors des sentiers battus.

Héron, Parque Nacional Tortuguero (p. 124)
HOLGER LEUE/GETTY IMAGES ©

PUERTO LIMÓN

61 100 HABITANTS

Capitale de la province du même nom et plus grande ville de la côte caraïbe, Limón est aussi le berceau de la United Fruit. Par bien des aspects, ce port affairé est en marge du reste du pays. Par manque historique de soutien politique et financier du gouvernement fédéral, Limón est une ville qui vieillit mal. Malgré ses défauts, elle est plus sûre pour les touristes que ce que veulent bien vous faire croire les Ticos de San José, et elle affiche un cachet et des traditions afro-caribéens chaleureux.

À voir

Parque Vargas Parc

Ce parc sur le front de mer, sans être exceptionnel, ne manque pas de charme, avec son vieux kiosque, ses bosquets de verdure et ses allées ombragées de palmiers.

Playa Bonita Plage

La Playa Bonita, à 4 km au nord-ouest de la ville, sur l'itinéraire du bus Limón-Moín, est une belle étendue de sable offrant de bons lieux de baignade. Les surfeurs y viennent pour son *point break*, sur lequel se forme une gauche puissante (et parfois dangereuse). Les plus chevronnés préféreront la redoutable vague de récif de Isla Uvita, rocher verdoyant à 1 km du rivage.

Où se loger et se restaurer

Park Hotel Hôtel **$$**

(☎2798-0555 ; www.parkhotellimon.com ; Av. 3 entre C. 1 et C. 2 ; s/d standard 55/74 $US, superior 64/90 $US, deluxe 77/103 $US ; P ❄ @ ☎).

Puerto Limón

Le meilleur hôtel au cœur de la ville compte 32 chambres dans un bâtiment jaune délavé, face à l'océan. Carrelées et soignées, elles ont chacune une sdb (eau chaude). Les chambres de catégorie "superior" et deluxe donnent sur la mer et sont dotées de balcons privatifs. L'hôtel abrite aussi le restaurant le plus chic du centre.

Caribbean Kalisi Coffee Shop Caribéen $

(☎2758-3249 ; C. 6 entre Av. 3 et 4 ; plats à partir de 5 $US ; ⏲7h-20h lun-ven, 8h-19h30 sam, 8h-17h dim). Ce modeste et agréable comptoir familial propose des assiettes de riz à la noix de coco ou de haricots rouges et des plats du jour variés – délicieuses spécialités caribéennes à base de viande ou végétariennes. Également conseillé le matin pour ses petits-déjeuners à la carte abordables et son excellent *café con leche* (café au lait).

Depuis/vers Puerto Limón

Les bateaux en provenance ou à destination de San José, Moín, Guápiles et Siquirres arrivent au **Terminal Caribeño** (Av. 2 entre C. 7 et C. 8) du côté ouest du stade de baseball.

Les bateaux vers Tortuguero (Tracasa ; 0,60 $US, 20 min) partent du **port de Moín** toutes les heures de 5h30 à 18h30.

Les bus pour San José (Autotransportes Caribeños ; 6,30 $US, 3 heures) partent toutes les demi-heures de 5h à 19h.

Puerto Limón

À voir

1 Parque Vargas.......D2
2 Digue.......C1

Où se loger

3 Park Hotel.......C2

Où se restaurer

4 Caribbean Kalisi Coffee Shop.......B2

MOÍN

À seulement 8 km au nord-ouest de Puerto Limón, le complexe portuaire de Moín est le principal lieu d'embarquement ; on y trouve des bateaux pour Parismina ou Tortuguero.

Depuis/vers Moín

La traversée par bateau jusqu'à Tortuguero peut prendre entre 3 et 5 heures, selon le nombre d'arrêts pour permettre aux passagers d'observer la faune (de nombreux circuits prévoient aussi une pause déjeuner). Mais cela vaut la peine de prendre son temps. Le long des canaux qui s'enfoncent dans la jungle, on croise des singes hurleurs, des crocodiles, quelques paresseux tridactyles et une nuée d'oiseaux aquatiques, notamment des spatules rosées.

Le trajet est le plus souvent emprunté par des bateaux touristiques. Lorsque des jacinthes d'eau ou un amas de troncs obstruent les canaux, le service peut être interrompu. Les horaires (théoriques) changent fréquemment, en fonction de la demande.

Bus

Depuis Puerto Limón, des bus Tracasa pour Moín (0,60 $US, 20 min) partent du Terminal Caribeño toutes les heures entre 5h30 et 18h30 (moins fréquemment les samedis et dimanches). Descendez avant le pont. Si vous êtes en voiture, mieux vaut la laisser dans un parking surveillé à Limón.

CARIARI

Au nord de Guápiles, Cariari, ville ouvrière à l'ambiance âpre et rude, vit de la culture bananière. La plupart des touristes passent par ici pour se rendre à Tortuguero – si c'est votre cas, sachez que Cariari est votre dernière chance de retirer des espèces.

Depuis/vers Cariari

Les bus à destination de San José (3,35 $US, 2 heures) partent de l'*estación nueva* (nouvelle gare) à 7h30, 9h, 11h30, 13h, 15h et 17h30.

VILLAGE DE TORTUGUERO

Situé aux confins du Parque Nacional Tortuguero (p. 124), accessible uniquement par voie aérienne ou maritime, ce village animé aux racines afro-caribéennes est célèbre pour ses colonies de tortues (Tortuguero signifie "le lieu des tortues") et les groupes de touristes venus les observer. Bien que la saison des tortues batte son plein de juillet à août, le parc et le village attirent désormais des voyageurs toute l'année. Même en octobre, lorsque les tortues ont presque toutes regagné le large, des caravanes de familles et de voyageurs avides d'aventure affluent pour s'adonner à la randonnée et se promener en kayak sur les canaux alentour.

Village de Tortuguero
JOE LASKY/GETTY IMAGES ©

Activités

BÉNÉVOLAT

Sea Turtle Conservancy Bénévolat
(☎2709-8091 ; www.conserveturtles.org ; 2 $US). À environ 200 m au nord du village, la première organisation de protection des tortues dirige un centre de recherche qui compte un centre d'accueil et un musée. Les expositions concernent les tortues et une vidéo de 20 minutes évoque l'histoire de la préservation des tortues locales.

Canadian Organization for Tropical Education & Rainforest Conservation Bénévolat
(COTERC ; ☎2709-8052 ; www.coterc.org). Cette organisation à but non lucratif gère l'Estación Biológica Caño Palma, à 7 km au nord du village de Tortuguero. Ce petit centre de recherche biologique dirige aussi un programme de bénévolat. Les participants aident à l'entretien du centre et aux projets de recherche en cours : protection des tortues de mer, surveillance des oiseaux et inventaire des divers animaux et plantes. Téléphoner avant pour prendre rendez-vous.

PROMENADES EN BATEAU ET EN CANOË

Les déplacements en bateau non motorisé sont le meilleur moyen d'observer les animaux tout en explorant les voies d'eau des environs. Quantité de prestataires louent des kayaks et des canoës, et proposent des circuits en bateau.

RANDONNÉE

Les randonneurs peuvent suivre le sentier autoguidé El Gavilán (non loin du poste des gardes forestiers de Cuatro Esquinas), longer la plage sur le sentier côtier, au nord du village, qui mène à l'aéroport, ou se promener sur la plage en journée. D'autres sentiers parcourent les alentours et l'intérieur du parc, mais louer les services d'un guide est obligatoire pour ces derniers. Renseignez-vous auprès des agences indiquées ci-après. La randonnée de nuit est interdite dans le parc.

Environs de Tortuguero

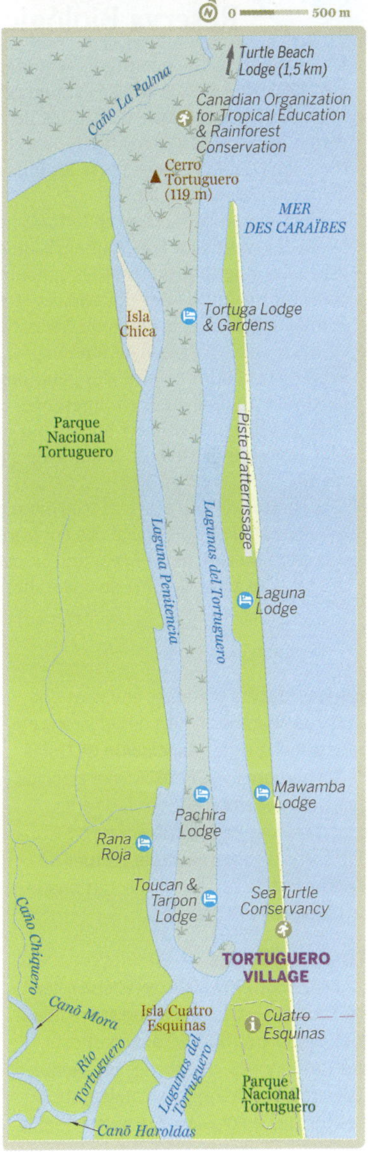

Circuits organisés

Dans toute la ville, des panneaux installés par différents guides invitent à explorer les canaux ou à observer les tortues. Les deux

Vaut le détour
Reserva Biológica Hitoy-Cerere

Une soixantaine de kilomètres seulement au sud de Puerto Limón, **Hitoy-Cerere** (2795-3170 ; 6 $US ; 8h-16h) est une réserve sauvage et peu visitée. Ses 99 km² s'étendent sur les flancs de la Cordillera de Talamanca, un territoire à l'altitude variée, caractérisé par ses forêts sempervirentes et ses torrents bouillonnants. C'est sans doute l'un des parcs les plus arrosés du pays, avec 4 000 à 6 000 mm de précipitations par an.

La faune prospère dans cette forêt humide. Les mammifères que l'on y croise le plus souvent sont l'opossum gris quatre-yeux, le tayra (ou martre à tête grise), les singes hurleurs et les capucins. Les amateurs d'ornithologie pourront observer quelques-unes des 230 espèces aviaires qu'abrite la région, notamment le toucan à carène, la chouette à lunettes et le martin-pêcheur vert. Difficile de manquer le cassique de Montezuma, dont les énormes nids oscillent entre les arbres, suspendus comme des pendules végétaux. Dans cette moiteur ambiante, la réserve abonde aussi en différentes espèces de grenouilles dendrobates.

La réserve naturelle est bordée par certains des territoires amérindiens les plus isolés du pays. Il est possible de s'y rendre accompagné d'un guide de la région.

À l'entrée de la réserve se trouve un poste des gardes forestiers avec des toilettes, seul site aménagé des environs. De là, part un sentier de 9 km en direction du sud, qui mène à une cascade. Attention, il est escarpé, glissant et mal entretenu. Le port de chaussures de randonnée est conseillé.

agences les plus pratiques et fiables ont un bureau dans les hôtels des environs et dans le kiosque de l'**Asociación de Guías de Tortuguero** (2767-0836 ; www.asoprotur.com) près de l'embarcadère. Les tarifs sont d'environ 25 $US/personne pour une sortie d'observation des tortues de 2 heures, et de 20-35 $US la promenade en bateau de 2-3 heures.

Tinamon Tours Circuits organisés
(8842-6561, 2709-8004 ; www.tinamontours.de). Barbara Hartung, zoologiste résidant à Tortuguero depuis 20 ans, propose des randonnées, des sorties en canoë, des circuits culturels ou d'observation des tortues en plusieurs langues, dont le français.

Castor Hunter Thomas Circuits organisés
(8870-8634 ; castorhunter.blogspot.com ; Soda Doña María). Excellent guide local résidant à Tortuguero depuis 40 ans et en activité depuis plus de 20 ans. Randonnées, observation des tortues et sorties en canoë. Contactez Castor à la Soda Doña María.

Ballard Excursions Circuits organisés
(www.tortuguerovillage.com/ballardexcursions). Ross Ballard, un Canadien, mène des randonnées de 3 heures 30 axées sur la biologie et l'écologie de la forêt tropicale, où vivent de nombreuses espèces animales, au pied du Cerro Tortuguero, sommet le plus haut de la région.

Don Chico Tours Circuits organisés
(2709-8033). Ce guide local bien établi met sur pied des randonnées et des sorties en canoë. Repérez son panneau après le Miss Miriam's restaurant (vers la plage, côté nord du terrain de football).

Où se loger

VILLAGE DE TORTUGUERO

En plus des options indiquées ci-après, le village compte un grand nombre de *cabinas* (bungalows) qui facturent à partir de 18 $US pour une double.

Princesa del Mar Cabinas **$**

(☎2709-8131 ; albertovr2206@hotmail.com ; ch 10 $US/pers, avec petit-déj 15 $US ;). Faisant face à l'océan, cet établissement est d'un excellent rapport qualité/prix pour les voyageurs à petit budget. La structure couverte de bardeaux compte 22 chambres sommaires en ciment et bois donnant sur un jardin doté de 2 piscines (dont une réservée aux enfants). Le restaurant, qui surplombe l'océan, sert des plats tico-caribéens. À 50 m à l'est du poste de la Guardia Rural, dans la rue principale, ou à 100 m de la plage en partant du terrain de football.

Casa Marbella B&B **$$**

(☎2709-8011, 8833-0827 ; casamarbella.tripod.com ; avec petit-déj s 35-60 $US, d 40-65 $US, 10 $US/pers supp ; @). Ce B&B situé au cœur du village, fort d'une agréable et vaste terrasse en bord de canal, est de loin le plus plaisant de Tortuguero. Les 10 chambres sont lumineuses, équipées de ventilateurs au plafond et de sdb impeccables. Copieux petit-déjeuner servi au bord de l'eau.

Hotel Miss Junie Cabinas **$$**

(☎2709-8102 ; www.iguanaverdetours.com ; s/d standard 45/50 $US, supérieure 55/65 $US, avec petit-déj ;). Hébergement le plus ancien de Tortuguero, ce vaste domaine ombragé par des palmiers est doté de hamacs et de fauteuils en bois qui invitent à la détente. Aménagées dans un édifice de style colonial, les chambres, impeccables, sont décorées avec goût de boiseries et de couvre-lits colorés.

Celles à l'étage partagent un frais balcon surplombant le canal. À l'extrémité nord de la route principale.

NORD DU VILLAGE

Si les établissements situés au nord du village logent essentiellement les voyageurs qui participent à des circuits organisés haut de gamme, la plupart acceptent malgré tout les clients arrivant à l'improviste s'il reste des chambres. Les tarifs incluent en principe la pension complète, les trajets en bateau, les promenades à pied et les transferts depuis/vers San José.

Toucan & Tarpon Lodge Cabinas **$**

(☎8524-1804 ; www.toucanandtarpon.com ; s/d/tr/qua avec petit-déj 30/40/45/50 $US). Juste en face de Tortuguero, de l'autre côté de la rivière, cette adresse a été ouverte fin 2013 par Jeff et Sue, des Canadiens. Les 3 *cabinas* sans prétention, qui peuvent accueillir entre 2 et 4 personnes, sont dotées de l'électricité solaire et de tissus guatémaltèques.

Cassique de Montezuma

JUDY BELLAH/GETTY IMAGES ©

Autres points forts : délicieux petit-déjeuner maison, cuisine commune avec étagère à épices, prêt de canoës et excellente possibilité d'observer les animaux (singes, paresseux, toucans) dans les arbres alentour.

Rana Roja Lodge **$$**

(**☎2223-1926, 2709-8260 ; www.tortugueroranaroja.com ; ch/cabina avec petit-déj 40/45 $US par personne, ch ou cabina pension complète 60 $US/pers ;** @ 📶 🏊). Cet établissement tico est l'une des affaires de Tortuguero, surtout pour les voyageurs en solo. Des passerelles relient les 12 chambres impeccables et les 5 *cabinas* sur pilotis, avec terrasse particulière et rocking-chairs. Toutes ont des sols carrelés, des douches chaudes et une vue splendide sur la jungle. Des kayaks sont gracieusement mis à la disposition des résidents, ainsi que la piscine de l'Evergreen Lodge, voisin.

Tortuga Lodge & Gardens Lodge **$$$**

(**☎2521-6099, 2257-0766 ; www.tortugalodge.com ; ch 138-238 $US, forfait 2 nuits adulte/enfant 548/348 $US ;** 📶 🏊). Géré par Costa Rica Expeditions, ce lodge est entouré de 20 ha de jardins, juste en face de la piste d'atterrissage de Tortuguero, de l'autre côté du canal. La sérénité des lieux et ses 27 chambres sobres exhalant un charme XIXe siècle en font l'établissement le plus huppé de Tortuguero. Des sentiers sillonnent le domaine, qui comprend une piscine au bord de la rivière, un bar et un restaurant.

Laguna Lodge Lodge **$$$**

(**☎2272-4943 ; www.lagunatortuguero.com ; forfait 2 nuits adulte/enfant 299/150 $US ;** 📶 🏊). Ce vaste lodge, bien aménagé et décoré de splendides œuvres en mosaïque, compte 110 chambres élégantes, hautes de plafond, complétées de terrasses où sont disposés des rocking-chairs en cuir de Sarchí. Il possède aussi un restaurant, 2 bars (l'un donnant sur la rivière, l'autre sur la piscine), un salon de massage, un terrain de foot et une réception à la Gaudí.

Pachira Lodge Lodge **$$$**

(**☎2257-2242, 2256-6340 ; www.pachiralodge.com ; forfait 2 nuits adulte/enfant 299/150 $US ;**

Parque Nacional Braulio Carrillo

EDUCATION IMAGES/UIG/GETTY IMAGES ©

Vaut le détour
Parque Nacional Braulio Carrillo

Peu connu des touristes, ce parc national donne une idée de ce qu'était le Costa Rica avant les années 1950, lorsque les trois quarts du pays étaient encore envahis de forêt. Les collines escarpées, dominées par des arbres immenses, sont entaillées par des canyons ponctués de chutes d'eau. Le lieu possède une remarquable biodiversité, favorisée par de grandes variations d'altitude, entre la forêt de nuages baignée dans la brume, à 2 906 m près du Volcán Barva, et les terres luxuriantes sur le versant caraïbe. Situé à 30 minutes au nord de San José, ce vaste parc est aussi appréciable pour son accessibilité.

Fondé dans les années 1970, le Braulio Carrillo fut le résultat d'un compromis historique entre les écologistes et les promoteurs. À l'époque, le gouvernement avait annoncé son intention de construire une nouvelle autoroute entre la capitale et Puerto Limón. Pour relier San José et son port principal, seuls existaient alors un chemin de fer à moitié en ruine et une route cantonale desservant Cartago et Turrialba. Pour le nouvel axe, le seul tracé possible empruntait un col de basse altitude entre les volcans Barva et Irazú – une zone couverte de forêt primaire. La route (et ses diverses infrastructures) allait ainsi traverser le bassin versant de San José, au grand dam des écologistes. Un projet fut donc élaboré : la route serait construite, encadrée par 475 km² de terrain classé parc national. C'est ainsi que le Parque Nacional Braulio Carrillo vit le jour en 1978.

). Cette vaste propriété, qui s'étend sur un terrain paysager de 5 ha, est prisée des familles pour ses 88 chambres logeant jusqu'à 4 personnes (avec berceaux et lits d'enfants) et sa piscine en forme de tortue. Les chambres, impeccables et peintes dans des couleurs vives, sont aménagées dans des bungalows en bois et partagent des terrasses communes.

Mawamba Lodge Lodge **$$$**
(2293-8181, 2709-8181 ; www.mawamba.com ; forfait 2 nuits adulte/enfant 299/150 $US ;). Doté de billards et de baby-foot, d'une piscine en mosaïque et de jardins de papillons et de grenouilles, ce lodge, facilement accessible à pied depuis la ville, est niché entre le canal et la principale plage de Tortuguero où pondent les tortues. Chambres lambrissées dotées de lits fermes, de ventilateurs, de grandes sdb avec eau chaude, et véranda avec hamacs et rocking-chairs.

Où se restaurer

Taylor's Place Caribéen **$**
(plats 7-10 $US ; 18h-20h30). Atmosphère sans chichis et cuisine de haut vol sont au rendez-vous dans cet établissement situé dans une petite rue au sud-ouest du terrain de football. Le jardin attrayant, doté de bancs de pique-nique et éclairé de lanternes en papier colorées, est le cadre idéal où déguster les chefs-d'œuvre culinaires de Ray Taylor, le chef sympathique. Parmi les spécialités de la maison figurent le bœuf sauce au tamarin, le poisson grillé sauce à l'ail et les cocktails de fruits, alcoolisés ou non.

Miss Miriam's Caribéen **$**
(plats 9,50 $US ; 8h-21h). Une petite option au nord du terrain de football qui concocte des spécialités locales savoureuses, dont des côtelettes de porc, du poisson et du poulet bien épicés des Caraïbes.

Ci-dessous : rainette aux yeux rouges, Parque Nacional Tortuguero (p. 124)
Ci-contre : balade sur un canal, Parque Nacional Tortuguero (p. 124)

Miss Junie's Caribéen **$$**
(**☎2709-8029 ; plats 13-20 $US ; ⌚7h-9h, 12h-14h et 18h-21h**). Au fil des ans, ce qui n'était au départ qu'une modeste cuisine privée est devenu le restaurant le plus connu de Tortuguero. Les prix ont augmenté en conséquence, mais la carte reste fidèle à ses débuts : poulet, poisson et homard entier sublimés de sauces caribéennes et accompagnés de riz à la noix de coco et de haricots. À l'extrémité nord de la route principale.

Wild Ginger Fusion **$$**
(**☎2709-8240 ; www.wildgingercr.com ; plats 8-26 $US ; ⌚12h-21h**). Dirigée par un couple tico-californien, cette adresse à l'éclairage tamisé, près de la plage qui s'étend au nord du village, est spécialisée dans la cuisine fusion. Goûtez le *ceviche* au homard et à la mangue, le ragoût de bœuf caribéen et crème brûlée aux fruits de la passion. À 150 m au nord de l'école élémentaire.

ℹ Depuis/vers Tortuguero

Avion

La petite piste d'atterrissage est à 4 km au nord de Tortuguero. **Nature Air** (**☎2299-6000 ; www.natureair.com**) assure, tôt le matin, une liaison quotidienne depuis/vers San José et relie La Fortuna 2 fois par semaine. Des vols charters réguliers y atterrissent également.

Bus et bateau

L'itinéraire habituel pour rejoindre Tortuguero avec les transports publics est de prendre le bus de San José jusqu'à Cariari puis jusqu'à La Pavona, d'où un bateau conduit à Tortuguero. Sinon, Tortuguero est accessible par bateau privé au départ de Moín, près de Puerto Limón sur la côte caraïbe.

Depuis San José via Cariari

Depuis San José, prenez le bus de 6h10, 9h ou 10h30 pour Cariari (3 heures) au Gran Terminal del Caribe. À Cariari, vous arrivez à une gare routière à l'extrémité sud de la ville (l'*estación nueva*). De là, marchez ou montez dans un taxi à 500 m au nord pour l'*estación vieja* (ancienne

gare), autrefois appelée Terminal Caribeño. Là, vous pourrez prendre un bus local Coopetraca (2,20 $US, 6h, 9h, 11h30 et 15h) jusqu'à La Pavona, puis embarquer dans un bateau (3,20-4 $US) pour Tortuguero. Au retour, les bateaux partent tous les jours de Tortuguero pour La Pavona à 5h30, 9h, 11h et 14h45, où est assurée une correspondance avec les bus pour Cariari, au départ de l'embarcadère de La Pavona.

Depuis Moín

Moín-Tortuguero est surtout une ligne touristique. Même s'il n'existe aucun horaire fiable, des bateaux circulent régulièrement sur les canaux. Ils partent alors généralement à 10h dans les deux directions et demandent 30-40 $US pour la traversée de 3 à 5 heures. Si vous le demandez à l'avance, ces bateaux marquent l'arrêt à Parismina (aller simple au départ de Tortuguero ou de Moín 25 $US). N'oubliez pas qu'il faut de 24 à 48h pour organiser un transport, particulièrement en basse saison. Pour continuer vos déplacements au-delà de Moín, prenez un bus local (0,60 $US, 20 min) jusqu'à la gare routière de Puerto Limón.

Basées à Tortuguero, les agences **Tropical Wind** (**☎8327-0317, 2798-6059**) et **Viajes Bananero** (**☎2709-8005 ; aller 35 $US/pers**) couvrent cette ligne. Sinon, vous pouvez passer par les compagnies qui opèrent depuis Puerto Limón.

Liaisons bus-bateau

Si vous préférez confier à d'autres le soin de l'organisation, des liaisons pratiques bus-bateaux peuvent vous conduire en seulement quelques heures de San José à Tortuguero, ou dans la partie sud de la côte caraïbe, via Arenal-La Fortuna. Les agences qui organisent ces voyages proposent généralement un minibus jusqu'à La Pavona ou Moín, où des bateaux attendent pour assurer la fin du trajet. Il s'agit d'un mode de déplacement relativement bon marché et peu contraignant, puisque vous n'aurez à acheter qu'un seul billet et que des guides vous aideront à faire votre correspondance bus-bateau.

Jungle Tom Safaris (**☎2221-7878 ; www.jungletomsafaris.com**). Propose des liaisons (allers simples) de Tortuguero à San José (17 $US), à Cahuita (39 $US), à Puerto Viejo (39 $US) et à Arenal-La Fortuna (55 $US), ainsi que des circuits d'une journée tout compris (99 $US), des forfaits 2 jours (à partir de 120 $US) et des forfaits 2 nuits (à partir de 152 $US).

Droits d'entrée au parc national Tortuguero

L'entrée au parc national est payante à chacune des visites. Si vous prévoyez d'effectuer plusieurs activités dans l'enceinte du parc, vous pourrez économiser en les regroupant la même journée ; par exemple, si vous faites un circuit en bateau tôt le matin et une randonnée le long du El Gavilán dans l'après-midi, vous ne paierez les droits d'entrée qu'une seule fois.

Caribe Shuttle (☎8849-7600, 2750-0626 ; **caribeshuttle.com/from-tortuguero**). Liaisons au départ de Puerto Viejo (65 $US) et Arenal-La Fortuna (55 $US).

Riverboat Francesca Nature Tours (☎2226-0986 ; **www.tortuguerocanals.com**). Liaisons au départ de San José jusqu'à Tortuguero via Moín (75 $US, déjeuner inclus), ainsi que des forfaits comprenant l'hébergement.

Exploradores Outdoors (☎2222-6262 ; **www.exploradoresoutdoors.com**). Forfaits plus onéreux qui incluent le transport au départ de San José, Puerto Viejo ou Arenal-La Fortuna, une sortie en rafting d'une demi-journée sur le Río Pacuare, et l'hébergement à Tortuguero.

PARQUE NACIONAL TORTUGUERO

S'il fallait qualifier d'un seul mot ce parc côtier de 311 km², terrain privilégié de reproduction des tortues vertes, "humide" serait un doux euphémisme. Avec une pluviosité annuelle atteignant 6 000 mm dans la partie nord du parc, c'est l'une des régions les plus arrosées du pays. La zone protégée s'étend en outre jusqu'à la mer des Caraïbes, couvrant environ 5 200 km² d'habitat maritime. En d'autres termes, vous passerez l'essentiel de votre temps sur l'eau.

Les célèbres **Canales de Tortuguero** sont une excellente façon de découvrir ce parc. Creusée en 1974 pour réunir toute une série de lagunes et de rivières tortueuses, cette merveille d'ingénierie a permis de relier Puerto Limón aux villages

Tortue, Parque Nacional Tortuguero

côtiers sur des embarcations plus solides que des pirogues. Le village de Tortuguero est desservi par des vols réguliers, mais il serait dommage de manquer le trajet, un paisible itinéraire en bateau-taxi au milieu des plantations de banane et de la jungle.

La plupart des visiteurs viennent regarder les tortues pondre leurs œufs dans les sables des plages sauvages. Fréquenté par 4 des 8 espèces de tortues marines existant dans le monde, le parc constitue un habitat de première importance pour ces chéloniens, et le mouvement de protection des tortues de mer est né ici, autour de ces sites de ponte. La Caribbean Conservation Corporation, premier programme de ce type dans le monde, surveille les populations de tortues depuis 1955. Aujourd'hui, le nombre de tortues vertes est en hausse le long de cette côte, tandis que les tortues luths, tortues imbriquées et tortues caouannes sont en déclin.

Mais il n'y a pas que les tortues à voir ici. Le parc est habité par une faune très variée : paresseux et singes hurleurs pendus aux branches, grenouilles et iguanes verts s'affairant entre les racines, lamantins (une espèce menacée) et puissants tarpons s'ébattant dans les eaux.

Activités

OBSERVATION DES TORTUES

La plupart des tortues femelles retournent par instinct pondre sur la plage qui les a vues naître (seules les tortues luths se contentent de retourner pondre dans leur région d'origine, et non sur une plage bien précise). Les tortues de mer se reproduisent tous les deux ou trois ans. Suivant les espèces, une femelle peut pondre jusqu'à 10 fois dans la même saison. La capacité d'une tortue à se reproduire dépend souvent de l'état de l'environnement dans son habitat d'origine.

Pour pondre, la tortue femelle creuse avec ses nageoires une cavité parfaitement cylindrique dans le sable avant d'y déposer 80 à 120 œufs. Puis elle les recouvre délicatement de sable pour les protéger et creuse parfois un autre nid plus loin pour tromper les prédateurs. Elle retourne ensuite à la mer, abandonnant ses œufs. L'incubation dure entre 45 et 70 jours. Les petits, qui peuvent tenir dans la paume d'une main, sortent de leur coquille grâce à leur caroncule, espèce de dent provisoire. Ils se faufilent

Si vous aimez...
Les parcs, les réserves et les animaux

Si le Parque Nacional Tortuguero vous a séduit, voici d'autres parcs, réserves et refuges animaliers près de la côte caraïbe :

1 VERAGUA RAINFOREST RESEARCH & ADVENTURE PARK

(**2296-5056 ; www.veraguarainforest.com ; adulte avec/sans parcours tyrolienne 99/66 $US, enfant avec/sans parcours tyrolienne 75/55 $US ;**). À Las Brisas de Veragua vous attendent des passerelles surélevées au cœur de la jungle et des sentiers aménagés, ainsi qu'un tramway aérien, un vivarium, un insectarium et des jardins de colibris et de papillons.

2 TREE OF LIFE

(**carte p. 128 ; 2755-0014, 8610-0490 ; www.treeoflifecostarica.com; adulte/enfant 12/6 $US, visite guidée 15-20 $US ; 9h-15h mar-dim nov à mi-avr, tlj 11h juil-août, fermé mi-avr à juin et sept-oct**). Ce refuge animalier/jardin botanique à 3 km au nord-ouest de Cahuita soigne et réintroduit des animaux dans la nature tout en encourageant la protection de l'environnement par la pédagogie.

3 JAGUAR CENTRO DE RESCATE

(**2750-0710 ; www.jaguarrescue.com ; tarif plein/- 10 ans 15 $US/gratuit ; circuits 9h30 et 11h30 lun-sam ;**). Nommé en l'honneur du résident originel de la forêt, ce refuge animalier de Playa Chiquita s'occupe aujourd'hui principalement des rapaces, des paresseux et des singes. Fondé par le zoologiste espagnol Encar et son partenaire Sandro, un herpétologiste italien, le centre soigne les animaux orphelins ou blessés afin de les réintroduire dans la nature.

jusqu'à l'océan en petits groupes, se précipitant pour éviter la déshydratation et les prédateurs. Une fois dans l'eau, ils doivent encore nager pendant au moins 24 heures avant d'atteindre des zones plus profondes, à l'abri du danger.

La fragilité de l'habitat et la menace qui pèse sur certaines espèces motivent les règles strictes encadrant les visites, autorisées entre 8h et minuit. Toute sortie proposée après minuit est illégale.

Il est conseillé de porter des chaussures fermées et des vêtements imperméables. La visite coûte 20 $US (forfait fixé par le village ; lors de la rédaction de ce guide il était question que le forfait passe à 25 $US). La ponte a lieu de mars à octobre, avec une haute saison en juillet-août.

OBSERVATION DU RESTE DE LA FAUNE

Plus de 300 espèces d'oiseaux, sédentaires ou migrateurs, ont été recensées à Tortuguero et font le bonheur des mordus d'ornithologie. L'humidité du parc en fait un habitat privilégié pour les échassiers (aigrettes, jacanas et 14 espèces de hérons) et pour les martins-pêcheurs, toucans et grands hoccos (une sorte de poule sauvage appelée *pavón*). Les grands aras verts comptent parmi les plus beaux oiseaux du parc. On les rencontre de décembre à avril, lorsque les badamiers portent leurs fruits. En septembre et en octobre, vous pourrez repérer des nuées d'oiseaux migrateurs tels le tyran tritri et l'hirondelle rustique ou noire. La Sea Turtle Conservancy (p. 117) a mis en place un programme semestriel de surveillance, auquel les bénévoles peuvent participer en aidant les scientifiques à recenser les espèces locales et migratrices.

Certaines espèces de mammifères sont faciles à observer à Tortuguero, comme les singes hurleurs à manteau, les singes-araignées d'Amérique centrale et les sajous capucins. Avec de bonnes jumelles (et un guide expérimenté), on peut apercevoir des paresseux didactyles et tridactyles. D'ordinaire assez craintives, les loutres des rivières d'Amérique du Sud sont ici habituées aux bateaux.

BALADES EN BATEAU

Quatre itinéraires aquatiques permettent de parcourir le parc. Le **Río Tortuguero** marque l'entrée de ce réseau. Cette belle et large rivière souvent couverte de nénuphars est fréquentée par des oiseaux aquatiques tels que le héron, le martin-pêcheur et l'anhinga, également appelé oiseau-serpent en raison des mouvements sinueux qu'il fait avec son cou lorsqu'il nage. **Caño Chiquero** et **Canõ Mora**, deux canaux plus étroits, permettent aussi de repérer des animaux. Le parc n'autorise que la circulation des kayaks, des pirogues et

Cahuita

des bateaux électriques silencieux, mais cette règle est constamment ignorée par certains excursionnistes et lodges des environs. Le Caño Chiquero est envahi par la végétation, notamment par les épiphytes et le *guácimo colorado*. Les tortues noires et les iguanes verts aiment se cacher ici. Le Caño Mora, qui mesure environ 3 km de long pour seulement 10 m de large, semble tout droit sorti du *Livre de la jungle*. Le **Caño Harold** est un canal artificiel, ce qui n'a pas empêché des créatures telles que le basilic et les caïmans d'y élire domicile.

Les balades en bateau et la location de canoë sont possibles à Tortuguero.

RANDONNÉE

Derrière le poste de Cuatro Esquinas, **El Gavilán** est le seul sentier public du parc aménagé sur la terre ferme. Cette boucle de 2 km à travers la forêt tropicale humide longe une portion de plage. Des perroquets verts et plusieurs espèces de singes s'y montrent souvent. Ce court sentier est bien signalisé et ne nécessite pas de guide. Bottes en caoutchouc recommandées (en location dans les hôtels ou près de l'entrée du parc).

Renseignements

Le quartier général du parc est à **Cuatro Esquinas** (**2709-8086 ; 10 $US ; 6h-7h, 7h30-12h et 13h-16h)**, au sud du village de Tortuguero. Ce poste des gardes forestiers est très utile : vous y trouverez des cartes et divers renseignements.

Le **poste des gardes forestiers de Jalova** (**6h-18h)** borde le canal à l'entrée sud du parc. Les circuits en bateau en provenance de Moín s'arrêtent souvent ici pour le pique-nique ; vous y trouverez un petit sentier d'interprétation, des toilettes, de l'eau potable et des installations rudimentaires de camping, quelquefois ouvertes aux campeurs (et parfois inondées).

Depuis/vers le Parque Nacional Tortuguero

Le parc se situe non loin à pied au sud du village de Tortuguero (accès le plus courant).

Si vous aimez...

Les plantes et les jardins

Si les plantes médicinales et comestibles de la région vous intéressent, voici quelques adresses à découvrir sur la côte :

1 **ECOFINCA ANDAR**
(**2272-1024 ; www.andarcr.org ; entrée 1 journée 14 $US, hébergement chez l'habitant en pension complète 17 $US ; P**). Au nord de Guápiles et à 3 km au nord-est du village de Santa Rosa, cette ferme écologique possède tout un arsenal pédagogique pour faire découvrir la culture des plantes médicinales et leur utilisation comme sources d'énergie renouvelable.

2 **FINCA LA ISLA**
(**8886-8530, 2750-0046 ; circuit autoguidé/guidé 6/12 $US ; 10h-16h ven-lun**). À l'ouest de Puerto Viejo, cette ferme/jardin botanique produit du poivre, du cacao et des fruits tropicaux bio, mais aussi des plantes ornementales. Les oiseaux et animaux y abondent. La visite guidée (minimum 3 pers) comprend l'entrée, une dégustation de fruits et un verre de jus frais. Vous pourrez aussi acheter un dépliant (1 $US) et vous promener seul.

3 **ATEC**
(**Asociación Talamanqueña de Ecoturismo y Conservación ; carte p. 135 ; 2750-0398 ; www.ateccr.org ; 8h-20h**). Très réputée, cette organisation à but non lucratif encourage un tourisme respectueux de l'environnement en travaillant avec les guides locaux et les communautés. Randonnée, observation des oiseaux, cours de cuisine caribéenne et visites de territoires amérindiens et de fermes locales figurent au programme. Réservation la veille nécessaire pour certains circuits.

CAHUITA

8 300 HABITANTS

Alors que la côte sud du Costa Rica est devenue une destination touristique, Cahuita a su conserver sa nonchalance

Cahuita

caribéenne. Les routes se réduisent à des pistes, les maisons les plus anciennes sont souvent sur pilotis et la population bavarde toujours en mekatelyu (langue créole parlée par les Costaricains d'origine antillaise). L'ambiance décontractée rappelle l'époque pas si lointaine où la bourgade n'était guère plus qu'un chapelet d'exploitations de cacao.

Le lieu a accueilli le premier colon afro-caribéen, un pêcheur de tortues, William Smith, venu s'installer à Punta Cahuita avec sa famille en 1828. Aujourd'hui, ses descendants et ceux des autres immigrés jamaïcains gèrent les restaurants et les bungalows colorés qui bordent ce rivage idyllique.

Magnifiquement située, Cahuita possède un front de mer mais pas de plage. Pour se baigner, les habitants vont à la Playa Negra, sur la côte, à 5 minutes de là, ou dans le Parque Nacional Cahuita voisin, au sud-est.

À voir et à faire

Playa Negra Baignade

À l'extrémité nord-ouest de Cahuita, la Playa Negra est une longue plage de sable noir, conforme aux plus hautes normes écologiques. C'est sans conteste la meilleure plage de Cahuita pour se baigner, d'autant qu'elle n'est jamais envahie par la foule. Lorsque la houle s'y prête, elle devient un bon spot de surf pour les débutants.

Où se loger

Deux options s'offrent à vous à Cahuita : le centre (parfois bruyant) ou la Playa Negra, au nord.

Cahuita

À voir

1 Playa Negra C3
2 Tree of Life.......................................A1

Où se loger

3 Alby Lodge F3
4 Bungalows Aché F3
5 Ciudad Perdida.......................................E3
6 El Encanto B&B.......................................D3
7 Kelly Creek Hotel F2
8 La Piscina Natural.......................................B2
9 Playa Negra Guesthouse C3

Où se restaurer

10 Cafe Chocolatte 100% Natural..........E2
11 Pizzeria CahuITA E1
12 Reggae Restaurant.......................................C3
13 Restaurant La Fé.......................................E2
14 Sobre Las Olas D3

CENTRE-VILLE

Alby Lodge — Bungalows $$

(**☎2755-0031 ; www.albylodge.com ; d/tr/qua 60/65/70 $US ; P 📶**). En bordure du Parque Nacional Tortuguero, ce beau lodge tenu par des Allemands est entouré d'un jardin paysager fréquenté par les singes hurleurs et les oiseaux. Quatre bungalows surélevés (2 logeant 3 pers, et 2 pouvant accueillir 4 pers), très intimes, sont disséminés dans la propriété. Hauts plafonds, moustiquaires et bois flotté ajoutent à leur charme. Excellente cuisine commune sous un *rancho* (kiosque en chaume).

Kelly Creek Hotel — Cabinas $$

(**☎2755-0007 ; www.hotelkellycreek.com ; s/d 50/60 $US, pers supp 10 $US ; P 📶**). Tout près de l'entrée du parc national, vous serez peut-être accueilli par les babillements du perroquet de la maison. L'hébergement se fait dans quatre charmantes *cabinas* en bois naturel, hautes de plafond et dotées de linge de lit couleur crème et de moustiquaires. La réception est ornée de peintures d'artistes locaux et le restaurant (🕒 à partir de 18h) sert une paella sur demande préalable (16 $US/pers ; 2 pers minimum).

Bungalows Aché — Bungalows $$

(**☎2755-0119 ; www.bungalowsache.com ; bungalows s 45 $US, d 50-55 $US ; P 📶**). Au Nigeria, *Aché* signifie "Amen", un nom qui sied bien à ce coin de paradis. Nichés dans un jardin verdoyant qui borde le parc national, les 3 impeccables bungalows octogonaux en bois poli sont équipés chacun d'un coffre, d'un minibar, d'une bouilloire et d'une véranda avec hamac. Une maison de vacances de 3 chambres (doubles 70 $US, jusqu'à 7 pers 120 $US) est disponible à 1 km de là dans l'intérieur des terres.

Ciudad Perdida — Bungalows $$

(**☎2755-0303 ; www.ciudadperdidaecolodge.com ; d standard/supérieure avec petit-déj 106/127 $US, qua 212 $US ; P ❄ 📶**). 🌿 Dans un coin ombragé et paisible qui jouxte le parc national, mais à 5 minutes seulement de marche du centre de Cahuita, ce lodge respectueux de l'environnement dispose de bungalows en bois, aux couleurs pastel et pourvus d'une ou deux chambres dans un jardin paysager. Ils sont tous équipés de hamacs, d'un ventilateur au plafond, d'un réfrigérateur, d'un coffre et d'une TV câblée. L'un possède un Jacuzzi et trois sont dotés d'une cuisine.

PLAYA NEGRA

Playa Negra Guesthouse Bungalows **$$**
(☎2755-0127 ; www.playanegra.cr ; s/d 70/85 $US, cottages 110-160 $US ; P). Dirigée par un charmant couple québécois, cette option tenue avec soin propose 3 ravissantes chambres dans une maison de planteurs de style caribéen, agrémentée de jolis cottages avec cuisine équipée. Touches exotiques (mosaïques colorées dans les sdb, mobilier en rotin sur les vérandas privatives). Une belle piscine, un bar ouvert et un espace barbecue sont nichés dans le jardin bien entretenu parsemé de palmiers.

La Piscina Natural Cabinas **$$**
(☎2755-0146 ; piscinanatural@cahuita.cr ; d/tr 45/60 $US ; P). Tenu par Walter, né à Cahuita, et Patty, ancienne institutrice du Colorado, ce petit joyau à l'atmosphère détendue, proche de l'extrémité nord de la Playa Negra, est un paradis aux Caraïbes. Les chambres, qui toutes ont accès à une vaste cuisine commune et à salon à ciel ouvert, sont relativement confortables, mais la magie de ce lieu réside dans son jardin luxuriant, dans sa jolie plage et dans la fabuleuse piscine naturelle encadrée de rochers.

El Encanto B&B B&B **$$**
(☎2755-0113 ; www.elencantocahuita.com ; avec petit-déj s/d 75/85 $US, d studio/ste 105/200 $US, 25 $US/pers supp ; P). Tenu par un couple franco-espagnol, ce ravissant B&B, à 200 m seulement au nord-ouest du centre de Cahuita, est niché dans un jardin paysager émaillé de chaises longues et de hamacs. Les bungalows sans prétention ont de hauts plafonds, des sols carrelés et des lits fermes avec draps colorés. Le studio et un tout nouvel appartement, à l'étage, ont chacun une cuisine équipée.

Où se restaurer

CENTRE-VILLE

Cafe Chocolatte 100% Natural Boulangerie, international **$**
(plats 4-9 $US ; 6h30-15h). Commencez la journée avec un bon café et un pain chaud à la cannelle, ou pour vous rafraîchir dans l'après-midi en buvant un *jugo*. Au petit-déjeuner figurent du pain grillé et des gaufres, tandis que les salades, les spaghettis, les pommes de terre à l'eau et les plats de riz sont à l'honneur à l'heure du déjeuner. Et pour un pique-nique dans le parc national, rien ne vaut de solides sandwichs à base de pain complet maison.

Pargo rojo (vivaneau rouge) au riz
JONATHAN GREGSON/LONELY PLANET ©

SUZI ESZTERHAS/GETTY IMAGES ©

À ne pas manquer
Sloth Sanctuary of Costa Rica

À environ 10 km au nord-ouest de Cahuita, la famille Arroyo, aux commandes de cette réserve naturelle privée de 88 ha, soigne les paresseux blessés ou orphelins. On peut ainsi observer de près ces animaux uniques en leur genre, en groupe ou lors d'une visite guidée privative – et force est de constater qu'il n'y a rien de plus mignon qu'un bébé paresseux. Nombre des animaux soignés n'ont par les capacités pour retourner dans la nature. La famille Arroyo a cependant réussi à en réintroduire plus d'une centaine dans les forêts alentours.

INFOS PRATIQUES

Anciennement Aviarios del Caribe ; ☎2750-0775 ; www.slothsanctuary.com ; circuit groupe de 2 heures adulte/enfant 5-11 ans 25/15 $US, circuit individuel d'une demi-journée 150 $US/pers ; ⏰8h-14h mar-dim

Pizzeria CahuITA Pizzeria **$$**
(**☎2755-0179 ; pizzas 5-12 $US ; ⏰16h-22h lun-mer, 12h-22h ven-dim**). Comme le laisse comprendre l'enseigne, tout de rouge, blanc et vert, le "ITA" du nom de la pizzeria est une référence à l'Italie, patrie des deux familles d'expatriés qui ont ouvert cet excellent restaurant en 2013. Installez-vous à l'une des tables en aluminium, dans la cour, et profitez du clapotis de l'océan tout en dégustant votre pizza à pâte fine cuite au feu de bois ou des plats à base de produits de la mer. Les jeux en bois dans le jardin luxuriant raviront les enfants.

Restaurant La Fé Produits de la mer **$$**
(**plats 7-16 $US ; ⏰7h-23h**). Walter, le chef et propriétaire, né à Cahuita, accompagne ses plats savoureux de récits abracadabrants. Outre la longue liste de plats costaricains

JOHN COLETTI/GETTY IMAGES ©

À ne pas manquer
Cacao Trails

À mi-chemin entre Cahuita et Puerto Viejo de Talamanca à Hone Creek, ce jardin botanique et musée du Chocolat rassemble plusieurs petits musées consacrés à la culture amérindienne et afro-caribéenne, un jardin luxuriant foisonnant de broméliacées et d'héliconias, ainsi qu'une chocolaterie où le cacao est traité de manière traditionnelle. La visite de 2 heures couvre l'ensemble du parc et comprend une randonnée jusqu'à une ferme bio des environs. D'autres expéditions vous mènent en canoë sur le Río Carbón, non loin. Tous les bus entre Cahuita et Puerto Viejo vous déposent à l'entrée. Une belle sortie pour les enfants.

INFOS PRATIQUES

2756-8186 ; www.cacaotrails.com ; Hone Creek ; circuit guidé 25 $US, avec circuit en canoë et déjeuner 47 $US ; 7h-16h ;

et caribéens, on apprécie surtout la succulente sauce à la noix de coco, bien relevée. Prix raisonnables.

PLAYA NEGRA

Reggae Restaurant Caribéen **$**

(plats 6-10 $US ; 12h-22h). Dans une ambiance sympathique et décontractée, ce *soda* (gargote) sert des sandwichs et des *casados* (menus) de style caribéen sur une terrasse en bois éclairée de lampes vertes, rouges et jaunes au beau milieu de la Playa Negra. Le reggae et le bruit des vagues qui s'écrasent sur la plage, de l'autre côté de la rue, ajoutent au charme.

Sobre Las Olas Produits de la mer **$$**

(carte p. 128 ; 2755-0109 ; pâtes 12-15 $US, plats 12-25 $US ; 12h-22h mer-lun ;). Au menu de la meilleure adresse de Cahuita, tenue par un chaleureux couple tico-italien : crevettes à l'ail, pâtes aux fruits de mer ou poisson du jour grillé qu'accompagnent le bruit des vagues et la vue sur le bleu de l'océan. Idéal pour un dîner romantique en bord de mer. À seulement 400 m au nord-ouest de la ville, sur la route de Playa Negra. Gardez de la place pour le tiramisu, divin.

ℹ Depuis/vers Cahuita

Les arrivées et les départs des bus publics se font à la gare routière, à environ 200 m au sud-ouest du Parque Central.

Bribrí/Sixaola 3,95 $US ; 2 heures ; départs toutes les heures 6h-19h

Puerto Limón 2,40 $US ; 1 heure 30 ; départs toutes les demi-heures de 6h à 21h

Puerto Viejo de Talamanca/Manzanillo 1,50/2,40 $US ; 30 minutes/1 heure ; départs toutes les 2 heures environ entre 7h15 et 19h15

San José 9,35 $US ; 4 heures ; départs 7h, 8h, 9h30, 11h30 et 16h30

ℹ Comment circuler

Le vélo est le meilleur moyen pour circuler à Cahuita, surtout si vous logez près de Playa Negra. Plusieurs établissements de la ville louent des vélos, notamment Mister Big J's à Cahuita et le Centro Turístico Brigitte à Playa Negra.

PARQUE NACIONAL CAHUITA

Ce petit parc national de seulement 10 km² est l'un des plus fréquentés du Costa Rica. La proximité de la ville de Cahuita explique ce succès : les visiteurs trouvent facilement à se loger dans l'un des nombreux hôtels de la ville, dont les plages de sable blanc, le récif corallien et la forêt tropicale humide côtière abritant une faune extrêmement riche ne sont pas les moindres attraits.

Déclaré parc national en 1978, Cahuita se caractérise, à l'image de toute la côte caraïbe, par un taux d'humidité très élevé. On y trouve une végétation tropicale dense, mais aussi des cocotiers et le raisin de mer. Une zone marécageuse, **Punta Cahuita**, s'avance dans la mer entre deux plages de sable fin. Souvent inondée, cette langue couverte de *cativos* et de manguiers est un lieu apprécié des ornithologues car elle est fréquentée par l'ibis vert, le bihoreau violacé, le savacou huppé, ainsi que le rare martin-pêcheur bicolore.

Des crabes rouges et des crabes violonistes ont élu domicile sur les plages, attirant des mammifères prédateurs tels que le raton crabier et le coati à nez blanc. Le sajou capucin, le manicou et le paresseux tridactyle sont également des habitants des lieux. Les mammifères que vous verrez le plus facilement sont les singes hurleurs à manteau, qui ne manquent pas de signaler bruyamment

Crabe fantôme

RALONSOPHOTOGRAPHER/GETTY IMAGES ©

leur présence. Le récif corallien constitue lui aussi un écosystème riche.

Activités

RANDONNÉE

Un **sentier côtier** de 8 km, facile à suivre, vous mènera à travers la jungle, de Kelly Creek à Puerto Vargas. Tantôt il longe la plage, tantôt il s'enfonce à une centaine de mètres dans les terres. Au bout de la première plage, la Playa Blanca, les randonneurs doivent traverser le sombre Río Perezoso, ou "rivière paresseuse", qui coupe Punta Cahuita en deux. Renseignez-vous sur l'état de la rivière avant de partir : en temps normal, elle est relativement facile à traverser, mais après de grosses averses, elle peut devenir infranchissable, étant donné qu'elle sert de canal de drainage pour le marais qui occupe le promontoire.

Le sentier fait ensuite le tour de Punta Cahuita puis s'engage sur la longue étendue de la Playa Vargas. Il s'achève à l'extrémité sud du récif où il rejoint la route menant au poste de gardes forestiers de Puerto Vargas.

BAIGNADE

Presque immédiatement après l'entrée du Parque Nacional Cahuita, la **Playa Blanca** s'étend sur 2 km vers l'est en épousant une baie légèrement incurvée. Les 500 premiers mètres sont parfois dangereux pour la baignade, mais ailleurs, les vagues sont généralement inoffensives. Des fanions verts indiquent les lieux de baignade sans danger. L'avancée rocheuse de Punta Cahuita sépare cette plage de la suivante, la **Playa Vargas**.

SNORKELING

Le Parque Nacional Cahuita recèle l'un des derniers massifs coralliens vivants du Costa Rica. Le récif, parmi les meilleurs sites de snorkeling de la région, a été dégradé par les séismes et plusieurs années de présence touristique. Aussi, le snorkeling n'y est-il autorisé qu'avec un guide agréé. Le tarif en vigueur est d'environ 25 $US par personne.

Les conditions de snorkeling varient beaucoup, en fonction du temps notamment. Généralement, les mois les plus secs en altitude (février-avril) sont les meilleurs pour plonger sur la côte car le débit des rivières est réduit et la mer plus limpide. Le reste de l'année, le temps est plutôt nuageux.

Où se restaurer

Boca Chica Italien, costaricain $

(☎2755-0415 ; repas 8-10 $US ; 🕘9h-18h). Après une longue marche dans la jungle, on croit rêver lorsqu'on découvre ce petit établissement blanchi à la chaux, tenu par Rodolfo, un charmant Italien, et Karen, sa femme tica. À la carte : *jugos* glacés, spécialités caribéennes, pâtes maison et délicieux *platos del día* à partir de midi.

Depuis/vers le Parque Nacional Cahuita

Le **poste des gardes forestiers de Kelly Creek** (☎2755-0461 ; dons appréciés ; 🕘6h-17h) est facilement accessible depuis Cahuita, tandis que 3,5 km plus bas, il suffit de suivre les panneaux sur la Hwy 36 pour arriver au **poste des gardes forestiers de Puerto Vargas** (☎2755-0302 ; 10 $US ; 🕘8h-16h lun-ven, 7h-17h sam-dim).

PUERTO VIEJO DE TALAMANCA

Il fut un temps où seuls quelques intrépides surfeurs se rendaient dans cette petite bourgade en bord de mer, surnommée Old Harbor. Logeant dans des *cabinas* rudimentaires, ils se promenaient dans les rues paisibles, planche sous le bras, pressés de se lancer à l'assaut des vagues de Salsa Brava (p. 136). Cette époque est bien révolue. La ville se hisse au rang des grandes destinations festives avec ses activités pour touristes : les vendeurs de rue proposent babioles rastas et T-shirts Bob Marley, les restaurants branchés servent une myriade de plats cosmopolites, les bars en bambou faussement rustiques diffusent du *dancehall* (musique jamaïcaine) et du *reggaetón* à plein volume ; l'hédonisme est de rigueur, comme en témoignent les foules de fêtards attirés notamment par la promesse de *guaro* (alcool de canne).

Puerto Viejo de Talamanca

Puerto Viejo de Talamanca

Activités
1 ATEC B2

Où se loger
2 Cashew Hill Jungle Cottages B3
3 Escape Caribeño D1
4 Hotel Pura Vida B2
5 Jacaranda Hotel & Jungle Garden B2

Où se restaurer
6 Bread & Chocolate B2
7 Koki Beach B1
8 Miss Lidia's Place B2
9 Stashu's con Fusion C1

Malgré sa réputation, Puerto Viejo a conservé son charme. Il suffit de s'éloigner de quelques rues de l'artère commerçante principale pour retrouver des ruelles poussiéreuses et déguster un ragoût caribéen bien relevé en compagnie de riverains. Non loin, s'étendent des exploitations fruitières résonnant de pépiements d'oiseaux et du croassement des grenouilles, tandis que les vastes plages sont le domaine des surfeurs et des adeptes du farniente. Détente, fête et bonne cuisine sont les mots d'ordre.

Activités

SURF

La mythique **Salsa Brava**, une vague peu profonde se brisant sur le récif proche du village, est la plus célèbre du pays (voir l'encadré p. 136). Le spot est excellent mais délicat (débutants s'abstenir).

Les vagues de la **Playa Cocles** sont presque aussi impressionnantes, et plus faciles à négocier. Cocles est à environ 2 km à l'est de la ville. Les conditions sont souvent meilleures en début de journée. Les plus belles vagues se succèdent de novembre à mars, et de juin à juillet. De fin mars à mai et en septembre-octobre, la mer est plus calme.

BAIGNADE

Tout le sud de la côte caraïbe, de Cahuita à Punta Mona au sud, est bordé de plages paradisiaques. Au nord-ouest de la ville, la **Playa Negra** est la zone de baignade la plus sûre des environs.

TROPICALPIX/GETTY IMAGES ©

À ne pas manquer
Surfer la Salsa Brava

La plus grosse vague du Costa Rica, dangereuse et réservée aux surfeurs expérimentés, doit son nom de Salsa Brava à une sauce épicée, comme pour rappeler que le récif acéré et peu profond fait ici payer le plaisir du surf par son lot permanent d'éraflures, de fractures et de planches cassées.

Avis aux nouveaux surfeurs venus attendre le célèbre mur d'eau : vous croiserez beaucoup de personnes en ville ayant fait de nombreux sacrifices juste pour surfer cette vague régulièrement. Mieux vaut ne pas entraver leur chemin. En un sens, c'est la Salsa Brava qui a placé Puerto Viejo sous le feu des projecteurs dont elle bénéficie aujourd'hui.

On trouve ici aussi bien des droites que des gauches, mais les premières sont généralement plus rapides. Les conditions sont souvent meilleures de décembre à mars et tôt avant que le vent ne se lève.

SNORKELING

Les eaux entre Cahuita et Manzanillo sont protégées par les deux uniques récifs coralliens vivants du Costa Rica, qui forment un sanctuaire naturellement abrité, où l'on trouve quelque 35 espèces de coraux et 400 espèces de poissons, des dauphins, des requins et, occasionnellement, des baleines. En règle générale, la visibilité sous l'eau est meilleure par mer calme.

Au sud de **Punta Uva**, en face du restaurant Arrecife, vous trouverez un bon site de plongée lorsque la mer est calme. Le récif de **Manzanillo** est aussi facilement accessible. La plupart des centres de plongée proposent des sorties avec masque et tuba pour 40 à 60 $US par personne.

PLONGÉE

Le sud caraïbe fait le bonheur des plongeurs avec plus de 20 sites de plongée, allant des jardins de coraux en eaux peu profondes aux sites recelant de fabuleux à-pics sous-marins. Vous y croiserez des centaines d'espèces de poissons : anges de mer, balistes, poissons-perroquets, requins et différentes espèces de carangues et de vivaneaux.

RANDONNÉE

De superbes randonnées qui longent la côte sont possibles à 15 km de Puerto Viejo, dans le Parque Nacional Cahuita et dans le Refugio Nacional de Vida Silvestre Gandoca-Manzanillo.

Où se loger

Hotel Pura Vida Hôtel **$**

(☎2750-0002 ; www.hotel-puravida.com ; s/d/tr 34/38/48 $US, sans sdb 28/32/42 $US ; P). Malgré son prix modeste, cette auberge située face au terrain de foot possède des équipements de catégorie moyenne. Les 10 chambres sont claires et impeccables (carrelage, bois ciré, draps de couleurs vives). La n°6 est particulièrement jolie et jouit d'une belle vue sur la ville depuis la douche chauffée à l'énergie solaire. Un salon meublé de chaises longues et de hamacs vous y attend. Petits-déjeuners, collations et bières glacées sont proposés.

Jacaranda Hotel & Jungle Garden Cabinas **$**

(☎2750-0069 ; www.cabinasjacaranda.net ; s/d/tr/qua à partir de 30/45/50/55 $US ; P). Dans un jardin fleuri aux allées décorées de mosaïques, près du terrain de foot, cet établissement compte 15 *cabinas* simples en bois avec sols carrelés et fleurs au mur, ainsi qu'une petite cuisine commune et un patio. Des cours de yoga sont dispensés et le One Love Spa propose massages et séances de sport.

Escape Caribeño Bungalows **$$**

(carte p. 135 ; ☎2750-0103 ; www.escapecaribeno.com ; s/d/tr sur jardin 70/75/85 $US, sur l'océan 90/95/105 $US ; P @). Les charmants propriétaires italiens tiennent de manière impeccable ces 14 bungalows avec sdb immaculées, certains côté plage, d'autres dans un jardin de l'autre côté de la route, à 500 m à l'est de la ville près de la Playa Cocles. Les logements les plus chers occupent de coquets édifices de style caribéen, tous avec douche aux parois en verre coloré,

Puerto Viejo de Talamanca (p. 134)

PAUL KENNEDY/GETTY IMAGES ©

minibar, TV câblée, ventilateurs et hamacs. Petit-déjeuner possible (5-9 $US).

Cashew Hill Jungle Cottages Bungalows **$$$**
(2750-0001, 2750-0256 ; www.cashewhilllodge.co.cr ; cottages 90-150 ; P). Adossés à la colline à 5 minutes de la ville, les 7 bungalows colorés et confortables, pouvant accueillir de 3 à 8 personnes, ont des cuisines équipées. Toutes possèdent une véranda ou un patio avec fauteuils et hamacs, mais le bungalow Playa Negra, doté de 2 chambres, offre une vue splendide sur l'océan. Un tout nouveau centre de yoga propose des cours 2 fois par jour.

Banana Azul Lodge **$$$**
(2750-2035 ; www.bananaazul.com ; avec petit-déj d 104-129 $US, d ste 164 $US ; P). En retrait de la ville, cet hôtel voisin d'une plage de sable noir jouit d'un cadre paisible. Au décor tropical chic (draps blancs, moustiquaires et broméliacées dans les douches) s'ajoute la superbe vue sur l'océan depuis les terrasses, à l'étage. La plus belle chambre est la Howler Suite, une pièce en angle offrant une vue encore plus large. Bar-restaurant. Location de vélos et de Bodyboards. Enfants admis à partir de 16 ans.

Où se restaurer

EN VILLE

Bread & Chocolate Petit-déjeuner **$**
(2750-0723 ; gâteaux 3 $US, repas 5-8 $US ; 6h30-18h30 mer-sam, 6h30-14h30 dim ;). Avez-vous déjà dégusté un PB&J – sandwich typiquement nord-américain associant pain, beurre de cacahuètes et *jelly* ? C'est ce que vous propose, entre autres, ce café gourmand. Les cafés sont servis dans une cafetière à piston et le client dose lui-même son moka en ajoutant chocolat et lait chaud. Tout, du gaspacho aux bagels, est concocté avec le plus grand soin. Un délice !

Stashu's con Fusion Fusion **$$**
(2750-0530 ; plats 10-18 $US ; 17h-22h jeu-mar ;). Sur le chemin de la Playa Cocles, à 250 m de la ville, ce romantique café-patio éclairé aux chandelles sert une cuisine fusion créative associant les Caraïbes, l'Inde, le Mexique et la Thaïlande. Les moules à la vapeur au curry rouge, le poulet tandoori au lait de coco en sont deux savoureux exemples. Au menu également, d'excellents mets végétariens et végétaliens. Le propriétaire et chef Stash Golas est un artiste, pas seulement en cuisine. À ne pas manquer.

Miss Lidia's Place Caribéen **$$**
(2750-0598 ; plats 6-20 $US ; 9h-21h). Cette adresse est plébiscitée pour ses saveurs caribéennes classiques. Les amoureux de fruits et légumes apprécieront les *batidos* glacés (boissons

Plage de Manzanillo
VILAINECREVETTE/ALAMY ©

aux fruits frais) et le délicieux mélange de légumes frais qui accompagne la plupart des plats.

Koki Beach Latino-américain **$$$**
(carte p. 135 ; 2275-0902 ; www.kokibeach.com ; plats 11-24 $US ; 14h-minuit mer-dim ;). À l'extrémité est de la ville, cet établissement huppé d'inspiration floridienne, très prisé pour ses boissons et ses repas, diffuse des classiques reggae et arbore des chaises longues colorées sur une plateforme en bois surplombant l'océan. Choix correct de *ceviches* aux accents péruviens, de viandes et de poissons.

PUNTA UVA

Selvin's Restaurant Caribéen **$$**
(2750-0664 ; plats 10-18 $US ; 8h-20h mer-dim). Ce restaurant, considéré comme l'un des meilleurs de la région, a pour spécialités les crevettes, le homard, un délicieux *rondón* (gombo aux fruits de mer) et un succulent poulet *caribeño* mijoté dans une sauce caribéenne épicée.

La Pecora Nera Italien **$$$**
(2750-0490 ; plats 12-30 $US ; 17h-dernier client mar-dim ;). Dans un merveilleux patio éclairé aux chandelles, le Toscan Ilario Giannoni mitonne des fruits de mer, des pâtes à l'italienne, et des plats plus originaux comme le subtil *carpaccio di carambola* : tranches translucides de caramboles, crevettes, tomates et vinaigrette balsamique.

Depuis/vers Puerto Viejo

Tous les bus publics arrivent et partent de l'**arrêt de bus** au centre de Puerto Viejo, sur la route longeant la plage. La billetterie se trouve à l'angle opposé, de l'autre côté de la rue.

Bribrí/Sixaola 1,50/3,35 $US ; 30/90 min ; départs environ toutes les heures 6h30-19h30

Cahuita/Puerto Limón 1,50/3,60 $US ; 30/90 min ; départs environ toutes les heures 5h30-19h30

Ma sélection

Manzanillo

PAR SHAWN LARKIN, CO-PROPRIÉTAIRE ET RESPONSABLE DE COSTA CETACEA

1 ESCAPADE À PUNTA MONA

L'une des meilleures activités autour de Manzanillo consiste à suivre le chemin côtier jusqu'au **Refugio Nacional de Vida Silvestre Gandoca-Manzanillo**, à Punta Mona. L'incroyable variété d'écosystèmes mettra vos jambes à l'épreuve. Vous pourrez aussi louer un kayak et longer la côte découpée.

2 OBSERVATION DES DAUPHINS

Plusieurs espèces de dauphins évoluent dans la mer des Caraïbes, le plus connu étant le grand dauphin de l'Atlantique. Leurs facéties spectaculaires constituent un temps fort dans les eaux peu profondes près de Manzanillo. La loi costaricaine interdit de nager avec les dauphins, mais avec un guide local compétent, vous pourrez instaurer une proximité en admirant ces fascinantes créatures à distance réglementaire.

3 RÉCIFS CORALLIENS

Juste en face de la ville, se nichent des récifs coralliens aussi atypiques que leur nom : Sugar, Bloody, Jimmy et Wash a Woman. Le plus simple pour explorer le monde sous-marin : munissez-vous d'un masque, de palmes et d'un tuba afin d'évoluer tranquillement au-dessus du récif et plonger, de temps à autre, pour aller voir de plus près.

4 PLONGÉE

En plus des récifs à proximité, Manzanillo compte des spots de plongée plus éloignés à la riche vie sous-marine. Même s'il existe quantité d'autres remarquables sites de plongée en Amérique centrale et dans les Caraïbes, l'émerveillement est au rendez-vous. Des langoustes cachées dans les rochers aux gros globicéphales, la mer des Caraïbes est une vitrine sur certaines des plus belles et mystérieuses beautés de la planète.

Manzanillo 1,20 $US ; 30 min ; départs toutes les 2 heures 6h45-18h45 (moins fréquemment le week-end)

San José 10,90 $US ; 5 heures ; départs 7h30, 9h, 11h et 16h tlj, ainsi qu'à 13h le dimanche

Comment circuler

Le vélo est parfait pour circuler en ville. La promenade jusqu'aux autres plages, à l'est de Puerto Viejo, est l'un des grands attraits de la région. Il y a des locations dans toute la ville (5 $US/jour environ).

MANZANILLO

Cette bourgade idyllique est longtemps restée à l'écart des circuits touristiques. Désenclavé par le revêtement de la route en 2003, Manzanillo demeure un joyau de la culture afro-caribéenne. Le site est également préservé, notamment grâce à la création en 1985 du Refugio Nacional de Vida Silvestre Gandoca-Manzanillo, qui comprend le village et fixe des règles strictes concernant la construction.

Les activités tournent toutes autour de la nature : randonnée, snorkeling et kayak (comme partout, renseignez-vous au préalable sur les contre-courants). Vous pourrez également faire la fête au Maxi's, le bar-restaurant réputé du coin, à la fin de la route et dernier arrêt du bus.

Où se loger et se restaurer

Congo Bongo Bungalows **$$$**

(☎ 2759-9016 ; www.congo-bongo.com ; d/tr/qua 145/170/195 $US, 990/1 110/1 230 $US/sem ; P ᯤ). À 1 km environ de Manzanillo vers Punta Uva, ces 6 charmants cottages appartenant à des Hollandais sont entourés d'une forêt très dense (une ancienne plantation de cacao). Dotés de cuisines entièrement équipées, ils sont spacieux et pourvus de terrasses et de hamacs judicieusement placés pour épier les animaux sauvages. Les 6 ha du domaine sont émaillés de sentiers menant à une superbe plage.

Refugio Nacional de Vida Silvestre Gandoca-Manzanillo

AURORA PHOTOS/ROBERT HARDING ©

Cool & Calm Cafe Caribéen **$$**

(☎8843-7460 ; www.coolandcalmcafe.com ; plats 9-18 $US ; ⏲16h-21h lun, 11h-21h mer-dim). Pile en face du front de mer occidental de Manzanillo, cette adresse sans prétention régale ses visiteurs par sa cuisine caribéenne (poisson, crevettes, poulet, homard...), plus quelques "extras" d'autres régions (guacamole, tacos, curry de légumes...). Andy et Molly, les propriétaires, proposent des cours de cuisine caribéenne, ainsi qu'un circuit "du récif à l'assiette", où les participants pêchent eux-mêmes le homard ou le poisson qu'ils dégusteront plus tard.

Maxi's Restaurant Caribéen **$$**

(plats 9-21 $US, langouste 23-67 $US ; ⏲12h-21h ; 🖋). Les voyageurs viennent de loin pour s'attabler dans le plus célèbre restaurant de Manzanillo et savourer de généreuses portions de fruits de mer grillés, des vivaneaux rouges entiers (*pargo rojo*), des steaks et du homard à la mode caribéenne (guère inoubliable malgré son prix). Le service laisse parfois quelque peu à désirer, mais la terrasse à l'étage est un cadre merveilleux pour un repas en bord de mer, avec vue sur la plage et la rue en contrebas.

ℹ Depuis/vers Manzanillo

Des bus pour Manzanillo partent de Puerto Viejo (1,20 $US, 30 min) à 6h45, 7h45, 9h45, 11h45, 13h45, 16h45 et 18h45. En direction de Puerto Viejo, ils partent à 7h, 8h, 10h, 12h, 14h et 16h, poursuivant jusqu'à Puerto Limón (4,90 $US, 2 heures) où l'on trouve des correspondances. Les Transportes Mepe assurent également un trajet direct quotidien entre Manzanillo et San José (12 $US, 5 heures), qui part de Manzanillo à 7h et revient de San José à midi.

REFUGIO NACIONAL DE VIDA SILVESTRE GANDOCA-MANZANILLO

Cette réserve peu connue (Regama en abrégé) protège presque 70% de la côte caraïbe méridionale et s'étire de Manzanillo jusqu'à la frontière avec le Panama. Couvrant 50 km^2 de terre et 44 km^2 de mer, cette paisible étendue de sable blanc est l'un des principaux attraits de la région. La vie à Manzanillo tourne autour de la réserve, qui se déploie sur plusieurs kilomètres dans les deux directions, et relie Punta Uva, à l'ouest, à Punta Mona à l'est. Au large, un récif corallien de 5 km^2 est peuplé de homards, de gorgones et d'oursins.

Hormis le village et les zones cultivées (exclues de la réserve lors de sa création en 1985), la réserve est essentiellement composée de forêt tropicale humide. La canopée est formée du feuillage des copaïbas, tandis que les héliconias colonisent le sous-bois. **Pantano Punta Mona**, un immense marais de 400 ha, abrite de nombreux oiseaux aquatiques ainsi que le plus grand ensemble de palmiers d'Amazonie et d'arbres sajos (*Campnosperma panamensis*) du pays. Au-delà de Punta Mona, protégeant un banc d'huîtres naturel, se trouve l'unique marais de mangrove rouge du Costa Rica caribéen. Non loin de là, l'estuaire du Río Gandoca est une frayère pour le tarpon de l'Atlantique, et l'on y a observé des caïmans et des lamantins.

La diversité de la végétation et l'isolement de la réserve attirent de nombreuses espèces d'oiseaux tropicaux. On y a même vu la très rare harpie féroce. Parmi les centaines d'autres spécimens, citons la perruche à tête pourpre, le manakin à cuisses jaunes et le toucan de Swainson. La région est aussi connue pour la migration des rapaces : ils sont plus d'un million à la survoler en automne.

Nord-ouest du Costa Rica

Vagues idéales, jungle luxuriante et volcans menaçants caractérisent le nord-ouest du Costa Rica.

Qu'on y vienne pour randonner à l'ombre du Volcán Arenal, apercevoir furtivement le plumage vert d'un quetzal ou surfer sur les magnifiques rouleaux de Witch's Rock, la région est très touristique, non sans raison. Des belles plages au climat sec de la côte du Guanacaste aux sommets embrumés du Volcán Miravalles, elle est depuis longtemps une destination phare pour les voyageurs épris d'aventure et à la conscience environnementale.

Au-delà des zones touristiques, dans les basses terres septentrionales, des plantations de banane, de canne à sucre et d'ananas couvrent les plaines humides de la Cordillera Central à la frontière avec le Nicaragua. Voici le Costa Rica de la vie quotidienne, où secteur agricole et protection de l'environnement convergent aujourd'hui dans un même élan vers le développement écologique.

Vue sur le Volcán Arenal (p. 158)

Nord-ouest du Costa Rica

0
40 km
NICARAGUA
Río San Juan
Morrillo
San Carlos
Correa
Los Chiles
Río San Juan
Río Frío
Refugio Nacional de Vida Silvestre Caño Negro
Caño Negro
Lago Caño Negro
Llanura de Guatusos
1 Monteverde et Santa Elena
2 Parque Nacional Volcán Arenal
3 Laguna de Arenal
4 La Virgen
5 Sector Santa Rosa
35
Llanura de San Carlos
Río Frío
Reserva Indígena Guatuso
Alajuela
Río San Carlos
4
Nuevo Arenal
142
Unión
Volcán Arenal (1 633 m)
Río Arenal
Poste des gardes forestiers du Parque
La Fortuna
4
Parque Nacional Volcán Arenal
Arenal Observatory Lodge
El Castillo
142
141
Reserva Santa Elena
Cordillera de Tilarán
Zona Protectora Arenal-Monteverde
Monteverde
Reserva Biológica Bosque Nuboso Monteverde
Reserva Biológica Alberto Mauel Brenes
Río Lagarto
Río Balsa
Río Tres Amigos
Río Pital
250
Pital
162
4
140
Ciudad Quesada (San Carlos)
141
Parque Nacional Juan Castro Blanco
Río Toro
Volcán Poás (2 704 m)
Zarcero
Laguna Astillero
Río Sarapiquí
Selva Verde Lodge ; Chilamate Rainforest Eco Retreat
Heredia
La Quinta de Sarapiquí Lodge
Chilamate
Puerto Viejo de Sarapiquí
La Virgen
Tirimbina Rainforest Center ; Centro Neotrópico Sarapiquís
126
Horquetas
San Miguel
Zona Protectora La Selva
Sueño Azul Resort
4
Río Sarapiquí
Cordillera Central
Volcán Barva (2 906 m)
Río Patria
32
Río Sucio
Parque Nacional Braulio Carrillo
Puntarenas
Refugio Nacional de Fauna Silvestre Peñas Blancas
Rancho Grande
Miramar
1
144
San Ramón
Naranjo
Palmares
Río Poás
Río Barranca
ALAJUELA
Aéroport international Juan Santamaria
HEREDIA
Barranca
PUNTARENAS
San Mateo
Orotina
Río Virilla
SAN JOSÉ
Zona Protectora Tivives
Golfo de Nicoya
Río Tárcoles
Santiago de Puriscal
CARTAGO
Cartago
Parque Nacional Carara
Tárcoles
Río Candelaria
San Gabriel
San José
Isla Tortuga

Nord-ouest du Costa Rica À ne pas manquer

Monteverde et Santa Elena

Monteverde et Santa Elena (p. 168) passionnent les biologistes, dont les recherches en cours permettent de mieux comprendre les écosystèmes tropicaux. Toutes deux très prisées, ces localités voisines proposent des hébergements, des restaurants et des activités (comme de la tyrolienne dans la canopée) pour tous les goûts. Tyrolienne, Monteverde (p. 174)

1

2

Parque Nacional Volcán Arenal

La première raison pour visiter ce parc (p. 158) est le Volcán Arenal qui, depuis son éruption en 1968 et jusqu'à récemment, a été l'un des volcans les plus actifs au monde. La jungle, des coulées de lave pétrifiées, des cascades plus de 350 espèces d'oiseaux, ainsi que de nombreux mammifères et des insectes fascinants vous attendent aux alentours. Pont suspendu, Arenal (p. 164)

TAN YILMAZ/GETTY IMAGES ©

Laguna de Arenal

3

Un circuit en voiture autour de la Laguna de Arenal (p. 163) permet de profiter au maximum de cette belle contrée à la nature luxuriante. Ajoutez-y des hôtels de charme, des restaurants gourmets et du kitesurf pour un séjour des plus complets.

IANMCDONNELL/GETTY IMAGES ©

4

La Virgen

Kayakistes débutants et confirmés font le déplacement jusqu'à la très reculée La Virgen (p. 196), dans les basses terres du Nord. Grâce à un riche réseau de rivières, le secteur autour de La Virgen propose l'offre la plus diversifiée du pays en matière de sorties kayak et rafting.

5

Sector Santa Rosa

Bordant au sud la frontière avec le Nicaragua, ce secteur excentré de l'Área de Conservación Guanacaste (p. 193) nécessite une certaine motivation pour s'y rendre. Mais si vous souhaitez surfer deux vagues mythiques, Witch's Rock et Ollie's Point, vous ne regretterez pas le long trajet en bateau jusqu'à l'extrémité nord-ouest du pays.

Nord-ouest du Costa Rica : le best of

Grand luxe

- **Nayara Hotel, Spa & Gardens** Vue sur la forêt tropicale humide depuis le Jacuzzi. (p. 157)
- **Arenal Observatory Lodge** Le seul lodge à l'intérieur du Parque Nacional Volcán Arenal. (p. 161)
- **Celeste Mountain Lodge** Détente, luxe, développement durable et vue sur le volcan. (p. 192)
- **Rancho Margot** Une ferme tout confort autosuffisante pour renouer avec la terre. (p. 163)

Points de vue

- **Monteverde et Santa Elena** La forêt de nuages telle qu'on se l'imagine : verdoyante, embrumée et à la riche vie sauvage. (p. 168)
- **Volcán Arenal** Difficile de trouver plus spectaculaire que la vue de ce monstre géologique assoupi. Impressionnant, même sans coulée de lave. (p. 158)
- **Laguna de Arenal** Un air de Suisse en pleine Amérique centrale. (p. 163)
- **Cerro Chato** Le cratère depuis longtemps endormi du voisin de l'Arenal renferme un lac miroitant. (p. 160)

Restaurants

- **Don Rufino** Un mariage d'influences continentales et ticas. (p. 157)
- **Gingerbread Hotel & Restaurant** La carte, actualisée toutes les semaines, garantit la fraîcheur des produits. (p. 165)
- **Sofia** Une cuisine Nueva Latina qui renouvelle le paysage gastronomique de Monteverde. (p. 178)
- **Trio** Cuisine fusion contemporaine axée sur les ingrédients régionaux. (p. 178)

Activités

- **Randonnée** Monteverde et Santa Elena se trouvent à proximité, à pied, de certains des meilleurs sentiers de randonnée du pays. (p. 172)
- **Kayak** Cap sur La Virgen pour pagayer dans de belles rivières. (p. 197)
- **Surf** Le Sector Santa Rosa est la Mecque incontestée du surf, avec des vagues aussi bien pour les débutants que pour les experts. (p. 193)
- **Tyrolienne** Santa Elena possède les tyroliennes dans la jungle les plus réputées du pays. (p. 174)

Ci-dessus : sources chaudes, Tabacón (p. 152)
À gauche : colibri
(À GAUCHE) JONATHAN GREGSON/LONELY PLANET ©; (CI-DESSUS) JOHN COLETTI/GETTY IMAGES ©

Ce qu'il faut savoir

À PRÉVOIR

- **Un mois avant** Louez une voiture, cela vous permettra de circuler plus facilement dans cette région assez étendue. Pensez à réserver vos chambres d'hôtel car ce coin du Costa Rica est toujours recherché. Sachez aussi que si le Volcán Arenal est techniquement toujours actif, des coulées de lave ne sont pas prévues dans l'immédiat. Renseignez-vous sur Internet pour avoir une idée de ce qui vous attend au volcan.
- **Deux semaines avant** En haute saison, réservez circuits organisés, tables haut de gamme et spas.

COMMENT CIRCULER

- **Avion** Un nombre croissant de vols internationaux desservent l'Aeropuerto Internacional Daniel Oduber Quirós de Liberia.
- **Bus** Distances longues, mais les liaisons de ville à ville sont fiables.
- **Jeep-bateau-Jeep** Une combinaison unique pour relier La Fortuna à Monteverde.
- **À pied** Les forêts tropicales d'altitude à l'extrémité nord de la région attirent les randonneurs du dimanche comme ceux plus endurcis.

ADRESSES UTILES

- **Arenal Tourism** (www.arenal.net). Pour se familiariser avec la région et obtenir des renseignements touristiques généralistes.
- **Monteverde Info** (www.monteverdeinfo.com). Un autre bon site pour préparer son voyage et s'orienter dans la région.

MISES EN GARDE

- **Signalétique** Dans le nord-ouest, les routes sont mal indiquées. Mieux vaut se munir d'une bonne carte routière (ou d'un GPS) avant de partir.
- **Climat** Il peut faire froid et humide vers l'Arenal et Monteverde, situés en altitude. Prévoyez des vêtements en conséquence.

Suggestions d'itinéraires

Même avec peu de temps, une escapade dans le nord-ouest du Costa Rica vous en dévoilera le charme saisissant. Ces deux circuits font découvrir le meilleur de la région.

3 JOURS

DE MONTEVERDE À LA RESERVA SANTA ELENA

MONTEVERDE ET SANTA ELENA

Il faut du temps pour accéder à la vaste région que constitue le nord-ouest du Costa Rica. Néanmoins, en se concentrant sur Monteverde et Santa Elena, trois jours suffisent pour découvrir les principaux sites du secteur – même s'il est aisément possible d'y passer une semaine sans épuiser toutes les possibilités de randonnées, d'activités, de restaurants et d'espaces d'exposition.

Choisissez comme point de chute les villes voisines de ❶**Monteverde** et de **Santa Elena** (p. 168), en prévoyant suffisamment large pour arriver et repartir par les routes d'accès en grande partie non goudronnées sur lesquelles on progresse lentement. Pour profiter au mieux de votre court séjour, pensez aux visites guidées nocturnes, comme celle au Bosque Eterno de los Niños, pour des tête-à-tête avec les animaux de nuit. En journée, les randonnées encadrées ne manquent pas à la ❷**Reserva Biológica Bosque Nuboso Monteverde** (p. 180) et à la ❸**Reserva Santa Elena** (p. 183), deux des réserves naturelles les plus connues du pays.

De quoi voir quelques-unes des plus belles richesses du pays avant de reprendre l'avion pour rentrer.

5 JOURS

DE LA FORTUNA À LA LAGUNA DE ARENAL

LA FORTUNA ET SES ENVIRONS

Les alentours de La Fortuna comptent parmi les sites incontournables au Costa Rica. La petite ville de La Fortuna comprend des infrastructures parmi les meilleures du pays, ainsi qu'un nombre remarquable de complexes thermaux (sources chaudes) haut de gamme et une myriade d'activités. Bien sûr, on y vient principalement pour voir le très intimidant Volcán Arenal, l'un des volcans les plus actifs au monde. Même si la lave ne coule plus, la présence inquiétante du volcan laisse toujours bouche bée.

Tout est centré autour de ❶ **La Fortuna** (p. 152) et même si le temps fait grise mine et que l'Arenal est nimbé de nuages, on y passe toujours un bon moment. Les hédonistes ont du mal à quitter les sources chaudes de Tabacón, tandis que les plus sportifs randonneront jusqu'à des cascades ou des tyroliennes dans la forêt. Par beau temps, filez au ❷ **Parque Nacional Volcán Arenal** (p. 158) pour une promenade au milieu des coulées de lave solidifiées. Petit bonus : les routes encerclant la ❸ **Laguna de Arenal** (p. 163) limitrophe se prêtent idéalement à une virée en voiture.

Volcán Arenal (p. 158)

Découvrir le nord-ouest du Costa Rica

Les incontournables

- **Monteverde & Santa Elena** (p. 168) Forêts de nuages pleines d'atmosphère.
- **Parque Nacional Volcán Arenal** (p. 158) Le volcan le plus emblématique du pays domine son plus grand lac.
- **Parque Nacional Volcán Tenorio** (p. 192) Randonnée le long du Río Celeste bleu azur.
- **Área de Conservación Guanacaste** (p. 193) Faune et flore de la forêt tropicale sèche dans le secteur de Santa Rosa.

Balisier des Caraïbes

LA FORTUNA ET SES ENVIRONS

Avec ses foules de touristes et son architecture bétonnée sans grâce, il faut un peu de temps pour que La Fortuna dévoile ses charmes : chevaux paissant sur des terrains vagues, iguanes à crête se faufilant dans les broussailles et rosée matinale dans un climat d'éternel printemps. Et puis, il y a l'imposant volcan, qui se cache derrière les nuages ou resplendit dans le soleil étincelant.

Certes, le tourisme a transformé l'apparence et la destinée de cette ancienne bourgade perdue. Mais plus on s'attarde, plus on constate que La Fortuna a conservé le caractère d'une petite ville de *sabaneros* (éleveurs de bétail).

À voir et à faire

Eco-Termales Sources chaudes
(**2479-8484 ; www.anywherecostarica.com ; adulte/enfant 34/24 $US, avec dîner 51/38 $US ; 10h, 13h et 17h ;**). Un cadre minimaliste élégant où tout, du système de circulation naturel dans les bassins aux lumières douces, respire le luxe discret. Contingent limité à 100 personnes par tranche horaire (10h, 13h, 17h) et sur réservation par téléphone ou via Internet.

Tabacón Hot Springs Sources chaudes
(**2519-1999 ; www.tabacon.com ; forfait journée avec déj ou dîner adulte/enfant 85/30 $US ; 10h-22h**). Ces sources chaudes sont un brin kitch. Palmiers à larges feuilles, orchidées rares et fleurs tropicales s'écarteront sur votre passage pour dévoiler une cascade (eau à 40°C) qui coule sur une (fausse) falaise dissimulant des grottes "naturelles".

Assis à même les pierres (fausses, elles aussi), les touristes prennent ici un mémorable bain de chaleur.

Le spa est à 14 km à l'ouest de La Fortuna. L'ancien village de Tabacón a été détruit par l'éruption de 1968, qui a tué 78 personnes. Mais le volcan s'est endormi. Du moins pour l'instant...

Catarata de La Fortuna Cascade

(10 $US ; 🕗8h-17h). Il n'est pas nécessaire de fournir de gros efforts pour admirer l'éclatant ruban de 70 m d'eau dévalant un canyon de roche volcanique au milieu des broméliacées et des fougères. La descente vaut cependant le détour, pour découvrir la cascade depuis le fond du canyon. S'il est dangereux de plonger sous les chutes, le défilé comporte plusieurs piscines naturelles avec vue spectaculaire. C'est aussi le point de départ du sentier de la randonnée jusqu'au Cerro Chato (p. 160).

Springs Resort & Spa Sources chaudes

(☎2401-3313 ; www.thespringscostarica.com ; entrée 2 jours 50 $US ; 🕗8h-22h ; 👪). Envie de luxe ? Ce complexe avec vue sur le volcan possède 18 bassins à différentes températures, des jardins paysagers, des cascades et des bars aquatiques. Tout a été fabriqué de main d'homme, et l'ensemble est ravissant.

Circuits organisés

Aguas Bravas Rafting, kayak

(☎2479-7645 ; www.costaricaraftingvacation.com ; safari nautique 80 $US, descentes de rapides de classes III-IV 80/95 $US ; 🕗7h-19h). Ce spécialiste du rafting organise quelques sorties dans la région, dont un tranquille safari nautique sur le Río Peñas Blancas, et des descentes de rapides de classes III-IV. Également : randonnées pédestre et équestre, et kayak sur le Lago Arenal.

Arenal Paraíso Canopy Tours Circuit dans la canopée

(☎2479-1100 ; www.arenalparaiso.com ; circuits 45 $US ; 🕗8h-17h). Une douzaine de tyroliennes aménagées franchissent le canyon du Río Arenal, offrant un point de vue unique sur 2 cascades, et sur la canopée de la forêt tropicale.

Descente en rappel près de La Fortuna

JONATHAN GREGSON/LONELY PLANET ©

La Fortuna

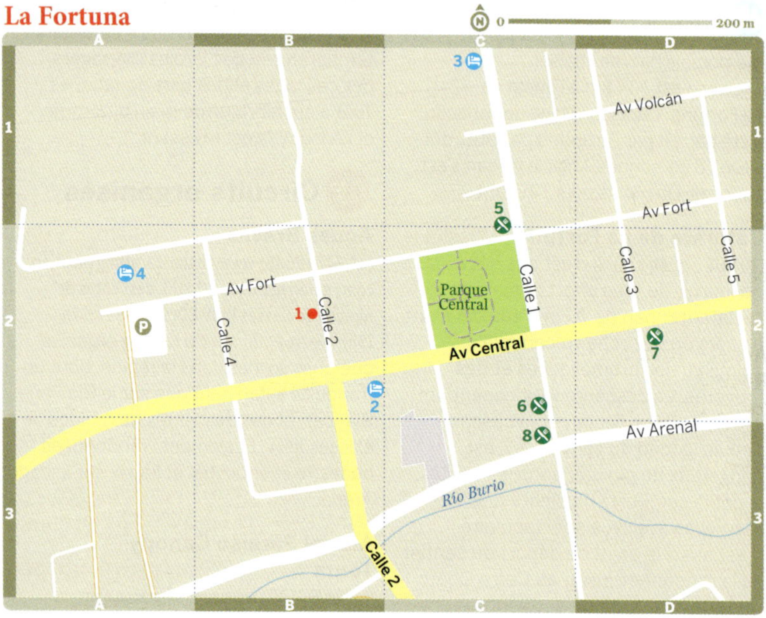

La Fortuna

Activités

1 Desafío Adventure Company B2

Où se loger

2 Arenal Hostel Resort B2
3 Hotel Arenal Rabfer C1
4 La Fortuna Suites A2

Où se restaurer

5 La Cascada C1
6 Rainforest Café C2
7 Restaurant Don Rufino D2
8 Soda Viquez C3

Canoa Aventura — Canoë

(2479-8200 ; www.canoa-aventura.com ; sortie en canoë 67 $US, excursion d'une journée au Caño Negro 113 $US ; 6h30-21h30). Agence familiale spécialisée dans les excursions sur l'eau guidées par des naturalistes (parlant anglais). La plupart des formules sont axées sur l'observation de la faune et des oiseaux. Parmi les plus appréciées : l'excursion d'une journée au Caño Negro.

Desafío Adventure Company — Circuits aventure

(carte p. 154 ; 2479-0020 ; www.desafiocostarica.com ; C. 2 ; circuits 65-85 $US ; 6h30-21h). Cette agence offre le plus grand choix de sorties de rafting de La Fortuna, ainsi que des excursions sur le Río Balsa, des randonnées équestres jusqu'au Volcán Arenal, des circuits aventure avec descente de cascades en rappel, et des sorties à VTT. Organise au besoin le transfert à Monteverde à cheval, en bateau ou à vélo.

Ecoglide — Circuit dans la canopée

(carte p. 156 ; 2479-7120 ; www.arenalecoglide.com ; tarif plein/réduit 55/45 $US ; 7h-16h ;). Depuis 2008, Ecoglide est la plus importante agence de circuits dans la canopée de la ville, avec 13 câbles, 15 plateformes et un saut de "Tarzan" (lianes). Les câbles doubles permettent de s'amuser en toute sérénité.

PureTrek Canyoning — Canyoning

(carte p. 156 ; 1-866-569-5723, 2479-1313 ; www.puretrekcanyoning.com ; 4 heures avec transport et déj 98 $US ; 7h-22h ;). De bonne réputation, PureTrek propose des descentes en rappel le long de 4 cascades, dont une de 50 m de hauteur. Inscrivez-vous au bureau aménagé dans une cabane dans les arbres, à 6 km à l'ouest de la ville.

Où se loger

Les possibilités d'hébergement sont très nombreuses en ville. Si vous êtes motorisé, vous pouvez aussi loger dans les quelques charmants hôtels qui bordent la route champêtre pour Cerro Chato, à quelques kilomètres au sud de la ville, ou plus près du volcan à El Castillo.

En basse saison, les tarifs peuvent baisser jusqu'à 40%.

EN VILLE

Arenal Hostel Resort Auberge de jeunesse **$**
(carte p. 154 ; ☎2479-9222 ; www.arenalhostelresort.com ; Av. Central ; dort/s/d/tr/qua 16/48/58/75/88 $US ; P ❄ @ 📶 🏊). Ajoutant au meilleur d'une auberge de jeunesse celui d'un complexe hôtelier, cet établissement est aménagé dans un jardin paysager agrémenté de hamacs, d'une petite piscine et d'un bar festif. Il a en outre vue sur le volcan. Spacieuses, propres et climatisées, les chambres ont une sdb.

Attention : l'Arenal Hostel Resort et l'Arenal Backpackers Resort, s'ils fournissent un service équivalent, sont deux établissements distincts.

La Fortuna Suites Pension **$$**
(carte p. 154 ; ☎8577-1555 ; www.lafortunasuites.com ; d petit-déj compris 96 $US ; P ❄ 📶). Des prestations luxueuses à des prix de catégorie moyenne : draps haut de gamme, matelas à mémoire de forme, TV à écran plat, petit-déjeuner gastronomique à déguster sur le balcon, et vue sensationnelle. Au-delà de tous ces petits luxes, les clients s'accordent à dire que l'hospitalité de ses propriétaires est ce qui fait tout le charme de l'établissement.

Hotel Arenal Rabfer Hôtel **$$**
(carte p. 154 ; ☎2479-9187 ; www.arenalrabfer.com ; C. 1 ; s/d/tr/qua petit-déj compris 62/75/87/101 $US ; P ❄ @ 📶 🏊). Dans cet hôtel du centre-ville, les vastes chambres, distribuées autour d'une piscine entourée de galets et d'un jardin ombragé de palmiers, ont de hauts plafonds en pente et sont repeintes de frais. L'hôtel, impeccable dans son ensemble, se trouve dans une ruelle calme, à deux pâtés de maisons de l'animation.

À L'EXTÉRIEUR DE LA VILLE

Roca Negra del Arenal Pension **$$**
(carte p. 156 ; ☎2479-9237 ; www.hotelrocanegradelarenal.com ; d/tr/qua 60/70/80 $US, petit-déj 6 $US ; P ❄ 📶 🏊). Quantité d'animaux peuplent le jardin de ce petit bijou situé à 2 km à l'ouest de la ville. Les 7 chambres spacieuses, toutes agrémentées d'éléments en bois peint, ont d'immenses sdb carrelées et des terrasses semi-privatives avec rocking-chairs donnant sur le jardin. Mais c'est surtout son cadre paradisiaque qui rend cette adresse

Centre-ville de La Fortuna
ROB FRANCIS/GETTY IMAGES ©

Environs de La Fortuna

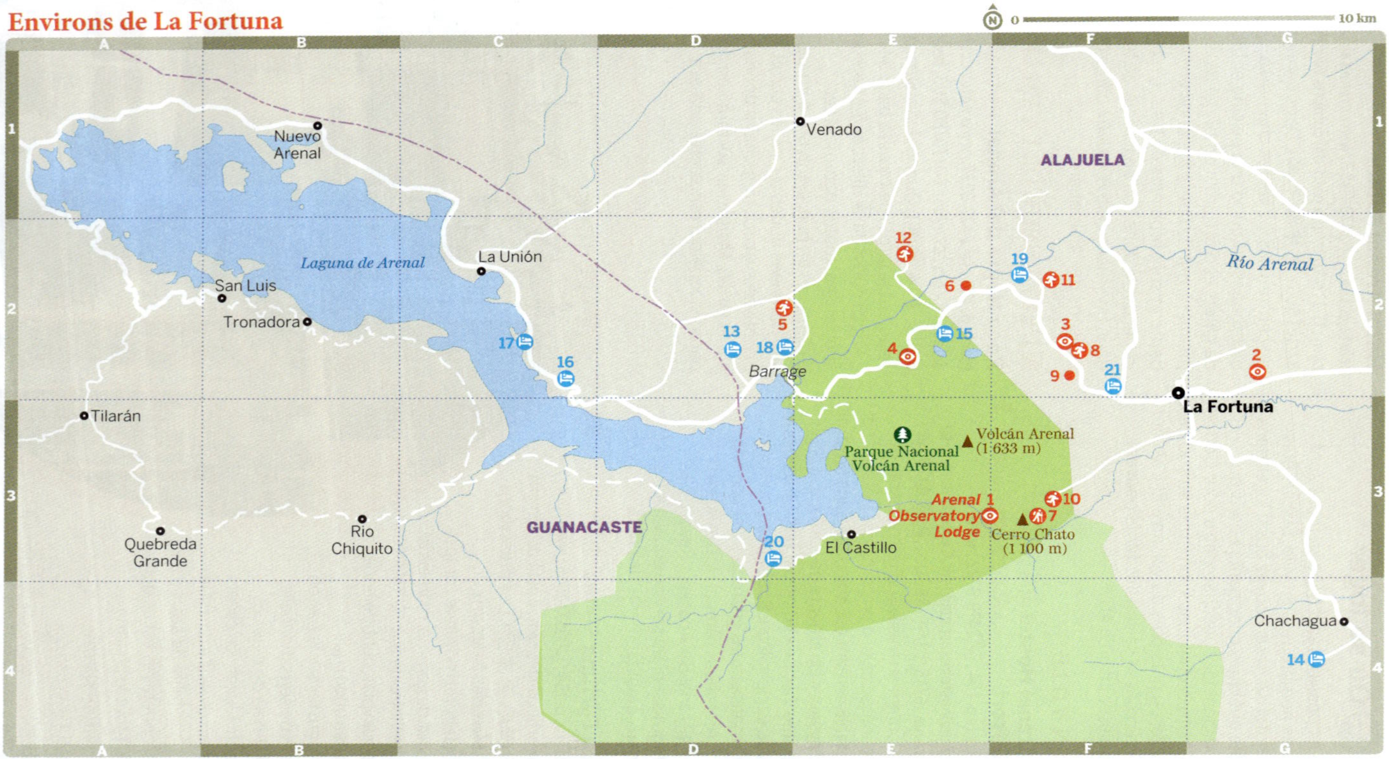

Environs de La Fortuna

Les incontournables
1 Arenal Observatory Lodge E3

À voir
2 Ecocentro Danaus G2
3 Eco-Termales F2
4 Tabacón Hot Springs E2

Activités
5 Ponts suspendus de l'Arenal D2
6 Arenal Paraíso Canopy Tours E2
7 Cerro Chato Trail F3
8 Eco-Termales (sources chaudes) F2
9 Ecoglide F2
10 La Catarata de la Fortuna F3
11 PureTrek Canyoning F2
Rancho Adventure Tours .... (voir 20)
12 Springs Resort & Spa E2
Waterfall Trail .... (voir 10)

Où se loger
13 Arenal Lodge D2
Arenal Observatory Lodge .... (voir 1)
14 Chachagua Rainforest Hotel G4
15 Hotel Campo Verde E2
16 Hotel Los Héroes C2
17 La Mansion Inn Arenal C2
18 Lost Iguana Resort D2
19 Nayara Hotel, Spa & Gardens F2
20 Rancho Margot D3
21 Roca Negra del Arenal F2

unique. La luxueuse piscine et le Jacuzzi sont nichés au milieu de jardins tropicaux très fleuris, peuplés d'oiseaux.

Hotel Campo Verde Bungalows **$$**
(carte p. 156 ; 2479-1080 ; www.hotelcampoverde.com ; s/d/tr/qua petit-déj compris à partir de 75/90/110/130 $US ; P @). Établissement familial charmant, à 9 km à l'ouest de la ville. Les bungalows en bois jaune, avec poutres apparentes, beaux lustres et tentures, ont tous 2 lits doubles et un joli patio carrelé équipé de fauteuils à bascule. Réservez ceux les plus éloignés de la route, au pied de la montagne : la vue y est imprenable.

Chachagua Rainforest Hotel Hôtel **$$$**
(carte p. 156 ; 2468-1010 ; www.chachaguarainforesthotel.com ; d/bungalows petit-déj compris 236/290 $US ; P). Situé dans une réserve privée, cet hôtel est un paradis pour les naturalistes. Une partie de la propriété est exploitée en tant que verger, ranch et ferme piscicole. Le reste est constitué d'une forêt tropicale humide à parcourir au gré des sentiers de randonnée ou à cheval. Les chambres sont agréables mais affichent des tarifs élevés. Les bungalows, stylés et spacieux, sont ravissants.

Nayara Hotel, Spa & Gardens Hôtel **$$$**
(carte p. 156 ; 2479-1600 ; www.arenalnayara.com ; ch/ste petit-déj compris 280/390 $US ; P @). Ce luxueux hôtel, à 6 km à l'ouest de la ville, a remporté une foule de récompenses pour son architecture d'inspiration asiatique, sa décoration minimaliste et son cadre intime et divinement romantique. Beaux meubles, bois luxueux et literie élégante composent le décor des 24 chambres, qui bénéficient d'équipements high-tech, d'une douche extérieure et d'un Jacuzzi privatif en plein air, avec vue sur le Volcán Arenal. Sublime.

Où se restaurer

Rainforest Café Café **$**
(carte p. 154 ; 2479-7239 ; C. 1 entre Av. Central et Arenal ; plats 4-6 $US ; 7h-20h30 ;). Les desserts servis dans ce café très couru sont aussi beaux que bons. La carte salée propose des *burritos*, *casados* (menus) et autres plats traditionnels excellents. Il y a également une carte complète de cafés chauds et froids.

Soda Viquez Soda **$**
(carte p. 154 ; 2479-7133 ; angle C. 1 et Av. Arenal ; plats 6-10 $US ; 7h-22h). Prisé des voyageurs, cet établissement sympathique revisite la *comida típica*. D'odorants plats en sauce sont à disposition au comptoir, mais l'on peut aussi commander à la carte du poulet, du bœuf et du poisson cuisinés de 6 manières différentes. Prix raisonnables et portions copieuses.

La Cascada International **$$**
(carte p. 154 ; ☎2479-9145 ; angle Av. Fort et C. 1 ; plats 6-26 $US ; ⏰11h-tard). Cette institution existe depuis si longtemps que son toit conique en feuilles de palmier (*palapa*) est aussi emblématique que le volcan dont il rappelle la forme. Son petit bar attire les noctambules, mais les touristes aiment aussi y déjeuner ou y dîner. Au menu : viandes grillées, pâtes, sandwichs et quelques plats végétariens.

Don Rufino International **$$$**
(carte p. 154 ; ☎2479-9997 ; www.donrufino.com ; angle Av. Central et C. 3 ; plats 16-40 $US ; ⏰11h-23h). À tous les égards ou presque, ce grill et bar intérieur/extérieur est à des années-lumière de ses concurrents. Outre les viandes grillées (faux-filet, filet, médaillons de filet mignon au poivre, châteaubriand à la sauce au gorgonzola), plats vedettes de la carte, il sert du risotto au crabe, du thon grillé au gingembre, et du poulet au curry de coco. Ambiance branchée pour cet établissement qui affiche vite complet. Pensez à réserver.

ℹ Depuis/vers La Fortuna

Bus

La plupart des bus assurant les liaisons intérieures s'arrêtent au **Centro Comercial Adifort**. Surveillez bien vos affaires, surtout le week-end, dans les bus pour San José.

San José (Auto-Transportes San José-San Carlos) ; 4,25 $US, 4 heures 30, départs à 12h45 et 14h45. On peut aussi prendre un bus jusqu'à Ciudad Quesada, puis l'une des correspondances fréquentes pour la capitale.

Tilarán, avec correspondance pour Monteverde (Auto-Transportes Tilarán, départs du Parque Central) ; 2,60 $US, 3 heures 30, départs à 8h et 16h30. Pour rejoindre Monteverde (3,60 $US, 6-8 heures), prenez le bus matinal pour Tilarán, où vous devrez attendre quelques heures la correspondance à destination de Santa Elena.

Jeep-bateau-Jeep

Le moyen le plus rapide entre Monteverde-Santa Elena et La Fortuna est la combinaison Jeep-bateau-Jeep (25-40 $US, 3 heures). La "Jeep" est en réalité un minibus marqué en jaune "turismo", mais constitue un mode de transport formidable. La formule peut être organisée par n'importe quel hôtel ou tour-opérateur, ou presque, des deux villes. Depuis La Fortuna, le minibus vous emmènera à la Laguna de Arenal, puis un bateau traverse le lac. Sur l'autre rive, un taxi 4x4 rejoint Monteverde. Ce mode de transport est en train de s'imposer entre La Fortuna et Monteverde car le panorama est magnifique, le prix raisonnable, et l'on s'épargne une demi-journée de rude voyage sur des routes caillouteuses.

PARQUE NACIONAL VOLCÁN ARENAL

Des années 1500 au 29 juillet 1968, l'Arenal n'était qu'un volcan endormi entouré de terres fertiles. Ce jour-là,

Nayara Hotel, Spa et Gardens (p. 157)

RON NIEBRUGGE/ALAMY ©

À ne pas manquer
Arenal Observatory Lodge

Cet observatoire privé a été construit en 1987 pour l'université du Costa Rica. Les scientifiques choisirent comme lieu d'installation une plantation de noix de macadamia à tout juste 2 km au sud du Volcán Arenal en raison de la proximité du volcan, et de la sûreté (relative) de son emplacement sur une crête. Des volcanologues du monde entier sont depuis venus étudier l'activité volcanique et, dans l'hôtel, un sismographe continue à fonctionner 24h/24.

Le lodge propose des massages (à partir de 60 $US), des randonnées encadrées et les circuits habituels à prix raisonnable. Le domaine comprend aussi d'excellents sentiers de randonnée, dont le très tranquille Waterfall Trail et le plus ardu (mais agréable) Cerro Chato Trail. On peut également se balader au milieu des plantations de noix de macadamia ou dans la pinède couvrant près de la moitié des 347 ha du site. Un petit musée sur l'histoire ainsi que l'activité volcanique et hydrologique de l'Arenal complète les lieux.

INFOS PRATIQUES

☎ lodge 2479-1070 ; www.arenalobservatorylodge.com ; pass journalier 6 $US, musée gratuit ; P

de violentes éruptions entraînèrent des flots de lave qui détruisirent trois villages, tuant quelque 80 personnes et 45 000 têtes de bétail. La zone environnante fut évacuée et les routes de la région fermées. La lave a fini par se réduire à un flot assez prévisible, permettant à la vie de reprendre son cours normal, ou peu s'en faut.

Bien qu'il se soit parfois calmé quelques semaines, voire quelques mois, l'Arenal avait produit de menaçants nuages de cendre, des explosions massives et des projections de roche en fusion presque

Volcán Arenal

MARTIN HARRISON/GETTY IMAGES ©

tous les jours depuis 1968, jusqu'à ce que son activité cesse soudain en 2010. De quoi inquiéter l'industrie touristique locale… Pour autant, il serait prématuré de prononcer l'élégie de cette destination, car le volcan a conservé sa forme conique de carte postale, et il reste de nombreuses forêts à explorer sur ses pentes inférieures et dans les contreforts voisins.

Si, pour l'instant, on ne peut plus espérer assister à des projections de lave la nuit, ce volcan majestueux mérite toujours d'être contemplé. Certes, des nuages peuvent le cacher à tout moment, mais il reste de jolis sentiers à parcourir. Et s'il pleut ou s'il fait froid, les sources chaudes sont à courte distance en voiture.

Activités

L'Arenal, devenu parc national en 1995, est intégré à l'Área de Conservación Arenal, laquelle préserve la plus grande partie de la Cordillera de Tilarán. Cette zone accidentée renferme une large biodiversité ; environ la moitié des espèces des vertébrés terrestres connus au Costa Rica vivent ici. Parmi les mammifères les plus souvent aperçus, citons les singes hurleurs, les capucins moines et même des fourmiliers (de l'espèce des tamanduas du Mexique). Les coatis sont étonnamment peu farouches : surtout ne leur donnez rien à manger. La faune aviaire, forte de plus de 400 espèces, est d'une grande richesse, et compte notamment des trogons, des motmots roux, des coracines et des porte-lances.

Cerro Chato Trail — Randonnée

(www.arenalobservatorylodge.com ; Arenal Observatory Lodge ; forfait journée 6 $US/pers). Plus belle randonnée du parc national, le Cerro Chato Trail part de l'Arenal Observatory Lodge. Il serpente au milieu des pâturages avant de monter en pente assez raide à travers des poches d'ancienne forêt et de végétation récente jusque dans des hauteurs brumeuses. Pour finir, le sentier suit la crête du Cerro Chato, cousin endormi de l'Arenal, et s'achève au bord d'un lac volcanique splendide, à 1 100 m d'altitude. Comptez 2-3 heures l'aller, autant pour le retour, bien que le circuit ne fasse que 8 km en tout.

Waterfall Trail — Randonnée

(www.arenalobservatorylodge.com ; Arenal Observatory Lodge ; forfait journée 6 $US/

pers). Cette belle randonnée, au départ de l'Arenal Observatory Lodge, consiste en un aller-retour de 2 km (1 heure environ). Le sentier, plat au début, descend ensuite dans une grotte où s'abat une cascade haute de quelque 12 m. Vous en sentirez la bruine bien avant d'y parvenir.

Sendero Los Heliconias Randonnée
Au départ du poste des gardes forestiers (cartes topographiques disponibles sur place), ce sentier circulaire de 1 km passe par le site de la coulée de lave de 1968 où la végétation repousse lentement. Un tronçon de 1,5 km part du sentier pour mener à un point de vue.

Sendero Las Coladas Randonnée
Ce chemin part du sentier Los Heliconias et contourne le volcan sur 2 km en passant devant la coulée de lave de 1993, avant de rejoindre le **Sendero Los Tucanes** qui se prolonge, lui, sur 3 km dans la forêt tropicale humide, à la base du volcan. Pour regagner le parking, vous devrez faire demi-tour. En chemin, vous jouirez d'une belle vue sur le sommet.

Sendero Los Miradores Randonnée
Partant du bureau du parc (à ne pas confondre avec le poste des gardes forestiers), le **Sendero Los Miradores** parcourt 1,3 km jusqu'aux rives du lac et permet d'observer le volcan depuis un angle favorable.

Sendero Lava Vieja Randonnée
Au départ du bureau du parc, ce sentier de faible altitude difficile mais intéressant longe la coulée de lave de la grosse éruption de 1993. Comptez 2 heures de marche pour le parcourir en entier (4 km aller-retour). Vous pouvez l'associer au **Sendero El Ceibo** (1,8 km).

Où se loger

Arenal Observatory Lodge Lodge $$$
(**☎2479-1070, réservations 2290-7011 ; www.arenalobservatorylodge.com ; d/tr/qua sans sdb 97/112/127 $US, avec sdb à partir de 133/147/176 $US ;** P ⊗ @ ☎ ≋). Haut perché sur les pentes de l'Arenal, ce splendide et vaste lodge est l'unique hébergement du parc national. Les chambres vont des doubles rustiques de La Casona, avec sdb communes et vue depuis la véranda, aux suites junior, agrémentées de très grands lits, d'œuvres d'art local et d'immenses baies vitrées avec vue imprenable sur le volcan. La plupart des chambres se situent entre ces deux catégories.

Renseignements

Le **poste des gardes forestiers** (**☎2461-8499 ; adulte/enfant 10/1 $US ; ⏲8h-16h**) situé du côté ouest du volcan, comprend aussi un centre d'information et un parking. De là, des sentiers de 3,4 km rejoignent le volcan.

EL CASTILLO

Ce minuscule village de montagne est une merveilleuse alternative pour qui souhaite éviter La Fortuna. Bucolique et peu fréquenté par les touristes (quoique fort d'une importante population d'expatriés), il permet un accès facile au Parque Nacional Volcán Arenal et offre une vue absolument majestueuse sur le volcan. Il faut être motorisé pour s'y rendre car aucun bus ne le dessert.

À voir et à faire

El Castillo-Arenal Butterfly Conservatory Réserve naturelle
(**☎2479-1149 ; www.butterflyconservatory.org ; tarif plein/réduit 14/10 $US ; ⏲8h30-16h30**). Si le lieu présente l'un des plus grands regroupements de papillons du pays, il est bien plus qu'une simple réserve de lépidoptères. Six habitats y sont représentés, auxquels s'ajoutent un *ranarium* (vivarium à grenouilles), un musée entomologique, un jardin de plantes médicinales, et l'on peut faire une balade d'une heure sur des sentiers à travers un jardin botanique et le long de la rivière. L'endroit est très paisible, et il est possible de voir quantité d'oiseaux.

Arenal EcoZoo Zoo
(**El Serpentario ; ☎2479-1059 ; www.arenalecozoo.com ; adulte/enfant 16/10 $US ;**

8h-19h). Vous rencontrerez ici 36 des espèces de serpents les plus dangereuses au monde. L'EcoZoo accueille aussi grenouilles, lézards, iguanes, tortues, scorpions, tarentules et papillons.

Rancho Adventure Tours Vélo, kayak, équitation

(**8302-7318 ; www.ranchomargot.com ; location de vélo 15 $US/jour, circuits 45 $US**). Le Rancho Margot propose un bon choix de circuits guidés (balade équestre sur la rive sud de la Laguna Arenal, sortie en kayak sur la Laguna Arenal, randonnée jusqu'au Cerro Chato). Vous pouvez aussi louer un VTT à la journée pour explorer le coin par vous-même.

Big Forest Hike Randonnée

(**2479-1747 ; 130 $US/pers**). Cette "randonnée extrême" de 2 jours aller-retour entre El Castillo et San Gerardo (près de Santa Elena) est organisée par les gérants de La Gavilana, amateurs d'adrénaline. Après avoir traversé des forêts primaires et de tumultueuses rivières, les randonneurs passent la nuit au rustique Rancho Maximo, à San Gerardo. Le dîner et le petit-déjeuner sont prévus, mais emportez tout de même des provisions et de l'eau.

Où se loger et se restaurer

Essence Arenal Auberge de jeunesse $

(**2479-1131 ; www.essencearenal.com ; d/tr/qua à partir de 43/54/65 $US, d sans sdb 32 $US, tentes 32 $US ; restaurant 7h-20h ; P @ **). Perchée au sommet d'une colline, sur un terrain de 22 ha, cette "auberge de jeunesse de charme" se distingue par sa vue fabuleuse embrassant le volcan et le lac. C'est le meilleur hébergement pour petits budgets de la région. Optez pour une chambre basique ou bien pour une tente "hippie chic", avec literie luxueuse et mobilier en bois. L'établissement propose des randonnées en groupe et des cours de yoga.

La Gavilana Herbs & Art Boulangerie, galerie $

(**2479-1747 ; lagavilana.discoverelcastillo.com ; pains, biscuits 2-6 $US ; 8h-17h lun-ven, 9h-14h sam**). Il faut absolument rencontrer Thomas et Hannah. Lui est tchèque

El Establo Mountain Resort

JONATHAN GREGSON/LONELY PLANET ©

et confectionne la sauce piquante et le vinaigre ; elle est américaine et prépare les pains et les biscuits. Leur établissement est décoré de tableaux (exécutés par Hannah), tandis que la propriété compte une sorte de forêt alimentaire (entretenue par Thomas) abondant en herbes médicinales et arbres fruitiers. L'ensemble est à la fois harmonieux, esthétique, et respire la créativité. À 100 m au-dessus de l'auberge de jeunesse Essence Arenal.

Nepenthe B&B **$$**
(☎8892-5501 ; www.nepenthe-costarica.com ; d petit-déj compris 95 $US ; P ❄ 📶 🏊). Cet agréable B&B a pour atout majeur une sensationnelle piscine à débordement en surplomb de lac. Les chambres de style lodge sont simples, carrelées et décorées d'artisanat aux couleurs vives. Elles sont aménagées dans un bâtiment en forme d'arc de cercle évoquant un ranch. Des hamacs sont suspendus dans le patio, et le spa Blue Lagoon est très réputé.

Hummingbird Nest B&B B&B **$$**
(Nido del Colibri ; ☎2479-1174, 8835-8711 ; www.hummingbirdnestbb.com ; d/tr/qua petit-déj compris 85/95/100 $US ; P). À l'entrée du village, un chemin abrupt monte vers ce charmant B&B, propriété d'une hôtesse de l'air qui, après avoir parcouru le monde, a décidé de se fixer dans ce coin de paradis. Sa maison pittoresque comporte 2 chambres et un jardin peuplé de colibris. Rien de plus agréable que de passer la soirée dans le grand Jacuzzi aménagé dans le jardin. Séjour de 2 nuitées au minimum.

Rancho Margot Hôtel, lodge **$$$**
(☎8302-7318 ; www.ranchomargot.org ; pension complète dort 75 $US/pers, bungalow s/d 165/245 $US ; P 📶 🏊). À la fois complexe hôtelier et ferme bio de 61 ha, le Rancho Margot est installé au bord du Río Caño Negro, dans un environnement montagneux couvert de forêt tropicale. Il comporte de confortables hébergements avec lits superposés de style dortoir. Si votre budget vous le permet, montez en gamme et optez pour un splendide bungalow meublé de teck, avec terrasse garnie de hamacs et vue magique sur les montagnes, la jungle et les eaux paisibles du lac. Deux nuitées minimum.

Si vous aimez... Les lodges dans la montagne

Si vous appréciez les hébergements retirés dans les montagnes comme l'Arenal Observatory Lodge (p. 161), voici quelques autres possibilités :

1 **EL ESTABLO MOUNTAIN RESORT (carte p. 170 ; ☎2645-5110 ; www.hotelelestablo.com ; d deluxe/ste petit-déj compris 250/325 $US ; P 🚭 @ 🏊).** Ce complexe hôtelier résolument haut de gamme loue de grandes suites avec mezzanines et terrasses privatives.

2 **LA CAROLINA LODGE (☎2466-6393 ; www.lacarolinalodge.com ; 70-90 $US en pension complète/pers ; P).** Nichée au milieu des arbres sur le versant d'un volcan et près d'une rivière bouillonnante, une merveilleuse adresse isolée au charme rustique.

3 **RIO CELESTE HIDEAWAY (☎2206-5114 ; www.riocelestehideaway.com ; d petit-déj compris 216-292 $US ; P 📶).** Un élégant domaine composé de vastes *casitas* (cottages) de 90 m^2 coiffées de feuilles de palmier. Mobilier ancien, baignoires, douches extérieures et luxuriants jardins paysagers.

RÉGION DE LA LAGUNA DE ARENAL

À 18 km environ à l'ouest de La Fortuna, une chaussée de 750 m de long passe sur le barrage à l'origine de la Laguna de Arenal : ce lac de 88 km^2 est le plus grand du pays. Plusieurs localités ont été submergées lors de sa création, mais il fournit maintenant une eau précieuse au Guanacaste et produit de l'énergie hydroélectrique pour la région. Les vents violents, qui servent à produire de l'énergie grâce à d'immenses éoliennes, font le bonheur des véliplanchistes et des kitesurfeurs.

Pour qui dispose d'une voiture ou d'un vélo, il s'agit de l'une des plus agréables expéditions à faire au Costa Rica. La route est bordée de commerces aussi curieux qu'élégants, dont beaucoup appartiennent à des étrangers tombés sous le charme du lieu. Les vents et l'altitude confèrent au lac un climat tempéré. Et la vue sur les forêts lacustres et le Volcán Arenal est des plus romantiques.

Cependant, les choses changent rapidement : les baby-boomeurs gringos, attirés par l'éternel printemps de la région, achètent chaque pouce de terrain disponible.

Du barrage à Nuevo Arenal

Ce beau tronçon de route traverse une forêt tropicale d'altitude. Un certain nombre de superbes hébergements le jalonnent.

À voir et à faire

Ponts suspendus de l'Arenal Circuit dans la canopée

(Puentes Colgantes de Arenal ; ☎2290-0469 ; www.hangingbridges.com ; tarif plein/étudiant/enfant 24/14 $US/gratuit, visites guidées 36-47 $US ; ⏲7h30-16h, visites guidées 6h, 9h et 14h). À la différence des circuits en tyrolienne, les ponts suspendus de l'Arenal permettent d'explorer la forêt tropicale humide et la canopée à un rythme paisible. On découvre la nature grâce à un circuit de 6 ponts suspendus (le plus long mesure 97 m et le plus haut culmine à 25 m) et 10 ponts traditionnels. Tous sont accessibles depuis un unique sentier de 3 km qui serpente à travers un tunnel et contourne une cascade.

Où se loger

Arenal Lodge Lodge **$$$**

(☎2479-1881 ; www.arenallodge.net ; petit-déj compris d standard/supérieure 102/160 $US, f 190 $US, ste junior 198 $US, chalets 208 $US ; P❄📶🏊). L'Arenal Lodge, situé au terme d'une montée de 2,5 km en pente abrupte, offre une multitude de points de vues sur l'Arenal et la forêt de nuages environnante. Les chambres standard sont quelconques, mais les grandes suites junior, carrelées, s'agrémentent de meubles en osier et d'une baie vitrée ou d'un balcon donnant sur le volcan. La propriété est sillonnée de sentiers de randonnée, et le lodge comporte un Jacuzzi, une salle de billard, un restaurant et des écuries privées.

Lost Iguana Resort Complexe hôtelier **$$$**

(☎2479-1559, 2479-1557 ; www.lostiguanaresort.com ; ch/ste petit-déj compris 245/275 $US ; P❄@📶🏊). Cet élégant complexe tropical, aménagé à 1,5 km du barrage au milieu d'une forêt luxuriante sillonnée de cours d'eau, offre un panorama splendide sur le volcan. Les chambres, luxueuses, disposent d'un balcon privatif face à l'Arenal, de draps en coton d'Égypte, et d'un petit bar à cocktails en terracotta. Montez en gamme et optez pour une suite afin de profiter d'un Jacuzzi ou d'une douche tropicale extérieure.

Secteur d'Unión

Les adresses suivantes d'hôtels et de restaurants sont mentionnées par ordre d'éloignement avec le barrage de la Laguna de Arenal.

Impossible de louper l'**Hotel Los Héroes (☎2692-8013, 2692-8012 ; www.pequenahelvecia.com ; d avec/sans balcon petit-déj compris 65/55 $US, tr/app 80/115 $US ; P📶🏊)**, un chalet alpin (!) à 13,5 km à l'ouest du barrage. De grandes chambres impeccables et lambrissées s'accompagnent de sdb avec eau chaude, tandis que deux appartements pour 5 personnes sont dotés d'une cuisine équipée, de sdb spacieuses et d'un balcon donnant sur le lac. Un **petit train** (10 $US ; 11h30 et 13h) gravit lentement la colline et conduit au **Rondorama Panoramic Restaurant**, un restaurant tournant unique en son genre au Costa Rica.

À 15,5 km à l'ouest du barrage, les cottages, la piscine et le restaurant de **La Mansion Inn Arenal (☎2692-8018 ; www.**

lamansionarenal.com ; petit-déj compris d 125-175 $US, ste 175-195 $US)** bénéficient d'une vue magnifique sur le lac. Les vastes chambres en duplex ont des lits *king size*, des terrasses privatives et des fresques aux murs. Un patio et un jardin ornemental ponctué de poteries chorotega entourent la merveilleuse piscine à débordement.

À 22 km à l'ouest du barrage, la coquette **Ceiba Tree Lodge (☎8313-1475, 2692-8050 ; www.ceibatree-lodge.com ; d 89 $US petit-déj compris ; P ❄ 📶)**, à l'ambiance décontractée, donne sur un majestueux arbre fromager de 54 m. Ses 7 chambres spacieuses et carrelées possèdent des tableaux originaux et des portes sculptées d'inspiration maya. Des objets rustiques décorent les murs et la vue embrasse toute la Laguna de Arenal. Les jardins tropicaux et la grande terrasse font de ce coin de montagne une retraite paisible.

À 24,5 km à l'ouest du barrage et 2 km à l'est de Nuevo Arenal, la **Villa Decary (☎2694-4330, au Canada 800-556-0505 ; www.villadecary.com ; ch/casitas 112/160 $US petit-déj compris ; P ❄ 📶)** réalise un sans-faute avec sa vue imprenable et son hospitalité sans pareille. Élégantes et spacieuses, ses chambres sont décorées de couvre-lits en *serape* aux couleurs vives et d'œuvres d'art originales. Leurs balcons ont une vue splendide sur le lac. Il y a aussi des *casitas* (jusqu'à 4 personnes), plus grandes, avec kitchenette. Les sentiers derrière la maison permettent d'observer des oiseaux.

Enfin, pensez à réserver une table au **Gingerbread Hotel & Restaurant (☎8351-7815, 2694-0039 ; www.gingerbreadarenal.com ; plats 18-32 $US ; ⏲17h-21h mar-sam, déj sur réservation uniquement)**, l'un des meilleurs restaurants du nord-ouest du Costa Rica. Le chef Eyal, Israélien formé à New York, concocte des repas divins à partir de produits locaux d'une extrême fraîcheur. Les champignons en sauce, la salade de thon noirci et les énormes burgers de bœuf élevé en plein air remportent tous les suffrages. Une cuisine de haute volée mais sans prétention. Paiement en espèces uniquement.

Nuevo Arenal

Bien qu'imprégnée de la *cultura extranjera* (en l'occurrence, celle de ses expatriés vieillissants), cette bourgade perdue reste très costaricaine. Nuevo Arenal

Pont suspendu près du Parque Nacional Volcán Arenal

ALVARO LEIVA/GETTY IMAGES ©

est à 27 km à l'ouest du barrage et à une heure de route de La Fortuna. L'ancienne localité, elle, repose à 27 m de profondeur dans la Laguna de Arenal. Afin de créer un réservoir assez grand pour le barrage, le gouvernement costaricain a procédé au déplacement forcé de 3 500 personnes. Aujourd'hui, les habitants de Nuevo Arenal semblent s'habituer au cours de l'histoire, d'autant qu'ils possèdent désormais de magnifiques propriétés en bord de lac.

Où se loger et se restaurer

Aurora Hotel Hôtel **$**

(2694-4245 ; ch 24 $US ; P @). Cet hôtel abrite des chambres impeccables et spacieuses, aménagées dans de jolies bungalows, avec plafonds voûtés à poutres apparentes et splendide vue sur le lac. L'une des seules adresses bon marché de la Laguna de Arenal, sur le côté est de la place. Le restaurant sert des pizzas correctes.

Tinajas Arenal Café **$$**

(8926-3365 ; plats 9-15 $US ; 9h-21h30 ;). Entre splendides couchers de soleil et quai permettant l'accès aux bateaux, ce nouvel établissement en bord de lac est un petit bijou bien caché. Le chef, qui s'est perfectionné tout près de là, à La Mansion Inn Arenal, a concocté une carte mariant recettes traditionnelles et surprises contemporaines, à base de produits de la mer frais et d'ingrédients bio cultivés sur place.

Moya's Place Café, pizzeria **$$**

(2694-4001 ; plats 6-12 $US ; 11h-22h). Des fresques, masques et autres œuvres d'art d'inspiration amérindienne ornent les murs de ce sympathique café. On y mange de délicieux sandwichs, *wraps* et *burritos* bien garnis, ainsi que de savoureuses pizzas. Un endroit où expatriés et habitants se donnent rendez-vous pour manger, boire et passer un bon moment. La nourriture est bonne, et la bière bien fraîche.

De Nuevo Arenal à Tilarán

En allant vers l'ouest et en contournant le lac depuis Nuevo Arenal, le paysage devient plus spectaculaire et la route plus accidentée.

Activités

Des vents parmi les plus constants au monde balaient le nord-ouest du Costa Rica, attirant les amateurs de sports de glisse. La Laguna de Arenal est d'ailleurs considérée comme l'un des meilleurs sites de planche à voile au monde. Les adeptes du kitesurf s'y pressent aussi, surtout de fin novembre à avril, lorsque **Tico Wind** (8383-2694, 2692-2002 ; www.ticowind.

Laguna de Arenal

IMAGEBROKER/ALAMY ©

com ; kitesurf/planche à voile 80/84 $US/jour, cours 50 $US/heure) installe un campement sur la rive du lac. L'agence possède des planches et des voiles dernier cri, et un matériel adapté à toutes sortes de vents. La formule "Get on Board" (120 $US) convient particulièrement aux débutants. Le cours de kitesurf débutant (530 $US), plus complet, nécessite 9 heures d'apprentissage au terme desquelles on obtient un brevet de l'International Kiteboarding Organization (IKO). La base se situe à 15 km à l'ouest de Nuevo Arenal. L'entrée jouxte la grande clôture blanche marquée "ICE". Suivez ensuite la piste en terre de 1 km jusqu'au bord du lac.

La Laguna de Arenal séduit aussi les wakeboardeurs. À La Fortuna, **Paradise Adventures Costa Rica, (8856-3618, 2479-8159 ; www.paradise-adventures-costa-rica.com)** commercialise du matériel de pointe et propose des formules intéressantes.

Où se loger et se restaurer

Aqua Inn Spa — B&B $$

(2694-4218 ; www.aguainnspa.com ; d petit-déj compris 80 $US, soins en spa 60-90 $US ; P). Le bruit de la rivière berce les hôtes de ce B&B intimiste posé sur les berges du Río Cote, à l'ombre de la forêt tropicale. Ce ravissant établissement, conçu pour une détente totale, compte une piscine à l'ombre des arbres et un sentier privé en bord de lac. Les 4 chambres, simples mais ponctuées de couleurs vives, sont pourvues de linge de lit luxueux. Au rez-de-chaussée, le spa affiche un choix complet de prestations.

Minoa Hotel & Microbrewery — Hôtel $$

(2695-5050 ; www.hotelminoa.com ; s/d petit-déj compris à partir de 68/78 $US ; 11h-21h ; P). L'ancien Volcano Brewing a été entièrement repensé par ses nouveaux propriétaires et a beaucoup d'allure. Les chambres, rénovées, s'ornent de peinture texturée et de couvre-lits colorés. On paie plus cher pour bénéficier de la vue sur le lac et d'un patio privatif. C'est l'unique hôtel des environs à posséder une microbrasserie. Bières blondes et brunes se savourent dans le souffle léger de la brise du lac, en contemplant la vue depuis le restaurant du dernier étage (bonne cuisine).

Mystica Resort — Hôtel $$

(2692-1001 ; www.mysticacostarica.com ; s/d/tr/qua petit-déj compris 102/135/152/165 $US ; P @). À 15 km à l'ouest de Nuevo Arenal, un établissement de style méditerranéen doté de plusieurs chambres confortables et gaies, avec couvre-lits colorés, boiseries et vastes vérandas donnant sur le volcan. Pas besoin d'y résider pour déguster une pizza cuite au feu de bois (5-14 $US).

Lucky Bug B&B — B&B $$$

(2694-4515 ; www.luckybugcr.net ; d petit-déj compris 99-129 $US ; P). Installés au bord d'une lagune dans la forêt tropicale, les 5 bungalows, forts d'un délicieux isolement, sont décorés des œuvres d'artisans locaux : parquet blond, papillons en fer forgé, geckos peints à la main, lavabos et tables basses en mosaïque. Chaque chambre, unique, est splendide. Un sentier sillonne la forêt tropicale, et des kayaks attendent les hôtes sur la lagune.

Equus Bar-Restaurant — Taverne $$

(8389-2669 ; plats 6-14 $US ; 11h-minuit). Laissez-vous guider par le délicieux fumet de la viande grillée jusqu'à cette authentique taverne en pierre, à 14,5 km à l'ouest de Nuevo Arenal. Il suffit ensuite de prendre place à une grande table de pique-nique en bois et de se régaler ! Adresse prisée de longue date par les gens du coin.

Café y Macadamia — Café $$

(2692-2000 ; pâtisseries et café 2-4 $US, plats 6-13 $US ; 8h-20h ; P). Faites halte pour commander une tasse de café, une salade ou un copieux sandwich, et gardez de la place pour une succulente pâtisserie, le tout à savourer avec vue sur la Laguna de Arenal, magique au crépuscule. À 20,5 km à l'ouest de Nuevo Arenal.

TILARÁN

Près de l'extrémité sud-ouest de la Laguna de Arenal, la petite ville de Tilarán, en vertu de son long passé de centre d'élevage du bétail, dégage un charme tranquille de ville de classe moyenne. La tradition de l'élevage est célébrée le dernier week-end d'avril à l'occasion d'un rodéo apprécié des Ticos, ainsi que le 13 juin par une *fiesta de toros* dédiée à San Antonio, le saint patron de la ville.

Où se loger et se restaurer

Hotel Guadalupe Hôtel **$$**

(☎2695-5943 ; www.hotelguadalupe.co.cr ; s/d/tr 36/56/74 $US ; P ❄ wifi piscine). Cet hôtel moderne attire une clientèle d'affaires, qui apprécie ses chambres simples, aux couleurs gaies et aux sols carrelés. Service sympathique et efficace. Restaurant correct, ainsi qu'une piscine, une pataugeoire et un Jacuzzi.

La Troja Restaurant **$$**

(☎2695-4935 ; plats 8-12 $US ; ⏲10h-21h). Halte aussi populaire auprès des Ticos que des touristes, à juste titre. Ce joli édifice en bois comporte d'immenses fenêtres avec une très jolie vue sur la Laguna de Arenal. La savoureuse cuisine costaricaine comporte viandes grillées, poulet rôti et délicieux tilapia entier.

Depuis/vers Tilarán

Tilarán est accessible par une route goudronnée de 24 km qui part de l'Interamericana, au niveau de Cañas. La route en direction de Santa Elena et de Monteverde est goudronnée sur le premier tronçon, puis elle monte en pente raide et se fait rocailleuse et accidentée. Mieux vaut disposer d'un 4x4 même si un véhicule classique peut s'y aventurer pendant la saison sèche.

Bus

Les bus arrivent et partent de la gare routière, à un demi-pâté de maisons à l'ouest du Parque Central.

La Fortuna 5 $US ; 3 heures 30 ; départs à 7h et 12h30

Nuevo Arenal 1 $US ; 1 heure 15 ; 12 départs/jour de 4h30 à 15h30

Puntarenas 4 $US ; 2 heures ; départs à 6h et 13h

San José 7 $US ; 4 heures ; départs à 5h, 7h, 9h30, 14h et 17h

Santa Elena/Monteverde 3 $US ; 2 heures 30 ; départs à 4h et 12h30

MONTEVERDE ET SANTA ELENA

Coincé entre deux forêts de nuages bien préservées, cet étroit corridor de civilisation comporte deux localités : le village tico de Santa Elena et le village quaker de Monteverde. Cette région est incomparable pour ceux qui souhaitent observer le quetzal resplendissant, oiseau emblématique de l'Amérique centrale. Les groupes de touristes sont plus nombreux sur les routes de Monteverde,

Balade en kayak, Santa Elena

pourtant réputées impraticables, et cet afflux a créé un choc pour les quakers. Pour endiguer le flux des touristes, les communautés locales ont fait pression pour empêcher les promoteurs de bitumer les routes. Cela s'est révélé un temps efficace, mais les villages se sont agrandis malgré tout, attirant touristes et nouveaux habitants venus d'Europe et d'Amérique du Nord. Le lobby favorable à l'urbanisation a fini par l'emporter sur ceux qui tentaient de la limiter.

Les forêts de nuages autour de Monteverde et de Santa Elena figurent parmi les principales destinations du Costa Rica et sont inscrites au programme de la plupart des voyageurs. Monteverde témoigne d'un monde où l'agriculture bio et les sources d'énergies alternatives sont de règle. Mais quand les touristes sont trop nombreux, Monteverde serait plutôt un compromis entre réserve naturelle et parc d'attractions. Toutefois, la communauté locale continue de se battre pour maintenir l'équilibre écologique du parc, si fragile, et le préserver du surdéveloppement.

À voir

Bat Jungle Zoo

(**2645-7701 ; www.batjungle.com ; adulte/enfant 12/10 $US ; 9h-19h30**). Découvrez l'écholocation, l'aérodynamisme de l'aile de chauve-souris et autres données passionnantes sur ces mammifères volants. Petite mais intéressante, la "jungle des chauves-souris" comprend une exposition éducative bilingue et un habitat reconstitué où vivent une centaine de chauves-souris.

Serpentarium Zoo

(**2645-6002 ; tarif plein/étudiant/enfant 13/11/8 $US ; 9h-20h**). Un guide assure la visite et vous présente quelque 40 espèces de serpents plus un bon nombre de grenouilles, lézards et tortues.

Jardín de Orquídeas Jardin d'orchidées

(**2645-5308 ; www.monteverdeorchidgarden.net ; adulte/enfant 10 $US/gratuit ; 8h-17h**).

Ma sélection

Monteverde et Santa Elena

PAR J. ANDRÉS VARGAS, DIRECTEUR D'EUFORIA EXPEDITIONS

1 RESERVA BIOLÓGICA BOSQUE NUBOSO MONTEVERDE

Paradis pour l'observation des oiseaux, c'est l'une des réserves biologiques les plus réputées du pays (p. 180). Plus de 400 espèces y sont répertoriées, mais les touristes viennent en majorité voir le quetzal resplendissant. On l'aperçoit plus souvent durant la période de nidification, de mars à avril, mais la chance n'a pas de saisons ! Côté mammifères, on peut voir des coatis, des singes hurleurs, des capucins, des paresseux, des agoutis et des écureuils.

2 RANDONNÉE DANS LA CAMPAGNE DE MONTEVERDE

Des sentiers plus longs et plus sauvages se déploient dans l'est de la réserve et le long de la vallée fluviale de Peñas Blancas jusqu'aux basses terres au nord de la Cordillera de Tilarán ou dans le Bosque Eterno de los Niños (p. 172). Si vous êtes en bonne condition physique et disposez de temps, ces randonnées sont recommandées pour optimiser vos chances d'apercevoir des animaux. Louez les services d'un guide fiable car le terrain est accidenté.

3 RESERVA SANTA ELENA

Cette réserve (p. 183) gérée par la population locale se situe à une altitude un peu plus élevée que celle de Monteverde. Comme une partie de la forêt est de type secondaire, elle comprend des secteurs plus ensoleillés propices à l'observation de la faune et de l'avifaune. La moiteur règne et presque toute l'eau prend la forme d'une fine brume. Plus de 25% de la biomasse de ce paradis humide se compose d'épiphytes (mousses et lichens). Santa Elena compte 10% d'espèces non répertoriées à Monteverde, située principalement de l'autre côté de la ligne continentale de partage des eaux.

Monteverde et Santa Elena

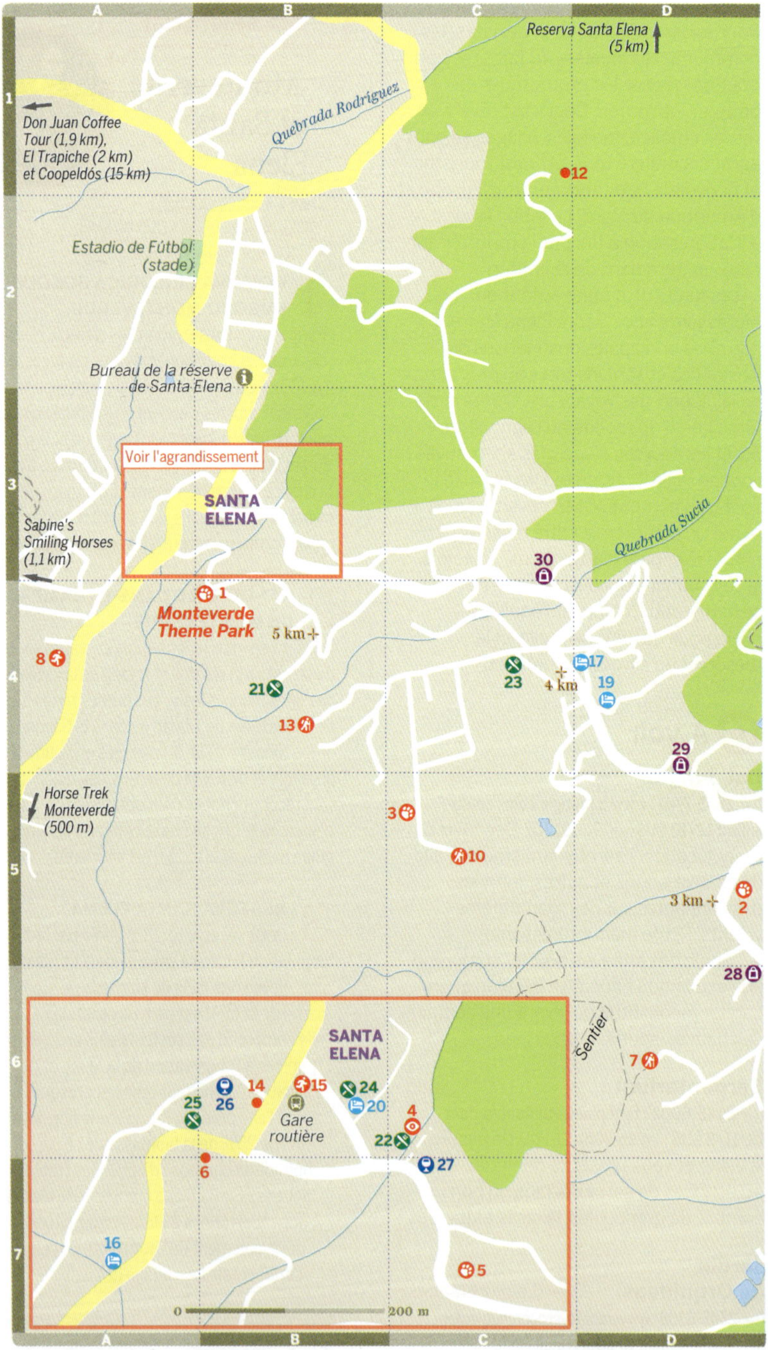

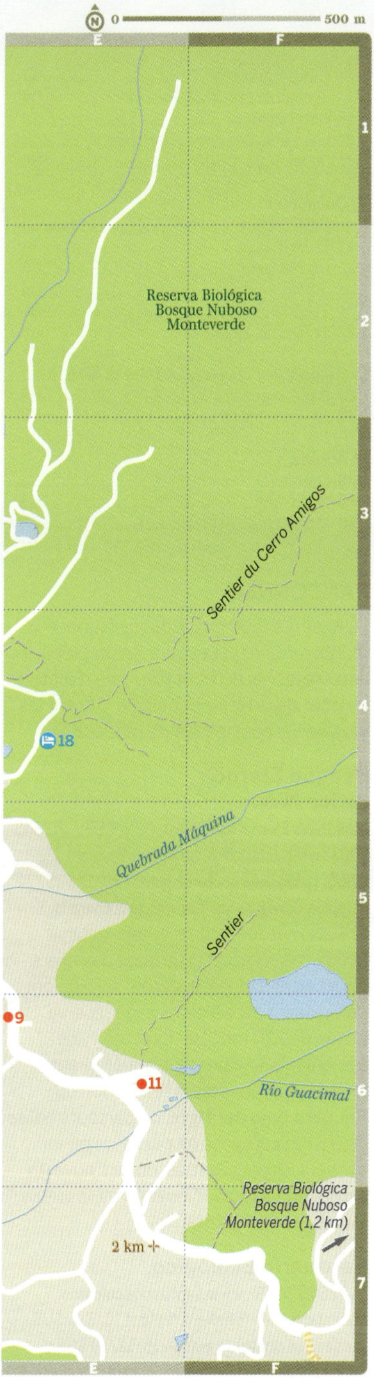

Ce jardin odorant abrite plus de 400 variétés classées par groupes taxinomiques. La visite guidée donne à voir des raretés comme la *Platystele jungermannioides*, la plus petite orchidée du monde. Si vous possédez vous-même des orchidées, vous glanerez quelques tuyaux pour en prendre soin.

Butterfly Gardens Zoo

(**☎2645-5512 ; www.monteverdebutterflygarden.com ; tarif plein/étudiant/enfant 15/10/5 $US ; ⏰8h30-16h**). Tout ce que vous avez toujours voulu savoir sur les papillons, dans quatre jardins présentant différents habitats et abritant plus de 40 espèces. Des vitrines permettent d'observer de près les papillons sortant de leur chrysalide (à condition d'arriver au bon moment). On peut aussi observer les industrieuses fourmis coupe-feuille. Vous pouvez visiter seul ou profiter des explications de guides naturalistes compétents.

Activités

PLANTATIONS DE CAFÉ

L'un des meilleurs cafés du monde se cultive ici, pour le grand bonheur des amateurs. Fin avril est la période la plus propice pour admirer les champs en fleurs. La récolte (entièrement à la main) a lieu, elle, de décembre à février. Il n'y a ceci dit pas de mauvais moment pour voir comment votre boisson préférée passe de la petite baie rouge rubis au petit noir velouté. Il est impératif de réserver pour tous les circuits, directement par téléphone ou par l'intermédiaire de nombreux hôtels. Ces circuits reviennent le plus souvent autour de 30 $US par adulte, transport inclus jusqu'aux *fincas* (plantations).

Café Monteverde Circuit café

(**☎2645-5901 ; www.cafemonteverde.com ; 15 $US/pers ; ⏰7h30-18h**). Gérée par la petite coopérative de Santa Elena, cette visite vivement recommandée permet de découvrir des *fincas* bio qui appliquent des techniques de développement durable comme le compostage et le biodiesel. Participez à la cueillette du café, puis rejoignez le *beneficio* (atelier de transformation) pour assister au

Monteverde et Santa Elena

lavage, au séchage, à la torréfaction et à l'emballage. La visite comprend une dégustation du produit fini.

Coopeldós RL Circuit café

(**☎2693-8441 ; www.coopeldos.com**). Cette coopérative réunit 450 petits et moyens producteurs de café bio de la région. Il n'est pas impossible que vous consommiez leurs produits dans votre pays car cet organisme certifié Fairtrade les vend à Starbucks, entre autres.

Don Juan Coffee Tour Circuit café

(**☎2645-7100 ; www.donjuancoffeetour.com ; adulte/enfant 30/12 $US ; 🕐7h-16h30**). Cette plantation plus commerciale propose une visite trois en un, au cours de laquelle vous saurez tout sur ces trois péchés mignons que sont le café, le chocolat et le sucre.

El Trapiche Circuit café

(**☎2645-7650 ; www.eltrapichetour.com ; adulte/enfant 32/12 $US ; 🕐10h et 15h lun-sam, 15h dim**). Dans cette *finca* familiale, on cultive le café mais aussi la canne à sucre, les bananes et les plantains. La visite se termine par une tasse de café ou la dégustation de l'autre célèbre boisson locale, la *saca de guaro* (liqueur de canne à sucre).

RANDONNÉE

La Reserva Biológica Bosque Nuboso Monteverde et la Reserva Santa Elena, les deux réserves de forêt tropicale d'altitude au bout de la route principale, offrent les plus belles possibilités de randonnée.

Bosque Eterno de los Niños Randonnée

(**Children's Eternal Rainforest, BEN/CER ; ☎2645-5003 ; www.acmcr.org ; tarif plein/étudiant 12/6 $US, randonnée nocturne guidée 20/17 $US, Estación Biológica San Gerardo tout compris 52 $US ; 🕐7h30-17h30, randonnée nocturne 17h30**). Les efforts d'un groupe d'écoliers pour sauver la forêt tropicale humide ont donné naissance à cette vaste réserve privée de 220 km². La "forêt éternelle des enfants" est presque entièrement fermée aux touristes, à l'exception du **Sendero Bajo del Tigre**, un parcours balisé de 3,5 km composé de plusieurs petits sentiers. Depuis l'entrée, où se trouve un centre éducatif pour les enfants, la vue sur la réserve est superbe.

Santuario Ecológico Randonnée

(**☎2645-5869 ; www.santuarioecologico.com ; tarif plein/étudiant/enfant 10/8/6 $US, randonnée nocturne guidée 15/12/10 $US ; 🕐7h-17h30**). Cette réserve est parcourue

GLENN BARTLEY/GETTY IMAGES ©

À ne pas manquer
Monteverde Theme Park

Anciennement appelé Ranario, ce vivarium à grenouilles s'est vu adjoindre un jardin de papillons et un circuit dans la canopée – ce qui lui vaut désormais l'appellation de parc à thème. Les grenouilles tiennent toujours la vedette : environ 25 espèces résident dans les vivariums transparents disposés le long de sentiers de jungle à l'intérieur d'un bâtiment. Des guides à l'œil exercé conduisent des visites en anglais ou en espagnol, éclairant grenouilles, œufs et têtards à l'aide de lampes torches. Le ticket donnant droit à deux visites, revenez en soirée pour admirer les espèces nocturnes. Des tickets combinés sont aussi proposés.

INFOS PRATIQUES

Bassin aux grenouilles de Monteverde ; carte p. 170 ; ☎2645-6320 ; 13-17 $US/attraction, canopée 35 $US ; ⌚9h-20h

par quatre sentiers en boucle. Les randonnées, de longueurs variées, passent à travers une propriété privée comprenant des forêts de moyenne altitude primaires et secondaires, des plantations de café et de banane, deux cascades et des points de vue panoramiques. On aperçoit fréquemment coatis, agoutis et paresseux, mais aussi singes, porcs-épics et autres espèces. Les amateurs d'ornithologie ont de fortes chances de voir des colibris, des aigles et des toucans ainsi que des espèces vedettes comme le quetzal resplendissant et l'araponga tricaronculé.

Valle Escondido Randonnée

(**☎2645-6601 ; www.monteverdenighttour.com ; journée 8 $US, randonnée guidée déj inclus 40 $US, circuit nocturne adulte/enfant 25/15 $US ; ⌚7h-16h, circuit nocturne 17h30**). Ce sentier,

Ci-contre : petit train, Monteverde (p. 175)
Ci-dessous : pont suspendu, Monteverde (p. 174)

qui débute derrière la Pensión Monteverde Inn, serpente dans le profond canyon d'une réserve de 11 ha. Le Valle Escondido, relativement peu fréquenté, est tranquille durant la journée et se prête bien à l'observation des oiseaux et des animaux. Le circuit nocturne de 2 heures étant très apprécié, mieux vaut réserver.

TYROLIENNES ET PONTS SUSPENDUS

Près de 100 sociétés proposent aujourd'hui des circuits dans la canopée en tyrolienne, dont certaines dans cette zone. Vous n'apercevrez aucun quetzal ni coati sur le parcours, mais si vous êtes venu au Costa Rica pour "voler", c'est vraiment le meilleur endroit pour le faire. Pour explorer la cime des arbres sans poussée d'adrénaline, certains de ces organismes proposent aussi des systèmes de ponts suspendus. Le transport depuis votre hébergement est inclus dans le prix.

Aventura Circuit dans la canopée

(**☎2645-6388 ; www.monteverdeadventure.com ; traversée canopée adulte/enfant 45/35 $US, ponts 35/25 $US ; ⏰7h-16h**). Aventura compte 19 plateformes avec des lianes et une descente en rappel de 15 m, ainsi qu'une tyrolienne Superman donnant vraiment l'impression de voler. Les câbles et les ponts suspendus traversent uniquement la forêt secondaire. À 3 km au nord de Santa Elena sur la route de la réserve. Vous trouverez un bureau de réservation en ville.

Extremo Canopy Circuit dans la canopée

(**☎2645-6058 ; www.monteverdeextremo.com ; traversée canopée 40 $US, super câble 30 $US, saut à l'élastique 60 $US, saut en liane 35 $US ; ⏰8h-16h**). Le parcours en tyrolienne dans la canopée, au cœur d'une forêt secondaire, donne vraiment l'impression de voler. L'agence propose aussi un saut en liane – le plus haut et le plus impressionnant du secteur – et du saut à l'élastique.

Original Canopy Tour Circuit dans la canopée
(☎2291-4465 ; www.canopytour.com ; tarif plein/étudiant/enfant 45/35/25 $US ; ⏲7h30-16h). Sur le terrain du Cloud Forest Lodge, sont installées les fameuses tyroliennes à l'origine de la vogue de ce tourisme d'"aventure". Moins sophistiquées que les autres, elles comportent 14 plateformes, une descente en rappel au centre d'un vieux figuier et 5 km de beaux sentiers privés. À 1 km au nord de la ville, sur la route de la Reserva Santa Elena.

Selvatura Circuit dans la canopée
(☎2645-5929 ; www.selvatura.com ; traversée canopée 45 $US, passerelles 30 $US, chaque exposition 15 $US ; ⏲7h30-16h). L'un des plus importants prestataires en ville, avec 3 km de câbles, 18 plateformes et une liane au sein d'une très belle étendue de forêt de nuages primaire. L'endroit comprend aussi 3 km de passerelles dans les cimes, un jardin de colibris, un jardin de papillons et une exposition d'amphibiens et de reptiles. Situé à 6 km au nord de Santa Elena, près de la réserve, l'établissement possède un bureau de réservation en ville.

SkyTrek Circuit dans la canopée
(☎2645-5238 ; www.skyadventures.travel ; adulte/enfant SkyWalk 35/22 $US, SkyTrek 71/45 $US ; ⏲7h30-17h). Ce parcours ultrarapide se compose de 11 plateformes attachées à des tours d'acier, le long d'une route, offrant des vues imprenables sur des bandes de forêt primaire. En raison de la vitesse (jusqu'à 64 km/h), SkyTrek a été le premier circuit équipé d'un véritable système de freinage. Le SkyWalk est un circuit guidé de 2 km sur 5 ponts suspendus. Un parcours nocturne est également proposé.

TÉLÉPHÉRIQUE ET PETIT TRAIN

SkyTram Trajet panoramique
(☎2645-5238 ; www.skyadventures.travel ; adulte/enfant 44/28 $US). Ce téléphérique accessible en fauteuil roulant survole

Les quakers de Monteverde

En 1949, quatre membres de la Société religieuse des Amis – ou quakers – furent emprisonnés en Alabama pour avoir refusé de participer à la guerre de Corée. Étant pacifistes pour des raisons religieuses, les quatre hommes furent finalement libérés. Mais en réaction à leur arrestation, 44 quakers, membres de onze familles d'Alabama, quittèrent les États-Unis pour les pâturages de Monteverde. Les quakers choisirent cette "montagne verte" pour deux raisons : quelques années auparavant, le gouvernement costaricain avait aboli l'armée ; par ailleurs, le climat frais des montagnes se prêtait idéalement à l'élevage du bétail. Confortablement installés à l'écart du monde, ils adoptèrent une vie simple basée sur la production laitière et la fabrication de fromage. La communauté quaker accepta de protéger la ligne de partage des eaux, au-dessus de son territoire de 15 km², à Monteverde, en contribuant à la sauvegarde des forêts de nuages de la montagne.

La communauté quaker est toujours active à Monteverde, tant pour la protection du territoire que pour la production de fromage. Vous pourrez la rencontrer à la **Fábrica de Quesos Monteverde** (La Lechería ; ✆2645-7090 ; www.monteverdecheesefactory.com ; visite guidée adulte/enfant 12/10 $US ; ⏲visites 9h et 14h lun-sam, boutique 7h30-17h lun-sam, 7h30-16h dim).

doucement la forêt de nuages. Par temps clair, on peut voir jusqu'aux volcans à l'est et jusqu'au Pacifique à l'ouest. Il est possible de prendre des forfaits comprenant en plus le SkyTrek (circuit dans la canopée) et/ou le SkyWalk (ponts suspendus).

Monteverde Cloud Forest Train Trajet panoramique
(✆2645-5700 ; adulte/enfant 50 $US/gratuit ; 👪). Ce train miniature parcourt 6,4 km dans la forêt via un tunnel et quatre ponts, offrant de magnifiques vues sur Monteverde, le volcan Arenal et le lac éponyme. À privilégier avec de jeunes enfants. À 5 km au nord de Santa Elena : suivez les panneaux sur la route en direction de la Reserva Santa Elena.

ÉQUITATION

Sabine's Smiling Horses Équitation
(✆8385-2424, 2645-6894 ; www.smilinghorses.com ; par pers 45-65 $US). Sabine, qui parle quatre langues (dont le français), sait vous mettre à l'aise en selle, que vous soyez débutant ou expérimenté. Son centre établi de longue date à Monteverde propose une gamme de randonnées, parmi lesquelles celle très appréciée conduisant à une cascade (3 heures).

Horse Trek Monteverde Équitation
(✆8359-3485 ; www.horsetrekmonteverde.com ; par pers 45-85 $US). Guide et propriétaire de l'établissement, Marvin Anchia est natif de Santa Elena. Dresseur professionnel et naturaliste amateur, il propose d'intéressantes balades à cheval en petit comité qui vont de la demi-journée dans la forêt de nuages aux sorties de plusieurs jours. C'est un plaisir de monter ses chevaux bien soignés et bien dressés.

Caballeriza El Rodeo Équitation
(✆2645-5764, 2645-6306 ; elrodeo02@gmail.com ; par pers 40-60 $US). Basé dans une *finca*, ce prestataire organise des circuits sur des sentiers privés dans la campagne et la forêt. La spécialité maison est une balade au coucher du soleil jusqu'à un point de vue sur le Golfo de Nicoya.

Où se loger

Casa Tranquilo B&B $
(✆2645-6782 ; www.casatranquilohostel.com ; dort/ch par pers petit-déj inclus 10/15 $US ;

P @ wifi). À la Casa Tranquilo, la merveilleuse hospitalité tica se manifeste dès le lever sous forme de pain à la banane fait maison. Outre un délicieux petit-déjeuner, le personnel propose gratuitement des randonnées guidées et partage ses connaissances sur la région. Certaines des chambres, toutes simples et impeccables, ont une surface vitrée au plafond et une vue sur le golfe. Vous reconnaîtrez l'établissement aux fresques colorées de sa façade.

Pensión Santa Elena Auberge de jeunesse **$**

(**2645-5051 ; www.pensionsantaelena.com ; dort 12 $US, s/d/tr sans sdb à partir de 16/24/36 $US, s/d/tr standard 19/29/36 $US, s/d "standard plus" 25/37 $US, petit-déj inclus ;** P @ wifi). Située en plein centre de Santa Elena et appréciée de longue date, cette auberge de jeunesse aux services très complets propose aux petits budgets une organisation et une hospitalité irréprochables, façon *pura vida*. Chaque chambre est unique, et il y en a pour toutes les bourses. Les chambres "plus", aménagées dans l'annexe, comprennent notamment des literies de qualité supérieure, des douches en pierre et des stations d'accueil multimédia.

Los Pinos Cabañas y Jardines Lodge **$$**

(**2645-5252 ; www.lospinos.net ; cabaña d/ste/qua 70/85/140 $US, supérieure d 115 $US ;** P wifi). Quatorze *cabañas* indépendantes sont disséminées dans ce parc forestier de 9 ha, autrefois intégré à la *finca familiale*. Bien isolées les unes des autres, elles offrent beaucoup d'intimité et comportent chacune une cuisine équipée et une petite terrasse. Un cadre superbe pour amateurs de solitude, et de belles possibilités d'hébergement pour les familles. Ceux qui recherchent un peu de luxe trouveront leur compte dans les chambres supérieures, équipées de cheminées et de balcons.

Hotel Belmar Hôtel **$$$**

(**2645-5201 ; www.hotelbelmar.net ; ch "peninsula" 150-160 $US, chalets deluxe 178-308 $US ;** P @ wifi). Chaque chambre de l'hôtel offre une vue magnifique sur la forêt ou le golfe. On peut même admirer les deux depuis les fenêtres à 270° de certains des chalets deluxe. Ces espaces superbes et baignés de lumière sont dotés de mobilier artisanal, de draps de percale et de balcons individuels d'où l'on assiste à des couchers de soleil spectaculaires. Les chalets, avec leurs baies vitrées, leurs balcons et leurs bains chauds, valent vraiment le surcoût.

Où se restaurer

Taco Taco Mexicain **$**

(**plats 5-8 $US ; 12h-20h ;** wifi). Rapide et commode, cette nouvelle *taquería* sert

Forêt tropicale d'altitude de Monteverde

MIKE LANZETTA/GETTY IMAGES ©

de savoureux tacos, des *burritos* et des *quesadillas* garnis de poulet émincé, de viande rôtie, de porc *al pastor* (à la broche), de légumes grillés et de mahi-mahi, un poisson, pané. Vous n'aurez que l'embarras du choix.

Orchid Cafe Boulangerie **$**
(☎2645-6850 ; plats 2-12 $US ; 🕒7h-19h ; 📶). 🍃 Pour les envies de sucré, rendez-vous dans cet adorable petit café. Asseyez-vous sur la véranda et régalez-vous. Outre les pâtisseries, tourtes, crêpes et biscuits, on y trouve une carte de mets salés comme les sandwichs *ciabatta*, des salades originales et une délicieuse quiche. Petit-déjeuner également irréprochable.

Sofia Fusion **$$**
(☎2645-7017 ; plats 12-16 $US ; 🕒11h30-21h30 ; 📶). L'une des meilleures tables en matière de cuisine Nueva Latina, synthèse moderne de la cuisine latino-américaine, comme par exemple les figues aigres-douces et filet de porc rôti, le bar en croûte de plantain ou les crevettes au curry vert à la mangue. Bonne musique, baies vitrées, bougies et cocktails entêtants pimentent l'atmosphère.

Café Caburé Café **$$**
(☎2645-5020 ; www.cabure.net ; plats 10-12 $US ; 🕒9h-20h lun-sam ; P 📶). Dans ce café argentin situé au-dessus de la Bat Jungle, tout est délicieux et créatif, des sandwichs sur pain maison aux salades fraîches en passant par les tortillas garnies de poulet au *mole*, steak frotté au piment *chipotle*, curry de pommes de terre et autres crevettes au citron. Gardez une place pour le dessert.

Trio Fusion **$$$**
(☎2645-7254 ; plats 7-17 $US ; 🕒11h30-21h30 ; 📶). Dans un décor plaisant derrière le SuperCompro, le Trio offre une élégante terrasse contemporaine dans les arbres. Les recettes proposent des combinaisons inattendues pour des résultats qui surprennent agréablement les papilles, tels le *ceviche* de loup de mer au lait de coco, le travers de porc sauce goyave ou un hamburger aux figues. La carte des desserts joue avec bonheur sur la gamme des fruits tropicaux.

El Jardín International **$$$**
(☎2257-0766 ; www.monteverdelodge.com ; plats 16-23 $US ; 🕒7h-22h ; 📶). 🍃 Le menu éclectique de cet établissement, sans doute

Randonnée dans la forêt de nuages de Monteverde (p. 180)

MICHAEL BOYNY/GETTY IMAGES ©

la meilleure table du secteur, privilégie les saveurs locales tout en se démarquant de la cuisine *típica* habituelle : le filet de bœuf est embroché sur une canne à sucre et la truite poêlée se voit nappée de sauce à l'orange. Le cadre – avec fenêtres donnant sur les arbres – est charmant et le service impeccable. Les romantiques choisiront une table intime dans le jardin. Dans l'enceinte du Monteverde Lodge.

Où prendre un verre et faire la fête

Bar Amigos Bar

(**2645-5071 ; www.baramigos.com ; 12h-3h**). Cette institution de Santa Elena évoque un peu un chalet de ski avec ses baies vitrées donnant sur le flanc de la montagne, mais Ticos et touristes s'y retrouvent pour les DJ, le karaoké, les billards et le sport sur les écrans. Une des meilleures adresses du coin pour faire la fête. En outre, la cuisine y est très bonne.

La Taberna Bar

(**2645-5883 ; variables**). Un bar en plein air, sympathique, proposant happy hour, cuisine de pub et musique live.

Achats

Luna Azul Bijoux

(**2645-6638 ; lunaazulmonteverde@gmail.com ; 9h-18h**). Cette ravissante galerie-boutique de cadeaux déborde de bijoux, vêtements, savons, sculptures et objets en macramé, entre autres. Les bijoux, particulièrement beaux et élégants, sont en argent, coquillages, cristaux et turquoise.

Monteverde Art House Artisanat

(**Casa de Arte ; 2645-5275 ; www.monteverdearthouse.com ; 9h-18h30**). On trouve ici plusieurs salles dédiées à l'artisanat d'art coloré du Costa Rica. Cela va des bijoux aux poteries en passant par les textiles boruca et les objets traditionnels – et même quelques tableaux et œuvres contemporaines.

Casem Artisanat

(**Cooperativa de Artesanía Santa Elena Monteverde ; 2645-5190 ; www.casemcoop.blogspot.com ; 8h-17h lun-sam tte l'année, plus 10h-16h dim déc-avr**). Cette coopérative, créée en 1982, rassemblait alors 8 femmes artistes. Elle compte aujourd'hui près de 150 artisans, dont 8 hommes. On n'a que l'embarras du choix entre les vêtements et les sacs brodés à la main, la vaisselle en bois poli et les marque-pages et cartes de vœux peints. On trouve aussi des tableaux et des articles en bois intéressants à la Sky Gallery, à l'étage.

Depuis/vers Monteverde et Santa Elena

Depuis que les habitants sont descendus dans la rue en 2013, le ministre des Transports a annoncé qu'il débloquerait les 16 millions de dollars d'investissement nécessaires pour goudronner les 18 km de route reliant Guacimal à Santa Elena, qui constituent le principal accès à Monteverde. Le projet avance et les travaux pourraient être achevés lorsque vous lirez ces lignes. Profitez-en, le trajet sera nettement plus court.

Bus

Tous les bus s'arrêtent à la gare routière (**2645-5159 ; 5h45-11h et 13h30-17h lun-ven, jusqu'à 15h sam-dim**) du centre de Santa Elena, où sont regroupés la plupart des hébergements bon marché. Ils ne poursuivent pas jusqu'à Monteverde. Vous devrez marcher ou prendre un taxi pour rejoindre votre hôtel. Surveillez vos bagages, surtout entre San José et Puntarenas, ainsi qu'entre Monteverde et Tilarán. Placez-les à vos pieds plutôt que dans le compartiment au-dessus de vous. Vols et pertes sont fréquents.

Reserva Monteverde 1,20 $US ; 30 minutes, départs du Banco Nacional à 6h15, 7h30, 9h30, 13h30 et 15h ; retours à 6h40, 8h30, 11h, 14h et 16h.

Reserva Santa Elena 2 $US, 30 minutes ; départs du Banco Nacional à 6h30, 8h30, 10h30 et 12h30 ; retours à 11h, 13h et 16h.

San José (Tilarán Transportes) 5 $US ; 5 heures, départs de la gare routière à 6h30 et 14h30

Tilarán, avec correspondance pour La Fortuna 3 $US ; 2 heures 30 jusqu'à Tilarán, 7 heures au total ; départs de la gare routière à 4h et 12h30. C'est un long trajet, car il y a 2 heures d'attente à Tilarán. Si vous pouvez, optez pour la formule Jeep-bateau-Jeep pour La Fortuna, un peu plus chère.

Ci-contre : col de montagne, Monteverde

Ci-dessous : papillon, Monteverde

(CI-DESSOUS) HOUSE LIGHT GALLERY - STEVEN HOUSE PHOTOGRAPHY/GETTY IMAGES ©; (CI-CONTRE) YADID LEVY/GETTY IMAGES ©

Cheval

Plusieurs organismes proposent de rejoindre La Fortuna à cheval (65-185 $US/pers, 5-6 heures), une partie du trajet s'effectuant généralement en bateau. Ils empruntent trois sentiers principaux : le sentier du lac Arenal (sûr toute l'année), le sentier de Río Chiquito (sûr la majeure partie de l'année) et le sentier d'El Castillo (praticable seulement à la saison sèche et réservé aux cavaliers expérimentés), à la mauvaise réputation mais magnifique.

Renseignez-vous en détail et faites-vous confirmer l'itinéraire avant de vous mettre en selle.

Jeep-bateau-Jeep

L'itinéraire le plus court entre Monteverde-Santa Elena et La Fortuna combine minibus (Jeep), bateau et minibus (22-32 $US, 3 heures). Tout hôtel ou agence de voyages de la région peut l'organiser. Un minibus 4x4 vous conduit à Río Chiquito, où vous prendrez un bateau pour traverser la Laguna de Arenal, puis un minibus jusqu'à La Fortuna. Ce mode de transport est en train de s'imposer entre La Fortuna et Monteverde car le panorama est magnifique, le prix raisonnable, et l'on s'épargne une demi-journée de rude voyage.

BOSQUE NUBOSO MONTEVERDE

Cette **forêt vierge** (réserve biologique de la forêt de nuages de Monteverde ; ☎2645-5122 ; www.reservamonteverde.com ; tarif plein/réduit 18/9 $US ; ⏲7h-16h), environnée de brume et sillonnée de ruisseaux, fourmille de mousses espagnoles, de fougères, de broméliacées, sans compter les animaux de toutes sortes. À leur arrivée dans la région, les premiers quakers choisirent de préserver environ un tiers de leur propriété, protégeant ainsi la ligne de partage des eaux. Mais dès 1972, des squatteurs de plus en plus nombreux la menaçaient déjà. La communauté s'est alors associée à des organismes de protection de l'environnement pour acheter 328 ha de terrain. La réserve est l'un des plus beaux sites naturels du Costa Rica.

Certains sentiers de randonnée peuvent être vraiment boueux. Même

pendant la saison sèche, la forêt de nuages reste un milieu très humide. On progresse principalement au milieu des nuages, aussi faut-il prévoir des bottes et un équipement imperméable. De nombreux sentiers ont été stabilisés avec des blocs de pierre ou des planches de bois pour faciliter la marche.

En raison de la fragilité de l'environnement, la réserve accueille 160 personnes par jour au maximum, quelle que soit la saison. Pendant la saison sèche, ce quota est généralement atteint vers 10h : arrivez de bonne heure (avant l'ouverture). Sinon, traversez la ville pour rejoindre la Reserva Santa Elena, qui attire dix fois moins de visiteurs que celle de Monteverde.

Activités

RANDONNÉE

On compte 13 km de sentiers de randonnée, balisés et entretenus (carte gratuite fournie à l'entrée). Parmi les 9 sentiers de randonnée, 3 forment un triangle (El Triángulo) à l'est de l'entrée de la réserve. Le célèbre **Sendero Bosque Nuboso** (1,9 km), un sentier d'interprétation, traverse la forêt de nuages au départ du poste de gardes forestiers. Il est longé en parallèle par **El Camino**, long de 2 km, idéal pour observer des oiseaux. Le **Sendero Pantanoso** (1,6 km) forme l'extrémité d'El Triángulo, traversant des marais, des forêts et la ligne de partage des eaux. En revenant vers l'entrée, le **Sendero Río** (2 km) suit la Quebrada Cuecha en longeant plusieurs cascades.

Divisant le triangle en deux parties égales, le superbe **Sendero Chomogo** (1,8 km) grimpe jusqu'à 1 680 m, le point culminant du triangle. D'autres petits sentiers sillonnent le parc, dont le remarquable **Sendero Brillante** (300 m), offrant une belle vue d'ensemble. Malgré de louables efforts pour contenir le nombre de visiteurs, les sentiers les plus courts sont aussi les plus fréquentés.

Le sentier menant au **Mirador La Ventana** (1550 m), modérément escarpé, conduit plus loin à une plateforme en bois surplombant la ligne de partage des eaux. À l'ouest, on aperçoit par beau temps le Golfo de Nicoya et le Pacifique. À l'est, ce sont la vallée de Peñas Blancas et la plaine San Carlos. Même par temps humide et nuageux, la vue est magique, surtout lorsque le vent souffle et soulève des tourbillons de bruine. Sur le **Sendero Wilford Guindon**, à environ 1 km du poste des gardes forestiers, un pont suspendu de 100 m se balance et tangue à chaque pas.

OBSERVATION DE LA FAUNE

Monteverde, où l'on recense plus de 400 espèces d'oiseaux, ravit les ornithologues amateurs. Les visiteurs guettent avant tout le quetzal resplendissant, surtout visible en mars-avril, lorsqu'il niche. Guettez le cri de l'araponga tricaronculé, un cotinga réputé pour son chant particulier. Si les oiseaux vous passionnent, il est très intéressant de suivre un circuit spécialisé.

La visibilité limitée de la forêt et l'abondance des visiteurs rendent difficile l'observation des mammifères. On aperçoit le plus souvent (surtout dans l'arrière-pays) des coatis, des singes hurleurs, des capucins, des paresseux, des agoutis et des écureuils. La plupart des animaux évitant les itinéraires fréquentés, il est souhaitable de sortir autant que possible des sentiers battus.

Renseignements

Le **centre d'information** (**☎2645-5122 ; www.cct.or.cr ; plein tarif/étudiant et enfant/- 6 ans 17/9 $US/gratuit ; ⏲7h-16h**) est adjacent à la boutique de souvenirs de la réserve, où l'on peut obtenir des informations, trouver des guides de randonnée, la liste des différents oiseaux et mammifères, ainsi que des cartes, des cartes postales et des souvenirs. Il loue aussi des jumelles (10 $US) – vous devrez laisser votre passeport.

Le niveau des précipitations annuelles est d'environ 3 000 mm, mais certaines zones de la réserve affichent un niveau deux fois plus important. Le temps est souvent frais (maximales d'environ 18°C) – habillez-vous en conséquence.

Depuis/vers la Reserva Biológica Bosque Nuboso Monteverde

Des bus publics (1,20 $US, 30 min) quittent chaque jour le Banco Nacional de Santa Elena à 6h15, 7h30,

Forêt de nuages de Santa Elena

FRANCISCO ROMERO/GETTY IMAGES ©

9h30, 13h30 et 15h. Depuis la réserve, les retours se font à 6h40, 8h30, 11h, 14h et 16h.

La balade de 6 km à pied depuis Santa Elena est un peu difficile (la route monte) mais fort agréable – empruntez les sentiers parallèles. Les opportunités d'apercevoir des oiseaux sont magnifiques, surtout en fin de parcours.

RESERVA SANTA ELENA

La petite **Reserva Santa Elena** de 310 ha, noyée dans la brume, vaut réellement le détour. Vous entendrez pratiquement respirer la canopée, drapée d'épiphytes, dont le souffle humide retombe en gouttes d'eau sur le lit de feuilles. Le curieux cri de l'araponga tricaroncule ou le crescendo du singe hurleur ponctuent les notes plus aiguës des oiseaux. Tandis que la forêt de nuages de Monteverde attire quelque 200 000 visiteurs par an, Santa Elena en accueille moins de 20 000, et ses sentiers à travers la forêt sont en général beaucoup plus paisibles.

Cette réserve de forêt de nuages est assez semblable à celle de Monteverde, bien que située à une altitude légèrement plus élevée. Comme une partie de la forêt comprend des arbres plus jeunes, certaines zones sont plus dégagées et ensoleillées, et particulièrement propices à l'observation des animaux. Une population stable de singes et de paresseux y vit, et l'on peut en voir beaucoup sur la route menant à la réserve. Hormis pour les visiteurs les plus avertis, l'ancienne forêt de Santa Elena ressemble peu ou prou à Monteverde.

Plus petite que celle de Monteverde, la réserve gérée par le village comprend plus de 12 km de sentiers de randonnée dont 4 boucles de longueur et de difficultés variées. Des randonnées guidées partent du centre d'accueil des visiteurs quatre fois par jour (réservation recommandée).

La réserve est à environ 6 km au nord-est du village de Santa Elena, mais le **bureau de la réserve** (**☎2645-5693 ; ⌚8h-16h mer-ven)** est installé au lycée. Pour rejoindre la réserve, prenez le bus (2 $US, 30 min, 4/jour) devant le Banco Nacional.

Si vous aimez... Les réserves naturelles

Sous le charme de la Reserva Santa Elena ? Voici une sélection d'autres réserves protégées dans le nord du pays.

1 **PARQUE NACIONAL GUANACASTE** (**☎2666-5051 ; www.acguanacaste.ac.cr ; adulte/enfant 10/1 $US**). L'un des parcs nationaux les moins fréquentés du Costa Rica. On y passe de la forêt tropicale sèche à la forêt de nuages humide.

2 **REFUGIO NACIONAL DE VIDA SILVESTRE CAÑO NEGRO** (**☎471-1309 ; 6 $US ; ⌚8h-18h ; bateau, voiture**). Les lagons de Caño Negro attirent une grande variété d'oiseaux toute l'année.

3 **ECOCENTRO DANAUS** (**☎2479-7019 ; www.ecocentrodanaus.com ; avec/sans guide 16/11 $US, visite guidée nocturne 35 $US ; ⌚8h-16h lun-sam, 9h-15h30 dim, visite nocturne 17h30**). Cette petite réserve dispose d'un bon maillage de sentiers, parfaits pour l'observation des oiseaux, des paresseux, des coatis et des singes hurleurs.

4 **REFUGIO NACIONAL DE VIDA SILVESTRE BAHÍA JUNQUILLAL** (**☎2666-5051 ; www.acguanacaste.ac.cr ; adulte/6-12 ans/5 ans et moins 13/5 $US/gratuit, camping 2 $US/pers ; ⌚8h-17h**). Un petit site paisible, avec une plage adossée à la mangrove et à la forêt tropicale sèche.

LIBERIA

63 000 HABITANTS

Autrefois, la capitale rurale ensoleillée du Guanacaste était un carrefour de transports pour rallier le Nicaragua. C'était aussi le porte-étendard de la culture du

Liberia

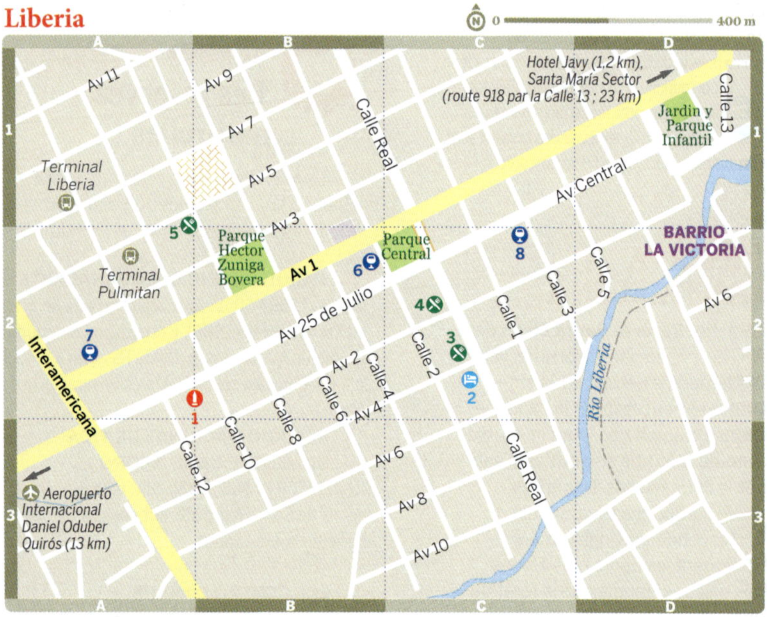

Liberia

À voir

1 Statue de *sabanero* B2

Où se loger

2 Casa del Papel C2

Où se restaurer

3 Café Liberia C2
4 Copa de Oro C2
5 Donde Pipe A1

Où prendre un verre et faire la fête

6 Ciro's B2
7 Morales House A2
8 Palermo Lounge C2

sabanero. Si une bonne partie du grand Liberia est encore occupée par des ranchs, le tourisme gagne rapidement du terrain dans l'économie. Dotée d'un aéroport international en expansion, Liberia constitue une porte d'entrée au Costa Rica plus sûre et plus paisible que San José, si bien que de plus en plus de voyageurs passent une nuit ou deux dans cette charmante ville universitaire où la tôle ondulée cohabite avec des manguiers et des magnolias. Même si la plupart des vieux bâtiments du centre-ville sont un peu défraîchis, la "ville blanche" se révèle assez agréable. Et, chose rare au Costa Rica, les rues du centre sont bien indiquées. Cela dit, Liberia demeure encore surtout un point de départ pour découvrir le parc national Rincón de la Vieja et les plages de la Península de Nicoya.

À voir

Près de l'entrée de la ville, la **statue** (**Av. 25 de Julio**) d'un *sabanero* au regard d'acier assortie d'un poème évocateur de Rodolfo Salazar Solórzano trône sur la principale artère de Liberia. Quelques-unes des demeures les plus anciennes se dressent autour de l'intersection de l'Avenida Central et de la Calle Real. La Calle Real, voie historique d'accès à la ville, doit, à long terme, devenir piétonne au sud du parc.

Africa Mía Zoo

(**☎2666-1111 ; www.africamiacr.com ; adulte/enfant 18/12 $US, circuit en minibus 30/24 $US, safari 65/55 $US ; ⏰circuits 9h30, 11h, 13h et 14h**). À 10 km au sud de Liberia, Africa Mía est une réserve privée où éléphants, zèbres, girafes, autruches et autres animaux d'Afrique évoluent en liberté.

Le luxueux circuit African Safari Wildlife Tour s'effectue à bord d'un véhicule tout-terrain Hummer à toit ouvrant.

Où se loger

Casa del Papel B&B **$$**

(**2666-0626 ; posadadelaC.real@gmail.com ; angle C. Real et Av. 4 ; ch petit-déj inclus 50-70 $US ;**). Cette demeure historique joliment reconvertie en pension se reconnaît à sa façade décorée de pages de journaux. Parquet, haut plafond et mobilier ancien composent, dans les chambres, une décoration simple et de bon goût. Le salon commun est orné d'œuvres originales et de meubles vintage, tandis qu'une piscine avec Jacuzzi et des hamacs attendent les hôtes dans le magnifique jardin.

Hotel Javy Hôtel **$$**

(**2666-9253 ; www.hoteljavy.com ; angle Av. 19 et C. 21 ; d petit-déj inclus 50 $US ;**). Clara et Isabella, les adorables hôtesses, se mettent en quatre pour répondre aux souhaits de leurs locataires. Le petit-déjeuner, pantagruélique et délicieux, idéal pour bien commencer la journée. Les chambres, quoique banales, sont confortables, avec des lits fermes et d'impeccables sdb rénovées.

Où se restaurer

Donde Pipe Café **$**

(**2665-4343 ; www.dondepipe.com ; angle C. 8 et Av. 5 ; plats 6-8 $US ; 7h-18h lun-sam ;**). C'est sans doute le seul vrai café de Liberia. On peut y passer des heures, à l'intérieur ou à l'extérieur, à boire du café fort, à déguster des brownies maison et à profiter du Wi-Fi gratuit. Outre des hamburgers, des sandwichs et des petits-déjeuners, la carte affiche des spécialités locales comme le *chifrijos* (riz, haricots et porc frit surmontés de sauce et de chips de maïs) et les *tamales*, sans oublier, bien sûr, de rafraîchissants jus de fruits. Très prisé des habitants.

Café Liberia Bio **$$**

(**2665-1660 ; C. Real entre Av. 2 et Av. 4 ; plats 8-15 $US ; 7h-22h lun-sam ;**). Cafés aromatiques et cuisine gastronomique sont au menu dans ce beau bâtiment colonial restauré. Les plats simples y sont subtilement agrémentés. Le *ceviche* est ainsi accompagné d'irrésistibles chips de tortilla sortant du four. Le café accueille

Église, Liberia

R H PRODUCTIONS/GETTY IMAGES ©

Vaut le détour
Chute des Llanos de Cortés

Si vous n'avez le temps de découvrir qu'une seule chute d'eau durant votre séjour, choisissez celle des **Llanos de Cortés** (8h-17h), cachée à 3 km au nord de Bagaces. Suivez l'Interamericana vers le nord, prenez la piste à gauche après le pont du Río Piedras, puis empruntez la route cahoteuse (4x4 nécessaire) sur 1 km, et tournez à droite à hauteur de l'entrée gardée où l'on vous réclamera une contribution (2 $US suffisent). Cet argent sert à financer l'école primaire locale.

Continuez ensuite sur 300 m jusqu'au parking, et descendez à pied le court sentier abrupt jusqu'à la cascade spectaculaire, de 12 m de haut sur 15 m de large. Vous l'entendrez depuis le parking. Elle coule dans un paisible bassin naturel bordé d'une plage de sable blanc propice à la baignade et aux bains de soleil. Vous pourrez aussi vous relaxer sur les rochers derrière le rideau d'eau. Les gens viennent pique-niquer ici le week-end, mais il n'y a souvent personne en semaine.

Le site ne dispose d'aucun équipement. Quelques marchands vendent à l'occasion des fruits sur le parking. Comme toujours, ne laissez pas d'objets de valeur en vue dans votre véhicule. Autrement, n'importe quel bus parcourant ce tronçon de l'Interamericana pourra vous déposer à l'embranchement, d'où vous devrez gagner les chutes à pied.

aussi, à l'occasion, des concerts et d'autres événements.

Copa de Oro Restaurant **$$**
(2666-0532 ; angle C. Central et Av. 2 ; plats 5-16 $US ; 11h-22h mer-lun ;). Parmi le large choix de plats et de boissons, il faut goûter à l'*arroz copa de oro*, la spécialité de la maison à base de riz et de fruits de mer. Excellents *casados* (menus) et bon choix de *ceviches*. Cuisine de qualité et portions généreuses offrent un excellent rapport qualité/prix.

Où prendre un verre et faire la fête

Palermo Lounge Bar à cocktails
(www.palermolounge.com ; angle Av. Central et C. 3). Ce jardin tropical luxuriant où coulent des cascades est l'adresse la plus agréable pour prendre un verre. La carte propose une bonne cuisine de pub et des plats ticos.

Ciro's Bar
(2665-3022 ; cirosbar.com ; C. 2 entre Av. Central et Av. 1 ; 16h-2h). Ce bar est le plus animé de Liberia. Il se résume à quelques tables, un bar simple et des portes ouvertes sur le trottoir. Mais la hi-fi joue à plein et la clientèle tica se charge de l'ambiance festive.

Morales House Bar
(2665-2490 ; angle Av. 1 et C. 14 ; 15h-2h). Un véritable repaire de *sabaneros* du Guanacaste, dans une sorte de grange ornée de têtes de taureaux. La musique *ranchera* résonne à plein volume et des steaks épais et juteux attendent les cow-boys affamés.

Depuis/vers Liberia

Avion

Depuis 1993, l'**Aeropuerto Internacional Daniel Oduber Quirós** (LIR), à 12 km à l'ouest de Liberia, est le deuxième aéroport international du pays. Il permet d'accéder facilement aux superbes plages des alentours sans passer par San José. En janvier 2012, le nouveau terminal rutilant de 35 millions de dollars a été inauguré.

Les agences de location de voitures n'ont pas de comptoir à l'aéroport. Si vous avez réservé, la société vous livrera le véhicule sur place. Un taxi jusqu'à Liberia coûte 20 $US. Un bureau de change, un café, une boutique de souvenirs et un merveilleux duty-free bon marché (bien caché, il est difficile à trouver) sont installés à l'aéroport.

Bus

Les bus arrivent et partent de deux gares routières, le **Terminal Liberia** (Av. 7 entre C. 12 et C. 14) et le **Terminal Pulmitan** (Av. 5 entre C. 10 et C. 12). Voici les itinéraires, tarifs, temps de trajet et heures de départ :

Nicoya, via Filadelfia et Santa Cruz 2,25 $US ; 1 heure 30 ; départs du Terminal Liberia toutes les 30 minutes 3h30-21h

Playa Hermosa, Playa Panamá 1,60 $US ; 1 heure 15 ; 8 départs du Terminal Liberia de 4h50 à 17h30

Playa Tamarindo 2,75 $US ; 1 heure 30-2 heures ; départs du Mercado Municipal toutes les heures 3h50-18h. Certains bus empruntent un itinéraire plus long via Playa Flamingo.

San José 6 $US ; 4 heures ; 12 départs du Terminal Pulmitan 4h-20h

Voiture

Liberia est située sur l'Interamericana, à 234 km au nord de San José et à 77 km au sud de Peñas Blancas, à la frontière nicaraguayenne. Axe principal de la Península de Nicoya, la Hwy 21 débute à Liberia et va en direction du sud-ouest. Une piste de 25 km relie le Barrio La Victoria à l'entrée Santa María du Parque Nacional Rincón de la Vieja. La route partiellement goudronnée qui rejoint l'entrée Las Pailas part, elle, de l'Interamericana, à 5 km au nord de Liberia (4x4 recommandé).

Les nombreuses agences de location de Liberia (aucune ne possède de comptoir à l'aéroport) pratiquent des tarifs variables. Vous obtiendrez des rabais très importants pour les locations d'un mois et plus. La plupart des agences acceptent un départ à Liberia et un retour à San José (contre un supplément parfois). Certaines livreront votre véhicule en ville sur demande.

RÉGION DU VOLCÁN MIRAVALLES

Le Volcán Miravalles (2 028 m) est le plus élevé de la Cordillera de Guanacaste. Même si le cratère principal est endormi, l'activité géothermique souterraine a transformé la région en destination thermale. Bien que le volcan fasse partie de la Zona Protectora Miravalles, il ne constitue pas un parc national ni une réserve.

Au nord de Fortuna de Bagaces, il est possible de participer à des visites guidées du Proyecto Geotérmico Miravalles, un ambitieux projet gouvernemental inauguré en 1994 qui utilise l'énergie géothermique pour produire de l'électricité (18% de la consommation énergétique du pays).

Les sources thermales que nous mentionnons coulent au nord du village de Fortuna de Bagaces (à ne pas confondre avec La Fortuna de Arenal ou Bagaces). Les hébergements dans les environs n'ont rien de spécial. Mieux vaut loger au Parque Nacional Volcán Tenorio et faire l'aller-retour jusqu'aux sources

Fleur dans les prés autour de Miravelles
KRYSSIA CAMPOS/GETTY IMAGES ©

dans la journée, une route secondaire assez jolie reliant les deux montagnes.

Activités

Río Perdido Source chaude

(**☎2673-3600 ; www.rioperdido.com ; canyon thermal et rivière adulte/enfant 40/30 $US**). Superbe, ce nouvel établissement installé dans un splendide paysage volcanique est une excellente manière de goûter les eaux bienfaisantes du Miravalles. L'activité "canyon thermal" comprend une randonnée guidée le long de la rivière, avec de nombreuses possibilités de baignade dans ses eaux fraîches, avant d'arriver à la rivière thermale, dont la température oscille entre 32°C et 46°C. Vous pourrez aussi profiter d'un bar dans l'eau, de ponts suspendus et de panoramas splendides.

Thermo Manía Source chaude

(**☎2673-0233 ; www.thermomania.net ; adulte/enfant 12/10 $US ; ⏰8h-22h ; 👪**). Le plus grand complexe thermal du secteur a un petit côté Disney. La température de ses 11 piscines progresse de tiède à chaude. La partie supérieure comporte un bar aquatique et un toboggan. Les 5 bassins en pierre et le sauna de la partie inférieure, ombragée, sont plus élégants. Autres attraits : un spa (avec bains de boue), une aire de jeu, un musée, un terrain de football et des tables de pique-nique. Les familles adorent.

El Guayacán Source chaude

(**☎2673-0349 ; www.termaleselguayacan.com ; adulte/enfant 10/8 $US ; ⏰8h-22h ; 👪**). Juste derrière Thermo Manía, cette *finca* familiale parsemée de mares de boue fumantes comprend 8 bassins thermaux et une piscine d'eau froide avec toboggan. Pour y passer la nuit, choisissez entre les *cabinas* (s/d à partir de 30/60 $US) propres mais sans eau chaude, et une villa spacieuse avec kitchenette.

Termales Miravalles Source chaude

(**☎2673-0606, 8305-4072 ; adulte/enfant 5/3 $US ; ⏰7h30-22h ; 👪**). Plus couleur locale, les Termales Miravalles sont situées le long d'un ruisseau. Il y a là 4 piscines et un toboggan aquatique, un petit restaurant et une aire de camping. L'établissement est généralement ouvert tous les jours en haute saison, le week-end le reste de l'année. Route d'accès en face des Yökö Termales.

Las Hornillas Randonnée

(**☎2100-1233, 8839-9769 ; www.lashornillas.com ; circuits 35-55 $US ; ⏰9h-17h**). Sur le versant sud du Miravalles, Las Hornillas offrent un paysage lunaire unique avec mares de boue bouillonnantes et fumerolles. On peut randonner jusqu'à un petit cratère, se baigner dans les bassins de boue ou encore traverser un pont suspendu pour découvrir une cascade spectaculaire.

Parque Nacional Rincón de la Vieja

Le top des sources chaudes et bains

Les sources chaudes, équipées ou non de piscines therm
boue volcaniques du Costa Rica procurent bien-être et p

- Sur les versants du Volcán Rincón de la Vieja, les sourc (p. 191) comportent plusieurs bassins dans la jungle dép
- Si différents établissements près d'Arenal pratiquent d pour se baigner dans un cadre étincelant, **Eco-Termales** ecotermalesfortuna.cr ; adulte/enfant 34/29 $US ; 10h-21h ; beauté en limitant la fréquentation.
- Piscines thermales, ponts suspendus et luxe discret caractérisent ce "canyon thermal" à Río Perdido (p. 188), près du Volcán Miravalles.
- Le summum du bain de boue ? Vous le trouverez sur les hauteurs reculées du Rincón de la Vieja au Borinquen Mountain Resort & Spa (p. 192) où, si la boue minérale ne vous tente pas, vous pourrez opter pour un soin de la peau au vin ou au chocolat.

Depuis/vers la région du Volcán Miravalles

À 27 km au nord-est de Bagaces, le Volcán Miravalles est accessible par une route goudronnée. Elle conduit au nord de Bagaces, en traversant les villages de Salitral et de Torno, puis se divise. À gauche, on rejoint Guayabo qui compte quelques *sodas* (snacks) et des *cabinas* (bungalows) sommaires ; à droite, on atteint Fortuna de Bagaces, d'où les sources chaudes sont plus facilement accessibles. Les routes se rejoignent au nord des deux villages, et continuent vers Upala.

En bus, on peut prendre une correspondance à Bagaces, où s'arrêtent toutes les heures des bus reliant cette localité à Guayabo et Fortuna (1 $US, 45 min).

PARQUE NACIONAL RINCÓN DE LA VIEJA

Malgré sa proximité avec Liberia, ce parc national de 141 km² attire encore peu de visiteurs. Son nom vient du volcan éponyme en activité, le Rincón de la Vieja (1 895 m), sa principale curiosité. Le parc englobe plusieurs autres sommets du même massif volcanique, dont le plus haut est le Volcán Santa María (1 916 m). Des fumerolles multicolores, des sources tièdes et des mares de boue bouillonnantes, ainsi qu'un fougueux *volcancito* (petit volcan) témoignent de l'activité géothermique du secteur. On peut découvrir le site à pied ou à cheval, en parcourant des sentiers bien entretenus mais parfois abrupts.

Le parc a été créé en 1973 dans le but de protéger les 32 rivières et torrents qui prennent leur source sur une importante ligne de partage des eaux. Grâce à sa situation relativement isolée, la nature, qui se raréfie partout ailleurs, est ici omniprésente. Depuis la fin des années 1960, une activité volcanique est fréquemment enregistrée, la dernière éruption de vapeur et de cendres datant de 2012. Actuellement, le volcan affiche une activité modérée et ne présente aucun danger – renseignez-vous tout de même sur place. Le cratère lui-même est interdit d'accès depuis les éruptions de 2012.

Les différences d'altitude dans le parc vont de 600 m à 1 916 m. Les visiteurs traversent ainsi une belle variété d'habitats au gré de l'ascension des volcans, même si la plupart des arbres sont caractéristiques

…erolle, Área de Conservación Guanacaste (p. 193)
…-dessous : randonnée dans la forêt tropicale humide

des forêts tropicales sèches du Guanacaste. C'est dans ce parc qu'est le plus largement représentée la rare fleur nationale, l'orchidée pourpre (*Guarianthe skinneri*). On l'appelle ici *guaria morada*.

La majorité des visiteurs viennent ici pour se rendre aux sources chaudes, où l'on peut se baigner. Nombre de sources auraient des vertus thérapeutiques.

Activités

RANDONNÉE

En empruntant un sentier circulaire à l'est du poste des gardes forestiers de Las Pailas (3 km au total), vous verrez des mares de boue en ébullition (*las pailas*), des fumerolles et un petit volcan.

À 350 m à l'ouest du poste des gardes forestiers, un sentier bien balisé conduit au Pozo Azul (lagon bleu), piscine naturelle bleu-vert qui offre une belle vue sur la rivière. Plus loin le long du même sentier se trouvent plusieurs cascades. Située à 5,1 km à l'ouest, la plus grande, la Catarata La Cangreja, jaillit directement d'une falaise et coule sur 50 m en à-pic pour se jeter dans un petit lac propice à la baignade. Des dépôts de cuivre donnent aux chutes une teinte bleue intense. Le sentier sillonne la forêt, passe devant d'imposants ficus épiphytes, puis débouche dans les vastes prairies émaillées de yuccas qui s'étendent sur les versants du volcan, d'où se déploie un superbe panorama sur les marais de Palo Verde et, au-delà, le Pacifique.

À 4,3 km à l'ouest sur un autre sentier et un peu plus haut sur la pente, se trouvent les Cataratas Escondidas ("cascades cachées"), légèrement plus petites.

Depuis les éruptions de 2012, le sentier conduisant au sommet du Rincón de la Vieja n'est plus ouvert au public.

En partant du poste des gardes forestiers de Santa María, un sentier de 2,8 km traverse, à l'ouest, la "forêt enchantée" et longe une cascade avant

d'arriver aux sources chaudes sulfureuses auxquelles on attribue des propriétés thérapeutiques. Ne vous y baignez pas pendant plus d'une demi-heure sans vous immerger dans les sources froides à proximité, pour vous rafraîchir. Il y a également un ravissant sentier de 1,1 km menant à la Catarata Bosque Encantado, la plus belle cascade de Santa María. En parcourant tous les sentiers de Santa María, vous aurez l'occasion de faire une belle journée de randonnée (12 km).

SOURCES CHAUDES ET SPAS

Sources chaudes du Río Negro Sources chaudes

(**www.guachipelin.com ; 10 $US/pers ; 🕒9h-17h**). Dans la forêt sèche qui borde le Río Negro, cet endroit féerique est géré par l'Hacienda Guachipelín. Les 6 piscines naturelles en pierre, emplies d'eau chaude, sont accessibles par un joli sentier boisé. Les plus proches du pont suspendu, de part et d'autre du cours d'eau, sont aussi les plus chaudes (jusqu'à 40°C). L'entrée inclut une courte visite guidée à travers les bois avec commentaires explicatifs sur les plantes médicinales.

Canyon de la Vieja Adventure Lodge Sources chaudes

(**✆2665-5912 ; www.thecanyonlodge.com ; spa 15 $US, circuits 30-40 $US**). Sur la rive du Río Colorado, ce vaste lodge propose un spa complet avec bassins d'eau chaude, bains de boue et liane de Tarzan plongeant dans la rivière. Le courant est fort, mais le bassin naturel est idéal pour se rafraîchir par une chaude journée d'été. Outre le spa, l'établissement organise des randonnées équestres, du tubing, du rafting et des circuits dans la canopée.

Où se loger

Hacienda Guachipelín Hôtel **$$**

(**✆2666-8075 ; www.guachipelin.com ; s/d/tr/qua petit-déj inclus 81/99/128/148 $US ; P ❄ @ ≋**). Ce beau ranch du XIXe siècle couvre 12 km² de forêt primaire et secondaire. Ses 54 chambres au mobilier en bois allient simplicité et espace, et donnent sur de grandes vérandas accueillantes. Toutes offrent une belle vue sur le volcan et le paysage alentour.

Borinquen Mountain Resort & Spa Resort $$$

(☎2690-1900 ; www.borinquenresort.com ; d petit-déj inclus 218-373 $US ; ⏰Anáhuac Spa 9h-18h ; ❄📶). Le complexe le plus luxueux de la région se compose de bungalows joliment décorés avec terrasse individuelle et vue sur la montagne. Toutes les activités d'aventure attendues sont disponibles. Sources chaudes, bains de boue et saunas naturels se présentent dans un superbe écrin de verdure, et l'élégant Anáhuac Spa surplombe la jungle fumante.

Depuis/vers le Parque Nacional Rincón de la Vieja

Le secteur de Las Pailas est accessible par une route de 20 km en bon état qui part de l'Interamericana, à 5 km au nord de Liberia ; une route privée (1,50 $US/pers) conduit ensuite à l'entrée du parc. Il n'existe pas de transports publics, mais tous les lodges peuvent se charger du transfert de Liberia au parc. Comptez 20 à 30 $US l'aller simple par personne avec un minimum de 2-3 passagers. Vous pouvez également réserver un taxi 4x4 depuis Liberia pour environ 35 $US jusqu'à Las Pailas ou pour 65 $US jusqu'à Santa María.

PARQUE NACIONAL VOLCÁN TENORIO

On raconte que lorsque Dieu eut fini de peindre le ciel en bleu, il rinça ses pinceaux dans le Río Celeste. La rivière, les chutes d'eau et les bassins naturels turquoise du Parque Nacional Volcán Tenorio composent en effet un paysage spectaculaire.

Fondé en 1976, ce parc national féerique de 184 km^2 est resté une forêt tropicale humide merveilleusement préservée où la faune sauvage abonde. À 1 916 m au-dessus de la forêt de nuages s'élèvent les trois cratères du volcan : le Montezuma, le Tenorio I (le plus haut) et le Tenorio II.

Arrêtez-vous d'abord au poste des gardes forestiers de Puesto El Pilón, qui présente une petite exposition de photos et d'animaux naturalisés, et procurez-vous la carte gratuite des sentiers de randonnée (espagnol/anglais).

Activités

La piste balisée part du parking et serpente sur 1,5 km à travers la forêt jusqu'à un croisement. Tournez à gauche, puis suivez l'escalier raide mais robuste qui mène à la Catarata de Río Celeste, une cascade d'un bleu laiteux qui dévale les rochers d'une hauteur de 30 m pour remplir un bassin d'une couleur incroyable.

Quatre cents mètres plus loin, le Mirador offre une vue superbe sur le Tenorio depuis une plateforme en bois à deux niveaux. Continuez jusqu'au Pozo Azul (Lagon bleu), 700 m plus loin. Le sentier décrit une boucle de 400 m autour de celui-ci pour rejoindre la confluence des deux cours d'eau baptisée Los Teñidores (les Teinturiers). À cet endroit, les rivières forment, en se mêlant, les variations de couleurs inhabituelles du Río Celeste.

La baignade est strictement interdite le long de ce sentier. Les sources chaudes voisines sont fermées depuis que des touristes y ont été victimes de brûlures en 2011. Il est également interdit de monter jusqu'au cratère.

Comptez 3-4 heures pour couvrir les 7 km aller-retour, en raison du sentier rocailleux et escarpé par endroits. L'humidité de la forêt tropicale rend par ailleurs le terrain mouillé et boueux presque toute l'année. De bonnes chaussures de marche ou des bottes s'imposent donc.

Où se loger et se restaurer

Celeste Mountain Lodge Lodge $$$

(☎2278-6628 ; www.celestemountainlodge.com ; s/d/tr/qua pension complète 150/190/225/260 $US ; P📶). 🍃 Innovant et écologique, ce lodge à l'architecture contemporaine, juché sur une hauteur à l'ombre du Volcán Tenorio, est spectaculaire. Ses 18 chambres, petites mais raffinées, sont équipées de stores en bois qui s'ouvrent sur des vues à couper le souffle. Dans son parc labyrinthique, un sentier tapissé de géotextile étouffe le bruit des pas et permet d'observer les oiseaux dans des conditions optimales. Le prix comprend les repas, servis dans un restaurant gastronomique.

Tenorio Lodge Lodge **$$$**
(☎2466-8282 ; www.tenoriolodge.com ; s/d/tr/qua petit-déj inclus 130/140/170/190 $US ; P @ Wi-Fi). Ce lodge juché sur une colline luxuriante offre une vue superbe sur le Volcán Tenorio. Les 12 bungalows romantiques et spacieux sont dotés de lits articulés, de sols en pierre ou en bois et de baies vitrées donnant sur le volcan. Le domaine de 8,5 ha comprend un restaurant, deux plans d'eau, un jardin d'héliconias et deux Jacuzzi. À 1 km au sud de Bijagua.

Depuis/vers le Parque Nacional Volcán Tenorio

Des bus San José-Upala s'arrêtent à Bijagua (8 $US, 4/jour), la seule "grande" ville dans le secteur de Tenorio. Six bus quotidiens relient aussi Upala (1 $US) à Cañas (1,25 $US) via Bijagua.

ÁREA DE CONSERVACIÓN GUANACASTE

Ce parc figure parmi les plus anciens (1971) et les plus grands du pays. S'étendant sur 386 km^2 dans la Península Santa Elena, il protège la plus grande parcelle restante de forêt tropicale sèche en Amérique centrale, certains des sites de nidification les plus importants de plusieurs espèces de tortues de mer, ainsi que des lieux de mémoire majeurs.

La quasi-totalité des sites d'intérêt se trouve dans la vaste zone appelée **Sector Santa Rosa** (☎2666-5051 ; www.acguanacaste.ac.cr ; adulte/enfant 10/1 $US, supp surf 15 $US ; ⏰8h-16h).

La majorité des visiteurs viennent ici dans le seul but de surfer sur les vagues de la **Playa Naranjo**, que l'on doit à un monolithe situé au large : le Roca Bruja (rocher de la Sorcière).

Santa Rosa fait la fierté des Ticos. Le Costa Rica a été envahi par des armées étrangères à trois reprises seulement, repoussées à chaque fois à Santa Rosa. La plus célèbre bataille se

Catarata de Río Celeste

MICHAEL MIKE L. BAIRD/GETTY IMAGES ©

déroula le 20 mars 1856 lorsque le futur président autoproclamé du Nicaragua, un Américain nommé William Walker, envahit le Costa Rica. Habile stratège, le président costaricain Juan Rafael Mora Porras réussit à lever un corps de volontaires. La troupe accula les sbires de Walker dans le bâtiment principal de l'ancienne Hacienda Santa Rosa, appelée La Casona. La bataille ne dura que 14 minutes, et Walker quitta pour toujours le sol du Costa Rica.

À voir et à faire

La Casona Bâtiment historique

(**2666-5051 ; www.acguanacaste.ac.cr ; 8h-11h30, 13h-16h**). La Casona est le bâtiment principal de l'ancienne Hacienda Santa Rosa. La bataille de 1856 se déroula autour de ce bâtiment. L'action militaire est décrite à travers d'intéressantes expositions en espagnol et en anglais. Elles traitent de la ruée vers l'or, des plans impérialistes de William Walker et de la bataille. L'histoire naturelle de la région est également traitée. Deux sentiers de randonnée partent de l'arrière du musée.

OBSERVATION DE LA FAUNE ET DE LA FLORE

La vie sauvage est particulièrement intense à la saison sèche, lorsque les animaux se rassemblent autour des points d'eau qui subsistent. Plus de 250 espèces d'oiseaux ont été recensées, dont le bruyant geai-pie à face blanche, reconnaissable à sa longue crête de plumes ondulées. Les forêts abritent des perroquets et des perruches, des trogons et des tangaras.

Les chauves-souris sont aussi très répandues (de 50 à 60 espèces différentes identifiées à Santa Rosa), tout comme les reptiles dont des lézards, des iguanes, des serpents, des crocodiles et quatre espèces de tortues de mer. La tortue olivâtre est la plus courante, et pendant la période de ponte (juillet-décembre), des dizaines de milliers d'entre elles viennent enterrer leurs œufs sur les plages de Santa Rosa. Sur la Playa Nancite, en septembre-octobre, on peut voir jusqu'à 8 000 tortues de 40 kg. Comme elles sont gênées par la lumière, les photos au flash sont interdites, ainsi que les lampes de poche. Évitez aussi les soirs de pleine lune car vous aurez moins de chances de les observer.

Área de Conservación Guanacaste

JOHN BORTHWICK/GETTY IMAGES ©

Vaut le détour
Cinco Ceibas

La Finca Pangola, immense propriété de 1 100 ha, compte une étendue dense de forêt primaire verdoyante, laquelle abrite certains des arbres les plus vieux et les plus hauts de tout le Costa Rica. Il s'agit de **Cinco Ceibas** (☎4000-0606 ; www.cincoceibas.com ; circuit d'une demi-journée déj compris 40-60 $US). On peut admirer ces 5 majestueux fromagers (*ceibas*) depuis une passerelle de 1,2 km de long surélevée dans la jungle. La balade se combine avec de l'équitation, du kayak, ou une promenade en char à bœufs, à quoi s'ajoute le déjeuner. Le tout est très bien pensé.

Cinco Ceibas assure le transport des excursionnistes venant de San José ou La Fortuna. En voiture, le trajet au départ de La Virgen (1 heure) s'effectue pour l'essentiel sur des routes gravillonnées. De la route qui passe au nord de la ville, prenez l'embranchement pour Pueblo Nuevo. Une nouvelle route, qui rendrait le trajet plus rapide et plus facile, est censée voir le jour. Renseignez-vous avant de partir.

La **Playa Nancite** est strictement protégée, mais on peut obtenir une autorisation aux bureaux du parc dans le Sector Santa Rosa (p. 193) pour voir les tortues – téléphonez auparavant.

RANDONNÉE

Proche de l'Hacienda Santa Rosa, **El Sendero Indio Desnudo** est un sentier d'interprétation de 800 m, jalonné de pancartes décrivant les liens écologiques entre les animaux, les plantes et le climat de Santa Rosa. Il porte le nom d'un arbre commun, appelé aussi *gumbo limbo*, à l'écorce rouge orangé. En chemin, vous découvrirez également le guanacaste (*Enterolobium cyclocarpum*), arbre national du Costa Rica, et verrez certainement des oiseaux, des singes, des serpents, des iguanes, ainsi que des pétroglyphes amérindiens gravés sur des rochers.

Derrière La Casona, un petit sentier (330 m) monte jusqu'au **Monumento a Los Héroes** et à une plateforme d'observation. D'autres, plus longs, traversent la forêt tropicale sèche. L'un d'eux (4 km) mène au **Mirador** et offre une vue spectaculaire sur la Playa Naranjo. Celle-ci est accessible aux randonneurs prêts à parcourir sur 9 km la route cahoteuse qui descend jusqu'à la mer. Plusieurs sentiers quittent la route principale en direction de petites cascades.

Sur la route de la Playa Naranjo, à 8 km du rivage, se trouve le départ du sentier menant au **Mirador Valle Naranjo**. Au terme de ce court trajet accidenté de 600 m se déploie une vue magique sur Naranjo.

Deux chemins de randonnée partent de l'extrémité sud de la Playa Naranjo. Le **Sendero Carbonal** serpente sur 5 km à l'intérieur des terres le long de mangroves, et passe devant la Laguna El Limbo, peuplée de crocodiles. Le **Sendero Aceituno** longe la Playa Naranjo sur 13 km et se termine près de l'estuaire, en face du rocher de la Sorcière.

SURF

La Playa Naranjo est mondialement renommée, surtout le spot du **Roca Bruja** (rocher de la Sorcière ou Witch's Rock), célèbre pour ses vagues tubulaires de 3 m (déconseillées aux débutants). Notez que c'est un *beach break*, bien qu'il y ait des rochers près de l'embouchure de la rivière. Soyez prudent près de l'estuaire : lors du changement de marée, les crocodiles viennent s'y alimenter. La plage est splendide, avec son cap arrondi émaillé de gros rochers au nord, et ses promontoires pointus au sud. Encore plus au sud,

Vaut le détour
Parque Nacional Palo Verde

D'une superficie de 184 km^2, ce **parc national** (☎2524-0628 ; www.ots.ac.cr ; adulte/enfant 10/1 $US ; ⌚8h-16h) protège une zone humide située dans la province la plus sèche du Costa Rica, sur les rives nord-est de l'embouchure du Río Tempisque, à l'extrémité du Golfo de Nicoya. Les grandes rivières de la région s'écoulent dans cet ancien confluent de deux bassins. On y trouve une mosaïque d'habitats comprenant mangroves, marais, savanes herbeuses et forêts d'arbres à feuilles persistantes. Les petites collines calcaires donnent sur le parc, dont les lagunes peu profondes sont des points de rassemblement pour les animaux. Le parc tient son nom du *palo verde*, un buisson au feuillage persistant, très abondant ici.

Le Palo Verde affiche la plus grande concentration de gibier d'eau et d'échassiers d'Amérique centrale, et plus de 300 espèces d'oiseaux y ont été recensées. Les amateurs d'ornithologie viennent voir les grandes volées de hérons (dont le rare bihoreau gris), les cigognes (dont le jabiru, menacé d'extinction), les spatules, aigrettes, ibis, grèbes et canards. Parmi les oiseaux de la forêt, on trouve des aras rouges, des grands hoccos, des toucans à carène et des perroquets. Le parc héberge aussi des mammifères : cerfs, coatis, tatous, singes et pécaris, ainsi que la plus grande population de jaguarondis du Costa Rica. De nombreux reptiles peuplent les marécages, dont des crocodiles qui peuvent mesurer jusqu'à 5 m de longueur.

La saison sèche (décembre à mars) est la meilleure période pour visiter le parc, en raison de l'afflux d'oiseaux migrateurs et endémiques. La plupart des arbres perdent leurs feuilles, ce qui favorise l'observation des espèces qui se rassemblent autour des lacs et des marécages. À la saison humide, l'accès à la zone est parfois limité en raison des inondations.

on aperçoit les contours des péninsules de Nicoya et Papagayo.

Les vagues sont tout aussi légendaires à **Ollie's Point**, près de Playa Portero Grande, qui a la meilleure droite de tout le Costa Rica. Le fond est un mélange de sable et de cailloux, et l'offshore présent toute l'année est parfait pour les *tight turns* et les *slow closes*. Les surfeurs préfèrent pratiquer le *shortboard* à ces deux endroits.

Depuis/vers l'Área de Conservación Guanacaste

On peut accéder à l'entrée principale du parc, bien indiquée, par les transports publics : prenez un bus qui relie Liberia à la frontière nicaraguayenne et demandez au chauffeur de vous déposer à l'entrée – les gardes forestiers peuvent vous aider à prendre un bus au retour. Vous pouvez aussi réserver un trajet via les hôtels de Liberia (20-30 $US/pers aller-retour).

LA VIRGEN

Blottie sur les rives densément boisées du sauvage Río Sarapiquí, La Virgen prospéra pendant l'âge d'or du commerce de la banane. Bien que l'United Fruit soit partie depuis longtemps, la ville dépend encore de ses plantations d'ananas voisines et de sa rivière. Pendant plus de dix ans, La Virgen fut la première destination de kayak et de rafting du Costa Rica. Des groupes de pagayeurs fanatiques passaient des semaines entières à descendre le Río Sarapiquí. Mais en 2009, un violent tremblement de terre et un glissement de terrain altérèrent le cours de la rivière et anéantirent l'économie touristique. Certaines sociétés fermèrent, d'autres s'installèrent à La Fortuna. Cependant, les kayakistes indépendants commencent à revenir et quelques prestataires proposent des sorties exaltantes sur des rapides de classes II à IV. On trouve des hébergements bon marché en ville, mais les lodges des faubourgs et ceux situés sur la route de Puerto Viejo sont plus agréables.

À voir

Snake Garden Zoo

(**✆2761-1059 ; snakegarden@hotmail.com ; adulte/étudiant et enfant 15/10 $US, circuit nocturne 24/18 $US ; 9h-17h**). Ce vivarium constitue une excellente option les jours de pluie. Retrouvez-vous nez à nez avec 50 espèces de reptiles et d'amphibiens, dont des dendrobates, des serpents à sonnettes, des crocodiles et des tortues. Le python birman de 80 kg est l'attraction phare.

Activités

Le Río Sarapiquí n'est pas aussi déchaîné que les eaux vives du Río Pacuare près de Turrialba, ce qui ne vous empêchera pas d'avoir des sensations fortes et d'admirer la jungle dense, luxuriante et primitive qui borde ses rives. Mieux encore, le Sarapiquí est navigable toute l'année, mais c'est en décembre qu'il y a le plus d'eau. Le reste du temps, tout dépend des précipitations. En bref, la navigation sera meilleure s'il pleut. Si La Virgen comptait jadis près d'une douzaine de prestataires, il n'y en a plus que 3 aujourd'hui. Ils se valent tous en termes d'excursions (eaux de classes II à IV) et de tarifs.

Sarapiquí Outdoor Center Rafting

(**✆8506-6889, 2761-1123 ; www.costaricaraft.com ; sortie de rafting 2/4 heures 65/90 $US, sorties guidées en kayak 90-120 $US**). Cette agence fait autorité en matière de sorties sur rivière. En plus d'organiser des excursions en rafting, elle propose des cours (navigation et apprentissage du maniement) et loue des kayaks. Pagayeurs indépendants, allez-y pour connaître les dernières conditions de navigation. Au besoin, il est possible de planter sa tente sur place.

Aventuras del Sarapiquí Rafting

(**✆2766-6768 ; www.sarapiqui.com ; sorties sur la rivière 55-80 $US**). Prestataire très réputé qui propose VTT, circuits dans la canopée, randonnée, équitation et diverses excursions en rivière. En sortant de Chilamate, sur la route principale.

Hacienda Pozo Azul Adventures Circuits aventure

(**✆2438-2616 ; www.pozoazul.com ; circuits 55-85 $US ;**). Cette entreprise spécialisée dans les activités d'aventure programme notamment des balades à cheval, un circuit dans la canopée au-dessus de la jungle ou de la rivière, des descentes en rappel, du VTT et diverses excursions en rivière. C'est l'agence la plus expérimentée et la mieux financée de la région. Elle s'adresse principalement aux groupes et excursionnistes venus de San José.

Iguane noir, Parque Nacional Palo Verde

BOB STEFKO/GETTY IMAGES ©

Où se loger et se restaurer

Hacienda Pozo Azul Adventures Bungalows $$

(☎2438-2616, 2761-1360 ; www.haciendapozoazul.com ; s/d petit-déj compris 80/92 $US ; P @ wifi). Près de l'extrémité sud de La Virgen, ces luxueuses "suites en tentes", avec literie haut de gamme et moustiquaires, s'alignent en lisière de forêt sur des plateformes en bois verni. La nuit, le bruit des grenouilles et d'autres animaux se mêle au clapotis de la pluie sur les toiles. Pozo Azul compte aussi un bar-restaurant en ville avec une belle véranda donnant sur la rivière.

Restaurante y Cabinas Tía Rosita Soda $

(☎2761-1032 ; plats 2-6 $US ; P wifi). Le meilleur *soda* (snack) de La Virgen concocte d'excellents *casados* et des *chiles rellenos* (poivrons farcis) à la costaricaine. La famille qui le dirige loue plusieurs *cabinas* avec sdb privées alimentées en eau chaude. Elles sont 100 m plus loin sur la route.

Depuis/vers La Virgen

La Virgen se trouve sur la Hwy 126, à 8 km au nord de San Miguel et à 17 km au sud-ouest de Puerto Viejo de Sarapiquí. Les bus venant de San José, San Miguel ou Puerto Viejo de Sarapiquí s'arrêtent régulièrement à La Virgen. Si vous êtes motorisé, sachez que la route, pleine de virages, est bitumée entre San José et Puerto Viejo de Sarapiquí. Comme elle est entretenue irrégulièrement, le trajet peut être laborieux.

DE LA VIRGEN À PUERTO VIEJO DE SARAPIQUÍ

Cette portion de la Hwy 126 est jalonnée de quelques superbes écolodges. Et il n'est pas obligatoire d'y séjourner pour profiter de leurs sentiers privés et autres curiosités. N'importe quel bus circulant entre La Virgen et Puerto Viejo de Sarapiquí vous déposera devant l'entrée

Pont suspendu, Río Sarapiquí (p. 201)

JOHN COLETTI/GETTY IMAGES ©

de ces établissements. Un taxi depuis La Virgen coûte entre 8 et 10 $US.

À voir et à faire

Tirimbina Rainforest Center & Lodge — Lodge $$

(☎2761-1579 ; www.tirimbina.org ; d petit-déj compris 85-105 $US ; P ❄ @ ☰). À 2 km de La Virgen, ce centre est consacré à la recherche environnementale et à l'éducation. Les hébergements, spacieux et confortables, sont assurés dans le lodge même, ou plus loin dans une station de recherche en pleine nature. La réserve de Tirimbina compte plus de 9 km de sentiers (accès 15/9 $US par adulte/enfant) et propose des circuits organisés (22 $US à 27 $US), du type observation des oiseaux, des grenouilles et des chauves-souris, marches nocturnes et un circuit "chocolat" vivement recommandé.

Où se loger et se restaurer

Centro Neotrópico Sarapiquís — Lodge $$

(☎2761-1004 ; www.sarapiquis.org ; d petit-déj compris 94 $US ; P ⊖ ❄ @ ≈). À 2 km au nord de La Virgen, cet écolodge, en plus de fournir le vivre et le couvert, informe aussi sur la protection de l'environnement et les cultures de jadis. Inspirés d'un village précolombien du XVe siècle, les bâtiments à toit de feuilles de style *palenque* abritent chacun un ensemble de chambres luxueusement aménagées, avec d'immenses sdb à énergie solaire et des terrasses privées. Le restaurant sert des repas à base d'ingrédients utilisés dans la cuisine amérindienne. Une grande partie des produits est cultivée sur place.

Les diverses curiosités disséminées sur la propriété font tout l'attrait du lodge. Le parc Alma Ata, site archéologique maleku, date d'environ 600 ans. Près de 70 sculptures de pierre marquant un champ funéraire ont été récemment mises au jour par des archéologues costaricains, qui ont découvert des pétroglyphes et des poteries. Non loin de là, le **musée et les jardins de Sarapaquís** (www.sarapiquis.org ; adulte/4-16 ans 8/4 $US, avec guide 15/8 $US ; ⏲9h-17h) relatent l'histoire de la forêt tropicale et de son interaction avec l'homme. Sont exposés ici des centaines d'objets artisanaux amérindiens. Le jardin compte l'une des plus importantes collections scientifiques de plantes médicinales du Costa Rica.

La Quinta de Sarapiquí Lodge — Lodge $$

(☎2761-1052 ; www.laquintasarapiqui.com ; d petit-déj compris 95 $US ; P ❄ ☰ ≈). Dans ce lodge tenu en famille sur les berges du Río Sardinal, des sentiers couverts sillonnent le jardin paysager et relient les chambres au toit de chaume pourvues de hamacs. On peut nager dans la jolie piscine d'eau salée ou à proximité dans la rivière, observer les batraciens dans la maison aux grenouilles, visiter la nurserie des caïmans et le jardin aux papillons, ou encore randonner sur les sentiers de la forêt secondaire. Forfaits journée à 10 $US.

Selva Verde Lodge — Lodge $$$

(☎2761-1800 ; www.selvaverde.com ; petit-déj compris s/d 116/134 $US, bungalow s/d 133/163 $US ; P ≈). À Chilamate, à 7 km à l'ouest de Puerto Viejo, cette ancienne *finca* est désormais un élégant lodge qui protège plus de 200 ha de forêt tropicale. Les hôtes peuvent séjourner dans l'établissement de la rivière, surélevé grâce à des plateformes en bois, ou dans des bungalows privés nichés au milieu des arbres. Les chambres parquetées disposent d'une douche alimentée à l'énergie solaire et de vastes vérandas avec vue sur la forêt.

Trois sentiers de randonnée parcourent la propriété et la forêt tropicale humide de moyenne altitude. Il y a également un jardin de plantes médicinales et de papillons. Diverses excursions en bateau sont proposées sur le Río Sarapiquí. Restaurant italien sur place.

PUERTO VIEJO DE SARAPIQUÍ ET SES ENVIRONS

Situé à la confluence des fleuves Puerto Viejo et Sarapiquí, Puerto Viejo de Sarapiquí était autrefois le port le plus important du Costa Rica. Des bateaux chargés de bananes, de café et d'autres produits d'exportation naviguaient sur le Sarapiquí jusqu'à la frontière nicaraguayenne, puis obliquaient vers l'est sur le Río San Juan en direction de la mer. Aujourd'hui, il s'agit d'une ville marchande sans attrait particulier. Toutefois, elle revêt une certaine élégance, avec ses palmiers, ses jolies arcades et ses bancs carrelés le long du quartier commerçant adjacent au terrain de football. Elle jouit également d'un enseignement innovant, avec un lycée polytechnique proposant des formations poussées en tourisme, écologie et agriculture. L'établissement dispose même de sa propre réserve, parcourue de sentiers. Les visiteurs peuvent choisir parmi diverses activités dans les environs : ornithologie, rafting, kayak, canotage, randonnée, etc. Le bureau de la *migración* (immigration) se trouve près du quai en bois.

Activités

La traversée en bateau de Puerto Viejo à Trinidad, à la confluence du Río Sarapiquí et du Río San Juan, est l'occasion de voir des crocodiles, des paresseux, des oiseaux, des singes et des iguanes – les uns prennent le soleil sur les berges boueuses, les autres se rassemblent dans les arbres. Ce réseau fluvial, important point de passage historique entre la Caraïbe et le cœur de l'Amérique centrale, demeure en dehors des sentiers battus touristiques. Il offre un aperçu de la forêt tropicale humide, des ranchs, de la faune, des anciennes zones de guerre, des pâturages issus de la déforestation et des secteurs protégés.

Ruta Los Heroes Croisières

(☎2766-5858 ; croisière 2 heures 20 $US/pers ; ⏰7h-15h). Le bâtiment rose près du quai est une coopérative de capitaines de bateaux. Ces derniers proposent des circuits sur la rivière, axés sur l'histoire ou l'écologie. Organisez-vous de manière à lever l'ancre le plus tôt possible afin d'éviter les grosses chaleurs et de voir davantage d'animaux. Si le local est fermé (c'est souvent le cas en basse saison), adressez-vous directement aux capitaines présents sur le quai.

Vous pouvez aussi appeler **Oscar** (☎8365-3683) ou **Rafael** (☎8346-1220).

Green Rivers Rafting, kayak

(☎8884-0187, 2766-5274 ; sorties 50-70 $US). Opérant depuis la Posada Andrea Cristina (ci-après), cette nouvelle agence propose un large choix de circuits de

Dendrobate

JUDY BELLAH/GETTY IMAGES ©

rafting et kayak, de la sortie tranquille adaptée aux familles à la descente de rapides à sensations fortes. Le couple qui la gère propose également des circuits "nature et histoire", ainsi que des circuits d'observation des oiseaux.

Où se loger

Posada Andrea Cristina B&B B&B **$$**
(☎2766-6265 ; www.andreacristina.com ; s/d petit-déj compris à partir de 38/55 $US ; P 📶). En lisière de la ville et de la forêt, ce charmant B&B est un bijou. De nombreux oiseaux, paresseux et singes se rencontrent sur la propriété, sans parler des grenouilles qui coassent dans la mare. Les bungalows ont tous de hauts plafonds à poutres apparentes, des terrasses privées, et sont peints de couleurs vives. Vous pourrez aussi opter pour la cabane dans les arbres, construite autour du tronc d'un pois doux épanoui.

Alex Martínez, hôte des plus charmants, est aussi un guide ornithologue. Très actif dans le domaine de la protection environnementale, il gère **Tierra Hermosa** (www.tierrahermosacenter.org), réserve naturelle et refuge pour animaux situé à proximité. Vous croiserez certains de ses "pensionnaires" autour de la *posada*.

Hotel Gavilán Hôtel **$$**
(☎2234-9507 ; www.gavilanlodge.com ; d 65-75 $US ; P ❄ 📶 🏊). Dans une réserve de 100 ha à 4 km au nord-est de Puerto Viejo, cette ancienne *hacienda* est un petit paradis comptant 5 km de sentiers privés. Chambres douillettes aux couleurs pastel, dont les grandes vérandas donnent parfois sur la rivière. La direction, charmante, organise à la demande des circuits privés en bateau (50 $US) et des sorties ornithologiques (18 $US).

Hotel Ara Ambigua Hôtel **$$**
(☎2766-7101 ; www.hotelaraambigua.com ; d/tr/qua petit-déj compris à partir de 86/106/128 $US ; P ❄ @ 🏊). À 1 km à l'ouest de Puerto Viejo, cette retraite campagnarde abrite des chambres étonnamment classiques mais bien équipées, dans un cadre naturel ravissant. Les oiseaux volètent dans les luxuriants jardins, des dendrobates peuplent le *ranario* (bassin aux grenouilles) et des caïmans paressent dans un petit lac. Même si vous ne logez pas sur place, **La Casona**, pizzeria de l'établissement, est idéale pour déjeuner.

Depuis/vers Puerto Viejo de Sarapiquí

Grand centre de transport depuis des lustres, la ville est bien reliée, par des routes goudronnées, à San José, à la côte caraïbe et à d'autres régions. Un arrêt de taxis fait face à la gare routière. Les chauffeurs vous conduiront aux lodges des environs moyennant 5 $US à 10 $US.

AU SUD DE PUERTO VIEJO DE SARAPIQUÍ

Les groupes de touristes en circuits organisés constituent le gros de la clientèle de **Sueño Azul** (☎2764-1000 ; www.suenoazulresort.com ; d standard/supérieur 150/180 $US), un lodge haut de gamme perché sur une colline et axé sur les activités dans la nature. Il propose, par intermittence, des stages de yoga que l'on pratique sur une agréable plateforme isolée en bambou, mais ce n'est que la partie émergée de l'iceberg. Le superbe emplacement, à la confluence du Río Sarapiquí et du Río San Rafael, et l'étendue du domaine doté d'un pont suspendu, d'un circuit dans la canopée et d'une cascade en sont les principaux atouts. On y trouve aussi d'immenses écuries aux beaux chevaux disponibles pour une promenade, des sentiers de randonnée, des Jacuzzis, une piscine, un bar et un grand patio carrelé avec fauteuils en cuir. Les chambres spacieuses au sol en terre cuite et aux lits en rondins ont vue sur la rivière, mais certaines sentent le renfermé.

Tomate
Santa Teresa
Costa Rica
Bradley

Península de Nicoya

La Península de Nicoya offre des plaisirs simples : plages de rêve et bons spots de surf. Ses plages tropicales idéales bordent une côte riche, embellie par la jungle, et dont le rivage garde la mémoire des millions de tortues de mer qui reviennent sur leur lieu de naissance pour pondre. Les voyageurs, eux aussi, fréquentent ces plages, cherchant à être les témoins de cette nature. Et qui n'aurait pas envie de prendre du bon temps, sous le charme de vagues sans fin, de forêts tropicales à l'abondante vie sauvage, du rythme lent et sain de la *vida costarricense* ou de surprises au détour d'une piste cabossée ?

Mais la présence humaine ayant davantage d'impact sur l'environnement que les tortues luths, la péninsule cherche actuellement son équilibre entre développement raisonné et essence sauvage.

Surfeurs, Playa Carmen (p. 236)

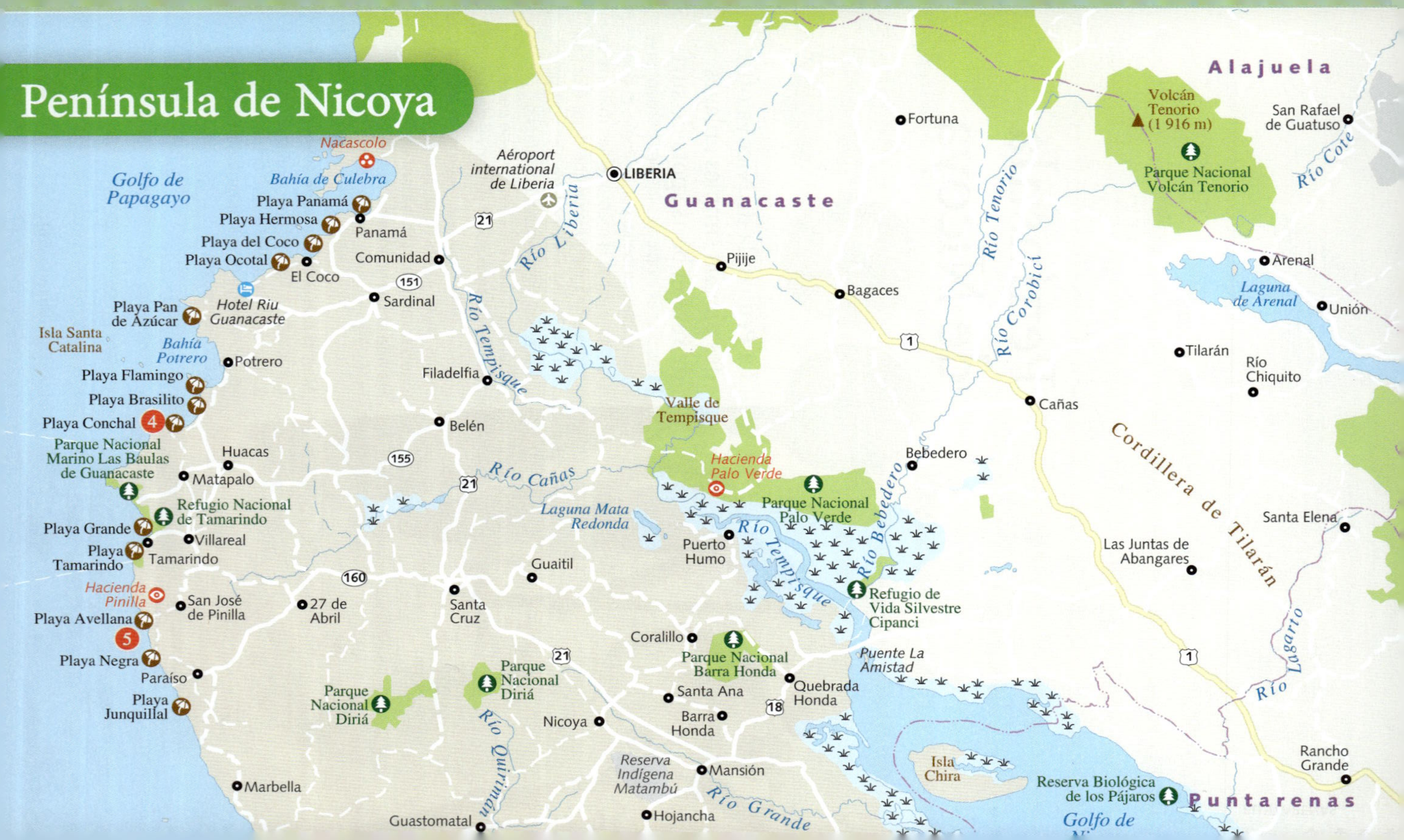

Península de Nicoya
Alajuela
Guanacaste
Puntarenas
Golfo de Papagayo
Golfo de
Nacascolo
Bahía de Culebra
Playa Panamá
Playa Hermosa
Panamá
Playa del Coco
Playa Ocotal
El Coco
Comunidad
Hotel Riu Guanacaste
Sardinal
Playa Pan de Azúcar
Isla Santa Catalina
Bahía Potrero
Potrero
Playa Flamingo
Playa Brasilito
Playa Conchal
Parque Nacional Marino Las Baulas de Guanacaste
Huacas
Matapalo
Refugio Nacional de Tamarindo
Playa Grande
Villareal
Playa Tamarindo
Tamarindo
Hacienda Pinilla
San José de Pinilla
Playa Avellana
Playa Negra
Paraíso
Playa Junquillal
Marbella
27 de Abril
Parque Nacional Diriá
Guastomatal
Río Quirimán
Santa Cruz
Guaitil
Nicoya
Reserva Indígena Matambú
Mansión
Hojancha
Río Grande
Santa Ana
Barra Honda
Coralillo
Parque Nacional Barra Honda
Quebrada Honda
Puente La Amistad
Isla Chira
Reserva Biológica de los Pájaros
Aéroport international de Liberia
LIBERIA
Río Liberia
Río Tempisque
Filadelfia
Belén
Río Cañas
Laguna Mata Redonda
Puerto Humo
Valle de Tempisque
Hacienda Palo Verde
Parque Nacional Palo Verde
Río Bebedero
Refugio de Vida Silvestre Cipanci
Bebedero
Pijije
Bagaces
Fortuna
Río Tenorio
Río Corobici
Cañas
Cordillera de Tilarán
Las Juntas de Abangares
Santa Elena
Río Lagarto
Rancho Grande
Volcán Tenorio (1 916 m)
Parque Nacional Volcán Tenorio
San Rafael de Guatuso
Río Cote
Arenal
Laguna de Arenal
Unión
Tilarán
Río Chiquito
1
4
5
18
21
151
155
160

Refugio Nacional de Fauna Silvestre Ostional
Río Nosara
Nosara
Playa Nosara
Playa Pelada
Playa Guiones
Garza
Bahía Garza
Guanacaste
150
Península de Nicoya
Carmona
161
Jicaral
21
Lepanto
Isla Caballo
PUNTARENAS
17
Ferry
Isla San Lucas
Reserva Biológica Isla Guayabo
Playa Naranjo
Bahía Gigante
Isla Gigante
Reserva Biológica Islas Negritos
Isla Tortuga
Refugio Nacional de Vida Silvestre Curú
Curú
Paquera
160
Río Blanco
Puntarenas
Río Juan de Leon
Cangrejal
San Pedro
Río Ora
San Marta
Carrillo
Sámara
Playa Sámara
3
Playa Carrillo
Refugio Nacional de Vida Silvestre Camaronal
160
Islita
Quebrada Seca
Bejuco
Playa Bejuco
Jabilla
Playa San Miguel
Playa Coyote
San Francisco de Coyote
Río Bongo
Playa Caletas
Bajos de Arió
Río Negro
Playa Manzanillo
Playa Santa Teresa
Mal País
1
Cóbano
160
Tambor
Playa Tambor
Bahía Ballena
Pochote
Reserva Absoluta Nicolás Wessburg
Montezuma
2
Ferry Montezuma-Jacó
Cabuya
Reserva Natural Absoluta Cabo Blanco
OCÉAN PACIFIQUE
0
20 km
N
1 Surf à Mal País
2 Montezuma
3 Playa Sámara
4 Playa Conchal
5 Playa Avellanas

Península de Nicoya À ne pas manquer

Surf à Mal País

La Península de Nicoya compte une belle variété de spots de surf pour tous les niveaux. Même si quasiment toutes les plages de la côte pacifique nord se prêtent à ce sport, Mal País (p. 235), près de l'extrémité sud de la péninsule, est l'une des plus célèbres. Au programme : beaux rouleaux, location de matériel à bon prix et infrastructures nombreuses pour se détendre après une journée de surf.

1

2

Montezuma

Station balnéaire phare du Costa Rica, Montezuma (p. 230) se love à la pointe sud-est de Nicoya. Il faut un peu d'effort pour s'y rendre, mais la quitter est encore plus difficile ! Des tronçons vierges de la côte sinueuse invitent à de longues promenades en quête de coquillages, tandis que les eaux calmes du Pacifique offrent un répit rafraîchissant à la chaleur tropicale.

INGRAM PUBLISHING/GETTY IMAGES ©

Playa Sámara

3

Cette destination balnéaire sans prétention (p. 227) a, semble-t-il, tout pour elle. Les familles avec des enfants en bas âge apprécient la plage immaculée et la ville paisible ; les jeunes branchés, eux, profitent des restaurants, des cafés et des bars sophistiqués. Bien que Playa Sámara figure sur toutes les cartes touristiques, on s'y sent comme dans un lieu au secret bien gardé.

AARON MCCOY/GETTY IMAGES ©

4

Playa Conchal

Cette charmante plage de sable blanc (p. 215), l'une des plus belles de la région, attire les voyageurs venus de près ou de loin. Elle peut aussi se targuer de posséder quelques-uns des plus beaux sites de snorkeling du Pacifique. En arpentant le rivage toute la journée, vous tomberez sur une côte de plus en plus sauvage et découpée et, en début de soirée, un arc-en-ciel de couleurs illumine le ciel d'un coucher de soleil grandiose.

5

Playa Avellanas

Immortalisée au cinéma dans le grand classique du surf *Chasseurs de vagues,* cette plage (p. 222) est battue quotidiennement par d'immenses vagues, chasse gardée principalement des surfeurs de niveaux intermédiaire et confirmé. Même sans surfer, c'est un lieu merveilleux pour admirer le spectacle.

Península de Nicoya : le best of

Destinations secrètes

- **Playa Conchal** Une plage confidentielle, jonchée de coquillages broyés et accessible plus facilement à pied. Pour changer des plages bondées partout ailleurs. (p. 215)
- **Reserva Natural Absoluta Cabo Blanco** La toute première réserve naturelle du pays a contribué au boom actuel de l'écologie. (p. 234)
- **Punta Islita** Plages de sable gris et coquet village haut en couleur. (p. 228)
- **Playa Cocolito** Plage et cascade à 2 heures à pied de Montezuma. (p. 236)

Montée d'adrénaline

- **Tyroliennes** Jouez les supermans avec les nombreux parcours à travers la jungle. (p. 225)
- **Saut dans une cascade** Pour un plongeon de 10 m dans le bassin des chutes de Montezuma. (p. 232)
- **Surf** La Península de Nicoya est un bastion du surf. Rien n'égale les vagues parfaites de Playa Grande. (p. 215)
- **Plongée et snorkeling** Playa del Coco donne accès aux spots les plus limpides du coin. (p. 212)

Grand luxe

- **Florblanca** Une référence en la matière, à Mal País et Santa Teresa. (p. 237)
- **Moana Lodge** Art africain et luxe dans la jungle sur une colline de Mal País. (p. 239)
- **Sueño del Mar B&B** Un paisible refuge haut de gamme pour s'évader de la toute proche Tamarindo. (p. 220)
- **Villa Deevena** Le restaurant dont on parle le plus, à juste titre, dans la région de Nosara. (p. 223)

Restaurants

- **Koji's** Les meilleurs sushis du pays, sans exception. (p. 238)
- **Seasons by Shlomy** Cuisine bien pensée et divinement préparée à Tamarindo. (p. 221)
- **Playa de los Artistas** Adresse romantique au bord de la plage, ingrédients locaux et touches artistiques. (p. 233)
- **Cocolores** Spécialités ticas et méditerranéennes remarquables dans un cadre romantique. (p. 233)

Page de gauche : accord thon et vin (p. 233)
Ci-dessus : tyrolienne, Montezuma (p. 231)

Ce qu'il faut savoir

À PRÉVOIR

- **Deux mois avant** Réservez vos hôtels pour la haute saison – autour de Noël et de la Semana Santa (Semaine sainte).
- **Un mois avant** Se déplacer dans le sud de la péninsule nécessite parfois de franchir des rivières : louez un 4x4 ou, à la saison des pluies, un 4x4 surélevé.
- **Deux semaines avant** Si vous prévoyez d'aller surfer, commencez à suivre la météo du surf pour vous aider à planifier votre itinéraire.

ADRESSES UTILES

- **Guía Península de Nicoya** (www.nicoyapeninsula.com). Bon aperçu et informations généralistes sur les destinations de la péninsule, assorties d'adresses.
- **CR Surf** (www.crsurf.com). Carte des spots de surf, bulletins météo, conseils pour les voyageurs et liste de boutiques : un site précieux pour préparer son séjour sportif.

COMMENT CIRCULER

- **Bateau** Jacó, sur la côte pacifique centrale, est rapidement accessible par bateau de Montezuma.
- **Bus** Liaisons entre villes fréquentes et bon marché, ce qui facilite les déplacements.
- **Voiture** Dans la péninsule, un 4x4 peut s'avérer utile.

MISES EN GARDE

- **Routes** 4x4 surélevé (et assurance voiture complète) de rigueur pour la conduite sur routes non goudronnées à la saison des pluies. De nombreuses routes seront impraticables ; renseignez-vous toujours sur place sur les conditions avant de partir.
- **Contre-courants** Informez-vous toujours sur les conditions maritimes avant d'affronter les vagues.

Suggestions d'itinéraires

Un séjour dans cette célèbre péninsule du Costa Rica vous fera découvrir des plages idylliques et des espaces naturels emblématiques. Vous ne serez sans doute pas seul, mais la popularité de la région ne doit rien au hasard : les paysages y sont magnifiques.

3 JOURS

DE PLAYA TAMARINDO À NOSARA

TAMARINDO ET LA CÔTE

Débutez votre périple dans la séduisante Península de Nicoya par une escapade à la célèbre ❶ **Playa Tamarindo** (p. 218). Vous n'aurez aucun mal à vous occuper dans cette station balnéaire touristique et cosmopolite pourvue de bons restaurants, animée la nuit et proposant quantité d'activités : tyrolienne, randonnée, kayak en mer, stand-up paddle et surf. Tamarindo est un lieu idéal pour prendre des cours de surf grâce à une riche offre d'instructeurs et à des vagues clémentes. Les amoureux de la nature assisteront au captivant rituel ancestral de la ponte des tortues de mer sur la ❷ **Playa Grande** (p. 215).

Les surfeurs quelque peu expérimentés pourront se défouler aux ❸ **Playas Avellanas et Negra** (p. 221) ; les autres profiteront du spectacle. Bordées par la mangrove et de douces collines luxuriantes, ces jolies plages offrent suffisamment d'espace aux amateurs de bronzette pour prendre leurs aises. Une fois les activités épuisées, longez la côte vers le sud jusqu'à ❹ **Nosara** (p. 223), alternative plus calme et décontractée aux pôles touristiques les plus connus de la péninsule. Dans ce petit coin de paradis où l'océan épouse la forêt, la population cosmopolite s'adonne au surf et perfectionne ses postures de yoga.

5 JOURS

DE MONTEZUMA À SANTA TERESA
L'EXTRÊME SUD

On dit de la pointe sud de la Península de Nicoya qu'elle est reculée. Pourtant, l'amélioration du réseau de transports publics permet de s'y aventurer et d'en repartir en moins d'une semaine. Mais une fois que vos yeux auront découvert sa beauté sauvage, ses plages et son paysage épargné par la civilisation, il y a fort à parier que vous hésitiez à aller voir ailleurs.

Cap tout d'abord sur Jacó, d'où une traversée rapide du golf en bateau vous conduira à 1 **Montezuma** (p. 230) pour commencer l'aventure. La traversée, agréable, vous épargnera de longs jours de voyage par la route. Grâce à ce gain de temps, vous pourrez envisager un séjour de détente à allure réduite. Ceux qui auront le courage de laisser la plage trouveront d'excellentes possibilités de randonnée tout près à la 2 **Reserva Natural Absoluta Cabo Blanco** (p. 234), où d'autres plages de sable blanc accueillent un certain nombre d'oiseaux migrateurs. Et si cela manque de piment à votre goût, allez surfer les vagues monumentales de 3 **Mal País** et **Santa Teresa** (p. 235) avant de décompresser grâce à un cocktail Margarita, des sushis ou un cours de yoga.

Playa Tamarindo (p. 218)

Découvrir la Península de Nicoya

Les incontournables

- **Playa Tamarindo** (p. 218) Ses superbes plages en font une destination prisée des surfeurs et des fêtards.
- **Nosara** (p. 223) Sophistication discrète là où la jungle rencontre le Pacifique.
- **Playa Sámara** (p. 227) Une petite station balnéaire très connue qui ressemble encore à un coin secret.
- **Mal País et Santa Teresa** (p. 235) Surf, shopping et cuisine créative, le tout de qualité.
- **Montezuma** (p. 230) Sable blanc, yoga, dépaysement et décontraction.

Playa del Coco
TRAVEL INK/GETTY IMAGES ©

PLAYA DEL COCO

C'est la pêche sportive qui a fait connaître cette destination, et vous côtoierez probablement des pêcheurs américains à l'heure de l'happy hour (qui commence tôt). Cela dit, une communauté costaricaine vit ici à demeure, à côté de touristes ticos en villégiature. Lors d'une balade le long de la promenade herbeuse en bord de mer, au coucher du soleil, il suffit de contempler cette vaste baie abritée par les longs bras déchiquetés de la péninsule, où se niche une marina naturelle ponctuée de bateaux à moteur et de *pangas*, pour se sentir bien.

Activités

PLONGÉE

Deep Blue Diving Adventures Plongée
(**☎2670-1004 ; www.deepblue-diving.com ; 2 plongées successives 79-150 $US, certification PADI Open Water 415 $US ; ⏱7h-18h**). Sorties de plongée avec 2 bouteilles dans les eaux des environs et ailleurs.

Rich Coast Diving Plongée
(**☎2670-0176, 800-434-8464 au Canada ; www.richcoastdiving.com ; 2 plongées successives à partir de 100 $US, certification PADI Open Water 450 $US ; ⏱7h30-18h**). Dans l'artère principale, ce centre de plongée, géré par des Néerlandais, est le plus important des environs.

Summer Salt Plongée
(**☎2670-0308 ; www.summer-salt.com ; 2 plongées successives 80-110 $US**). Accueillant club de plongée de gérance suisse ; personnel expérimenté et bilingue. Les sorties aux Islas Murciélagos coûtent plus cher.

SURF

On ne surfe pas à Playa del Coco, mais la station sert de point de départ vers deux spots mythiques : Witch's Rock et Ollie's Point, situés dans le Sector Santa Rosa de l'Área de Conservación de Guanacaste. Le bateau constitue le meilleur moyen de s'y rendre. Plusieurs boutiques de surf à Coco et à Tamarindo sont agréées pour organiser la traversée.

AUTRES ACTIVITÉS

La pêche sportive, la plongée, la voile, l'équitation et le kayak de mer sont des loisirs appréciés. Plusieurs établissements louent des kayaks, parfaits pour explorer les promontoires, au nord et au sud de la plage.

Blue Marlin Pêche

(**2670-0707, 8828-8250 ; www.sportfishingbluemarlin.com ; jusqu'à 6 pers 350-860 $US ; départ 6h**). Organise d'excellentes sorties de pêche sportive, à bord d'un *panga* de 8 m ou d'un bateau de 13 m. Vous naviguerez au nord de Coco et ramènerez certainement du mahi-mahi, du maquereau, du marlin, du poisson-coq et du thon.

Papagayo Golf & Country Club Golf

(**2697-0169 ; www.papagayo-golf.com ; 9/18 trous 55/95 $US, putting green 4-6 $US ; 6h30-17h mar-dim**). Un golf 18 trous, à 10 km au sud-est de Playa del Coco.

Où se loger

Pato Loco Inn Pension $$

(**2670-0145 ; www.patolocoinn.com ; d petit-déj 58-78 inclus $US ;** P ❄ @ WiFi ≋). Richard et Mary Cox réservent à leurs hôtes un accueil chaleureux. Les chambres sont pour la plupart décorées de peintures au pochoir ou de fresques réalisées par la maîtresse des lieux. Bar sympathique et excellent petit-déjeuner américain (goûtez le *biscuits and gravy*, typique du sud des États-Unis). Profitez de l'happy hour du lundi ou du vendredi pour discuter avec les expatriés du coin.

Hotel Chantel Hôtel $$

(**2670-0389 ; www.hotelchantel.com ; ch petit-déj inclus 99 $US, ste 110 $US, app 125 $US ;** P ❄ WiFi ≋ 🐾). Perché sur une falaise dominant la côte, cet hôtel à l'atmosphère intime se classe au-dessus de la concurrence locale. Ses 11 chambres s'agrémentent de jolis meubles en bois et en osier, de tableaux d'art contemporain et d'une terrasse avec une vue splendide sur Playa del Coco. La belle piscine à débordement et le restaurant sur le toit partagent le même panorama.

Villa del Sol Hôtel $$

(**2670-0085, au Canada 866-793-9523 ; www.villadelsol.com ; La Chorrera ; ch petit-déj inclus 65-75 $US, app 100 $US ;** P ❄ @ WiFi ≋). Cette propriété calme et arborée attire, outre les voyageurs qui se prélassent dans ses hamacs, une population de singes, d'iguanes et d'oiseaux. L'aile principale renferme des chambres élégantes, où l'on peut contempler le coucher de soleil depuis le balcon. Dans le bâtiment à l'arrière, les studios pour 4 personnes sont une affaire. À 1 km au nord du centre et 5 minutes à pied de la plage.

Hotel La Puerta del Sol Hôtel $$$

(**2670-0195 ; www.lapuertadelsolcostarica.com ; d petit-déj inclus 113 $US ;** P ❄ @ WiFi ≋). Un hôtel de style méditerranéen au luxe discret. Sols en béton ciré et briques caractérisent les 2 suites et les 8 chambres immenses, toutes dotées de lits *king-size* et d'une terrasse privée. Magnifique piscine, salle de sport et restaurant italien à l'ombre d'une tonnelle, dans le parc. À 5 minutes à pied du centre-ville.

Où se restaurer

Congo Café $

(**2670-2135 ; www.costaricacongo.com ; plats 6-10 $US ; 8h-20h lun-sam, 8h-18h dim ;** P WiFi 🌶). Un café-boutique original, composé d'alcôves, de canapés en rotin et d'un bar destructuré en bois et granit. On y sert toutes sortes de cafés, ainsi qu'une sélection de sandwichs, salades et petits-déjeuners sains.

Restaurante Donde Claudio y Gloria Produits de la mer **$$**
(☎2670-0256 ; www.dondeclaudioygloria.com ; plats 9-15 $US ; ⏲8h-21h). Ce restaurant en bord de plage est une institution locale depuis 1955 – date de sa fondation par les pionniers de Playa del Coco, Claudio et Gloria Rojas. Les amateurs de produits de la mer viennent s'y régaler de spécialités, tel le mahi-mahi épicé avec sauce au vin blanc, amandes et raisins. Le service peut parfois être très long.

La Dolce Vita Italien **$$**
(☎2670-1384 ; www.ladolcevitacostarica.com ; La Chorerra ; plats 10-18 $US ; ⏲8h-22h). Le restaurant italien préféré des expatriés de Coco, pour ses pizzas cuites au feu de bois. Il y a aussi des plats de pâtes, des recettes à base de produits de la mer et des grillades classiques. Les tables sont disposées dans une jolie cour en brique, autour d'une fontaine. À 500 m au nord de l'artère principale, dans le lotissement de Pueblito Sur.

Citron Fusion **$$$**
(☎2670-0942 ; www.cirtoncoco.com ; plats 15-20 $US ; ⏲5h30-22h lun-sam). La carte, axée sur une cuisine contemporaine à base de produits frais, comprend des plats créatifs, dont des spécialités au wok comme le bar sauté aux échalotes, sauce soja et huile de sésame. Gardez de la place pour un dessert méditerranéen. Bien qu'installé dans une galerie marchande, le Citron dispose d'une salle au décor minimaliste raffiné et d'une terrasse en plein air à l'ombre des *pochotes*.

Depuis/vers Playa del Coco

Tous les bus arrivent et partent de l'arrêt principal, près du service de l'immigration.

Liberia 1 $US ; 1 heure ; départs toutes les heures de 5h à 19h

San José Pulmitan ; 8 $US ; 5 heures ; départs à 4h, 8h et 14h

PLAYA BRASILITO

La discrète Brasilito dégage une authentique ambiance de village avec sa place principale, son terrain de football au bord de la plage, son église rose délavé et sa sympathique population tica. Et si sa

Playa Brasilito

ESPIXX/ALAMY ©

plage est moins agréable que ses voisines, une courte promenade sur le rivage vous mènera à la belle Playa Conchal.

Où se loger et se restaurer

Hotel Brasilito Hôtel **$$**

(☎2654-4237 ; www.brasilito.com ; d/tr/qua à partir de 50/60/70 $US ; P ❄). Sur la place côté plage, l'établissement loue des chambres propres sans chichis (parquet, ventilateur au plafond), situées le long d'un large balcon. Celles donnant sur l'océan justifient le léger surcoût. Hamacs dans le patio d'où contempler le coucher de soleil.

Hotel y Restaurante Nany Hôtel **$$**

(☎2654-4320 ; hotelnany.net ; s/d 50/60 $US ; P ❄ @). Bien à l'écart de la route, une impressionnante propriété parmi des palmiers et des manguiers. Les spacieuses chambres aux couleurs éclatantes font face à la piscine d'eau de mer. Bon restaurant sur place.

La Casita de Pescado Produits de la mer **$$**

(☎2654-5171 ; plats 4-20 $US ; 9h-21h). De part et d'autre de la route ensablée conduisant à Conchal, ce restaurant de bord de mer tenu par des Ticos a pour spécialités le poisson et les fruits de mer, aussi délicieux que bon marché. Le propriétaire affable propose aussi des promenades à cheval (35 $US/pers) dans les montagnes jusqu'à une baie isolée.

Depuis/vers Playa Brasilito

Les bus à destination et en provenance de Playa Flamingo passent par Brasilito. Un guichet vend des billets à l'extrémité nord de Brasilito.

PLAYA CONCHAL

À 1 km au sud de Brasilito s'étend l'une des plus belles plages du Costa Rica. Elle tire son nom des milliers de coquillages qui la jonchent et se transforment peu à peu en un sable grossier. Les fonds, d'un bleu turquoise intense, laissent place à une écume verte, chose rare sur la côte pacifique. L'endroit rêvé pour sortir masque et tuba.

Le week-end, la plage est souvent prise d'assaut par les habitants, les touristes et une armada de vendeurs. En semaine à la basse saison, elle redevient un paradis. Plus on avance vers le sud, plus la plage devient large et spectaculaire.

Le plus simple pour rejoindre Conchal est de marcher 15 minutes depuis Playa Brasilito. En voiture, vous pouvez suivre la piste sablonneuse qui longe la plage, mais vous devrez payez 2 $US de stationnement.

PLAYA GRANDE

La Playa Grande est une immense et magnifique plage qui séduit aussi bien les écologistes que les surfeurs. La journée, le vent de terre provoque des vagues puissantes, surtout à marée haute. La nuit, les tortues luths suivent les courants marins pour venir pondre leurs œufs sur leur lieu de naissance. La Playa Grande porte bien son nom, puisque la plage s'étend sur 5 km, de l'estuaire de Tamarindo à Playa Ventanas, tout aussi vaste, en contournant un dôme rocheux – les bassins de marée sont parfaits pour pêcher dans les brisants. L'eau, exquise, est chaude et claire. En revanche, attention : des noyades ont déjà eu lieu ici, et même les meilleurs nageurs ne doivent pas ignorer les mises en garde relatives aux contre-courants.

Depuis 1991, la Playa Grande fait partie du Parque Nacional Marino Las Baulas de Guanacaste, qui protège ce lieu de nidification des tortues luths – l'un des plus importants au monde. En journée, l'accès à la plage est gratuit et tout le monde peut profiter des rouleaux puissants et réguliers. La nuit, la plage n'est accessible qu'avec un guide ; une restriction nécessaire pour que les tortues ne désertent pas complètement les lieux. Le surf est l'activité phare à Playa Grande, dont les vagues sont spectaculaires.

Où se loger et se restaurer

Les hôtels sont indiqués depuis la route principale qui entre dans Playa Grande. Prenez une lampe torche pour vos déplacements nocturnes.

La Marejada Hotel Hôtel **$$**
(☎2653-0594, au Canada 800-559-3415 ; www.hotelswell.com ; ch petit-déj inclus 79 $US ; ❄📶🏊). Un petit bijou chic et douillet, à l'abri d'une clôture en bambou. Il y a seulement 8 chambres, à l'élégance discrète – carrelage en pierre, meubles en bois et rotin, grands lits. Les propriétaires, Gail et Carli, veillent aux besoins des hôtes. Après une dure journée de surf, vous pourrez profiter d'un bon massage de Carli.

Rip Jack Inn Auberge **$$$**
(☎2653-0480 ; www.ripjackinn.com ; d à partir de 102 $US ; P❄@📶🏊). Cette auberge confortable et conviviale abrite quelques chambres modernes joliment peintes, dotées chacune d'une terrasse avec hamac. Rip Jack organise aussi des cours quotidiens de yoga *shala*, loue du matériel de surf et comprend un incroyable restaurant dans les arbres.

Mamasa Restaurant, brunch **$**
(☎5002-5468 ; www.mamasarestaurant.com ; plats 4-15 $US ; ⏰10h-14h mar-dim, 17h30-21h mer et sam). Le parfait antidote à la cuisine costaricaine *típica*. Après un festin d'œufs Bénédicte, de *burritos* ou de pancakes à la ricotta et au citron à l'heure du brunch, revenez après le coucher du soleil, quand Jamie exprime vraiment sa créativité. Mercredi est le jour des tapas, samedi celui des plats gastronomiques. Vous dégusterez tout cela assis sur une souche d'arbre, à l'ombre d'une paillote.

Depuis/vers Playa Grande

Aucun bus ne dessert Playa Grande, mais on peut facilement s'y rendre en voiture car la route a été goudronnée récemment.

Autre solution : trouver un bateau qui vous fera traverser l'estuaire depuis Tamarindo et

Ci-contre : Playa Grande (p. 215)
Ci-dessous : biologistes contrôlant des œufs de tortue, Playa Grande
(CI-CONTRE) CARVER MOSTARDI/GETTY IMAGES © ; (CI-DESSOUS) FRANS LEMMENS/GETTY IMAGES ©

vous déposera à l'extrémité sud de Playa Grande (environ 1 $US/personne, 7h-16h).

PARQUE NACIONAL MARINO LAS BAULAS DE GUANACASTE

Depuis 1991, Playa Grande fait partie du **Parque Nacional Marino Las Baulas de Guanacaste** (**☎2653-0470 ; entrée avec visite guidée 25 $US ; ⌚8h-12h et 13h-17h, visites guidées 18h-2h**), une réserve maritime qui protège l'un des principaux lieux de ponte des *baulas* (tortues luths). La réserve englobe toute la plage et ses alentours (700 ha), ainsi que 220 km^2 d'océan.

L'écosystème du parc est principalement constitué de mangrove marécageuse, habitat idéal pour les caïmans et les crocodiles, ainsi que pour de nombreux oiseaux, dont la belle spatule rosée. Bien entendu, son principal attrait reste la venue des plus grosses tortues du monde, qui peuvent peser jusqu'à 400 kg. La saison de la ponte dure d'octobre à mars et il est assez courant de voir des tortues pondre leurs œufs ici pendant la nuit, sans que cela soit forcément des tortues luths. Les chances d'observer ces tortues géantes avoisinent les 10%, contre 95% pour une tortue verte ou noire.

En journée, la plage est en accès libre et gratuit, si bien que tout le monde peut profiter de ses rouleaux rapides, puissants et réguliers. La nuit, en revanche, elle n'est accessible qu'avec un guide afin de ne pas perturber le cycle de ponte.

Activités

Le bureau de la réserve se situe à l'entrée nord de la Playa Grande. Pour observer les tortues, il est vivement conseillé de réserver jusqu'à une semaine à l'avance car les places sont limitées.

Les désistements étant fréquents (mais moins courants le week-end et en haute saison), vous pouvez tenter de vous présenter sans réservation.

À Tamarindo, beaucoup d'hôtels et d'agences de voyages organisent des excursions comprenant le transport (aller-retour) pour la Playa Grande, l'entrée à la réserve et la visite guidée pour environ 45 $US. Si vous n'êtes pas motorisé, c'est la meilleure solution pour vous rendre sur place.

La balade commence à 21h et peut durer jusqu'à 2h du matin, selon que vous ayez à attendre 10 minutes l'arrivée d'une tortue ou 5 heures. Pensez à emmener un livre ou un jeu de cartes pour passer le temps, parfois long, mais cela en vaut la peine.

PLAYA TAMARINDO

On surnomme cette plage "Tamagringo", car ce spot de surf incontournable au Costa Rica en a fait la première destination (et parfois la seule pour certains touristes) d'une foule de surfers. C'est donc la plage la plus développée de la péninsule, avec une multitude d'hôtels, de bars et de restaurants. Cela dit, en dépit de sa réputation de plage de fêtards, Tamarindo fait avant tout partie du Parque Nacional Marino Las Baulas de Guanacaste, et la plage séduit toujours autant adultes et enfants. La situation centrale de Playa Tamarindo en fait aussi une base idéale pour explorer le nord de la péninsule.

Curieusement, il n'y a pas de station-service. Il faut parcourir 15 km de route goudronnée jusqu'à Huacas, puis tourner à droite et grimper la colline. La station-service est à 4 km sur la droite.

Activités

PÊCHE SPORTIVE

Plus de 30 prestataires proposent diverses sorties de pêche. Les prix varient considérablement selon la taille du bateau, mais comptez au moins 250 $US la demi-journée.

SURF

Les conditions sont souvent optimales à Tamarindo même lorsque les eaux de Playa Grande, pourtant proche, restent désespérément plates. La vague la plus réputée de Tamarindo est une déferlante droite de taille moyenne qui sévit juste en face de l'hôtel Tamarindo Diria. Là, les surfeurs débutants s'en donnent à cœur joie.

Kelly's Surf Shop Surf

(**☎2653-1355 ; www.kellysurfshop.com ; location de planches jour/sem 20/120 $US, cours collectif/individuel 50/90 $US ; ⏲9h-18h**). L'une des meilleures boutiques de surf des environs, avec un excellent choix de planches neuves, à louer à la journée ou à la semaine, ainsi que de planches plus haut de gamme un peu plus onéreuses.

Matos Surf Shop Surf

(**☎2653-0734, 2653-0845 ; www.matossurfshop.com ; Sunrise Commercial Center ; ⏲8h-20h, cours 9h-11h et 14h-16h**). Le plus ancien magasin de surf local, qui appartient à un DJ-photographe-entrepreneur uruguayen. Cours de surf et location/vente de planches à des prix imbattables. Autre enseigne à Playa Grande.

AUTRES ACTIVITÉS

Agua Rica Diving Center Plongée

(**☎2653-2023, 2653-0094 ; www.aguarica.net ; 2 plongées successives 80-105 $US**). Centre de gérance italienne, et la référence locale en matière de plongée. Propose du snorkeling et diverses sorties de plongée dans les Catalinas, dont des cours de certification et des excursions au large de l'Isla del Coco.

Blue Trailz Surf, vélo

(**☎2653-1705 ; www.bluetrailz.com ; planche 15 $US/jour, cours collectif/individuel 45/80 $US, vélo 20 $US/jour, circuits à vélo 55-75 $US ; ⏲7h-19h lun-sam**). Cours de surf, location de planches et autres formules plus complètes. C'est aussi le spécialiste local du VTT, du vélo de route, des excursions à vélo et des réparations. Hébergement dans l'auberge de jeunesse du même nom, en face de la plage.

Playa Tamarindo

Playa Tamarindo

Activités

1 Agua Rica Diving Center A4
2 Blue Trailz A3
3 Kelly's Surf Shop B2
4 Matos Surf Shop A3
5 Ser Om Shanti Yoga Studio A4

Où se loger

6 Casa Bambora B4
7 Hotel Luamey A3
8 Villa Amarilla A3
9 Villas Macondo A3

Où se restaurer

10 Dragonfly Bar & Grill B4
11 El Casado del Carro A3
12 Green Papaya A4
13 Nogui's A3
14 Seasons by Shlomy A4

Ser Om Shanti Yoga Studio Yoga
(**☎8346-8005 ; www.seryogastudio.com ; 15 $US**). Programmation complète de cours quotidiens de yoga, de tai-chi et de pilates sur tapis dans un vaste studio lumineux au dernier étage du Plaza Tamarindo.

Où se loger

Villa Amarilla B&B $$
(**☎2653-0038 ; www.hotelvillaamarilla.com ; d petit-déj inclus à partir de 100 $US ; P**). Difficile de résister à cette amusante maison jaune adossée à la plage, à la façade peinte d'animaux bigarrés. D'autant que les chambres (sol carrelé, fresques murales, lits douillets et TV à écran plat) ont été rénovées. L'espace de massage en plein air contribue à l'atmosphère agréable et relax.

Casa Bambora Appartements $$
(**☎2653-0124 ; www.casabambora.com ; studio 70-110 $US ; P**). Ces 5 studios – avec cuisine équipée et balcon – logent 3 personnes dans un cadre élégant, sobre et pratique, avec superbe vue sur l'océan. Le bar-cuisine en plein air donne sur la piscine où coule une cascade. Le solarium, au 4e niveau, jouit d'une perspective à 360° sur les montagnes, la mer et le ciel.

Villas Macondo Hôtel $$
(**☎2653-0812 ; www.villasmacondo.com ; s/d/tr 42/52/62 $US, avec clim 67/77/88 $US, app 110-150 $US ; P @**). Bien qu'à 200 m seulement de la plage, le Macondo, tenu par des Allemands, est une oasis de sérénité au milieu de l'animation frénétique alentour. Il s'agit en outre d'une des adresses les plus avantageuses du secteur. Les belles villas modernes (eau chaude, terrasse avec hamac) se répartissent autour d'une piscine chauffée à l'énergie solaire et d'un jardin tropical. Les appartements plus grands, qui disposent d'une vraie cuisine, conviennent parfaitement aux familles.

Hotel Luamey Hôtel $$$
(**☎2653-1510 ; www.hotelluamey.com ; d à partir de 135 $US ; P**). Un nouvel hôtel de charme absolument ravissant. Installées dans des *cabañas*, ses suites spacieuses – tons ocre et mobilier en bois

sombre – comportent un patio privatif et une douche en pierre. Service très obligeant. Planches de surf disponibles gratuitement. Restaurant recommandé pour le petit-déjeuner ou tout autre repas.

Sueño del Mar B&B B&B **$$$**
(2653-028 ; www.sueno-del-mar.com ; d 195 $US, casitas 220-295 $US ; P ❄ @ 📶 🏊). Ravissant B&B de Playa Langosta qui occupe une belle *posada* espagnole aux murs en adobe. Les 6 chambres (lits à baldaquin), décorées d'artisanat, disposent de douches en plein air. Dans la romantique suite nuptiale, les grandes fenêtres panoramiques donnent sur l'océan. Un chemin privé mène à la plage, au-delà de la piscine et du jardin tropical. Soit un lieu superbe, à l'écart du monde. Les enfants ne sont pas acceptés.

Où se restaurer

Green Papaya Taquería **$**
(2652-0863 ; plats 5-10 $US ; 9h-22h mar-dim ; ❄ ✍ 👪). Un nouveau venu formidable pour petit-déjeuner d'un *burrito* au bar, ou manger d'excellents tacos assis sur un tabouret en rondin. Les tacos de mahi-mahi frisent la perfection et les divers plats à base de légumes satisfont les végétariens. Le dessert Coco Loco, qui porte bien son nom, vous rendra dingue. Bref, un lieu cool, frais et sympa à ne pas manquer.

El Casado del Carro Costaricain **$**
(casados 4-6 $US ; 12h-14h). Depuis plus de 10 ans, Doña Rosa vend de délicieux *casados* depuis sa vieille Toyota. Chaque jour à midi, les habitués viennent faire la queue, et à 14h, il ne reste plus rien. Les plats, servis dans des assiettes en polystyrène, comprennent généralement manioc ou banane plantain, riz, poulet ou bœuf, et de savoureux haricots noirs.

Nogui's Produits de la mer **$$**
(2653-0029 ; plats 9-22 $US ; 11h-23h). Une cabane de pêcheurs faite de bric et de broc, avec bois, vitraux et toit en tôle, pour se régaler de la pêche du jour, sur la plage. Réservez pour le dîner, ou prenez un verre au bar avec les habitués, parfois un peu chahuteurs.

Dragonfly Bar & Grill Asiatique **$$$**
(2653-1506 ; www.dragonflybarandgrill.com ; plats 15-22 $US ; 18h-23h lun-sam ; P 📶 ✍). Adresse très appréciée pour sa carte raffinée et son cadre évoquant un bar tiki. Des lumières scintillantes et des lanternes éclairent la salle à manger chic en plein air, où de discrets motifs de libellule (*dragonfly*) figurent un peu partout. La carte, à tendance asiatique, comprend des délices comme le rôti de porc pané à la japonaise ou les croquettes de poisson croustillantes à la mode thaïlandaise. Desserts divins.

Promenade sur la Playa Tamarindo
STEVE SMITH/GETTY IMAGES ©

Seasons by Shlomy Méditerranéen **$$$**
(☎8368-6983 ; www.seasonstamarindo.com ; Hotel Arco Iris ; plats 15-19 $US ; ⌚18h-22h lun-sam). Ne quittez pas la ville sans avoir mangé ici. Shlomy, le chef israélien, propose une courte sélection de plats cuisinés à la perfection. Selon la disponibilité des ingrédients, vous pourrez débuter par des sashimis, du poulpe grillé ou un tartare de thon relevé d'épices. Commandez ensuite une grillade de thon mariné au miel et au piment, ou un filet mignon au vin rouge.

Depuis/vers Playa Tamarindo

Avion

La piste d'atterrissage est à 3 km au nord de la ville ; un bus affrété par les hôtels attend généralement les passagers. Vous pouvez aussi emprunter un taxi.

En haute saison, Sansa assure 2 vols/jour depuis/vers San José (aller simple 114 $US), et NatureAir (aller simple 141 $US) en assure 3. Certains vols transitent par Liberia.

Bus

Les bus pour San José partent du bureau Empresas Alfaro, derrière le bar Babylon. D'autres bus sont au départ en face du Zullymar Hostel.

Liberia 3 $US ; 2 heures 30 ; 12 départs quotidiens 4h30-18h

San José 11 $US ; 5 heures 30 ; 3 départs quotidiens 5h30-14h15. On peut aussi prendre le bus pour Liberia, puis une correspondance, fréquente, pour San José.

Santa Cruz 2 $US ; 1 heure 30 ; 10 départs quotidiens 5h45-22h

Voiture et taxi

Pour rejoindre Tamarindo en voiture depuis Liberia, prenez la route 21 pour Belén, puis la route 155 via Huacas. En provenance du sud de la péninsule, après Santa Cruz, prenez à gauche la route goudronnée jusqu'à 27 de Abril, puis vers le nord-ouest la piste en assez bon état pour Tamarindo. Ces routes sont bien indiquées. Un taxi depuis/vers Santa Cruz coûte environ 30 $US, et dans les 50 $US depuis/vers Liberia.

Ma sélection

Spots de surf dans la péninsule, par Debbie Zec

SURFEUSE PROFESSIONNELLE ET MONITRICE DE SURF À DOMINICAL SURF LESSONS

1 MAL PAÍS ET SANTA TERESA
Ce long et large ruban côtier est l'un des meilleurs spots de la péninsule grâce à des vagues constantes et de beaux rouleaux à marée haute ou à marée basse. Gare cependant aux rochers isolés ! Et quand vous en aurez assez des déferlantes, ces deux villes regorgent de restaurants et de cafés branchés.

2 PLAYA GRANDE
Lieu de ponte réputé pour les tortues, cette plage est aussi connue pour les vagues venant s'écraser sur ses 7 km de côte. Les rouleaux y sont facilement accessibles, alors prenez votre planche et préparez-vous à surfer pour de bon. Le soir, vous pourrez revenir sur la plage en compagnie des guides de la réserve afin d'observer les bébés tortues à peine sortis de l'œuf détaler vers la mer.

3 PLAYA TAMARINDO
Destination n°1 pour faire la fête dans la péninsule, cette ville touristique dispose de nombreuses infrastructures : complexes hôteliers, restaurants sophistiqués et quantité de bars et de discothèques. Les vagues, assez dociles, conviennent parfaitement aux débutants ayant besoin d'un peu de pratique pour tenir debout.

4 RÉGION DE NOSARA
Les belles plages sauvages de la région séduisent aussi bien les surfeurs de niveau intermédiaire que de niveau confirmé grâce à de formidables vagues, renommées pour leurs jolies formes et leur régularité. Le choix de spots est tel qu'on peut facilement passer plusieurs jours à explorer le coin sans surfer deux fois au même endroit.

PLAYA AVELLANAS ET PLAYA NEGRA

À environ 15 km au sud de Tamarindo, ces plages prisées des surfeurs ont été rendues célèbres par le film *Chasseurs de vagues*, grand classique de la culture surf. Encadrée de petites collines, Playa Avellanas déroule une étendue de sable aux reflets dorés aussi préservée que spectaculaire. Surfeurs et amateurs de bronzette ne sont jamais les uns sur les autres, même lorsqu'il y a foule en ville. Ici, les vagues conviennent aux surfeurs débutants et intermédiaires. **Little Hawaii** est une droite puissante, qui sévit à marée moyenne, tandis que le **beach break** se produit à marée basse. Playa Negra est résolument romantique, malgré le sable un peu plus sombre et quelques affleurements rocheux.

Où se loger et se restaurer

PLAYA AVELLANAS

Casa Surf Pension $

(☎2652-9075 ; www.casa-surf.com ; 15 $US/pers ; P). Suite à de récents travaux, cette Casa affiche un superbe look tropical, avec une architecture extérieure entièrement en bambou et un toit de palmes. Les chambres simples et nettes se partagent une sdb et une cuisine. La formule incluant demi-pension et planche de surf est très intéressante. De bons repas nourrissants (5-7 $US) rassasient les surfeurs. Location de vélos, échange de livres et guitare à disposition.

Las Avellanas Villas Appartements $$

(☎2652-9212, 8821-3681 ; www.lasavellanasvillas.com ; d/tr/qua 90/100/110 $US ; P). Soigneusement conçues, ces cinq *casitas* remarquables sont des havres de paix et d'harmonie dotés de terrasses privatives, de sol en béton ciré, de plantes d'intérieur, de douches extérieures et de grandes fenêtres laissant entrer la lumière. Avec leurs cuisines équipées, elles conviennent parfaitement aux familles et aux groupes. À 800 m de la plage.

Mauna Loa Surf Resort Bungalows $$

(☎2652-9012 ; www.hotelmaunaloa.com ; d/tr/qua à partir de 90/113/136 $US ; P).

Playa Avellanas

AARON MCCOY/GETTY IMAGES ©

Agréable établissement tenu par des Italiens, avec un emplacement à deux pas de la plage. Des chemins partant de la piscine et traversant un jardin soigné mènent à de ravissants bungalows, prolongés de terrasses (hamacs).

Cabinas Las Olas Bungalows **$$**
(**2652-9315 ; www.cabinaslasolas.co.cr ; s/d/tr 90/100/110 $US, clim 20 $US; P**). Sur un vaste domaine planté de *cocobolos*, de lauriers et de *guanacastes*, 10 bungalows clairs et spacieux, en bois vernis et pierre, assortis d'une terrasse. Il y a un restaurant en plein air et une boutique de surf qui loue des planches et des kayaks. Une promenade en planches de 200 m mène à la plage à travers la mangrove, riche en faune.

Lola's on the Beach Café **$**
(**2652-9097 ; plats 8-13 $US ; 10h-17h mar-dim**). Quand l'océan n'est pas engageant, ce café de plage chic et branché est parfait pour paresser à l'ombre de parasols en palmes. Le bar fait d'un tronc d'arbre donne sur une cuisine ouverte, d'où sortent des plats de circonstance.

PLAYA NEGRA

Café Playa Negra Pension **$$**
(**2652-9351 ; www.cafeplayanegra.com ; s/d/tr/qua 45/65/80/90 $US ; P**). Ces chambres au décor minimaliste ont un sol en béton ciré et des lits surélevés recouverts de tissus colorés. La terrasse (chaises longues) et la piscine invitent au délassement. Le café (plats 7-13 $US), au rez-de-chaussée, sert de savoureux sandwichs, *ceviches* et fruits de mer ultra frais.

Hotel Playa Negra Bungalows **$$$**
(**2652-9134 ; www.playanegra.com ; s/d/tr/qua à partir de 102/113/124/136 $US ; P**). Un charmant ensemble de *ranchos* circulaires aux toits de palmes, à deux pas d'un *reef break* de première classe. Chaque bungalow (belle hauteur sous plafond) comporte une véranda aérée. D'un prix supérieur, les suites climatisées (douche extérieure, terrasse avec hamacs) sont un peu plus éloignées de la plage. Restaurant et boutique de surf.

Villa Deevena International
(**2653-2328 ; www.villadeevena.com ; 7h-21h**). Le nom du chef français de ce domaine de charme tenu en famille se murmure entre *extranjeros* sur toute la côte. Parmi les créations de Patrick Jamon citons le mahi-mahi au citron confit et au romarin, les côtes de bœuf lentement braisées ou le confit de canard et raviolis au homard. L'ancien chef du célèbre Regency Club de Los Angeles, où il régalait les PDG fortunés et une poignée de présidents, fabrique même son propre fromage de chèvre grâce à son troupeau dans les collines. Près de la rue principale de Negra.

Depuis/vers Playa Avellanas et Playa Negra

Il n'existe pas de transports publics reliant Playa Tamarindo à Playa Avellanas et Playa Negra, mais les camps de surf assurent souvent le trajet. Les seuls bus desservent l'intérieur des terres, via Santa Cruz (1,50 $US, 1 heure 30, 2/jour). Renseignez-vous sur les horaires, qui changent fréquemment.

RÉGION DE NOSARA

Nosara est un cocktail détonnant de culture surf internationale, de routes de campagne éblouissantes, de microclimats luxuriants, d'expatriés fortunés et de yogis en pleine félicité. Il y a ici trois plages sublimes, reliées entre elles par un réseau de pistes étroites et cahoteuses qui serpentent parmi les collines côtières et viennent lécher le rivage à l'ouest de la petite bourgade de Nosara.

La première plage que vous atteindrez en venant du sud sera la **Playa Garza**, un croissant de sable blond encadré par deux caps rocheux abritant un paisible village de pêcheurs.

Véritable paradis, la **Playa Guiones** a bien plus de succès. Elle est facile d'accès pour les surfeurs et tout type de baigneurs, comme l'attestent les poussettes vides sur le sable mouillé à marée basse.

La **Playa Pelada**, juste au nord de Guiones, a un aspect sauvage et

Vaut le détour
Refugio Nacional de Fauna Silvestre Ostional

Ce refuge côtier de 248 ha s'étend de Punta India au nord, à Playa Guiones au sud, et englobe Playa Nosara et Playa Ostional. Il a été créé en 1992 pour protéger les *arribadas* : on désigne ainsi, au Costa Rica, le phénomène de migration en masse des tortues olivâtres, entre juillet et novembre, avec une affluence maximale entre août et octobre. Ostional et Playa Nancite, dans le Parque Nacional Santa Rosa, sont les deux principaux sites du Costa Rica où ces tortues continuent de pondre.

La tortue olivâtre est l'une des plus petites espèces de tortues marines, pesant généralement autour de 45 kg. Bien que ces animaux soient menacés, il existe plusieurs plages dans le monde où les tortues olivâtres viennent pondre en masse (elles se regroupent parfois par milliers). Les scientifiques pensent que cette stratégie les aide à se protéger des prédateurs.

À Punta India, pointe rocailleuse à l'extrémité nord-ouest de cette zone protégée, les bassins de marées servent d'habitat à une myriade d'espèces marines, notamment l'oursin, l'anémone et l'étoile de mer. Sur la plage, vous découvrirez également des crabes fantômes et des crabes grapsus d'un rouge vif. La végétation clairsemée, à l'arrière de la plage, se compose principalement d'arbres décidus et abrite des iguanes, des crabes, des singes hurleurs, des coatis et de nombreux oiseaux. Les férus d'ornithologie apprécieront la petite mangrove marécageuse à l'extrémité sud-est du refuge.

accidenté. L'ambiance moins luxueuse et festive, conjuguée à un nombre restreint de surfeurs, la rend mieux adaptée aux familles avec enfants.

Activités

SURF

Coconut Harry's Surf

(☎2682-0574 ; www.coconutharrys.com ; location de planches 15-20 $US/jour, cours 45 $US ; ⏲7h-17h). Au carrefour principal de Guiones, cette boutique de surf propose des cours particuliers. Location de planches (dont des planches de SUP), de tubas et de palmes.

Juan Surfo's Surf Shop Surf

(☎2682-1081 ; www.surfocostarica.com ; location de planches 15-20 $US/jour, cours 45 $US/heure ; ⏲8h-18h). Moniteur de surf réputé, Juan propose cours, transports et circuits. Outre des planches, il loue aussi des chambres au Surf Lodge voisin. Sa boutique est située sur la boucle nord, à 200 m de la plage.

YOGA

Nosara Yoga Institute Yoga

(☎2682-0071 ; www.nosarayoga.com ; cours 15 $US). Ce centre de yoga organise différents cours ouverts au public (6 par jour en haute saison), en plus d'ateliers, de retraites et de stages de formations pour débutants et confirmés. Cadre splendide au milieu de la jungle, dans les collines proches de Playa Guiones.

Pilates Nosara Yoga

(☎8663-7354 ; www.pilatesnosara.com ; 10 $US/pers). Cours de pilates au sol et sur reformer (6 par jour en haute saison), formations pour professeurs et retraités, dans le Heart of Guiones Wellness Center.

OBSERVATION DES TORTUES

La plupart des hôtels du secteur peuvent organiser des excursions encadrées au Refugio Nacional de Fauna Silvestre Ostional pour assister aux *arribadas* des tortues olivâtres.

AUTRES ACTIVITÉS

Miss Sky Circuit dans la canopée

(2682-0969 ; www.missskycanopytour.com ; adulte/enfant 5-12 ans 65/45 $US ; bureau 7h-17h). Miss Sky a "importé" à Nosara le circuit dans la canopée. Le parcours s'étend au total sur 11 km au-dessus d'une magnifique réserve sauvage. Les tyroliennes vont de montagne en montagne, à une vitesse pouvant atteindre 45 km/h, et, par mesure de sécurité, comportent des câbles doubles. Les circuits ont lieu deux fois par jour, à 8h et 14h. Le circuit du matin est le plus long.

Reserva Biológica Nosara Randonnée

(2682-0035 ; www.lagarta.com ; 6 $US, randonnée guidée 15 $US). Cette réserve privée de 35 ha, qui s'étend derrière le Lagarta Lodge, est sillonnée de sentiers traversant la mangrove marécageuse jusqu'à la rivière (5 minutes) et la plage (10 minutes). Il est très fréquent d'observer des oiseaux ou des reptiles (il y a parfois des boas constrictors dans les arbres). Si vous n'êtes pas client de l'hôtel, vous pouvez accéder à la réserve en solo ou lors d'une randonnée guidée.

Tica Massage Spa

(2682-0096 ; www.ticamassage.com ; 35-65 $US ; 9h-18h). Au terme d'une dure journée de surf, offrez-vous les soins de cet établissement très sérieux, dans le centre Guiones Wellness. Le service s'adresse avant tout aux surfeurs, mais vous pourrez opter pour un massage des pieds, facial ou "Sea Glow" revigorant.

Où se loger et se restaurer

PLAYA GUIONES

Kaya Sol Auberge de jeunesse $$

(2682-1459 ; www.kayasol.com ; dort 18 $US, d 50-120 $US ;). Au cœur de ce vaste établissement, véritable repaire de surfeurs, on trouve le dortoir. Les sdb communes sont impeccables et la piscine avec cascade est idéale pour se détendre. Le Kaya Sol loue aussi quelques chambres et bungalows privés, certains avec kitchenette. Bon bar-restaurant sympathique, parfois bruyant le soir.

Haricots noirs et poisson, une spécialité de Nosara

ALBERTO COTO/GETTY IMAGES ©

Gilded Iguana Hôtel **$$**
(**hôtel 2682-0450, restaurant 2682-0259 ; www.thegildediguana.com ; ch avec/sans clim à partir de 85/57 $US, ste 85-113 $US ;**). Au bout de la deuxième voie d'accès à Guiones, cet hôtel, établi de longue date, accueille pêcheurs et surfeurs dans des chambres carrelées bien meublées, avec de grandes fenêtres et des terrasses communes. Les moins chères, à côté du bar, pâtissent du bruit. Tacos au poisson, *fajitas* et fruits de mer figurent à la carte du restaurant (plats 9-14 $US). Tout est délicieux, et les portions sont copieuses. Le bar mitoyen est très apprécié des touristes pour ses concerts les mardis et vendredis soir.

Living Hotel & Spa Hôtel **$$$**
(**2682-5201 ; www.livinghotelnosara.com ; ch avec/sans sdb 108/86 $US, petit-déj inclus ;**). Pour la détente, rien de tel que la simplicité et la sérénité de ce havre tropical, sur la route nord menant à la plage. Les chambres blanches immaculées marient carrelage, plafond en bois et murs ornés de jolis motifs au pochoir. Dans les jardins tropicaux, piscine et vaste *rancho* commun coiffé de palmes.

Beach Dog Café Café **$**
(**2682-1293 ; plats 6-10 $US, plats dîner 12-15 $US ; 7h-15h tlj, 7h-22h mer et sam ;**). Proche de la plage, ce café épatant sert une nourriture savoureuse. Goûtez le pain perdu à la banane au petit-déjeuner ou les tacos au poisson au déjeuner. Le dîner n'est assuré que deux soirs par semaine. Il y a parfois de la musique live et des projections de films sur la plage.

Robin's Cafe & Ice Cream Café **$**
(**2682-0617 ; www.robinsicecream.com ; plats 5-8 $US ; 8h-17h lun-sam, 10h-16h dim ;**). La cuisine de Robin, que l'on peut voir à l'œuvre derrière les fourneaux, séduit surfeurs et adeptes du yoga soucieux de leur santé. Au menu : crêpes salées et sucrées, *wraps* et fougasses maison au blé complet. Si vous aimez les desserts, optez pour la sublime crème glacée faite sur place.

Taco! Taco! Taquería **$**
(**2682-0574 ; tacos 4-8 $US ; 11h-16h ;**). Toute station balnéaire a besoin d'une gargote en plein air où surfeurs et adorateurs du soleil peuvent manger sur le pouce. Sur la route qui mène en ville, celle-ci n'a pas volé ses points d'exclamation. Elle prépare uniquement des tacos, garnis de viande mijotée, de poisson frais ou de légumes grillés, et recouverts de sauces et guacamole.

Marlin Bill's Produits de la mer, burgers **$$**
(**2682-0458 ; repas 11-25 $US ; 11h-22h lun-sam**). En face de l'animation de Guiones, de l'autre côté de la route, c'est l'un des rares restaurants avec vue sur

Coucher de soleil, Playa Pelada
ROB FRANCIS/GETTY IMAGES ©

l'océan. On s'y régale de thon grillé, de *ceviche* et autres produits de la mer dans une salle à manger décontractée en plein air. Et si vous avez envie de burgers, ceux de Bill sont célèbres.

PLAYA PELADA

Refugio del Sol Pension **$$**

(☎8825-9365, 2682-0287 ; www.refugiodelsol.net ; d avec kitchenette 65 $US ; P 📶). À courte distance à pied de la plage, un séduisant lodge rustique où l'on se sent comme chez soi. Les chambres (poutres apparentes, mobilier en bois, bougies et lanternes) donnent sur un large patio en L où sont suspendus des hamacs. Les jeunes propriétaires, adorables, préparent chaque soir une savoureuse cuisine italienne.

Lagarta Lodge Lodge **$$**

(☎2682-0035 ; www.lagarta.com ; ch s/d/tr/qua 85/90/96/102 $US, ste s/d/tr/qua 120/125/130/136 $US, clim 10 $US ; P ❄ @ 📶 🏊). À l'extrémité nord de Pelada, une impasse mène à ce lodge, en haut d'une colline abrupte dominant une réserve de 50 ha propice à l'observation de la faune. Les 6 grandes chambres (hauts plafonds) comportent un patio ; les 6 suites, encore plus spacieuses, de larges baies vitrées. Panorama exceptionnel.

La Luna International **$$**

(☎2682-0122 ; plats 9-24 $US ; ⏲11h-23h lun-ven, 8h-23h sam-dim). Bar-restaurant branché, avec des sièges moelleux éparpillés sur le sable de la plage – rien de mieux pour prendre l'apéritif au coucher du soleil. Tout aussi séduisante, la salle haute de plafond, décorée d'œuvres d'artistes locaux, comporte un superbe comptoir en bois. Carte variée mêlant spécialités asiatiques et méditerranéennes. Vue et cocktails divins. Réservations par téléphone.

ℹ Depuis/vers la région de Nosara

Avion

NatureAir assure la liaison avec San José deux fois par jour, pour quelque 103 $US l'aller.

Bus

Les bus locaux partent de la *pulpería* (épicerie), près du terrain de football. La compagnie Traroc dessert Nicoya (2 $US, 2 heures, 5/jour). Les bus Empresas Alfaro pour San José (9 $US, 6 heures) partent de la pharmacie, près du terrain de football, à 14h45.

Voiture

De Nicoya, une route en dur se dirige vers Playa Sámara. Environ 5 km avant Sámara, une piste sinueuse et cahoteuse (indiquée), poussiéreuse en saison sèche, rejoint le village de Nosara : nous vous conseillons de rouler en 4x4. Durant la saison des pluies, renseignez-vous auprès des habitants car le Río Nosara est souvent infranchissable.

PLAYA SÁMARA

Sámara serait-elle le lieu du bonheur ? C'est en tout cas ce que pense plus d'un vacancier qui est passé par là et n'en est jamais reparti. A priori, il ne s'agit que d'une cité balnéaire où l'on se repère facilement, dotée d'une superbe plage de sable gris pâle en forme de croissant enjambant deux caps rocheux. Rien de spectaculaire, mais un lieu sûr, tranquille, raisonnablement développé, pouvant être parcouru à pied, et desservi par les transports publics. L'océan y est aussi assez calme. Rien d'étonnant à ce que familles costaricaines et étrangères en vacances et les voyageurs à petit budget soient séduits par un tel cadre. Attention, toutefois ! Plus vous y resterez, plus vous aurez du mal à partir.

Si vous disposez d'assez de temps, louez un 4x4 pour explorer les plages presque vierges du nord de Sámara, telle Playa Barrigona dont un résident, Mel Gibson, contribue à la notoriété.

Activités

Pato Surf School Surf

(☎8761-4738 ; www.patossurfingsamara.com ; location de planches 15 $US/jour, cours 25-35 $US). École installée sur la plage, qui enseigne le surf aux débutants et loue de bonnes planches à petit prix. Si vous suivez un cours, on vous prêtera

Vaut le détour
Région d'Islita

Au sud-est de la Playa Carrillo s'étend l'une des zones côtières les plus belles et les plus isolées de la péninsule de Nicoya. Cette région est, de fait, encore très mal desservie et les possibilités d'hébergement y sont rares.

Si les *breaks* sont modestes devant l'Hotel Punta Islita, il y a une magnifique crique d'où émerge un bloc rocheux évocateur battu par les vagues (Punta Islita). À marée basse, la plage devient immense, et aussi romantique vue d'en bas que d'en haut. Au nord de la Punta Islita, **Playa Camaronal** – dont le nom officiel est **Refugio Nacional de Vida Silvestre Camaronal** (8h-18h) – est une autre belle plage propice au surf, faite de sable gris anthracite parsemé de bois flotté et encadrée par deux promontoires. Des hôtels et des tour-opérateurs des environs peuvent organiser des sorties nocturnes d'observation des tortues.

La charmante petite bourgade d'Islita mérite aussi une halte. Elle abrite le **Museo Islita** (8h-16h lun-sam), un espace d'art contemporain original regroupant des mosaïques murales, des sculptures et des peintures qui décorent aussi bien les maisons que les troncs d'arbres. L'Hotel Punta Islita soutient économiquement la communauté dans des projets comme ce musée ou un partenariat avec l'**Ara Project** (www.thearaproject.org), une ONG locale œuvrant pour la protection des deux espèces d'aras endémiques au Costa Rica : le grand ara vert et l'ara rouge. Grâce aux dons de l'hôtel, l'ONG a ouvert un nouveau centre d'élevage à Islita, ainsi que le Lapa Lookout Education Center, où l'on peut en apprendre davantage sur ces oiseaux et les admirer de près.

gracieusement une planche pendant 5 jours. Autres activités : SUP (cours et matériel), kayak (location et circuits), équipement de snorkeling, massages et séances de yoga sur le sable à l'occasion. Que demander de plus ?

Wing Nuts Circuit dans la canopée
(2656-0153 ; www.wingnutscanopy.com ; adulte/enfant 60/40 $US ; 8h, 9h, 12h et 13h). Une famille entreprenante a trouvé le moyen de préserver sa parcelle de forêt tropicale sèche en mettant en place un petit circuit dans la canopée (10 plateformes), qu'elle gère de façon très pro. Les groupes restreints (10 personnes maximum) permettent une approche plus personnelle. Le prix inclut le transport depuis votre hôtel à Sámara.

Flying Crocodile ULM
(2656-8048 ; www.flying-crocodile.com ; vols 20/30/60 min 110/150/230 $US, cours 230 $US). À environ 6 km au nord de Sámara, à Playa Buenavista, le Flying Crocodile propose des vols en ULM et des cours.

Où se loger

Tico Adventure Lodge Lodge $$
(2656-0628 ; www.ticoadventurelodge.com ; lit/d/qua 57/68/84 $US ; P). Les propriétaires américains sont fiers d'avoir construit ce lodge sans couper un seul arbre. Et le résultat, épatant, leur donne raison. Les 9 doubles, et plusieurs appartements plus vastes, s'inscrivent au milieu d'une végétation luxuriante et d'arbres anciens. Cuisine commune en plein air, coin barbecue à disposition des hôtes et salon de massage.

Sámara Palm Lodge Pension $$
(2656-1169 ; www.samarapalmlodge.com ; d 60-80 $US ; P). Ce séduisant petit lodge en bordure de la ville comprend 8 chambres impeccables au décor tropical avec mobilier en bois naturel, carrelage au sol et œuvres d'art de

couleurs vives. Toutes donnent sur un jardin luxuriant et une piscine tentante. Brigitte et Lothar sont des hôtes délicieux.

El Pequeño Gecko Verde Bungalows **$$**

(**2656-1176 ; www.gecko-verde.com ; ch 95-105 $US, bungalows 100-175 $US ; P**). Petit coin de paradis avec bungalows contemporains très bien équipés : linge de maison chic, sculptures artisanales, terrasse privée avec hamac, coin repas et douche extérieure en pierre. Un jardin tropical les entoure, agrémenté d'une piscine d'eau de mer et d'un fabuleux bar-restaurant en plein air.

Sámara Tree House Inn Bungalows **$$$**

(**2656-0733 ; www.samaratreehouse.com ; bungalows petit-déj inclus 150 $US ; P @**). Ces 5 cabanes en bois sur pilotis (les enfants ne sont pas admis) sont si agréables qu'on n'a guère envie d'en partir. Dans les cuisines équipées, poêles et casseroles sont suspendues sur des tringles en bois flotté, d'immenses fenêtres laissent entrer l'air et la lumière, et des hamacs sont accrochés sous les bungalows. Quatre d'entre elles font face à la plage, on ne peut plus proche.

Où se restaurer

Ahora Sí Végétarien **$$**

(**2656-0741 ; ahorasi.isamara.co ; plats 5-11 $US ; 12h-21h ; P**). Table végétarienne tenue par des Vénitiens, avec bar à cocktails 100% naturels. On y propose, pêle-mêle, smoothies au lait de coco, gnocchis à la noix de muscade, à la sauge et au fromage fumé, burgers au soja et frites de manioc, légumes sautés au wok et pizzas à pâte fine. À apprécier dans un patio carrelé joliment décoré. Incontournable.

Lo Que Hay Mexicain **$**

(**2656-0811 ; tacos 2 $US, plats à partir de 6 $US ; 7h-tard**). Un pub-*taquería* animé en bord de plage, qui prépare 6 sortes de tacos garnis de poisson, chorizo, poulet, bœuf, porc ou légumes. Ne manquez pas les avocats grillés farcis au *pico de gallo* (mélange de tomates, oignons et piments). C'est aussi une bonne adresse pour boire un verre au bar jusque tard dans la nuit.

Au bord de la piscine, Hotel Punta Islita

ALBERTO COTO/GETTY IMAGES ©

Cafe Carola

Café $

(☎8994-9171 ; ⏰7h-18h30 tlj, 19h-22h mer et ven ; 📶). Arrêtez-vous dans ce café-boulangerie allemand, ombragé, pour commander un sandwich au pain maison, une douceur ou un café fort. Service d'échange de livres, jeux de plateaux, musique live le mercredi soir et dîner chinois le vendredi.

Gusto Beach

International $$

(☎2656-0252 ; plats 9-17 $US ; ⏰9h-23h ; P 📶). Nourriture savoureuse (pâtes, salades, produits de la mer...), smoothies du tonnerre et cocktails créatifs, et un emplacement privilégié sur la plage. Chaises longues sur le sable, casiers et beach-volley invitent à s'attarder.

Depuis/vers Playa Sámara

La plage se trouve à 35 km au sud-ouest de Nicoya, par une route goudronnée. Au moment de nos recherches, aucun vol ne partait de l'aéroport de Sámara (PLD). Consultez le site de NatureAir (www.natureair.com) pour des informations actualisées.

Bus

Bus Empresas Alfaro à destination de San José (8 $US, 5 heures) à 4h et 8h. Tous les bus partent du carrefour principal, juste au sud de la pension Entre Dos Aguas. Achetez vos billets pour San José au bureau Alfaro, derrière le Bazar d'Liss, au niveau du carrefour principal.

MONTEZUMA

On ne peut qu'être conquis en arrivant à Montezuma, cité balnéaire où l'on oublie la voiture pour profiter des promenades, de la baignade, et, un peu plus loin, du surf. Grâce à un océan chaud et sauvage, et à une jungle toujours présente et audible, ce coin rocheux a su cultiver une ambiance bohème accueillante. Si certaines activités typiquement touristiques, tels les circuits dans la canopée, prospèrent ici, vous constaterez néanmoins qu'à bien des égards, la bourgade reste très attachée à ses racines hippies (cours de yoga, opportunités de bénévolat, nourriture végétarienne et néorastafarie). Rien d'étonnant à ce qu'on la surnomme affectueusement "Montefuma". Toutefois, les hébergements sont d'un piètre rapport qualité/prix, et les restaurants ne relèvent pas vraiment le niveau (il existe toutefois quelques perles). Mais dans ce *pueblo* typique, qui s'étend sur plusieurs kilomètres de côte accidentée, on n'est jamais loin du rythme et du bruit de l'océan, et c'est magnifique.

À voir et à faire

Ici, les plages de sable blanc se succèdent, séparées par de petits promontoires rocheux, dans lesquels on peut ramasser des coquillages ou observer les cuvettes de marée. Toutefois, il y a de forts contre-courants ; renseignez-vous bien avant de vous baigner.

Les plages de Montezuma sont assez jolies, mais la plus belle se trouve juste au nord du restaurant Cocolores, avec sable poudreux et à l'abri des grosses houles. Un lieu superbe et baigné de soleil où jeter l'ancre ; et plus vous irez au nord-est, moins vous croiserez de gens. L'eau, à la température idéale, arbore des reflets bleu-vert et il y a une myriade de poissons.

À marée basse, les eaux de la **Playa Las Manchas**, à 1 km à l'ouest du centre, sont propices au snorkeling.

Montezuma Gardens

Jardin, B&B

(☎8888-4200, 2642-1317 ; www.montezumagardens.com ; adulte/étudiant/enfant 8/6/4 $US ; ⏰8h-16h). À 1 km au sud de Montezuma, à proximité du sentier menant aux chutes, vous pourrez visiter ce *mariposario* (jardin de papillons) luxuriant et la couveuse où se produisent les mystérieuses métamorphoses. Découvrez les cycles de vie et les bienfaits d'une dizaine d'espèces locales, dont vous verrez de nombreux spécimens colorés. Il y a aussi un B&B (chambres 57-80 $US).

Montezuma

Montezuma

À voir
1 Montezuma Gardens........................B5

Activités
2 Montezuma Yoga........................B4
3 Sun Trails........................A3
4 Young Vision Surf School........................B1

Où se loger
5 El Sano Banano........................A3
6 Hotel Amor de Mar........................B5
7 Luz de Mono........................B1

Où se restaurer
8 Cocolores........................B2
9 Orgánico........................B2
10 Playa de los Artistas........................B4
11 Puggo's........................A3

Playa Grande Plage
À 7 km au nord de la ville, Playa Grande est la meilleure plage de surf du secteur. Cette étendue de sable de 3 km de long ne souffre pas de l'affluence car il faut 30 minutes de marche pour s'y rendre. Mais quel trajet splendide entre les eaux turquoise du Pacifique et la luxuriance de la réserve biologique de Montezuma.

Young Vision Surf School Surf
(**☎8669-6835 ; www.youngvisiontest.net76.net ; cours à partir de 40 $US**). Les visiteurs ne tarissent pas d'éloges sur le savoir-faire, l'enthousiasme et la patience de Manny et Alvaro avec les surfeurs débutants de tous âges. Les cours quotidiens de 2 heures incluent la planche, la combinaison et des fruits frais.

Montezuma Yoga Yoga
(**☎8704-1632 ; www.montezumayoga.com ; 14 $US/pers ; ⏲cours 8h30 lun-ven, 18h ven-dim**). Enseignement inspiré de l'Anusara yoga, qui allie les principes d'alignement de la méthode Iyengar à la fluidité du Vinyasa. Le magnifique studio, sur le domaine de l'Hotel Los Mangos, est bercé par la brise océane, éclairé de lampions et abrité par un toit de tôle en pente.

Sun Trails Circuit dans la canopée
(**☎2642-0808 ; www.montezumatraveladventures.com ; circuits 40 $US ; ⏲9h-15h**). Après 9 passages de tyroliennes, ce circuit dans la canopée de 2 heures 30 s'achève par une descente à pied vers les chutes d'eau (n'oubliez pas votre maillot de bain). Réservez votre circuit au bureau en ville.

Où se loger

Luz de Mono Lodge $$
(**☎2642-0090 ; www.luzdemono.com ; ch standard/ste petit-déj inclus 75/90 $US ;** P 📶 🏊). Un ravissant lodge en pierre construit sur une parcelle de jungle luxuriante, à deux pas de la plage. Suites épatantes à l'étage (plafond en

TRAVELSTOCK44 TRAVELSTOCK44/GETTY IMAGES ©

À ne pas manquer
Chutes de Montezuma

Une promenade de 40 minutes le long de la rivière au sud de Montezuma conduit à une première série de trois belles chutes d'eau. La principale attraction consiste à grimper jusqu'à la deuxième série de cascades pour plonger.

La première série de cascades comporte un beau bassin naturel de faible profondeur et rocailleux qui rend le plongeon dangereux. De là, un sentier bien balisé contourne et rejoint la deuxième série coulant d'une hauteur de 10 m dans une eau profonde. Pour atteindre le "plongeoir", suivez le chemin qui gravit la colline – n'essayez surtout pas d'escalader les rochers des cascades, cause de plusieurs décès. Du "plongeoir", le sentier continue à monter jusqu'à la troisième et dernière série de cascades. Il est dangereux d'y plonger. En revanche, une corde permet d'accéder, en se balançant, à la partie la plus profonde du bassin. Beaucoup de voyageurs apprécient l'aventure, mais cela reste à vos risques et périls.

En allant vers le sud au-delà de l'Hotel La Cascada, vous déboucherez sur un parking, puis sur le début du sentier à droite du pont.

INFOS PRATIQUES

Parking 2 $US

poutres de palmier, mobilier en bois et carrelage) ; chambres moins chères au rez-de-chaussée, ne présentant pas autant d'attrait. Joli coin piscine (avec pataugeoire), *rancho* en plein air et terrain ombragé riche en faune.

El Sano Banano Boutique-hôtel **$$**
(☎2642-0638 ; d 86 $US ; P ❄ @ ᯤ ≋). Une adresse bien tenue du centre de Montezuma. Bien que ses nombreux autres commerces occupent un pâté de maisons entier, l'hôtel n'a que

12 chambres, coquettes et confortables. Le restaurant, assorti d'une agréable terrasse sur l'artère principale, est aussi réputé pour ses viennoiseries maison. En prime, vous pourrez assister, chaque soir, à une projection de film, dans le jardin à l'arrière.

Hotel Amor de Mar B&B **$$$**
(**☎2642-0262 ; www.amordemar.com ; d avec/sans vue sur l'océan 135/102 $US, villas à partir de 278 $US ; P 📶**). B&B de gérance allemande, absolument ravissant, avec 11 chambres uniques aux détails exquis : miroirs encadrés de bois naturel, lanternes en matériaux organiques, rocking-chairs sur une terrasse ornée de filets de pêche et de dizaines de pots de fleurs. La pelouse, plantée de palmiers, laisse ensuite place aux bassins de marée et au Pacifique. Comprend aussi deux très belles villas sur la plage.

Ylang-Ylang Beach Resort Complexe hôtelier **$$$**
(**☎2642-0636 ; www.ylangylangresort.com ; ch standard/ste/bungalow petit-déj et dîner inclus 237/288/322 $US ; ❄ 📶 🏊**). À 15 minutes de marche au nord de la ville, le long de la plage, ce luxueux quatre-étoiles est composé de chambres et de bungalows superbement aménagés. La propriété comporte une piscine entourée de palmiers, un centre de yoga, un restaurant gastronomique bio et un spa. Carrelages, murs décorés au pochoir et tissus de couleurs vives composent un décor tropical esthétique. Tous les logements ont une terrasse extérieure face à l'océan. Il est impossible d'arriver jusqu'ici en voiture, mais le personnel viendra vous chercher au El Sano Banano dans un *beach cruiser* customisé.

Où se restaurer

Orgánico Bio **$**
(**plats 7-11 $US ; 🕗8h-21h ; 🖉**). "Une nourriture saine préparée avec amour...", et c'est vrai. Ce café bio propose des plats végétariens ou végétaliens : burgers épicés à la thaïlandaise, *sopa azteca* au tofu, *burritos*, falafels, smoothies et autres mets bons pour la santé. Vous trouverez aussi de la viande, comme dans les spaghettis à la bolognaise... Origines italiennes obligent. Concerts presque tous les soirs, soirée micro ouvert le lundi.

Playa de los Artistas International **$$**
(**☎2642-0920 ; www.playamontezuma.net/playadelosartistas.htm ; plats 9-13 $US ; 🕗17h-21h lun-ven, 12h-21h sam**). Le restaurant le plus romantique du coin. Avec un peu de chance, vous obtiendrez l'une des tables en tronc d'arbre sous les palmiers. Sinon, la salle au toit de bambou, ouverte à la brise marine, ne manque pas non plus d'attrait. La carte internationale, à forte influence méditerranéenne, change chaque jour en fonction des produits disponibles, mais il y a toujours du poisson frais grillé au four à bois. Service impeccable, cuisine innovante et cadre de rêve. Paiement en espèces.

Puggo's Moyen-oriental **$$**
(**☎2642-0308 ; plats 9-20 $US ; 🕗12h-23h**). Une table très appréciée des habitants, au décor évoquant une tente bédouine. Entre autres délices du Moyen-Orient : falafels, houmous, kebabs et poissons grillés assaisonnés d'herbes et d'épices importées. Finissez par un café turc corsé.

Cocolores International **$$**
(**☎2642-0348 ; plats 9-22 $US ; 🕗17h-22h mar-dim**). En bord de plage, cette terrasse éclairée par des lanternes est l'une des premières tables de Montezuma pour un dîner haut de gamme. Curries, plats de pâtes, *fajitas* et steaks figurent à la carte, tous cuisinés et servis avec un soin raffiné. Les portions conséquentes compensent les prix élevés.

Depuis/vers Montezuma

Bateau

Un ferry rapide relie Montezuma à Jacó en 1 heure. À 40 $US environ la traversée, ce n'est pas donné mais permet d'économiser une journée de voyage. Les bateaux, quotidiens, partent à 9h30 ; le tarif inclut le transfert en minibus depuis la plage jusqu'à la gare routière de Jacó. L'arrivée se fait sur la plage, il convient donc de porter des chaussures adéquates. Réservez auprès de n'importe quel tour-opérateur.

Bus

Les bus quittant Montezuma partent de l'aire sur la plage, en face du terrain de football ; les billets s'achètent directement auprès du chauffeur. Pour rallier Mal País et Santa Teresa, allez d'abord à Cóbano, où vous changerez de bus.

Cabo Blanco via Cabuya 1,50 $US ; 45 min ; départs à 8h15, 10h15, 12h15 et 16h15

Paquera,viaCóbano 3 $US ; 2 heures ; départs à 5h30, 8h, 10h, 12h, 14h et 16h

San José 14 $US ; 5 heures ; départs à 6h20 et 14h20

Voiture et Taxi

Durant la saison verte, la portion de route qui sépare Cóbano de Montezuma n'est souvent accessible qu'en 4x4. Dans la ville même, il est parfois difficile de se garer.

Un taxi 4x4 peut vous emmener à Mal País (70 $US) ou à Cóbano (12 $US).

Montezuma Expeditions (www.montezumaexpeditions.com) assure des navettes privées à destination de San José (50 $US), La Fortuna (55 $US), Monteverde (55 $US), Jacó (55 $US), Manuel Antonio (60 $US), Dominical (70 $US), Tamarindo (45 $US), Sámara (45 $US) et Liberia (55 $US).

RESERVA NATURAL ABSOLUTA CABO BLANCO

Le plus ancien parc naturel protégé du Costa Rica se trouve à 11 km au sud de Montezuma. Cabo Blanco se compose de 12 km² de terre et de 17 km² d'océan, et englobe toute la pointe sud de la Península de Nicoya. En raison d'un microclimat humide régnant à l'extrémité de la péninsule, les forêts restent vertes en permanence, alors que le reste de la région de Nicoya se caractérise par des forêts tropicales sèches. Le parc comprend également des plages vierges et des îlots où vont nicher de nombreuses espèces d'oiseaux.

Ce parc fut créé par un couple de Scandinaves, Karen Mogensen et Nicolas

Un fou brun fait son nid, Reserva Natural Absoluta Cabo Blanco

KEVIN SCHAFER/GETTY IMAGES ©

Wessberg, aujourd'hui décédés, qui s'installèrent à Montezuma dans les années 1950 et furent parmi les premiers écologistes du Costa Rica. En 1960, alors que le gouvernement s'intéressait en priorité au développement agricole du pays, le couple fut horrifié de voir que des parcelles de Cabo Blanco avaient été rasées. Karen et Nicolas poussèrent le gouvernement à mettre en place un système de parcs nationaux, qui se matérialisa par la création de la réserve de Cabo Blanco en 1963. Le couple continua à défendre le patrimoine naturel. Nicolas en perdit la vie puisqu'il fut assassiné en 1975, lors d'une campagne menée dans la péninsule d'Osa. Karen poursuivit le travail de son mari jusqu'à sa mort en 1994. Tous deux sont enterrés dans la Reserva Absoluta Nicolás Wessberg, lieu de leur résidence d'origine.

Cabo Blanco est appelée réserve naturelle "absolue" car, jusqu'à la fin des années 1980, aucune visite n'était autorisée. Le nom n'a pas changé, mais, désormais, quelques sentiers sont ouverts aux visiteurs. Cependant, la réserve est fermée le lundi et le mardi, afin de limiter l'impact sur l'environnement.

Si vous aimez... Les parcs et les réserves

Outre la Reserva Absoluta Cabo Blanco, la péninsule compte plusieurs autres parcs et réserves :

1 GROTTES DU PARQUE NACIONAL BARRA HONDA
(☎2659-1091, 2659-1551 ; entrée du parc adulte/enfant 10/1 $US, visite guidée 26 $US/pers ; ⏲sentiers 8h-16h, grottes 8h-13h). On peut pratiquer la spéléologie, de préférence à la saison sèche, dans les grottes en pierre calcaire de cette merveille souterraine.

2 REFUGIO NACIONAL DE VIDA SILVESTRE CURÚ
(☎2641-0100 ; www.curuwildliferefuge.com ; journée adulte/enfant 3-11 ans/enfant - 3 ans 10/5 $US/gratuit ; ⏲7h-15h). Randonnée, kayak, snorkeling, équitation ou simplement bains de soleil sont au programme dans cette petite réserve composée de plages, d'une forêt tropicale sèche et de mangrove.

3 RESERVA BIOLÓGICA NOSARA
(☎2682-0035 ; www.lagarta.com ; 6 $US, randonnées encadrées dans la nature 15 $US). Cette réserve privée de 35 ha derrière le lodge Lagarta comprend des sentiers traversant la mangrove jusqu'à un cours d'eau et la plage. Un lieu idéal pour l'observation des oiseaux.

Depuis/vers la Reserva Natural Absoluta Cabo Blanco

Des bus (1,50 $US, 45 minutes) partent de l'entrée du parc pour Montezuma à 7h, 9h, 11h et 15h. Comptez 16 $US environ pour un taxi entre Montezuma et le parc.

Durant la saison sèche, vous pouvez emprunter la "Star Mountain Road" (7 km), qui relie Cabuya à Mal País (4x4 indispensable). Ainsi appelée parce qu'elle passe par le Star Mountain, un lodge de jungle, elle offre un panorama fabuleux.

MAL PAÍS ET SANTA TERESA

Des vagues puissantes, une cuisine créative et... des minettes en short de bain ou en Bikini. La pointe sud-ouest de la Península de Nicoya, c'est tout celà et bien plus encore, ce qui explique qu'elle est devenue l'une des destinations les plus jubilatoires du Costa Rica. Ici, l'océan, splendide, la faune et la flore vivent en osmose parfaite.
Les collines sont parsemées d'hôtels de charme raffinés et de petits restaurants fabuleux, parfois tenus par des chefs de haut vol. Bien sûr, une ribambelle de constructions, principalement occupées par des expatriés, déborde de plus en plus sur la côte, mais les collines sont

Vaut le détour
Playa Cocolito et chutes El Chorro

Les spectaculaires **chutes** El Chorro sont le fleuron de la Playa Cocolito, elle-même irrésistible. Émergeant d'une végétation d'un vert intense, les chutes se précipitent du haut d'une falaise aux reflets roses sur les rochers et la mer en contrebas, formant deux bassins d'un bleu iridescent propices à la baignade. L'isolement du site garantit en outre d'être quasiment seul.

Comptez 2 heures de marche pour couvrir les 12 km depuis Montezuma ; en partant à l'aube, vous croiserez en route nombre d'animaux. C'est aussi une destination de randonnée équestre populaire.

luxuriantes et on arrive encore ici par une piste poussiéreuse et défoncée (colmatée par endroits avec de la mélasse odorante). La région s'étend le long d'une petite route côtière reliant Santa Teresa au nord à Playa Carmen (le moteur commercial de la région), pour s'achever à Mal País ("mauvais pays"), un hameau de pêcheurs qui donne son nom à l'ensemble de cette région.

Activités

Même si tout le monde pense au surf, les plages superbes s'étendent sur des kilomètres au nord aussi bien qu'au sud, et de nombreux hôtels organisent des promenades à cheval et des sorties de pêche. Ces dernières peuvent aussi être réalisées depuis le port Mal País. Les choses seront plus faciles si vous parlez un peu espagnol.

SURF

Les plages suivantes sont indiquées du nord au sud.

À 8 km au nord du carrefour de Playa Carmen, **Playa Manzanillo** mêle sable et rochers. Là, le meilleur moment pour surfer est à marée montante, quand le vent souffle du large.

La vague la plus célèbre, rapide et puissante, déferle à **Playa Santa Teresa**, où il est possible de surfer à n'importe quel moment de la journée, en prenant garde aux rochers dispersés un peu partout. Pour vous y rendre, suivez la route au nord de La Lora Amarilla partant de la route principale.

Playa Carmen, en contrebas du carrefour principal, permet aussi de se faire plaisir en surfant à n'importe quel moment. La vaste plage de sable forme des criques successives, idéales pour ramasser les coquillages et se baigner.

La région entière est saturée de magasins de surf, et la concurrence est telle que les prix restent bas. Profitez-en pour vous offrir une planche bon marché, que vous revendrez ensuite en récupérant la quasi-totalité de votre mise.

Al Chile Surf Shop Surf
(**✆2640-0959 ; www.alchilesurfshop.com ; location de planche 10 $US/jour, cours 40-45 $US/pers**). En argot, "Al chile" signifie quelque chose comme "Pour de vrai !" En une leçon, vous serez en effet capable de chevaucher les vagues. Le charmant couple qui dirige l'endroit vous le garantit. Ceux qui savent déjà surfer peuvent louer des planches de première qualité ou faire décorer la leur par l'artiste William Borges.

Freedom Ride SUP Surf
(**✆2640-0521 ; www.sup-costarica.com ; location demi-journée/journée 25/35 $US, cours 50 $US/pers ; ⏲9h-18h**). Cette boutique de stand-up paddle (SUP), consciencieusement gérée, se trouve dans le village de Mal País. Locations à la journée et à la demi-journée, cours de SUP (on parle anglais) – sur réservation – et excursions.

YOGA

Casa Zen Yoga

(☎2640-0523 ; www.zencostarica.com ; 9 $US/pers). Deux ou trois cours quotidiens, dispensés dans un studio à l'air libre au 2e niveau, au milieu des arbres. Le Vinyasa inspiré du Hatha yoga domine, mais il y a aussi d'autres formes plus relaxantes et des séances de *cardio fit*. Formules de plusieurs cours disponibles.

Où se loger et se restaurer

SANTA TERESA

Horizon Yoga Hotel Hôtel **$$$**

(☎2640-0524 ; www.horizon-yogahotel.com ; d 120-140 $US, qua 210 $US ; P ❄ wifi piscine). Agrémenté de fontaines, ce magnifique domaine en terrasses, sur le coteau de Santa Teresa, incarne le summum du chic décontracté. Ses villas familiales bénéficient d'une piscine privative et ses bungalows en bambou sur pilotis, plus attrayants, d'une terrasse avec hamacs et une vue à 180° sur l'océan.

Canaima Chill House Hôtel **$$$**

(☎2640-0410 ; www.hotel-canaima-chill-house.com ; d 100-130 $US ; P wifi piscine). Cet hôtel de charme de 8 chambres se définit comme "écolo-chic". Les suites (et les suites loft), des plus élégantes, en matériaux naturels, disposent d'un salon semi-extérieur aéré, de superbes lits suspendus en bambou et d'une douche en pierre de style grotte. Les hôtes partagent le Jacuzzi et la piscine près d'un lounge en contrebas. Dans les collines, à 500 m de la route principale (véhicule nécessaire).

Florblanca Villas **$$$**

(☎2640-0232 ; www.florblanca.com ; villas petit-déj inclus 350-800 $US ; P ❄ @ piscine). Splendides, ces 11 villas romantiques disséminées dans un domaine de quelque 3 ha, près d'une plage de sable blanc immaculé, sont clairement hors catégories ! Les espaces intérieurs ouverts sur l'extérieur sont baignés de lumière et abondent en détails design comme les sdb en plein air et les salons en contrebas. On peut participer gratuitement à des cours de yoga et de pilates et emprunter librement des vélos,

Surf à Playa Carmen

CHRISTIAN ASLUND/GETTY IMAGES ©

des planches de surf ou des masques et des tubas. Un comptoir touristique propose des circuits "Aventure" innovants et personnalisés (pêche au harpon, chasse au homard), introuvables ailleurs. Le fantastique restaurant, Nectar (plats 11-24 $US), est ouvert à tous et chaudement recommandé pour sa cuisine latino-américaine rurale et de saison, pleine de fraîcheur et de créativité. S'il figure au menu, commandez du thon grillé en croûte de sésame et sa sauce *ponzu* au petit piment vert. Enfin, on est accro aux soins au Spa Bambu (également ouvert à tous). Pas d'enfants de moins de 13 ans.

Brisas del Mar Produits de la mer **$$**

(**☎2640-0941 ; www.buenosairesmalpais.com ; plats 14-18 $US ; ⏰8h-11h et 16h-22h mar-dim ; P 👪**). La vue exceptionnelle et la cuisine de ce restaurant en terrasse, au bord d'une piscine, justifient la rude ascension jusqu'à l'Hotel Buenos Aires. Commencez par un cocktail spécial, en consultant le menu du jour inscrit sur l'ardoise. Les plats de poisson et de fruits de mer, de style fusion, sont à l'honneur, tel le thon mariné au citron et au *chipotle* avec sauce aux tomates rôties et crème de *jalapeño* et coriandre. Ouvert également au petit-déjeuner.

Koji's Japonais **$$$**

(**☎2640-0815 ; www.santa-teresa.com/kojis ; sushis à partir de 5-10 $US ; ⏰5h30-21h30 mer-dim**). Le restaurant de sushis de Koji Hyodo, à Playa Hermosa, est un modèle d'excellence en matière d'ambiance, de service et de nourriture. À la carte : poulpe grillé à peine cuit, saupoudré de sel ; sashimis de langoustes agrémentés d'une touche de gingembre frais.

PLAYA CARMEN

Frank's Place Hôtel **$$**

(**☎2640-0096 ; www.franksplacecr.com ; s/d standard 55/75 $US, s/d supérieure 95/115 $US ; P ❄ @ 📶 🏊**). En arrivant en ville depuis Cóbano, c'est le premier établissement que vous rencontrerez. L'endroit, jadis un repaire de surfeurs emblématique, a mûri et perdu son atmosphère de paradis pour routards. Chambres sans prétention, propres et confortables (petit-déjeuner inclus). L'emplacement a ses avantages : du fait de la route goudronnée, il y a moins de poussière ici qu'ailleurs à Carmen.

Casa Azul Pension **$$**

(**☎2640-0379 ; www.hotelcasaazul.com ; ch avec/sans vue sur l'océan 125/60 $US, casita 150 $US, ste 400 $US ; P 📶 🏊**). Impossible d'être plus près des vagues que cette magnifique "maison bleue" qui surplombe le jardin, la piscine... et la plage. Partageant une cuisine et un barbecue extérieur, les trois jolies chambres (carreaux de céramique au sol et lits en fer forgé) au rez-de-chaussée sont très lumineuses. À l'écart dans

Ara rouge

PAUL SOUDERS/GETTY IMAGES ©

le jardin, la *casita* dispose d'une terrasse donnant sur l'océan.

Pizzeria Playa Carmen Pizzeria **$**
(☎2640-0110 ; plats 8-23 $US ; ⏰11h-21h). Pizzeria tape-à-l'œil de Playa Carmen, en plein sur la plage, idéale pour admirer le coucher de soleil. Bonnes pizzas cuites au four à bois, et bière pas chère.

MAL PAÍS

The Place Hôtel **$$**
(☎2640-0001 ; www.theplacemalpais.com ; d/bungalow petit-déj inclus 69/135 $US ; P❄📶🏊). Dans ce lieu au chic européen, des transats rouge vif et des divans entourent la piscine, alimentée par une cascade. Si les chambres, carrelées et drapées de voilages, sont engageantes, vous ne regretterez pas de casser votre tirelire pour les bungalows plus onéreux. Enfouis dans un jardin tropical, ils sont chacun décorés selon un thème différent.

Moana Lodge Hôtel **$$$**
(☎2640-0230 ; www.moanalodge.com ; ch standard/deluxe 99/135 $US, ste 235-260 $US). Splendide propriété de charme nichée sur le flanc de coteau boisé surplombant Mal País. Les chambres standard – des maisonnettes en bois ornées d'art africain – sont installées dans le jardin, près de la piscine et de la réception. Dévoilant une vue à 180° sur la côte, les "junior suites", lambrissées du sol au plafond, ont des portes en verre coulissantes, douches intérieure/extérieure à effet pluie et minibar.
Le **Papaya Lounge** (☎2640-0230 ; tapas 6-9 $US ; ⏰7h30-10h et 17h-22h), restaurant-bar à tapas de haut vol, jouit du même panorama.

Mary's Restaurant International, bio **$**
(☎8348-1285 ; www.maryscostarica.com ; plats 7-17 $US ; ⏰17h30-22h jeu-mar). Sol en béton ciré, four à bois et table de billard composent le décor de ce restaurant d'allure modeste, tout au bout du village de Mal País. On s'y régale de pizzas, bacon et saucisses maison, poisson grillé et assortiments de sashimis. Une ardoise fait office de carte. Son secret ? Des produits frais bio, issus de l'agriculture et de la pêche locales.

Comment s'y rendre et circuler

Tous les bus arrivent et partent devant le Ginger Café, à 100 m au sud de l'auberge Cuesta Arriba. Vous pouvez les arrêter tout au long de la route qui monte vers Frank's Place, où ils tournent à gauche en direction des terres et de Cóbano.

Le bus direct Mal País-San José, via le ferry à Paquera, part à 6h et 14h (13 $US, 6 heures). Les bus locaux pour Cóbano démarrent à 7h et 12h (2 $US, 45 min).

Un taxi depuis/vers Cóbano coûte 32 $US. Pour une course entre Mal País, Playa Carmen et Santa Teresa, comptez entre 4 et 8 $US. Un taxi pour le ferry à Paquera revient à 55 $US.

Montezuma Expeditions (☎2642-0919 ; www.montezumaexpeditions.com ; Centro Comercial Playa Carmen) assure une navette en minibus entre Mal País et San José, Tamarindo et Sámara (50 $US) ; Jacó, La Fortuna, Liberia et Monteverde (50 $US), et même Manuel Antonio (60 $US) et Dominical (70 $US).

Côte pacifique centrale

Plages, faune et forêts humides : bienvenue dans un condensé du Costa Rica.

De la revêche ville portuaire de Puntarenas à la minuscule localité d'Uvita, sur les rives de la Bahía Drake, la côte pacifique centrale déroule ses remarquables spots de surf, ses formidables parcs nationaux et ses kilomètres de littoral invitant à observer baleines et bancs de dauphins en pleine migration. Avec autant de biodiversité concentrée dans une zone géographique si modeste, la région offre un parfait avant-goût du pays.

En raison de sa proximité avec San José et de ses bonnes routes asphaltées, la région a toujours servi d'escapade aux citadins en quête de plages ; avec ses animaux et activités en pagaille, elle compte aussi de quoi occuper les enfants.

Jacó (p. 250)
JODI JACOBSON/GETTY IMAGES ©

Côte pacifique centrale

Heredia
HEREDIA
n Antonio
1
SAN JOSÉ
cazú
Volcán Turrialba (3 328 m)
Parque Nacional Volcán Turrialba
Volcán Irazú (3 432 m)
Parque Nacional Volcán Irazú
Pacayas
Turrialba
Juan Viñas
CARTAGO
Tejar
Paraíso
Presa de Cachí
Cachí
Lago de Cachí
Cartago
Tuis
2
San Ignacio de Acosta
San Gabriel
Río Macho
Purisil
Tapantí
Frailes
Empalme
Cañon
Parque Nacional Tapantí-Macizo Cerro de la Muerte
Río Pacuare
San Marcos de Tarrazú
Santa María de Dota
Interamericana
Cerro de la Muerte (3 491 m)
Parque Nacional Chirripó
Parque Nacional Los Quetzales
San Gerardo de Dota
División
Cerro Chirripó (3 820 m)
San Gerardo de Rivas
Río Naranjo
Río División
pos
Rivas
Manuel Antonio
Rafiki Safari Lodge
San Isidro de El General
1
ue Nacional
uel Antonio
Savegre
Río Pacuar
Río Chirripó
San José
Refugio Nacional de Vida Silvestre Portalón
Matapalo
Centro Turístico Cataratas Nauyaca
Hacienda Barú National Wildlife Refuge
3
Dominical
Escaleras
Río General
Playa Domincalito
Punta Dominical
34
Reserva Biológica Oro Verde
Uvita
5
Rancho La Merced National Wildlife Refuge
Parque Nacional Marino Ballena
4
Piñuela
Ojochal
Tortuga Abajo
Isla Ballena
Bahía de Coronado
Humedal Nacional Térraba-Sierpe
Río Grande de Térraba
Ciudad Cortés

Côte pacifique centrale
À ne pas manquer

Environs de Manuel Antonio

Plages immaculées, forêts tropicales luxuriantes, milieu naturel d'une incroyable diversité… Prêt pour une expérience 100% nature ? Au croisement de la jungle et de l'océan, suivez des sentiers idéalement conçus pour observer les animaux, prélassez-vous sur des plages de sable doré et plongez dans une eau cristalline. (p. 261)

1

2 Jacó

Haut lieu touristique de la côte pacifique centrale, Jacó (p. 250) ne se gêne pas pour le clamer. Peuplée d'expatriés du monde entier, cette cité balnéaire offre un cocktail cosmopolite de restaurants, d'hôtels de charme et de grands complexes. Outre la plage, baignée d'honorables vagues accessibles aux surfeurs débutants, diverses activités raviront tous ceux qui ont des fourmis dans les jambes.

JODI JACOBSON/GETTY IMAGES ©

MICHAEL HANSON/GETTY IMAGES ©

3 Dominical

Légendaire bastion du surf, Dominical (p. 265) attire des légions de pratiquants depuis des décennies. Même si vous êtes débutant, vous apprécierez la visite, tant l'ambiance incroyablement décontractée de la plage est contagieuse. Il se peut même que vous restiez plus longtemps que prévu.

KEVIN SCHAFER/GETTY IMAGES ©

4 Parque Nacional Marino Ballena

Le nonchalant parc marin (p. 271) de Marino Ballena, à l'extrême sud de la côte pacifique centrale, déroule des kilomètres de plages désertes jalonnées de cocotiers. Évoquant une énorme queue de baleine se déployant dans le Pacifique, cette stupéfiante portion de littoral abrite une étonnante faune marine, avec notamment des bancs de dauphins et des baleines en pleine migration.

5 Kayak aux environs d'Uvita

Bien que de dimensions modestes, la région côtière autour d'Uvita (p. 270) offre une grande variété d'excursions en kayak. Les visiteurs peuvent ainsi sillonner un océan remuant et des mangroves assoupies dans la même journée, et les chances d'observer des animaux sont bonnes. Mais le top est la visite des grottes marines, où l'on pourra faire halte pour un pique-nique rafraîchissant à base de fruits tropicaux.

Côte pacifique centrale : le best of

Faune

- **Aras rouges** Des perroquets écarlates sur fond de jungle, au Parque Nacional Carara. (p. 250)
- **Singes écureuils** Ces adorables boules de poil peuplent le Parque Nacional Manuel Antonio. (p. 261)
- **Baleines à bosse** Des bancs de baleines sillonnent les eaux du Parque Nacional Marino Ballena. (p. 271)
- **Tapir** Quittez les sentiers battus pour rejoindre le "sentier du Tapir", au Refugio Nacional de Fauna Hacienda Barú. (p. 264)

Activités

- **Surf** Diverses localités emblématiques, dont Playa Hermosa, font de la région un bastion du surf. (p. 254)
- **Parcours en tyrolienne** Filez à travers la canopée en empruntant le "vol du Toucan", au Refugio Nacional de Fauna Hacienda Barú. (p. 264)
- **Randonnée** Parcourez les sentiers faciles du Parque Nacional Manuel Antonio, au milieu des singes, des aras rouges et de luxuriantes forêts tropicales. (p. 261)
- **Yoga** Trouvez l'équilibre parfait grâce aux cours de yoga et de fitness du Bamboo Yoga Play, à Dominical. (p. 265)

Petites folies

- **Hotel Sí Como No** Un hôtel tourné vers les familles et l'environnement. (p. 260)
- **Arenas del Mar** Ce complexe écologique de luxe offre une intimité inégalable et une formidable vue sur la côte. (p. 259)
- **Docelunas** Un refuge de montagne paradisiaque au cœur d'une forêt tropicale vierge. (p. 252)
- **Makanda by the Sea** Ce petit ensemble de villas luxueuses, où la vue est incomparable, est un vrai bijou. (p. 259)

Restaurants et bars

- **Citrus** Une succulente cuisine panasiatique qui illustre toute l'abondance de l'océan Pacifique. (p. 273)
- **La Luna** Appréciez la vue sur la jungle et le Pacifique, autour de tapas ou d'un dîner romantique. (p. 261)
- **El Avión** Savourez une bière bien fraîche à l'ombre d'un Fairchild C-123 de 1954. (p. 268)
- **Exotica** Avec sa cuisine française et son ambiance cosy, ce restaurant d'Ojochal est une merveille. (p. 273)

Page de gauche : aras rouges **Ci-dessus :** plage dans le Parque Nacional Manuel Antonio (p. 261)

Ce qu'il faut savoir

À PRÉVOIR

- **Deux mois avant** Les vols affichent vite complet en haute saison : achetez votre billet de bonne heure et confirmez votre réservation à plusieurs reprises.
- **Un mois avant** La péninsule compte son lot de routes peu commodes et de passages à gué dans le sud : réservez un 4×4 sans tarder (ils sont vite loués).
- **Une semaine avant** Consultez la météo des vagues afin de sélectionner vos destinations.

SITE WEB

- **Quepolandia** (www.quepolandia.com). Infos sur Quepos et Manuel Antonio.

COMMENT CIRCULER

- **Bateau** La cité balnéaire de Montezuma, à la pointe de la Península de Nicoya, est rapidement accessible en bateau depuis Jacó.
- **Bus** Les bus Intercités sont fréquents et peu coûteux, ce qui rend la circulation très facile.
- **Voiture** Bien asphaltée et balisée, la route côtière est propice à la conduite.

MISES EN GARDE

- **Prostitution** Jacó dévoile un visage peu recommandable à la nuit tombée. Soyez attentif à votre environnement et choisissez judicieusement vos lieux de sortie.
- **Contre-courants** Même avec peu de fond, les courants locaux sont parfois très puissants. Demandez conseil aux habitants pour savoir quand et où l'on peut nager en toute sécurité.
- **Vols** Si le vol est hélas monnaie courante sur la touristique côte pacifique centrale, il est néanmoins facile de s'en prémunir. Comme partout au Costa Rica, ne laissez jamais rien dans votre véhicule ou sans surveillance sur la plage. Pour le reste, faites preuve de bon sens.

Suggestions d'itinéraires

Une route côtière récemment bitumée invite à un "road trip" idéal, au cœur de secteurs moins aménagés évoquant le Costa Rica d'autrefois. De la brève escapade à l'excursion au long cours, la région recèle tous les attraits bigarrés du pays.

3 JOURS

DE QUEPOS AU REFUGIO NACIONAL DE FAUNA HACIENDA BARÚ

MANUEL ANTONIO ET AU-DELÀ

Parcourir la côte dans sa totalité prend du temps. Heureusement, cet itinéraire saura vous offrir un gratifiant avant-goût du Pacifique. Pour affronter ce parcours, utilisez un véhicule de location ou les transports publics, via la Costanera Sur, une route bien asphaltée entre océan tropical et montagnes côtières recouvertes de jungle.

Votre première étape sera l'accueillante et authentique ville de ❶ **Quepos** (p. 254), qui compte d'excellents restaurants, quantité de services pour les voyageurs et une vie nocturne animée. Si l'endroit mérite une halte, il vaut surtout pour être l'une des portes d'entrée du ❷ **Parque Nacional Manuel Antonio** (p. 261), l'un des plus beaux parcs nationaux du pays. Manuel Antonio peut se résumer en trois mots : plages, forêts et singes. Il recèle de bonnes randonnées familiales et, en matière de baignade, quelques-unes des meilleures plages du Pacifique. Les amateurs de faune participeront à une randonnée guidée dans le ❸ **Refugio Nacional de Fauna Hacienda Barú** (p. 264), une petite réserve riche en habitats tropicaux qui fait partie d'un vaste corridor biologique visant à protéger une large gamme d'espèces.

5 JOURS

DE JACÓ À DOMINICAL

LE PARADIS DES SURFEURS

La côte pacifique centrale vous réserve une série de spectaculaires cités balnéaires, avec des vagues à peu près toute l'année. Vous êtes débutant et vous ne possédez pas de planche ? Pas de panique. Les écoles de surf et les boutiques de matériel sont légion sur la côte. Les vagues ne sont pas de la partie ? Qu'importe, vous pourrez toujours profiter d'un soleil généreux, de la mer et du sable.

Avec ses vagues modestes et son tranquille *beach break* 1 **Jacó** (p. 250) est parfait pour apprendre le surf. Votre instruction terminée, et que vous soyez capable de tenir debout sur votre planche (comme vous l'assurent la plupart des instructeurs) ou non, vous apprécierez les soirées de cette station balnéaire, considérée comme la capitale officieuse de la fête dans la région. Les pratiquants mieux aguerris iront réviser leur surf plus au sud, à 2 **Playa Hermosa** (p. 254), dont les vagues plus rudes et rapides offrent un joli défi. Enfin, cédez aux charmes de la décontraction à 3 **Dominical** (p. 265), un véritable paradis pour surfeurs, avec ses routes non bitumées, ses hébergements bon marché et ses restaurants à ciel ouvert.

Parque Nacional Manuel Antonio (p. 261)

Découvrir la côte pacifique centrale

Les incontournables

- **Jacó** La principale localité de la région est réputée pour ses fêtes et ses vagues de premier ordre.
- **Quepos** (p. 254) Porte d'accès du Parque Nacional Manuel Antonio, le plus prisé du pays.
- **Dominical** (p. 265) Apprenez à surfer, surfez, faites la fête... puis recommencez.

Farniente à Quepos (p. 254)

KEVIN HATT/GETTY IMAGES ©

PARQUE NACIONAL CARARA

Zone de transition entre les forêts sèches du nord-ouest et les forêts humides des basses terres du sud, ce parc national offre un melting pot biologique des deux régions. Acacias, figuiers étrangleurs, cactus et kapokiers à feuilles caduques créent un habitat hétérogène, assorti d'une faune variée. Si ce parc n'est ni le plus grand, ni le plus sauvage, ni le plus beau du pays, il est d'une importance considérable. Cerné par les champs cultivés et le bétail, son territoire est l'un des rares de la région à servir de refuge aux animaux sauvages. Une demi-journée d'expédition suffit amplement à le visiter.

Par ailleurs, Carara abrite l'un des oiseaux les plus charismatiques du Costa Rica, l'ara rouge (ou ara macao). Si cette merveille tropicale se fait discrète dans la majeure partie du pays, elle est très commune à Carara. N'oublions pas non plus les 400 autres variétés ailées qui peuplent la canopée, ou encore les impressionnants crocodiles qui sillonnent ses cours d'eau – à admirer à bonne distance !

N'importe quel bus circulant entre Puntarenas et Jacó vous déposera à l'entrée du parc. En voiture, l'entrée de Carara est clairement indiquée sur la Costanera.

JACÓ

Rares sont les destinations costaricaines qui suscitent des commentaires aussi contrastés et soient le lieu de réalités aussi paradoxales que Jacó. D'un côté, on trouve le clan des surfeurs, des expatriés nord-américains et des investisseurs étrangers qui ne tarissent pas d'éloges sur son atmosphère insouciante, ses rues animées et ses opportunités immobilières sensationnelles. Dans l'autre camp, les écotouristes pratiquants, les Costaricains laissés au bord du chemin et les fidèles de "l'ancien Costa Rica" la dénigrent pour les mêmes raisons.

Certes, une ambiance cosmopolite règne dans les bars et les restaurants, et la vie nocturne peut être trépidante, mais le charme décadent de Jacó ne plaît pas à tout le monde. En revanche, il est impossible de nier les atouts de Jacó – la beauté renversante de sa plage, la qualité constante de ses vagues et le caractère luxuriant de sa végétation tropicale en toile de fond –, qui en ont fait la réputation au départ.

Activités

SURF

Sur la côte pacifique, la saison des pluies est considérée comme la meilleure pour le surf. Pour louer une planche à la journée, faites le tour des boutiques : certaines ne demandent que 15-20 $US/jour.

AUTRES ACTIVITÉS

Discovery Horseback Tours Équitation

(**☎8838-7550 ; www.horseridecostarica.com ; à partir de 75 $US**). Ce centre hautement recommandable offre un excellent niveau de professionnalisme. Promenades sur la plage et dans la forêt tropicale toutes proches.

Kayak Jacó Kayak

(**☎2643-1233, 8869-7074 ; www.kayakjaco.com ; circuits à partir de 70 $US**). Si vous êtes intéressé par une excursion en kayak et en canoë de mer incluant des sorties de snorkeling dans les îles tropicales, contactez cette agence fiable qui offre un grand choix de circuits personnalisés, d'une journée ou plus. Bien qu'elle soit représentée à Playa Agujas, à 250 m à l'est de la plage, mieux vaut réserver par téléphone ou courriel.

Où se loger

AparHotel Vista Pacífico Appartements $$

(**☎2643-3261 ; www.vistapacifico.com ; d petit-déj inclus à partir de 68-121 $US ;** P @). Au sommet d'une crête juste au nord de Jacó, en retrait du Bulevar, ce bijou est tenu par un jeune couple de Canadiens chaleureux. Simples, confortables et accueillantes, les chambres et suites présentent des configurations différentes et sont équipées, pour la plupart, d'une kitchenette. La situation de l'établissement dans les hauteurs se traduit par une vue panoramique sur la côte et une brise rafraîchissante.

Kayakistes

Jacó

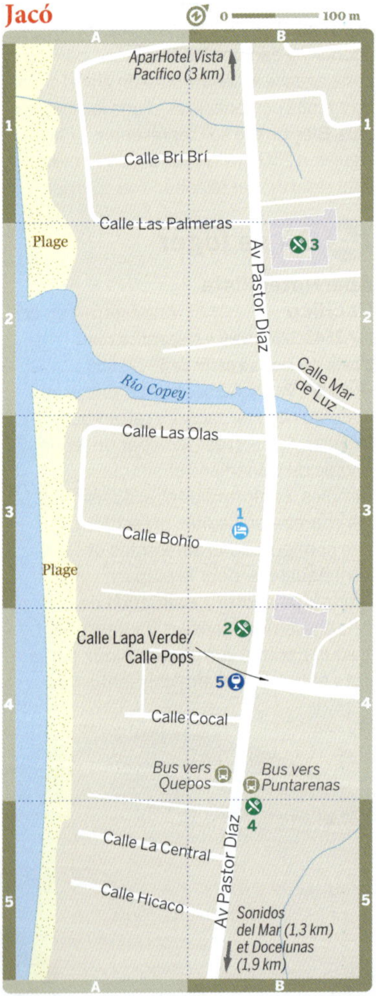

Jacó

Où se loger

1 Hotel Poseidon B3

Où se restaurer

2 Caliche's Wishbone B4
3 Graffiti B2
4 Lemon Zest B5

Où prendre un verre et faire la fête

5 Le Loft B4

Sonidos del Mar Pension $$$
(2643-3912, 2643-3924 ; www.sonidosdelmar.com ; C. Hidalgo ; maisons 250 $US ;). Au cœur d'un jardin tropical, ces deux maisons à 50 m de la plage se rangent parmi les plus belles pensions du Costa Rica. Des plafonds voûtés en bois du Nicaragua aux douches en pierre volcanique, tout a été pensé dans le moindre détail. Collectionneuse et artiste de talent, Lauri a décoré chaque chambre de peintures, sculptures et objets artisanaux. Les habitations, dotées d'une cuisine très bien équipée et d'un parking sûr, peuvent accueillir chacune jusqu'à 6 personnes. Tarifs dégressifs à la semaine et au mois.

Docelunas Hôtel $$$
(2643-2211 ; www.docelunas.com ; Costanera Sur ; d/ste junior petit-déj inclus 169/197 $US ;). Perché sur les hauteurs de l'autre côté de la grand-route, le "Douze Lunes" jouit d'un cadre paradisiaque et préservé, dans la forêt tropicale. Il compte 20 chambres meublées en teck et décorées d'œuvres d'art originales, qui se doublent d'une luxueuse sdb comportant 2 lavabos et 2 baignoires. Les cours de yoga, proposés régulièrement, sont inclus.

Hotel Poseidon Hôtel $$$
(2643-1642 ; www.hotel-poseidon.com ; C. Bohío ; d petit-déj inclus à partir de 107 $US ;). Les imposantes sculptures en bois de style grec qui ornent l'extérieur de ce petit hôtel dirigé par des Américains passent difficilement inaperçues. Les chambres reluisantes, agrémentées de mosaïques et de meubles élégants, comportent réfrigérateur et sèche-cheveux. Piscine avec bar dans l'eau, petit Jacuzzi et restaurant en plein air parmi les meilleurs de la ville.

Où se restaurer

Graffiti International $$
(2643-1708 ; www.graffiticr.com ; plats 8-22 $US ; 17h-22h lun-sam ;). Décor en rapport avec le nom et musique live le week-end pour cette adresse qui met essentiellement l'accent sur le contenu de l'assiette. Les initiés viennent pour le

filet mignon en croûte de cacao et café, le poisson du jour aux noix de macadamia et fruits de la passion, le succulent cheese-cake et les cocktails créatifs. Réservation vivement recommandée.

Caliche's Wishbone International **$$**
(☎2643-3406 ; Av. Pastor Díaz ; repas 9-18 $US ; ⏲12h-22h jeu-mar). Parmi les adresses phares de Jacó depuis des années, la table du charmant Caliche décline une carte variée comprenant pizzas, pitas, pommes de terre farcies, bar grillé à la poêle et salade aux sashimis de thon. Sa cuisine fraîche et délicieuse, d'un bon rapport qualité/prix, justifie sa réputation. Au sud de la Calle Bohío.

Lemon Zest Fusion **$$$**
(☎2643 2591 ; www.lemonzestjaco.com ; Av. Pastor Díaz ; plats 10-30 $US ; ⏲17h-22h ; 📶🍸). Le chef Richard Lemon (qui enseignait au Cordon Bleu de Miami) remporte un franc succès pour sa carte haut de gamme, la plus raffinée de Jacó. Les plats, comme les côtes de porc à la caribéenne ou le magret de canard sauce myrtille, sont réalisés à la perfection et accompagnés d'une sélection de vins bien assortis.

Où prendre un verre et faire la fête

Le Loft Club
(☎2643-5846 ; Av. Pastor Díaz ; entrée 10 $US ; ⏲21h-2h). Dans cette boîte au chic urbain, la plus sophistiquée de Jacó, des DJ mixent les morceaux du moment pour une clientèle pomponnée. Un balcon surplombe l'animation de la rue et des soirées spéciales sont programmées.

Depuis/vers Jacó

Avion

NatureAir (www.natureair.com) et **Alfa Romeo Aero Taxi** (www.alfaromeoair.com) proposent des vols charters, dont les prix varient en fonction du nombre de passagers. Plus vous serez nombreux, moins vous paierez.

Bateau

Le service de bateau rapide qui relie Jacó à Montezuma est, de loin, le moyen le plus efficace pour passer de la côte pacifique centrale à la Península de Nicoya. La traversée du Golfo de Nicoya ne dure qu'une heure environ (7 heures par la terre) mais revient assez cher (40 $US). Une réservation est exigée ; la plupart des voyagistes en ville s'en occuperont.

Bus

Les bus pour San José s'arrêtent au centre commercial Plaza Jacó, au nord du centre-ville. L'arrêt de bus pour les autres destinations se tient en face du supermarché Más x Menos – pour aller au nord, placez-vous devant le supermarché, pour le sud, attendez en face. Les horaires cités ci-dessous sont approximatifs, car les bus partent de Puntarenas ou de Quepos.

Quepos 2 $US ; 1 heure 30 ; départs toutes les heures 6h30-14h30, et à 18h et 19h

San José 5 $US ; 3 heures ; départs à 5h, 7h, 9h, 11h, 13h, 15h et 17h

Pont aux crocodiles

En venant de Puntarenas ou de San José en voiture, garez-vous immédiatement après le "pont aux crocodiles", qui enjambe le Río Tárcoles (à défaut, des rabatteurs vous indiqueront une place de parking juste avant). Vous pourrez alors emprunter les étroits trottoirs sur le pont et aller jeter un coup d'œil aux bancs de sable en contrebas. Avec un peu de chance, vous y apercevrez une trentaine de gigantesques crocodiles en train de se prélasser. Présents toute l'année, ils sont plus facilement visibles à marée basse, pendant la saison sèche : mieux vaut se munir de jumelles.

Les crocodiles de cette taille restent assez rares au Costa Rica, où ils sont encore chassés pour leur cuir. On les tolère ici car ils constituent le point d'attraction de nombreux circuits animaliers au départ de Tárcoles – ce qui ne déplaît pas aux sauriens, ainsi nourris tous les jours, ou presque.

PLAYA HERMOSA

Pendant qu'à Jacó, les débutants s'efforcent de tenir debout sur leur planche, les vétérans aguerris s'attaquent à des vagues monstres quelques kilomètres plus au sud. Avec ses *breaks* parmi les plus réguliers et puissants du pays, la Playa Hermosa ("plage splendide", en espagnol) impose le plus grand respect. Cependant, même quand on n'est pas un pro, on peut profiter de l'ambiance. Les surfeurs sont décontractés et la plage ne faillit pas à sa réputation.

Où se loger et se restaurer

Tortuga del Mar Lodge **$$**
(☎2643-7132 ; www.tortugadelmar.net ; ch 89 $US, studio à partir de 99 $US ; P❄@📶🏊). Ce lodge flambant neuf situé dans une propriété ombragée propose un confort haut de gamme à un prix abordable. Le bâtiment sur 2 étages abrite quelques chambres seulement, dans un style tropical moderne qui fait usage des bois locaux ; les hauts plafonds laissent circuler la brise du Pacifique.

Hermosa Beach Bungalows Bungalows **$$$**
(☎2643-7190, 2643-1513 ; www.hermosabeachbungalows.com ; bungalows 200-250 $US). Ces jolis bungalows de 2 chambres, sur pilotis, appartiennent à des propriétaires particuliers, mais un tiers d'entre eux sont gérés par Twinka, le gardien sur place. Parés de couleurs vives, tous comportent sdb moderne, balcon, lave-linge et sèche-cheveux, et la plupart accueillent volontiers les animaux. Ils s'organisent autour d'une piscine et d'un *rancho* commun, face à une longue étendue de plage, 1 km au sud de la ville.

Backyard Bar Petit-déjeuner **$**
(☎2643-7011 ; plats 5-10 $US ; ⏲12h-tard ; 📶). La carte étendue va bien au-delà de l'habituelle nourriture pour surfeurs, ce qui ne l'empêche pas d'inclure des *burritos*. Devenu l'épicentre de la vie nocturne, l'endroit accueille parfois des concerts, ne lésine pas sur l'alcool à l'happy hour et organise une compétition de surf chaque samedi de 16h au coucher du soleil. L'hôtel attenant propose de séduisantes chambres cosy, à condition que le bruit d'à côté ne vous dérange pas.

Depuis/vers Playa Hermosa

À seulement 5 km au sud de Jacó, Playa Hermosa est desservie par tous les bus qui partent de Jacó en direction du sud.

QUEPOS

Point d'accès au parc national Manuel Antonio, à 7 km de l'entrée, la petite localité de Quepos constitue une base commode où les

Plage, Quepos

Vaut le détour
Rafiki Safari Lodge

Niché dans la forêt tropicale humide, sur un beau site au bord du Río Savegre, le **Rafiki Safari Lodge** (**2777-5327, 2777-2250 ; www.rafikisafari.com ; s/d/ste pension complète 189/327/420 $US, enfant - de 5 ans gratuit ; P @ ≈**) allie le confort d'un hôtel à la splendeur d'un safari dans la jungle – le trajet pour s'y rendre participe en effet de l'expérience. Les propriétaires sont des Sud-Africains vivant depuis longtemps dans la région. Ils ont installé 10 tentes de luxe sur de hautes plateformes, qui comportent sdb moderne, eau chaude, hydroélectricité et véranda. Les moustiquaires préservent des mauvaises surprises. Les hôtes profitent aussi d'une piscine d'eau de source avec toboggan et de nombreuses activités – balades à cheval, sorties d'observation des oiseaux (plus de 350 espèces recensées), randonnées et rafting. Les Sud-Africains étant des experts du *braai* (barbecue), vous dînerez agréablement dans le restaurant de style *rancho*. On ne vient pas ici pour seulement une nuit, le voyage est trop long jusqu'à cet endroit reculé. Ce lodge est ainsi parfait pour un séjour de 3 jours : au-delà, vous aurez épuisé toutes les activités proposées.

L'accès au lodge s'effectue à partir de la bourgade de Savegre, à une quinzaine de kilomètres au sud de Quepos. De là, une piste (4x4 uniquement) longe le Río Savegre. Elle traverse les localités de Silencio et Santo Domingo, et mène au lodge, 7 km plus loin. Si vous n'avez pas de voiture, le personnel du lodge peut organiser tous vos transferts, en se chargeant des réservations. Un conseil : apportez une lampe de poche qui éclairera sûrement mieux que celle que l'on vous prête avec la clé de votre chambre.

voyageurs trouvent de quoi se ravitailler ainsi que divers services. Bien que la région de Manuel Antonio ait connu un changement rapide et irréversible suite au boom de l'écotourisme, Quepos est restée une cité costaricaine plutôt authentique, surtout en son centre qui dégage un charme ineffable.

Activités

Titi Canopy Tours — Circuit dans la canopée

(**2777-3130 ; www.titicanopytour.com ; Costanera Sur ; circuits de jour/nuit 65/80 $US ; 7h30, 11h et 14h30**). Bien situé près du centre de Quepos, à 150 m au sud de l'hôpital, ce prestataire propose des parcours en tyrolienne avec de sympathiques guides professionnels. Le prix comprend trajets locaux, en-cas et boissons. Réductions pour les groupes.

Oceans Unlimited — Plongée

(**carte p. 257 ; 2777-3171 ; www.scubadivingcostarica.com ; forfait 2 plongées 98 $US**). Ce club de plongée, extrêmement sérieux, organise des excursions, pour la plupart à Isla Larga et à Isla del Caño, au sud de Bahía Drake (à 2 heures de bus). Il propose aussi des cours pour l'obtention des certifications PADI et mène régulièrement des projets de sensibilisation à l'environnement.

Quepos Sailfishing Charters — Pêche

(**carte p. 257 ; 2777-2025 ; www.queposfishing.com**). Plébiscité par les voyageurs, ce prestataire de Quepos dispose d'une flotte d'embarcations à louer, de différentes tailles. Les tarifs varient considérablement selon la saison, le nombre de personnes et les dimensions du bateau. Des formules incluant l'hébergement et le transfert sont également possibles.

H2O Adventures — Rafting

(Ríos Tropicales ; carte p. 257 ; ☎2777-4092 ; www.h2ocr.com). La très réputée agence de rafting costaricaine Ríos Tropicales possède cette antenne à Quepos. La descente de rapides de classes II à IV coûte à partir de 67 $US en basse saison, 82 $US en été.

Où se loger

Hotel Sirena — Hôtel $$

(carte p. 257 ; ☎2777-0572 ; www.lasirenahotel.com ; s/d/tr petit-déj inclus 82/94/105 $US ; P ❄ @ ☎ 🏊). Cet hôtel de charme intime et chaleureux, bienvenu sur la scène de Quepos, est de loin la meilleure option de la catégorie moyenne en ville. Les murs blanchis à la chaux, les touches de bleu et le parfum des huiles essentielles dessinent un cadre méditerranéen d'une sérénité rafraîchissante. Dans les chambres : draps blancs impeccables, clim, TV câblée et mini-réfrigérateur. Celles à l'étage sont plus ensoleillées.

Hotel Villa Romántica — Hôtel $$$

(carte p. 257 ; ☎2777-0037 ; www.villaromantica.com ; s/d petit-déj inclus à partir de 77/111 $US ; P ❄ @ ☎ 🏊). Une courte promenade du centre vers le sud-est conduit à cette paisible oasis débordant de verdure et de fleurs tropicales, où vous logerez dans des chambres lumineuses et aérées. Un excellent choix si vous recherchez un compromis entre la commodité d'un séjour à Quepos et la proximité de la nature du parc Manuel Antonio.

Où se restaurer

Tropical Sushi — Japonais $$

(carte p. 257 ; ☎2777-1710 ; repas 10-27 $US, sushis à volonté 26 $US ; ⏲16h-22h30). Dans ce petit établissement cosy, le chef Fuji (un Japonais qui vit au Costa Rica depuis 15 ans) sert une cuisine nippone aussi succulente qu'authentique. Comme il opère seul en cuisine, le repas risque de traîner un peu.

Gran Inca — Péruvien $$

(carte p. 257 ; ☎2777-4347 ; plats 7-15 $US ; ⏲17h-22h mar-dim). Derrière son allure modeste, cette adresse tenue par des Péruviens réserve une excellente cuisine traditionnelle. Si les plats variés, du *ceviche* au bœuf sauté aux poivrons et oignons, ressemblent apparemment aux spécialités ticas servies ailleurs, ils s'en distinguent par des saveurs plus marquées.

Escalofrío — Italien $$

(carte p. 257 ; ☎2777-1902 ; glace 2 $US, plats 9-20 $US ; ⏲14h30-22h30 mar-dim ; ☎). Les amateurs de glaces italiennes ont ici le choix entre une vingtaine de parfums. Sinon, ce vaste restaurant en plein air propose pizzas cuites au four à bois, pâtes et gnocchis – une aubaine le dimanche soir hors saison quand tous les autres sont fermés.

Depuis/vers Quepos

Avion

NatureAir (www.natureair.com) et **Sansa** (www.sansa.com) desservent Quepos. Les prix sont fonction de la période de l'année et des disponibilités, mais vous pouvez vous attendre à environ 75 $US l'aller simple depuis/vers San José ou Liberia.

Bus

Jacó 2,80 $US ; 1 heure 30 ; 10 départs quotidiens 4h30-17h30

San Isidro de El General, via Dominical 4 $US ; 3 heures ; départs à 5h30, 11h30 et 15h30

San José (Tracopa) 9 $US ; 3 heures ; départs à 4h, 6h, 7h30, 9h30, 12h, 13h, 14h30 et 17h

Uvita, via Dominical 8 $US ; 2 heures ; départs à 6h30, 9h30 et 17h30

DE QUEPOS À MANUEL ANTONIO

Depuis le front de mer de Quepos, la route serpente sur 7 km avant d'atteindre les plages de Manuel Antonio et l'entrée du parc national. Les diverses collines franchies en chemin offrent une vue splendide sur des versants boisés qui dévalent vers une côte jalonnée de palmiers. Par ailleurs, la route recèle quelques-uns des meilleurs hôtels et restaurants de la région.

Si vous empruntez cet itinéraire sinueux en voiture, méfiez-vous particulièrement des piétons, notamment la nuit.

Région de Manuel Antonio

Région de Manuel Antonio

À voir et à faire

Manuel Antonio Nature Park & Wildlife Refuge — Réserve naturelle

(carte p. 257 ; ☎2777-0850 ; www.wildliferefugecr.com ; adulte/enfant 15/8 $US ; 8h-16h ;). Anciennement connue sous le nom de Fincas Naturales, cette parcelle de forêt humide privée abrite un jardin de papillons où sont élevées près d'une trentaine d'espèces. Comparés à ces délicates créatures, les reptiles et batraciens de la ménagerie suscitent chez les enfants un enthousiasme bruyant mêlé de peur. Le circuit nocturne dans la jungle (adulte/enfant 39/29 $US) fait découvrir les grenouilles bigarrées et leur chant.

Amigos del Río — Circuit aventure

(carte p. 257 ; ☎2777-0082 ; www.adradventurepark.com ; 130 $US ; 6h45, 8h30 et 10h30). La formule "10-in-One Adventure", qui combine notamment tyrolienne, liane de Tarzan et descente en rappel le long d'une cascade, permet d'expérimenter diverses activités dans la jungle en une seule journée. Le circuit, qui dure 7 heures, inclut le transfert depuis le secteur de Quepos et Manuel Antonio, le petit-déjeuner et le déjeuner. Ce tour-opérateur fiable organise aussi des sorties de rafting.

Parque Nacional Manuel Antonio (p. 261)

Manuel Antonio Surf School Surf

(MASS ; carte p. 257 ; ✆2777-1955, 2777-4842 ; www.manuelantoniosurfschool.com ; cours collectif 65 $US). Cours quotidiens de 3 heures, amusants et sûrs, en petits groupes (un moniteur pour 3 élèves). À 500 m au sud de Quepos, sur la route de Manuel Antonio.

Où se loger

Makanda by the Sea Villas **$$$**

(carte p. 257 ; ✆2777-0442 ; www.makanda.com ; studio/villa petit-déj inclus 299/452 $US ; P ❄ @ 📶 🏊). Avec seulement 6 villas et 5 studios, l'endroit offre une intimité inégalée. La villa 1 (la plus grande) possède un pan entier ouvert sur la forêt et l'océan. Bien protégés et climatisés, les studios et les autres villas affichent également une ligne minimaliste d'inspiration orientale.

Hotel Costa Verde Hôtel **$$$**

(carte p. 257 ; ✆2777-0584 ; www.costaverde.com ; ch équipées/studios à partir de 130/168 $US, Boeing 565 $US ; P ❄ @ 📶 🏊). Dans ce domaine verdoyant, où évoluent des bandes de singes, les chambres décorées de jolis carrelages et de mobilier en teck ouvrent sur la forêt, tandis que les studios, plus chers, font face à l'océan. Mais le logement le plus convoité reste la carlingue de Boeing 727 associée à une cabane en bois dans la canopée. Deux chambres meublées de grands lits doubles, 2 sdb, une kitchenette et une terrasse y ont été aménagés.

Arenas del Mar Hôtel **$$$**

(carte p. 257 ; ✆2777-2777 ; www.arenasdelmar.com ; ch petit-déj inclus 350-825 $US ; P ❄ @ 📶 🏊). Cet hôtel à couper le souffle figure depuis longtemps déjà sur la courte liste des établissements d'exception du Costa Rica. Installé sur un immense domaine, il ne compte que 40 chambres, ce qui garantit l'intimité, ainsi que des services personnalisés. Conçu pour s'intégrer harmonieusement à la beauté du paysage,

Ma sélection

Secteur de Manuel Antonio

PAR DENNYS QUIROS,
DIRECTEUR-ADJOINT DE L'HOTEL SÍ COMO NO

1 PLAGES DE MANUEL ANTONIO

Le parc national abrite une grande variété de plages sauvages, qui partent du centre d'information et s'étendent sur tout le littoral de la péninsule. On y accède par un réseau de sentiers qui contournent les forêts et longent la côte, permettant de prendre le soleil, de se baigner et de faire du snorkeling à loisir. Les plages les plus proches de l'entrée sont aussi les plus fréquentées. Cependant, il est facile de fuir la foule et de trouver sa propre portion de sable déserte en marchant un peu.

2 VILLAGE MONTAGNARD DE SANTA JUANA

Si vous êtes en quête d'une expérience originale dans le secteur de Manuel Antonio, visitez le village de Santa Juana, au cœur de la chaîne montagneuse de Fila Chonta. Là-bas, les villageois ont embrassé le concept d'écotourisme communautaire et testent diverses initiatives visant à atteindre le développement durable par la conservation. Les excursions indépendantes sont envisageables, à condition d'avoir son propre 4×4. Sinon, vous pourrez vous procurer moyen de transport et guide bilingue auprès de l'Hotel Sí Como No.

3 MANUEL ANTONIO NATURE PARK & WILDLIFE REFUGE

Cette réserve naturelle privée (p. 258) comporte 1 500 m de sentiers, adaptés à tous les âges. Elle étudie et élabore des moyens de contribuer à la protection et à la reproduction d'espèces menacées dans la région, dont les orchidées, les broméliacées et les amphibiens. Ce parc abrite aussi le Jardin botanique des papillons, le Jardin aquatique et le tout nouveau Lagon aux crocodiles. Des naturalistes travaillant sur place organisent régulièrement des visites guidées, en espagnol et en anglais.

Le guide gay et lesbien de Manuel Antonio

Manuel Antonio figure depuis longtemps comme une destination de rêve sur le carnet de voyage des jet-setteurs gays. Le Costa Rica a dépénalisé l'homosexualité dans les années 1970 – une exception dans une Amérique centrale encore trop souvent machiste et conservatrice – et peu après s'établissait une solide scène gay à Manuel Antonio. Il est vrai que cette région d'une beauté stupéfiante a toujours attiré les esprits libéraux et tolérants. Elle accueille en outre une communauté artistique en plein essor et des restaurants raffinés. Les voyageurs homosexuels ne trouveront aucune autre destination comme celle-ci dans le pays.

Dans la journée, le centre de la vie gay se situe sur **La Playita**, une plage célèbre où les hommes ont longtemps bronzé nus au soleil. Si le temps de la tenue d'Adam est révolu, La Playita continue d'être considérée comme un agréable lieu de drague pour les gays en quête de compagnie.

Bon nombre d'hôtels de la région de Manuel Antonio se proclament *gay-friendly*. Dans les autres, la discrimination est plutôt rare, mais si vous tenez à la liberté et à la sérénité que procurent les établissements réservés aux homosexuels, ne cherchez pas plus loin que l'**Hotel Villa Roca** (carte p. 257 ; 2777-1349 ; www.villaroca.com ; d/appart petit-déj inclus à partir de 113/192 $US ; P @), tenu par des gays. Ses chambres et ses appartements tout blancs s'organisent autour d'une piscine centrale et d'un solarium.

S'il n'y a pas de restaurants et de bars exclusivement gay, certaines adresses organisent d'excellentes soirées visant cette clientèle. Testez l'accueillant **Bar Mogambo** (carte p. 257 ; 2777-6310 ; 16h-0h mar-dim) à l'heure de l'happy hour, où le club **Liquid** (carte p. 257 ; 2777-5158 ; 21h-3h mar-dim), plus tard dans la nuit.

il a remporté de nombreuses récompenses dans le domaine de l'écotourisme.

Hotel Sí Como No Hôtel **$$$**
(carte p. 257 ; 2777-0777 ; www.sicomono.com ; ch 260-328 $US, ste 401-424 $US, enfant - de 6 ans gratuit ; P @). Un hôtel parfaitement conçu, remarquable exemple de construction respectueuse de l'environnement. Splendide, il comprend par ailleurs nombre d'équipements pensés pour les familles. Les chambres aux couleurs des tropiques, parées de boiseries, ont de larges baies vitrées et un grand balcon.

Où se restaurer et prendre un verre

Café Milagro Café **$$**
(carte p. 257 ; 2777-0794 ; www.cafemilagro.com ; plats 6-19 $US ; 7h-21h30 ; P). La carte pleine de bonnes choses appétissantes – gaspacho, salade de mangue et cristophine assaisonnée d'une sauce aux fruits de la passion, tacos au poisson garnis de guacamole, pancakes à la banane et aux noix de macadamia – justifie une halte. Comme son homologue de Quepos, ce restaurant attrayant sert aussi un excellent café.

Claro Que Sí Produits de la mer **$$**
(carte p. 257 ; 2777-0777 ; Hotel Sí Como No ; plats 8-15 $US). Une table familiale sans chichis mais de qualité, fière de servir une cuisine à base d'ingrédients locaux bio, en accord avec la philosophie de l'Hotel Sí Como No. Légumes et fruits parfumés des côtes pacifique et caraïbe accompagnent viandes et poissons, à savourer sans culpabilité.

Kapi Kapi Restaurant Fusion $$$

(carte p. 257 ; ✆2777-5049 ; www.restaurantekapikapi.com ; plats 15-40 $US ; ⏲16h-22h). La compétition est féroce pour le titre de meilleur restaurant de la région de Manuel Antonio, et cette table californienne a placé haut la barre du chic et de la qualité. Le Kapi Kapi ("bonjour" chez les Indiens maleku) accueille les convives dans un décor aux tons chauds naturels et à la lumière tamisée, en parfaite harmonie avec la forêt dense alentour. La carte fait le tour du monde, de l'Amérique à l'Asie, en mettant l'accent sur les fruits de mer cuisinés à l'asiatique et relevés de sauces d'inspiration européenne. Vins sud-américains et cafés du Costa Rica complètent ce voyage culinaire.

La Luna International $$$

(carte p. 257 ; ✆2777-9797 ; plats 8-55 $US ; ⏲7h-23h ; 🖉). Sympathique et sans prétention, cette table de premier ordre, dans un environnement de jungle spectaculaire, s'impose pour les grandes occasions. La carte internationale va de la pizza aux queues de homard, en passant par quelques recettes d'influence tica comme le mérou en papillote au lait de coco et à la purée de bananes plantains. Choix de tapas bon marché de 16h à 18h.

Depuis/vers Quepos et Manuel Antonio

Beaucoup de voyageurs viennent en voiture (privée ou louée). De Quepos, le bus public vous déposera où vous voulez le long de la route de Manuel Antonio.

PARQUE NACIONAL MANUEL ANTONIO

Palmiers sous le vent, singes facétieux, eaux bleues scintillantes et oiseaux tropicaux tapageurs, le **Parque Nacional Manuel Antonio** (carte p. 257 ; ✆2777-0644 ; 10 $US ; parking 3 $US ; ⏲7h-16h mar-dim) incarne tous les charmes d'un Costa Rica de carte postale. Il a été classé parc national en 1972, une mesure qui l'a sauvé in extremis d'un destin de station balnéaire luxueuse.

Agrandi en 2000 (sa superficie actuelle est de 19,83 km²), il demeure cependant le plus petit parc national du Costa Rica, mais est l'une des principales destinations touristiques d'Amérique centrale. On y croise donc bien d'autres voyageurs armés d'appareils photo : trouver un petit coin idyllique sur le sable n'est pas toujours une mince affaire.

Cela dit, Manuel Antonio est un parc extraordinaire. Certains jours, on se croirait dans un paradis planté de cocotiers. Les sentiers, clairement balisés, serpentent à travers les plages et les promontoires rocailleux bordés par la

Parque Nacional Manuel Antonio

Des singes et des hommes

De nombreux stands de restauration sont installés sur la plage, où l'on peut acheter des en-cas à des prix exorbitants et d'une qualité douteuse. Les touristes sont ainsi tentés de nourrir les singes, ce qui leur est néfaste et affecte l'entière population. Avant de leur offrir les miettes de votre déjeuner, pensez aux conséquences de ce geste :

- Les singes sont susceptibles d'attraper des bactéries transmises par les mains des humains.
- Nourrir les animaux entraîne une dépendance dangereuse et un comportement agressif en cas de manque (des troupes de singes intimident parfois les pique-niqueurs à Manuel Antonio).
- Les bananes ne sont pas leur aliment favori. Elles risquent au contraire de leur causer de graves troubles digestifs.
- Le contact accru avec les humains facilite le braconnage ainsi que les attaques par des chiens.

Nous n'insisterons jamais assez sur ce point : ne donnez aucune nourriture aux singes.

forêt tropicale. Les vues qui embrassent les baies et les îles vierges sont inoubliables. À ce cadre idyllique s'ajoute une faune abondante d'iguanes, de singes hurleurs, de capucins, de paresseux et de singes-écureuils.

À voir et à faire

RANDONNÉE ET BAIGNADE

Après l'entrée du parc, comptez 30 minutes de marche jusqu'à la **Playa Espadilla Sur** et la **Playa Manuel Antonio**, les plages idylliques du parc, où la plupart des visiteurs passent une bonne partie de leur temps. De nombreux guides conduisent des groupes sur le sentier plat, aussi les voyageurs solitaires au budget serré pourront-ils glaner quelques explications sur les oiseaux, les paresseux et les singes que l'on peut observer en chemin. Le sentier très fréquenté et bien tracé finit par tourner à droite et traverse la forêt jusqu'à l'isthme séparant la Playa Espadilla Sur et la Playa Manuel Antonio. On y trouve un poste des gardes forestiers et un centre d'information des voyageurs aux horaires variables (nous ne l'avons jamais vu ouvert).

L'isthme est un tombolo formé par l'accumulation des sédiments entre le continent et la péninsule, qui était autrefois une île. De chaque côté de ce pont naturel s'étendent les deux splendides plages du parc : la Playa Manuel Antonio sur l'océan et la Playa Espadilla Sur, un peu moins fréquentée (parfois houleuse), face au village de Manuel Antonio. Eaux turquoise, havres de verdure, ce sont des plages de rêve, et les pélicans bruns assurent le spectacle.

À son extrémité, l'isthme s'élargit en une péninsule rocheuse, couverte en son milieu d'une épaisse forêt. Plusieurs sentiers secondaires descendent au fil de la péninsule pour atteindre la **Punta Catedral**, à peu près au centre. Si vous vous frayez un passage jusqu'au sommet, vous serez récompensé par une superbe vue sur le Pacifique et sur des îlots rocheux, réserves ornithologiques dépendant du parc national. Parmi les oiseaux qui nichent sur ces îles, figurent le fou de Bassan brun et le pélican.

À l'extrémité ouest de la Playa Manuel Antonio, à marée basse, on observe un demi-cercle de rochers. D'après les archéologues, ils auraient été placés là à l'époque précolombienne pour faire office de **piège à tortues** (carte p. 257). À marée basse, les tortues qui tentaient de s'éloigner à la nage s'y retrouvaient prisonnières. Cette plage au sable blanc, appréciée des baigneurs, est protégée et plus sûre que les plages d'Espadilla.

Après la Playa Manuel Antonio, en revenant par le sentier emprunté à l'entrée du parc, le chemin forme une fourche qui s'enfonce dans le parc. Le sentier le plus bas mène à la **Playa Puerto Escondido** : attention, il est raide et glissant à la saison des pluies. Cette plage tranquille est plus ou moins recouverte à marée haute – prenez garde à ne pas rester coincé. Le sentier du haut mène à un promontoire donnant sur Puerto Escondido et Punta Serrucho. Depuis ce **point de vue** se déploie un panorama à couper le souffle. Les gardes limitent à 45 le nombre de personnes sur ce chemin.

OBSERVATION DE LA FAUNE

Le boom touristique a eu des conséquences dramatiques sur la faune, les animaux étant souvent chassés ou, pire, dressés à accepter les offrandes des touristes. Heureusement, l'administration du parc a réagi en le fermant le lundi, et en limitant le nombre de visiteurs à 600 par jour en semaine et 800 par jour le week-end et les jours fériés.

Même sur la route d'accès au parc, vous verrez des animaux, en particulier des sapajous. Également appelés **capucins**, ces singes sont parfaitement habitués à la présence humaine. Ils vaquent à leurs occupations à quelques mètres des visiteurs, le long de la route d'accès et près de la Playa Manuel Antonio.

Circuits organisés

Les services d'un guide coûtent 25 $US par personne pour une excursion de 2 heures. Les seuls guides autorisés sont les guides d'agences ou d'hôtels reconnus, ainsi que les membres d'Aguila – une association locale régie par le service du parc – munis de leur badge d'identification. Cette mesure a pour but

Singe capucin

Vaut le détour
Matapalo

La plage de sable gris de Matapalo, frangée de palmiers, est l'une des plus belles destinations de surf de la côte pacifique centrale, et aussi l'une des plus méconnues. Avec ses deux *breaks* à l'embouchure d'une rivière (générant des courants dangereux), elle s'adresse seulement aux surfeurs expérimentés, à l'aise avec des conditions rapidement changeantes. Les courants pernicieux qui balaient la plage interdisent la baignade.

Près de l'extrémité de la route, en bordure de plage, l'accueillant et décontracté **Rafiki Beach Camp** (☎2787-5014 ; www.baharibeach.com ; cabinas/tentes petit-déj inclus 60/125 $US ;) dispose de tentes de type safari et de *cabinas*. Face à l'océan, les tentes, toutes équipées, ont l'électricité et une sdb carrelée avec douche (chaude) et lavabo en faïence peint à la main. Les *cabinas*, de l'autre côté de la route, présentent aussi une déco attrayante. Notez encore la piscine donnant sur l'océan, attenante à un *rancho* (structure à ciel ouvert) avec cuisine commune.

Les bus entre Quepos et Dominical vous déposeront à l'embranchement qui mène au village. De là, il reste 2 km à parcourir jusqu'à la plage de Matapalo.

d'éviter les escroqueries et d'assurer une visite de qualité. Les guides Aguila sont bien formés et il est possible d'en demander un parlant français. Faire appel à leurs services augmente les chances de voir des animaux.

Depuis/vers le Parque Nacional Manuel Antonio

L'entrée du parc national se trouve dans le village de Manuel Antonio.

REFUGIO NACIONAL DE FAUNA HACIENDA BARÚ

Situé sur la côte pacifique, à 3 km au nord-est de Dominical, sur la route de Quepos, ce **sanctuaire de faune sauvage** (☎2787-0003 ; www.haciendabaru.com ; 7 $US, chaque jour supp 2 $US, circuits guidés 20-60 $US) est une zone essentielle du grand corridor biologique méso-américain (CBM), connue sous le nom de Path of the Tapir (sentier du Tapir). Le refuge comporte plus de 330 ha de terres privées et publiques, protégées depuis 1976. On y trouve divers habitats tropicaux parmi lesquels des plages vierges, des bords de rivières, des mangroves d'estuaires, des marécages, des forêts entretenues, des forêts primaires et secondaires, des plantations arboricoles et des pâturages.

Le nombre des espèces animales recensées s'explique à la fois par la variété des écosystèmes et par la position clé du refuge dans le corridor biologique méso-américain. On y a répertorié 351 espèces aviaires, 69 espèces de mammifères, 94 espèces de reptiles et d'amphibiens, 87 variétés de papillons et 158 essences d'arbres, dont certains mesurant plus de 8,5 m de circonférence. Le tourisme vert est la seule source de revenus du refuge : elle lui permet de conserver son statut d'espace protégé. Les visiteurs sont donc assurés que leurs subsides serviront à protéger la forêt tropicale.

Un grand nombre de circuits guidés sont proposés. On peut découvrir la canopée de la forêt tropicale de trois façons : sur une plateforme à 36 m de hauteur, en grimpant aux arbres ou en descendant une tyrolienne appelée Flight of the Toucan ("vol du toucan"). Hormis les activités arboricoles, l'Hacienda Barú organise des circuits d'observation des oiseaux, des randonnées et deux circuits de camping qui traversent en 2 jours la forêt tropicale et la plage. Les guides sont issus des communautés locales et ont vécu près de ces forêts humides toute leur vie. Les amateurs d'oiseaux trouveront dans le magasin sur place un excellent choix de livres sur l'ornithologie.

Les visiteurs qui préfèrent découvrir le refuge par eux-mêmes y trouveront 7 km de sentiers balisés et bien entretenus, une tour d'observation des oiseaux, 3 km de plage vierge, un jardin d'orchidées et un jardin de papillons.

L'**Hacienda Barú Lodge** (d petit-déj inclus 96 $US) compte 6 *cabinas* avec 2 chambres. Bien tenues, elles sont situées à 350 m de la plage de Barú. Abrité par un toit de tuiles rouges, le restaurant ouvert sur l'extérieur sert de délicieux plats costaricains (6-10 $US). Les hôtes accèdent gratuitement au refuge.

Le bus Quepos-Dominical-San Isidro de El General s'arrête devant l'entrée de l'*hacienda*. Le bus San Isidro de El General-Dominical-Uvita s'arrête au pont du Río Barú, à 2 km du bureau de l'*hacienda*. Un taxi depuis Dominical revient à environ 5 $US.

Si vous êtes en voiture, vous trouverez la station-service El Ceibo à 50 m au nord de l'Hacienda Barú Lodge – c'est la seule des environs. Elle dispose de toilettes propres et vend des denrées alimentaires, du matériel de pêche, ainsi que d'autres articles utiles, et fournit les horaires des marées.

DOMINICAL

Dominical envoûte littéralement les surfeurs qui vont et viennent sur sa mauvaise piste de terre, la planche sous le bras à l'aller, le hamac en ligne de mire au retour. Si certains voient d'un mauvais œil cette vaste population d'expatriés et de *gringos*, les résidents sont plutôt fiers de dire que la ville rappelle le Costa Rica d'autrefois, quand les routes n'étaient pas encore toutes goudronnées et que la côte émaillée de bourgades assoupies faisait le bonheur des surfeurs, des routards et des sympathiques professionnels du farniente. Dominical n'a ni site culturel remarquable, ni asphalte, ni grande enseigne commerciale, et si vous n'êtes pas ici pour apprendre le surf ou vous

Apprendre le surf à Dominical

Avec ses rouleaux puissants, Dominical attire des champions du surf. L'enseignement y est parmi les meilleurs et les plus abordables du pays. Les débutants, qui ont besoin de beaucoup de temps et d'attention, doivent se renseigner sur deux points : quel est le nombre d'élèves par moniteur et le cours inclut-il la location de la planche ? Voici deux adresses chaudement recommandées :

Costa Rica Surf Camp (☎2787-0393, 8812-3625 ; www.crsurfschool.com ; Hotel DiuWak ; formule tout compris à partir de 1 105 $US/semaine). Cette école de surf propose des cours pour 2 élèves encadrés par un moniteur expérimenté, doté d'une formation en sécurité aquatique et en réanimation cardio-pulmonaire. Le chaleureux propriétaire, Cesar Valverde, a conçu un programme qui lui ressemble !

Sunset Surf (☎8827-3610, 8917-3143 ; www.sunsetsurfdominical.com ; Domilocos ; formule tout compris à partir de 1 315 $US/semaine ; 🕗8h-16h30). L'agence de Dylan Park, surfeur qui a grandi sur les vagues d'Hawaï et du Costa Rica, propose divers programmes (dont l'un est réservé aux femmes). Ici, le moniteur s'occupe de 3 élèves, et Dylan Park est lui-même un excellent instructeur.

Ci-dessous : yoga sur la plage **Ci-contre :** chercher la vague
(CI-DESSOUS) RON LEVINE/GETTY IMAGES © ; (CI-CONTRE) JEN EDNEY/GETTY IMAGES ©

balancer dans votre hamac, autant passer votre chemin. Dominical est resté le genre d'endroit qui encourage à ralentir le rythme, à se détendre et à prendre les choses comme elles viennent.

À voir et à faire

Centro Turístico Cataratas Nauyaca — Cascades

(**2787-0542, 2787-0541 ; www.cataratasnauyaca.com ; excursion à cheval 60 $US, accès à pied 5 $US ; départ à 8h lun-sam ;**). Géré par une famille costaricaine, ce centre occupe une réserve de forêts primaire et secondaire qui recèle notamment une série de cascades. Une excursion à cheval de 6 heures, accompagnée par un guide expérimenté, conduit les visiteurs à ces dernières, où de plaisants bassins naturels invitent à la baignade. Sur réservation, la formule inclut le petit-déjeuner, le déjeuner et les transferts depuis/vers Dominical. Autrement, les personnes en bonne condition physique ont la possibilité de marcher seules jusqu'au site moyennant 5 $US.

Bamboo Yoga Play — Yoga

(**2787-0229 ; www.bambooyogaplay.com ; cours 14 $US**). Recommandée pour les surfeurs, la pratique du yoga se répand à travers le pays. Cet atelier dispense des cours variés pour tous les niveaux, y compris des combinaisons yoga/danse et une initiation à la danse "burlesque". Il accueille aussi des retraites et loge dans des chambres soignées les personnes intéressées par des stages intensifs.

Dominical Surf Adventures — Rafting, surf

(**8897-9540, 2787-0431 ; www.dominicalsurfadventures.com ; 8h-17h lun-sam, 9h-15h dim**). Sur l'artère principale, ce modeste bureau propose toutes les excursions à sensations : rafting, kayak,

snorkeling, plongée, plus des cours de surf. Les excursions de rafting démarrent à 80 $US (sur le Guabo avec rapides de classes II-III) et incluent une descente plus éprouvante du Río Coto Brus (rapides de classe IV). Ici, on ne vous fait pas l'article pour vous pousser à l'achat.

Pineapple Kayak Tours Kayak

(☎8362-7655, 8873-3283 ; www.pineapplekayaktours.com). Dirigé par un sympathique couple tico-américain, ce tour-opérateur organise des sorties en kayak et en SUP (stand-up paddle) à la découverte de rivières, de grottes et de mangroves. À côté du poste de police de Dominical.

Où se loger

EN VILLE

Posada del Sol Hôtel $

(☎2787-0085, 2787-0082 ; d à partir de 30 $US ; P Wi-Fi). Ce charmant établissement, sûr et impeccable, ne comporte que 5 chambres. Si vous en obtenez une (pas de réservation possible), savourez votre chance. Le prix est en parfaite adéquation avec le confort basique : hamac devant chaque chambre, évier pour rincer sa combinaison et corde pour la sécher. Pas question de faire la fête ici (la plage est à deux pas et il y a les bars en ville), ce qui ne veut pas dire que Leticia, l'agréable propriétaire, ne mette pas tout en œuvre pour rendre les lieux accueillants. La petite chambre à l'arrière, très bon marché, convient bien à un voyageur en solo. À 30 m au sud de l'école.

Hotel DiuWak Hôtel $$$

(☎2787-0087 ; www.diuwak.com ; ch 105-145 $US, ste 200 $US ; P ❄ @ Wi-Fi ≈). Si son emplacement en centre-ville s'avère très pratique, cet hôtel aurait besoin d'un petit coup de jeune pour justifier ses prix. Entourées d'un beau jardin tropical, les chambres de dimensions très diverses ont l'eau chaude et le confort moderne attendu. Parmi les équipements : bar, restaurant, épicerie, centre de fitness et spa.

Si vous aimez... Les bars

Si vous aimez siroter une Imperial bien fraîche au crépuscule, ces bars dotés d'une stupéfiante vue sur le Pacifique devraient vous plaire :

1 **RONNY'S PLACE**
(carte p. 257 ; ☎2777-5120 ; www.ronnysplace.com; plats 6-14 $US ; 12h-22h). La vue délirante dont jouit Ronny's Place, avec ses deux plages immaculées et la jungle tout autour, vaut bien un petit détour sur la route de Manuel Antonio. Pour venir, repérez la piste bien indiquée qui part de la route principale.

2 **HOTEL VILLA CALETAS**
(☎2630-3000 ; www.hotelvillacaletas.com ; ch 224-641 $US ; P). Ce romantique bar à cocktails avec terrasse est tout bonnement sublime, à l'image des breuvages savamment dosés. La vue depuis cet endroit haut perché est sans égal.

3 **EL AVIÓN**
(carte p. 257 ; ☎2777-3378 ; plat 6-14 $US ;). Cet inoubliable bar-restaurant fut construit à partir d'un Fairchild C-123 de 1954, acheminé pièce par pièce jusqu'à Manuel Antonio. Une excellente adresse pour apprécier le coucher de soleil ; concerts réguliers durant la saison sèche.

ENVIRONS DE DOMINICAL

Albergue Alma de Hatillo B&B $$
(☎8850-9034 ; www.cabinasalma.com ; ch 70-140 $US ; P @). Véritable petit bijou, ce B&B est tenu par Sabina, une charmante Polonaise. C'est l'une des meilleures adresses de ce type sur cette côte. Les *cabinas*, impeccablement tenues, se répartissent dans une paisible propriété de plusieurs hectares, plantée d'arbres fruitiers.

Hotel Villas Río Mar Hôtel $$
(☎2787-0052 ; www.villasriomar.com ; bungalow 89 $US, ste 140 $US ; P @). Au niveau de l'embranchement qui mène en ville, tournez à droite et parcourez 800 m. Regroupant quelques dizaines de bungalows en bois verni dotés d'une terrasse privée (hamacs), et plusieurs suites luxueuses pour petits groupes, ce mini-complexe hôtelier est bien équipé, avec piscine, Jacuzzi, court de tennis, aire de jeux, location d'équipement, restaurant et bar.

Costa Paraíso Hôtel $$$
(☎2787-0025 ; www.costa-paraiso.com ; d 140-150 $US ; P). Comme son nom l'indique, cette adresse douillette jouit d'un cadre paradisiaque, au bord d'une crique rocheuse de Playa Dominicalito. Les 5 chambres ont été superbement aménagées dans un style tropical moderne : carrelage, poutres apparentes, mobilier en bois et fenêtres avec vue captant la brise marine. Toutes disposent d'une kitchenette, sauf une, dotée seulement d'un réfrigérateur et d'une cafetière. Le restaurant vaut à lui seul le déplacement.

Où se restaurer et prendre un verre

Dominical possède des restaurants de qualité, visant surtout la clientèle étrangère. On fait aussi la fête d'un club à l'autre. Le Maracutú accueille souvent des concerts et des DJ, le San Clemente reçoit les fêtards tard le vendredi, et l'Hotel y Restaurante Roca Verde le samedi.

EN VILLE

Soda Nanyoa Costaricain $
(☎2787-0195 ; plats 3-7 $US ; 6h-22h). Dans cette localité aux prix pour touristes, le Nanyoa est une trouvaille réjouissante : un authentique *soda*, bien meilleur que beaucoup d'autres petites adresses du pays, et peu onéreux. Après une session dans les vagues, rien de tel qu'un généreux petit-déjeuner *pinto* ou un jus de fruits pressés ! Le soir, on peut apporter sa bière (achetée à l'épicerie en face).

Maracutú Végétarien, asiatique **$$**
(☎2787-0091 ; www.maracatucostarica.com ; repas 6-12 $US ; ⏲11h-1h ; 🖉). Ce restaurant "nature et musique du monde" met la barre haut en servant une cuisine essentiellement végétarienne et végétalienne à tendance asiatique. Du *pad thai* à la salade de *soba* et *shitaké* (nouilles de sarrasin et champignons), les plats se composent autant que possible de produits bio et locaux. Genre musical différent chaque soir.

Tortilla Flats Bar
(☎2787-0033). Sur la plage, le Tortilla Flats est devenu le rendez-vous des surfeurs après une matinée dans l'eau. Agréable ambiance de plein air et vidéos de surf en boucle. Dommage que le personnel ait l'air maussade.

ENVIRONS DE DOMINICAL

¿Por Qué No? Fusion **$$**
(☎2787-0025 ; www.cpporqueno.com ; plats 5-14 $US ; ⏲7h-14h et 17h30-21h30, fermé lun soir). Un faible pour le pain perdu aux mûres et au *cream cheese* (servi avec de l'authentique sirop d'érable, car les propriétaires canadiens ne plaisantent pas) ? Si le petit-déjeuner ne vous tente pas, n'hésitez pas à réserver pour plus tard. Imaginative et bien exécutée, la cuisine fusion costaricaine de ce restaurant, complice de l'hôtel Costa Paraíso, offre l'une des meilleures tables des environs.

Cinéma dans la jungle

Depuis environ 10 ans, des films étaient programmés les vendredis et samedis soir dans une salle haut perchée à Escaleras. Lors de notre dernier passage, les séances avaient été interrompues pour une période indéterminée. Les créateurs du magique **Cinema Escaleras** (☎2787-8065 ; www.moviesinthejungle.com) pourraient toutefois reprendre leur activité dans le futur – consultez le site Internet pour voir s'ils donnent signe de vie.

Uvita

MARCAUX/GETTY IMAGES ©

Depuis/vers Dominical

Les bus s'arrêtent dans l'artère principale.

Quepos 8 $US ; 2 heures ; départs à 5h30, 8h30, 13h, 13h20 et 15h

Uvita 1,20 $US ; 20 minutes ; départs à 4h45, 8h30, 10h30, 12h40, 13h, 15h, 17h et 21h40

UVITA

À 17 km au sud de Dominical, ce bourg charmant, qui ne compte que quelques fermes, maisons et petits commerces, présente une bonne image de ce qu'était la côte pacifique centrale avant l'essor du tourisme. Pour les visiteurs, Uvita sert de base pour découvrir le Parque Nacional Marino Ballena, une réserve marine très sauvage, bien connue pour ses plages désertes et les baleines à bosse qui viennent migrer ici.

À voir et à faire

Uvita constitue une base idéale pour ceux qui veulent explorer cette portion de la Costanera Sur, où s'étendent quelques plages magnifiques et curieusement peu fréquentées.

Circuits organisés

Bahía Aventuras Activités aventure

(**☎8846-6576, 2743-8362 ; www.bahiaaventuras.com**). Ce tour-opérateur réputé d'Uvita décline toute une gamme de formules, de la plongée à la randonnée, qui couvrent la Costa Ballena jusqu'au parc national Corcovado. Tarifs divers.

Uvita Adventure Tour Kayak, VTT

(**☎8918-5681, 2743-8008 ; www.uvitadventuretours.com ; circuits VTT/kayak à partir de 35/65 $US**). Gérée par Victor, son jeune propriétaire, cette modeste enseigne propose, entre autres activités, du kayak au fil des mangroves, du snorkeling dans le parc marin et du VTT.

Où se loger et se restaurer

Flutterby House Auberge de jeunesse **$**

(**☎2743-8221, ☎8341-1730; www.flutterbyhouse.com ; camping 6 $US, dort 12 $US, d 30-80 $US ; P @**). On tombe immédiatement sous le charme rustique et coloré de ces cabanes dans les arbres et dortoirs. Deux sœurs californiennes, aux pratiques *ecofriendly* visionnaires, dirigent cette auberge accueillante et amusante, à une courte promenade des plages de Marino Ballena.

Bungalows Ballena Bungalows **$$$**

(**☎8309-9631, 2743-8543 ; www.bungalowsballena.com ; app/bungalow 125/250 $US ; P**). Ces appartements équipés et ces bungalows

Cascades, Centro Turístico Cataratas Nauyaca (p. 266)

OGPHOTO/GETTY IMAGES ©

sont une excellente option dans la catégorie moyenne pour les familles et les groupes. Tous disposent d'une cuisine, du Wi-Fi et de la TV par satellite. Pour les enfants : une aire de jeu et une grande piscine en forme de queue de baleine. À 300 m au nord de l'entrée principale du parc.

Sabor Español Espagnol **$$**
(**☎8768-9160, 2743-8312 ; Playa Colonia ; plats 7-22 $US ; ⏲12h-15h et 18h-21h30 mar-dim**). Après avoir monté une affaire à Monteverde, Heri et Montse, un charmant couple espagnol, ont choisi de s'installer au bord de l'océan. On peut désormais se régaler de gaspacho, paella, *tortilla española*, sangria et autres spécialités ibériques à Playa Uvita, dans un joli *rancho* au bout d'une piste.

Depuis/vers Uvita

La plupart des bus s'arrêtent aux deux arrêts de bus situés sur la Costanera, dans le village principal.

San Isidro de El General 1,25 $US ; 2 heures ; départs à 6h et 14h

San José 5 $US ; 3 heures 30 ; départs à 5h15 et 13h15

PARQUE NACIONAL MARINO BALLENA

Ce splendide **parc marin** (**☎2743-8236 ; 7 $US**) protège les récifs de corail et les rochers entourant plusieurs îles au large. Il doit son nom aux baleines à bosse qui s'y reproduisent, mais aussi à la présence à Punta Uvita d'un banc de sable prolongé par un écueil qui, à marée basse, ressemble d'en haut à une queue de cétacé. Plutôt méconnue, Ballena a néanmoins de quoi combler les amoureux de plage et ceux qui aiment observer la faune.

Contrairement à bien des endroits du pays, on peut y passer une journée tranquille au bord de la mer presque seul. Avec un peu de chance et de patience, vous apercevrez peut-être une baleine à bosse émergeant de l'eau, ou quelques dauphins batifolant dans les vagues.

À voir et à faire

Les plages du Parque Nacional Marino Ballena marient de manière spectaculaire le sable doré et les rochers polis. Toutes sont quasiment désertes, c'est donc l'idéal pour se baigner et bronzer tranquillement. Leur faible fréquentation permet en outre aux ornithologues en herbe d'observer les oiseaux.

S'il est peu fréquenté par l'homme, le parc reçoit en revanche la visite de quantité d'espèces animales, notamment des oiseaux marins nicheurs, des dauphins à gros nez (tursiops) et de nombreux lézards. Par ailleurs, de mai à novembre – avec un pic en septembre et en octobre – des tortues olivâtres et des tortues à écailles viennent pondre leurs œufs sur le sable. Cette ponte a lieu de nuit. La grande vedette du parc est la baleine à bosse, qui y passe en bancs, d'août à octobre et de décembre à avril.

Les naturalistes ne savent pas très bien pourquoi ces cétacés traversent la région, mais il est possible que les eaux du Costa Rica soient l'un des seuls endroits au monde où les baleines s'accouplent. Deux groupes différents traversent le parc : les baleines présentes à l'automne viennent des eaux californiennes ; celles que l'on voit au printemps viennent de l'Antarctique.

Depuis le poste des gardes forestiers, on peut se rendre à pied à Punta Uvita pour faire du snorkeling (à marée basse, idéalement). Il est aussi possible de louer des bateaux (jusqu'à 45 $US/pers) pour une expédition de snorkeling de 2 heures, depuis Playa Bahía Uvita jusqu'à l'Isla Ballena. Il est interdit de passer la nuit sur l'île.

Pour contempler la beauté des fonds sous-marins, adressez-vous au centre de plongée **Mad About Diving** (**☎2743-8019 ; www.madaboutdivingcr.com**), dirigé par des Argentins.

Vous trouverez un spot de surf correct près de l'embouchure de la rivière, à l'extrémité sud de la Playa Colonia.

Retour aux racines

Après avoir frôlé l'extinction, le grand arbre à feuilles persistantes qui a donné son nom à Ojochal refait lentement son apparition. La communauté locale a en effet entrepris de réintroduire l'*ojoche* (*Brosimum alicastrum*), ou noix-pain, dans le cadre d'un projet à long terme, cette espèce mettant 30 ans pour arriver à maturité.

Avec l'augmentation de la population dans les années 1950, la plupart des bosquets furent abattus pour fournir du bois de construction ou laisser la place à des pâturages. Au cours de la même décennie, le fruit de l'*ojoche* n'en servit pas moins à nourrir de nombreuses familles en période de grave sécheresse. Appelé aussi noix de Maya, il contient un faible taux de glucides et une forte teneur en fibres, lipides, acide folique et fer. Sa chair peut être consommée crue, bouillie ou sous forme de farine.

Vers 2009, le Comité de Ojoche commença à replanter des *ojoches* afin de rétablir le lien entre Ojochal et ses racines culturelles et de réhabiliter cette source alimentaire d'une grande valeur nutritionnelle.

L'Hotel Villas Gaia (ci-après) propose des circuits pédestres sur la "route de l'Ojoche" et une association de femmes dynamiques vend de la farine d'*ojoche* pour contribuer à financer le projet.

Depuis/vers le Parque Nacional Marino Ballena

Le plus facile pour accéder au Parque Nacional Marino Ballena est de partir d'Uvita ou d'Ojochal avec votre propre véhicule ou en taxi (pour ce dernier, demandez à votre hôtel).

RÉGION D'OJOCHAL

Au-delà d'Uvita, la Costanera Sur suit la côte avant d'aboutir à Palmar, à 40 km environ. Cette route est une alternative côtière à l'Interamericana, et un accès pratique à la Península de Osa. À 15 km environ au sud d'Uvita, vous pourrez quitter la route pour rejoindre dans les terres la bourgade d'Ojochal, qui constitue une base idéale pour explorer le Parque Nacional Marino Ballena. Malgré sa taille modeste, les hébergements ne manquent pas. Elle abrite une population cosmopolite bien intégrée et conserve une atmosphère accueillante, très différente de celle de Dominical, axée sur le surf.

Juste au nord d'Ojochal, à 14 km au sud d'Uvita, la Playa Tortuga est une plage sauvage, encore largement inconnue. Aucune infrastructure ici, mais parfois de belles vagues pour le surf.

Où se loger

Lookout at Playa Tortuga Hôtel **$$**
(2786-5074 ; www.hotelcostarica.com ; d 79-110 $US ; P ❄ @ ☰ ≋). Ce superbe sanctuaire naturel au sommet d'une colline regroupe une douzaine de bungalows aux tons pastel. Le domaine est traversé par une série de sentiers qui dominent les plages, en contrebas, et une tour au-dessus de la piscine permet d'observer à l'aube les oiseaux, et de s'adonner l'après-midi à une sieste sur la grande terrasse en bois.

Hotel Villas Gaia Cabinas **$$**
(8382-8240 ; www.villasgaia.com ; ch petit-déj inclus à partir de 85 $US, casa 153 $US ; P @ ☰ ≋). Sur le côté plage de la route, ces pimpantes *cabinas* en bois verni et aux porches ombragés sont éparpillées sur un domaine arboré. L'excellent restaurant sert des plats internationaux classiques, et la piscine au sommet de la colline dévoile une vue panoramique

sur la Playa Tortuga. La plage est à 20 minutes à pied, par un sentier qui serpente jusqu'en bas.

Diquis del Sur B&B $$

(2786-5012 ; diquiscostarica.com ; ch nuit/semaine à partir de 55/330 $US ; P ✻ @ ᯤ ≋). À Ojochal même, ce B&B aux mains d'un charmant couple franco-canadien donne l'impression d'être chez soi. Quoiqu'assez modestes, les chambres ont toutes une kitchenette incitant à cuisiner. Le terrain paysager, planté de fleurs et d'arbres fruitiers, accueille aussi des villas pour les séjours de longue durée et un bon restaurant.

Finca Bavaria Hôtel $$

(8355-4465 ; www.finca-bavaria.de ; s/d à partir de 64/74 $US ; P ᯤ ≋). Cet endroit pittoresque tenu par des Allemands comprend quelques chambres agréables, avec boiseries, meubles en bambou, lits joliment drapés de moustiquaires et... toilettes high-tech. Le domaine sillonné de sentiers se trouve au cœur de la forêt, mais en grimpant jusqu'à la piscine, au sommet de la colline, on jouit d'une vue sur l'océan. Repérez la piste signalée au km 167.

La Cusinga Écolodge $$$

(2770-2549 ; www.lacusingalodge.com ; Finca Tres Hermanas ; s/d 136/172 $US ; P). Titulaire des cinq feuilles CST, ce charmant écolodge est un exemple en matière de pratiques durables. C'est aussi un lieu propice au délassement, où sont donnés des cours de yoga. Inscrit dans une réserve privée bordant le Parque Nacional Marino Ballena, il permet randonnées, sorties d'observation des oiseaux, snorkeling et baignade à l'intérieur de celui-ci.

Où se restaurer

Ballena Bistro Café $$

(2786-5407 ; Costanera Sur, km 169 ; 11h-16h mar-dim, 11h-20h jeu ; P ᯤ). Principal intérêt du complexe commercial Goathouse 169, ce bistrot prépare des plats frais et copieux, tels que salade de lentilles, betterave et feta, soupe de poisson brésilienne au lait de coco ou ragoût de bœuf belge. Salades, burgers, *wraps*, jus de fruits et bières complètent l'offre. Conseillé pour une pause repas sur la route ou pour se procurer de quoi pique-niquer.

Citrus International $$$

(2786-5175 ; plats 10-30 $US ; 11h-21h lun-sam ;). La lumière et les saveurs du Maroc ont inspiré ce restaurant, exceptionnel, même parmi l'excellent choix qui se présente dans un court rayon. Jouissant d'un bel emplacement au bord de la rivière, le Citrus vous invite à ses tables éclairées aux chandelles pour savourer une cuisine inventive du Nouveau Monde empruntant largement aux traditions de l'Asie du Sud-Est et de l'Afrique du Nord.

Exotica International $$$

(2786-5050 ; plats 10-30 $US ; 11h-21h lun-sam). La bourgade d'Ojochal s'enorgueillit d'une table très gastronomique. Ici, la cuisine, d'inspiration française, est de choix. Les plats associent des ingrédients qui se marient de somptueuse manière : carpaccio de poisson arrosé d'une brume d'huile, magret de canard et sa tapenade de fruits tropicaux, desserts fabuleux...

Depuis/vers Ojochal

Les bus quotidiens circulant entre Dominical et Palmar peuvent vous déposer à proximité de tous les endroits cités plus haut. Toutefois, ils sont si peu fréquents sur cette portion de route qu'il vaut mieux louer une voiture pour explorer les environs.

Sud du Costa Rica et Península de Osa

Le sud du Costa Rica cultive son côté sauvage. Des hauteurs glaciales du Cerro Chirripó jusqu'aux denses jungles côtières de la Península de Osa, la région abrite quelques-unes des contrées les moins visitées et les moins aménagées du pays. Le Parque Internacional La Amistad recèle de vastes portions de nature vierge, tandis que les groupes indigènes les plus importants vivent encore de manière traditionnelle dans leurs territoires reculés. Dans le Parque Nacional Corcovado, les amateurs de faune ont souvent droit à une apparition de tapirs ensommeillés ou à un envol d'aras rouges, assez répandus sur ces côtes. Pour le reste, les plages sauvages, les vagues de réputation mondiale et la perspective de randonnées épiques attirent les voyageurs intrépides en quête d'un séjour loin de tout.

Parque Nacional Corcovado (p. 294)

Cerro de la Muerte (3 491 m)
Cartago
Cerro Urán (3 600 m)
3 San Gerardo de Dota
Carretera Interamericana
División
Herradura
Cloudbridge Nature Preserve
Parque Nacional Los Quetzales
San Gerardo de Rivas
Cerro Ventisqueros (3 812 m)
Puntarenas
Canaán
Río Savegre
Crestones Base Lodge
Quepos
Rivas
Río División
San Isidro de El General
General Viejo
Parque Nacional Manuel Antonio
Savegre
Réserve ornithologique Los Cusingos
San José
2
Dominical
Refugio Nacional de Finca Barú del Pacifico
Punta Dominical
Uvita
Parque Nacional Marino Ballena
Piñuela
Isla Ballena
Bahía de Coronado
OCÉAN PACIFIQUE
Humedal Nacional Térraba-Sierpe
Isla Violín
Río Sierpe
Reserva Biológica Isla del Caño
Drake
Bahía Drake 2
Agujitas
Rincón
Reserva Indígena Guaymí de Osa
Playa San Josecito
Península de Osa
Playa Llorona
Laguna Corcovado
Playa Corcovado
Río Sirena
1 Parque Nacional Corcovado
0 20 km
Isla del Cocos (500 km)
1 Parque Nacional Corcovado
2 Bahía Drake
3 San Gerardo de Dota
4 Pavones
5 Puerto Jiménez

Sud du Costa Rica et Península de Osa

Sud du Costa Rica et Península de Os
À ne pas manquer

Parque Nacional Corcovado

Des forêts tropicales qui parsèment le Costa Rica, la plus palpitante est celle du Parque Nacional Corcovado (p. 294). Les sentiers boueux de ce parc immense, humide, sauvage et propice à l'aventure invitent à découvrir une jungle riche en végétaux, en créatures exotiques et en plages désertes absolument renversantes.

1

2

Bahía Drake

Partez en randonnée sur le boueux sentie côtier au sud de Bahía Drake (p. 284), en direction de Corcovado. Vous y trouverez les plages les plus sauvages du pays et des lodges nichés entre des pointes rocheuses généreusement boisées. Sinon, offrez-vous une escapade snorkeling à l'Isla del Caño, suivie d'un pique-nique et d'une sieste sur une plage bordée de jungle.

JUDY BELLAH/GETTY IMAGES ©

San Gerardo de Dota

3

Quetzals, air vivifiant et rivières glacées regorgeant de truites : le bucolique village de San Gerardo de Dota (p. 306) est le parfait antidote aux abus de soleil et de plage. Quant aux oiseaux, ils abondent dans ce repaire de montagne hors des sentiers battus.

Colibri thalassin

GAERTNER/ALAMY ©

4

Pavones

Les amoureux de la vague prendront volontiers le temps de rallier cette plage reculée. Ils y trouveront l'une des plus longues gauches de la planète (p. 299), ce qui vaut bien un détour. À tous les autres, cette portion relativement peu aménagée du pays fournira une escapade en toute tranquillité.

5

Puerto Jiménez

Ville la plus proche du Parque Nacional Corcovado, Puerto Jiménez (p. 289) est l'endroit parfait pour s'approvisionner et se procurer un guide en prévision des parcs. Outre la gamme variée d'hébergements et de restaurants, la localité regorge de charme et offre de fréquentes rencontres avec la faune.

Sud du Costa Rica et Península de Osa : le best of

Faune

- **Dauphins et baleines** Les eaux de la Bahía Drake abritent une vie marine d'une incroyable richesse. (p. 284)
- **Tapirs** Le plus grand mammifère terrestre du pays est très présent dans le Parque Nacional Corcovado. (p. 294)
- **Paresseux et crocodiles** Les marais à mangrove près de Zancudo recèlent toutes sortes de créatures. (p. 299)
- **Aras rouges** Ces perroquets sont courants dans la péninsule d'Osa, voire en périphérie de Puerto Jiménez. (p. 289)

Petites folies

- **Luna Lodge** Refuge écologique, à un jet de pierre du Corcovado. (p. 294)
- **Lapa Ríos** Luxe "tout inclus" et vue panoramique sur Cabo Matapalo. (p. 293)
- **Monte Azul** Refuge de luxe alliant magistralement les merveilles artistiques et naturelles. (p. 304)
- **Copa de Arbol** *Cabinas* en bordure de plage, dans la Bahía Drake. (p. 288)
- **Dantica Cloud Forest Lodge** D'élégants bungalows en pierre, perchés dans les montagnes. (p. 308)

Repaires secrets

- **Reserva Indígena Boruca** La réserve indigène du peuple boruca convie à des séjours chez l'habitant. (p. 311)
- **Parque Nacional Isla del Coco** Ce chapelet d'îles dans le Pacifique est un véritable monde enfoui. (p. 300)
- **Wilson Botanical Garden** Une réserve montagnarde hors des sentiers battus, idéale pour observer une riche avifaune. (p. 310)
- **Cloudbridge Nature Reserve** Pressés d'escalader le Cerro Chirripó, la plupart des visiteurs ratent les sentiers de cette pittoresque et paisible réserve. (p. 307)

Randonnées épiques

- **Parque Nacional Corcovado** Randonnées au long cours ou à la journée, ce parc sauvage est un *must* costaricain. (p. 296)
- **Cerro Chirripó** Admirez le lever du soleil depuis le plus haut sommet du pays. (p. 304)
- **Parque Internacional La Amistad** Majoritairement inaccessible, ce parc invite à randonner en terrain vraiment sauvage. (p. 313)
- **Bahía Drake** Empruntez le sentier côtier et accordez-vous quelques détours vers des plages isolées. (p. 284)

'age de gauche : bébé paresseux à trois doigts
ssus : pêche, Parque Nacional Corcovado (p. 294)

Ce qu'il faut savoir

À PRÉVOIR

- **Un mois avant** Réservez votre hébergement dans les zones reculées (ex : Bahía Drake) ; procurez-vous un guide pour randonner dans le Parque Nacional Corcovado ou le Parque Internacional La Amistad ; réservez votre sortie plongée à l'Isla del Coco.
- **Deux semaines avant** Assouplissez vos chaussures de randonnée !

SITES WEB

- **Corcovado Guide** (www.corcovadoguide.com). Infos utiles pour tous les visiteurs du Corcovado.
- **San Gerardo de Rivas** (www.sangerardocostarica.com). Excellent site pour les voyageurs prévoyant d'escalader le Cerro Chirripó.

COMMENT CIRCULER

- **Avion** Grâce aux petits avions et charters desservant Puerto Jiménez, évitez-vous un long trajet par la route.
- **Bateau** Accédez par la mer aux lodges de la Bahía Drake, depuis Sierpe.
- **Bus** Les grandes villes du sud sont bien desservies par les autobus publics.
- **Voiture** Les courageux souhaitant explorer la péninsule d'Osa avec leur propre véhicule devront absolument louer un 4×4. Les routes y sont extrêmement accidentées, même durant la saison sèche.

MISES EN GARDE

- **Climat** Prévoyez la tenue adéquate pour escalader le Cerro Chirripó – le froid et l'humidité règnent en altitude.
- **Hébergement** Étant donné la difficulté à acheminer des provisions par la mer, les lodges de la Bahía Drake offrent majoritairement des prestations "tout inclus". Pour une expérience plus "routarde", ralliez le Corcovado par le côté Puerto Jiménez.

Suggestions d'itinéraires

Une grande partie du sud du Costa Rica est accidentée et difficile d'accès. Au fil des montagnes et des jungles, la découverte de la région offre une aventure aussi méditative que passionnante.

3 JOURS

DE SIERPE À CORCOVADO

BAHÍA DRAKE ET ENVIRONS

Le sud du Costa Rica est hors du circuit touristique standard. Pourtant, avec un peu d'organisation, on peut y faire une incursion de quelques jours. Les complexes de la Bahiá Drake sont passablement onéreux, mais la perspective de dormir dans un paradis respectueux de l'environnement peut justifier la dépense.

Commencez par rallier ❶ **Sierpe** (p. 289) – les visiteurs pressés par le temps prendront directement l'avion pour la Bahía Drake depuis San José. Un bateau vous emmènera en balade à travers les eaux cristallines de la ❷ **Bahía Drake** (p. 284), peut-être en compagnie d'un banc de dauphins. Sur place, attendez-vous à pratiquer sans relâche la baignade, la randonnée, le bateau et l'observation de la faune. Offrez-vous une excursion à la journée au ❸ **Parque Nacional Corcovado** (p. 294) ; la plupart des lodges de la Bahía Drake organisent des excursions à destination du parc, comprenant l'aller-retour en bateau, une randonnée guidée et un déjeuner. Passez la journée suivante à pratiquer le snorkeling dans les eaux transparentes de l'❹ **Isla del Caño** (p. 284), au milieu des raies, des requins et des poissons des récifs multicolores, avant de regagner la dite civilisation.

5 JOURS

DE PUERTO JIMÉNEZ À CORCOVADO

RANDONNÉE DANS LE CORCOVADO

Parmi les expériences costaricaines emblématiques figurent l'expédition de plusieurs jours dans le Parque Nacional Corcovado. Certes, l'endroit n'est pas facile d'accès et la présence d'un guide certifié est obligatoire, mais la randonnée dans ce bijou de parc reste une aventure profondément gratifiante. Certains sentiers ont été fermés en raison d'une végétation envahissante, mais il existe plusieurs itinéraires au choix, dont le suivant.

À 1 **Puerto Jiménez** (p. 289), procurez-vous un guide, achetez les ultimes provisions, dînez copieusement et offrez-vous une bonne nuit de repos. Ralliez ensuite 2 **Carate** (p. 292), en *colectivo* (camion-taxi) ou en voiture, avant de longer la plage sur 3,5 km jusqu'au parc. Après une randonnée dans la jungle, dormez au 3 **poste des gardes forestiers de Sirena** (p. 295). Si possible, passez une deuxième nuit à Sirena afin de consacrer une journée à l'exploration des sentiers et des plages. Le lendemain, réveillez-vous de bonne heure pour affronter les 18 km de marche entre Sirena et le 4 **poste des gardes forestiers de Los Patos**. Passez enfin une nuit régénératrice au 5 **Danta Corcovado Lodge** (p. 288), étape idéale entre nature et civilisation.

Plongée, Isla del Caño (p. 287)
JOHNNY HAGLUND/GETTY IMAGES ©

Découvrir le sud du Costa Rica et la Península de Osa

Les incontournables

- **Bahía Drake** Siège de lodges "tout inclus" perdus dans la jungle, sur le versant nord-ouest de la Península de Osa.
- **Puerto Jiménez** (p. 289) Principal point d'accès au Parque Nacional Corcovado, sur le versant sud-est de la péninsule.
- **San Isidro de El General** (p. 301) Modeste carrefour de la région, entre montagne et mer.
- **Cerro Chirripó** (p. 304) Le point culminant du Costa Rica, dont le sommet vaut bien un trek de plusieurs jours.
- **San Vito** (p. 311) Charmant village haut perché, fondé par des Italiens et doté d'une importante communauté ngöbe.

Circuit en bateau, Bahía Drake

JOHN BORTHWICK/GETTY IMAGES ©

BAHÍA DRAKE

Avec son paysage tropical et sa vie sauvage abondante, Bahía Drake, qui est l'une des destinations les plus isolées du pays, ressemble à un paradis perdu. La canopée abritent les chahuts des singes hurleurs, des aras s'envolent dans une cacophonie de cris rauques tandis que des dauphins migrateurs s'ébattent dans les eaux turquoise.

Activités

RANDONNÉE

Tous les lodges proposent des circuits dans le Parque Nacional Corcovado, habituellement une excursion d'une journée jusqu'au poste des gardes forestiers de San Pedrillo ou de Sirena (de 85 $US à 150 $US/pers), incluant le transport par bateau, le déjeuner et une randonnée guidée. Si vous avez fait le long chemin jusqu'à la Península de Osa, difficile de manquer la visite du parc national qui fait sa renommée.

Si vous préférez randonner de manière autonome, prenez le long sentier côtier, au sud d'Agujitas, et continuez environ 10 km jusqu'à la frontière du parc national. Sachez que les visiteurs souhaitant pénétrer dans le parc ou y passer la nuit doivent être accompagnés d'un guide et attester d'une réservation. Ce sentier est étroit et boueux : n'oubliez pas que le soleil se couche tôt, vers 17h30.

BAIGNADE ET SNORKELING

À environ 20 km à l'ouest d'Agujitas, l'**Isla del Caño** est considérée comme le meilleur spot de snorkeling du secteur.

Bahía Drake et ses environs

Vous trouverez d'autres options de snorkeling entre Agujitas et Corcovado.

KAYAK ET CANOË

Pagayer à travers la région constitue un merveilleux moyen d'en découvrir la biodiversité. Idyllique, le Río Agujitas est survolé par de nombreux oiseaux et habité par de multiples reptiles. Il se jette dans la baie, bordée de criques cachées et de plages de sable que vous pourrez explorer en kayak de mer. Préférez la marée haute, qui permet de couvrir un plus grand territoire. La plupart des hébergements louent des kayaks et des canoës à des prix modestes.

PÊCHE SPORTIVE

La baie recèle plus de 40 espèces de poissons, dont des espadons-voiliers, des marlins noirs, bleus et rayés, des thons à nageoires jaunes, des thazards noirs (ou wahoos), des vivaneaux cubéras, des maquereaux et des poissons-coqs. La pêche est excellente toute l'année, mais les prises varient selon les saisons. La haute saison pour le thon et le marlin dure d'août à décembre. Les espadons-voiliers sont moins nombreux en mai et juin. Les dorades et les thazards noirs abondent entre mai et août. D'autres espèces sont présentes toute l'année et rares sont les pêcheurs qui rentrent bredouilles. Nombre de lodges organisent des sorties de pêche, mais il faut y mettre le prix : 600/1 000 $US la demi-journée/journée.

Bahía Drake et ses environs

Activités
1 Corcovado Info Center........................C2

Où se loger
2 Aguila de Osa Inn C2
3 Copa de Arbol......................................B2
4 Finca Maresia C2
5 Guaria de Osa......................................A3
6 La Paloma Lodge C2
7 Las Caletas Lodge B2

OBSERVATION DES DAUPHINS ET DES BALEINES

Dans la Bahía Drake, très poissonneuse, plus de 25 espèces de dauphins et de baleines passent durant leur migration. Des baleines à bosse venues des deux hémisphères pour mettre bas dans la baie la traversent toute l'année (sauf en mai) et sont particulièrement nombreuses de fin juillet à début novembre.

Où se loger

Dans cette région hors réseau, de très nombreux établissements n'ont pas l'électricité 24h/24 et 7 jours/7. Mieux vaut réserver pendant la saison sèche (de mi-décembre à mi-avril).

Finca Maresia Bungalows **$$**
(☎8888-1625, ☎2775-0279 ; www.fincamaresia.com ; Camino a Los Planes ; s/d 30/40 $US, standard 50/60 $US, supérieure 75/90 $US, toutes avec petit-déj inclus). Après avoir bourlingué à travers le monde pendant plus de 20 ans, les propriétaires de cet établissement charmant ont décidé de s'établir dans ce coin de paradis. Cette vaste ferme (*finca*), qui s'étend sur plusieurs collines, séduit les voyageurs au budget modeste avec ses tarifs amènes, son excellent rapport qualité/prix et son sens de la décoration. Les 7 chambres, différemment aménagées, profitent du bon goût des maîtres de maison – des murs en verre modernes aux portes coulissantes en papier de riz de style japonais. Toutes donnent sur un paysage luxuriant, avec les bruits quasi permanents de la jungle.

Aguila de Osa Inn Lodge **$$$**
(☎2296-2190 ; www.aguiladeosa.com ; forfait 2 nuits s/d 673/1 130 $US). Du côté est du Río Agujitas, un lodge haut de gamme composé d'hébergements spacieux, hauts de plafond, avec parquet ciré et terrasse privative face à l'océan. Sorties de plongée et de pêche sportive proposées aux hôtes. Pension complète, circuit à l'Isla del Caño et circuit au Corcovado inclus dans les tarifs. Réductions substantielles au-delà de 2 nuitées.

La Paloma Lodge Lodge **$$$**
(☎2239-7502, 2775-1684 ; www.lapalomalodge.com ; forfait 3/4/5 jours à partir de 1 119/1 379/1 667 $US par pers ; ❄ 📶 🏊). Ce lodge ravissant est perché sur le versant d'une colline luxuriante. Superbe panorama sur l'océan et la forêt, visibles depuis les divers hébergements, somptueux. Le parquet brille, une moustiquaire drape les lits *queen-size*, et les murs des sdb, construits à hauteur d'épaule, permettent de contempler la jungle en prenant sa douche. Chaque chambre possède un grand balcon, avec hamac bien sûr, balayé par la brise océane. Les tarifs des séjours de 3 jours ou plus comprennent un circuit à l'Isla del Caño et un circuit au Corcovado.

Depuis/vers la Bahía Drake

Avion

NatureAir (www.natureair.com) et **Sansa** (www.flysansa.com) assurent des vols quotidiens de San José à l'aérodrome de Drake, à 2 km au nord d'Agujitas. Les prix varient selon la saison et la disponibilité. Comptez environ 140 $US depuis/vers San José.

Alfa Romeo Aero Taxi (☎8632-8150 ; www.alfaromeoair.com) propose des vols charters de Drake à Puerto Jiménez, Golfito, Carate et Sirena. Mieux vaut réserver soi-même à l'aérodrome. L'aller simple revient habituellement à moins de 100 $US.

La plupart des lodges assurent le transport depuis/vers l'aérodrome ou Sierpe, en Jeep et/ou en bateau.

Bateau

Si vous n'arrivez pas par un vol charter, ce sera en bateau lors d'un trajet grisant passant par les chenaux de la mangrove et l'océan. Cela constitue assurément l'un des temps forts d'une visite dans la région. Tous les lodges organisent, sur demande, le transfert en bateau entre Sierpe et la Bahía Drake. À Drake, ils accostent généralement sur la plage : portez des chaussures adaptées.

DE LA BAHÍA DRAKE AU CORCOVADO

Cette portion de côte déchiquetée est jalonnée de criques sablonneuses, qui disparaissent à marée haute pour ne laisser émerger que des promontoires rocheux et la forêt tropicale. Pratiquement inhabité, ce secteur

BORUT FURLA/GETTY IMAGES ©

À ne pas manquer
Reserva Biológica Isla del Caño

La Reserva Biológica Isla del Caño, vaste de 326 hectares, est l'une des destinations les plus populaires de la Bahía Drake. Appréciée des poissons et des mammifères marins, elle l'est tout autant des plongeurs et des biologistes. L'île constitue la partie émergée d'un important réseau de formations rocheuses sous-marines, parfaitement visibles depuis les hautes falaises rocailleuses qui jalonnent le littoral (dont certaines culminent à 70 m au-dessus de l'océan). On est bien loin du stéréotype de l'île tropicale : les rares plages de sable blanc, de dimensions modestes, disparaissent quasiment à marée haute.

Les formations immergées comptent parmi les principales curiosités de l'île et séduisent les plongeurs. Les amateurs de snorkeling partiront à la découverte des coraux et des formations rocheuses qui jalonnent la plage, juste en face du poste des gardes forestiers. L'eau y est nettement plus limpide que sur le littoral continental, même s'il arrive qu'une mer agitée en trouble la visibilité. Quinze variétés de corail y ont été recensées, ainsi que des espèces animales menacées telles que la langouste des Caraïbes et le *Triplofusus giganteus*, plus gros gastéropode des eaux américaines. Outre les dauphins et les baleines, qu'on aperçoit souvent au large, des requins-marteaux, des raies manta et des tortues de mer peuplent également la zone.

Les lodges locaux peuvent organiser des excursions d'une journée sur l'Isla del Caño (à partir de 80 $US par personne), le forfait comprenant l'entrée du parc, le matériel de snorkeling et le déjeuner sur la Playa San Josecito. Comme la clarté de l'eau et la diversité des poissons varient selon les conditions climatiques, renseignez-vous avant de régler l'excursion.

sauvage et magnifique ne compte que quelques lodges, parfaits pour prolonger d'une nuit ou deux votre séjour sur les rives de la Bahía Drake avant de vous enfoncer dans le Parque Nacional Corcovado.

Vaut le détour
Danta Corcovado Lodge

Idéalement situé à mi-chemin entre le poste des gardes forestiers de Los Patos et la ville de La Palma, sur la Península de Osa, l'humble Danta Corcovado Lodge (**☎ 2735-1111 ; www.dantalodge.com ; ch/bungalow petit-déj inclus 108/137 $US**) offre une étape idéale à tous ceux qui débutent ou achèvent à Los Patos une randonnée de plusieurs jours dans le Corcovado. Le design des jolis bungalows et chambres est le fruit de l'imagination du personnel. Il y a aussi bien de confortables bungalows en bois qu'un insolite dôme en ciment avec sdb extérieures et eau chaude. Quatre kilomètres de sentiers sillonnent cette propriété gérée en famille, et le lodge propose des circuits et activités, dont des excursions à la journée au Corcovado. Le Danta affiche vite complet – réservez dès que possible.

À voir et à faire

Un chemin public, propice à l'observation de la faune, longe cette portion de côte spectaculaire. Parmi la multitude d'espèces animales représentées, vous apercevrez probablement des aras rouges, des toucans de Swainson, des sapajous capucins et des singes hurleurs.

De superbes criques, frangées de plages sauvages balayées par le vent, ponctuent l'itinéraire. Juste à l'ouest de Punta Agujitas, un court crochet conduit à la belle **Playa Cocalito**, une anse isolée et souvent déserte, parfaite pour les bains de soleil, la baignade et le body-surf. La **Playa Caletas**, devant le Corcovado Adventures Tent Camp, est excellente pour le snorkeling.

Plus au sud, le Río Claro (on en compte deux, l'autre étant à proximité du poste des gardes forestiers de Sirena) se déverse dans l'océan. L'eau peut arriver à la taille ou plus haut, et le courant est rapide : faites attention en traversant à gué.

Au sud du Río Claro, la **Playa San Josecito** est la plus longue plage de sable blanc de ce côté de la Península de Osa. Prisée pour la baignade, le snorkeling et les bains de soleil, elle est rarement bondée.

La frontière du Parque Nacional Corcovado est à environ 5 km au sud de la Playa San Josecito (d'Agujitas à Corcovado, comptez environ 16 km et 4 heures de trajet au total).

Où se loger

Las Caletas Lodge Lodge **$$$**
(**☎ 8863-9631, 8826-1460, 2560-6602 ; www.caletas.cr ; Playa Caletas ; tentes/ch à partir de 70/80 $US par pers ; @ Wi-Fi**). Tenu par un couple helvético-costaricain, cet adorable lodge, installé en surplomb de la plage du même nom, comporte de douillets bungalows en bois et tentes de safari. Cuisine délicieuse et abondante, personnel sympathique, et cadre merveilleusement calme.

Guaria de Osa Lodge **$$$**
(**☎ 2235-4313 ; www.guariadeosa.com ; 150 $US/pers ; Wi-Fi**). Cette retraite de style asiatique propose yoga, tai-chi et toutes sortes de "Sentient Experientials Events" (expériences centrées sur le bien-être et la spiritualité), en plus des activités typiques de la forêt tropicale. Elle s'organise autour d'une spacieuse pagode en bois à plusieurs niveaux. Dans le beau domaine, un jardin ethnobotanique est dédié aux plantes locales.

Copa de Arbol Lodge **$$$**
(**☎ 8935-1212 ; www.copadearbol.com ; Playa Caletas ; s/d à partir de 382/610 $US ; Wi-Fi clim**). Des *cabinas* rustiques (toit de chaume et pilotis), à l'intérieur ravissant. Elles sont construites avec du bois cultivé selon les méthodes de l'agriculture durable et des matériaux recyclés ; chacune a la clim et une terrasse privative. Installé à deux pas de la plage, ce luxueux lodge est géré

en douceur par un personnel adorable. *Paddleboards* et kayaks à louer.

Depuis/vers la Bahía Drake

Bateau

Sur demande préalable, tous les lodges organisent le transfert en bateau entre Sierpe et la Bahía Drake. Sinon, sachez que deux bateaux *colectivos* partent chaque jour de Sierpe à 11h30 et 16h30, et de la Bahía Drake pour rentrer à Sierpe à 7h15 (15 $US) et 14h30 (20 $US).

SIERPE

Cette petite localité assoupie, au bord du Río Sierpe, est le point d'accès à la Bahía Drake et l'endroit où un bateau viendra vous chercher si vous avez réservé dans un lodge sur la côte. Il n'y a guère de raison de s'y attarder davantage que le temps nécessaire à l'arrivée du bateau.

Depuis/vers Sierpe

Avion

Des vols réguliers et charters desservent Palmar Sur, à 14 km au nord de Sierpe.

Bateau

Si vous poursuivez vers la Bahía Drake, votre lodge organisera la correspondance en bateau. En cas de problème, ou si vous voyagez en indépendant, de nombreux bateaux-taxis effectuent le trajet. Vous devrez négocier un prix correct.

PUERTO JIMÉNEZ

Coupée en deux par la Quebrada Cacao, une entaille marécageuse envahie par la végétation, et frangée d'un côté par les eaux émeraude du Golfo Dulce, Puerto Jiménez, sorte d'avant-poste sauvage, est à égalité le fief des hommes et des animaux. D'ailleurs, on ne s'étonnera guère que les aras rouges survolent le terrain de football local ou que les singes peuplent les arbres en ville, puisque Puerto Jiménez est à la limite du Parque Nacional Corcovado. Point de départ préféré des voyageurs qui se rendent au fameux poste des gardes forestiers de Sirena, la ville est un excellent endroit pour organiser une expédition, acheter des provisions, s'offrir un repas chaud et une nuit confortable avant d'arpenter les sentiers.

Baleine à bosse, Parque Nacional Corcovado (p. 294)

Puerto Jiménez

Puerto Jiménez

Activités
1 Osa Wild B3

Où se loger
2 Cabinas Jiménez B2
3 Cacao Monkeys A4

Où se restaurer
4 Pizzamail.it B2
5 Soda Valeria B3

Achats
6 Jagua Arts & Crafts D3

Circuits organisés

Puerto Jiménez ne manque pas de tour-opérateurs, de chauffeurs de taxi et d'intermédiaires attirés par la manne touristique. Posez toutes les questions possibles, demandez l'avis d'autres voyageurs et faites votre choix avec soin.

Osa Wild Écocircuits

(☎8765-3330, 8376-1152, 2735-5848 ; www.osawildtravel.com ; Rte 245, centre de Puerto Jiménez ; circuit à partir de 25 $US, circuit d'une journée au Corcovado 75 $US ; 8h30-12h et 14h30-19h). Voilà qui manquait cruellement à la région : un prestataire invitant les visiteurs à participer à des initiatives conçues pour la communauté et à découvrir le cœur même de l'authentique Osa, à travers des séjours chez l'habitant, des visites de fermes et des échanges culturels à vocation durable. Certes, Osa Wild propose des activités plus classiques, comme les sorties kayak ou les excursions guidées dans le Corcovado, mais son intérêt pour le développement durable, la protection environnementale et le développement de la communauté le rend unique en son genre.

Surcos Tours Circuits nature
(www.surcostours.com). Grâce à son trio d'excellents guides, Surcos propose les meilleurs circuits de la péninsule en matière d'observation de la faune et des oiseaux. Réservation des circuits via le site Internet.

Aventuras Tropicales Circuits aventure
(☎2735-5195 ; www.aventurastropicales.com). Cette agence très professionnelle propose toutes sortes d'aventures tropicales. Les excursions en kayak dans les mangroves (à partir de 45 $US/pers) sont parmi les plus populaires. À 2 km à l'est de la ville, sur la route de Platanares.

Où se loger

Cabinas Jiménez Cabinas $$
(☎2735-5090 ; www.cabinasjimenez.com ; s/d à partir de 35/50 $US ; P ❄ @ ☰ ≋). De loin l'hébergement le plus agréable de la ville. Tous les bungalows, décorés des scènes de jungle peintes sur les murs, sont dotés de sdb (eau chaude), d'un réfrigérateur et d'un coffre. Des meubles en bois sculpté, des tissages et des rideaux en batik leur apportent une touche d'élégance. Les plus chers ont une kitchenette et bénéficient d'une vue somptueuse sur la lagune. Vélos et kayaks à disposition des hôtes. Personnel bilingue sympathique et serviable.

Cacao Monkeys Cabinas $$
(☎2735-5248 ; www.cacaomonkeys.com ; s/d petit-déj inclus à partir de 40/60 $US ; P ☰).
En lisière du centre de Puerto Jiménez, un paradis composé de 3,5 ha de forêt et d'une plantation de cacaoyers. Il y a un excellent café au bord de la rivière (plats 8 $US), et 5 *cabinas* en bois joliment peintes, dotées de parquet et d'une véranda ; l'une dispose d'une petite cuisine, et deux sont équipées d'un lit double et de 2 lits simples. Un bon choix pour les familles, à l'écart du bruit de la ville.

Iguana Lodge Hôtel $$$
(☎8848-0752, au Canada 800-259-9123 ; www.iguanalodge.com ; d petit-déj inclus 150 $US, casita avec 2 repas à partir de 186 $US/pers, villa 599 $US/jour ; P ❄). Face à la Playa Platanares, l'Iguana est un lodge luxueux à l'architecture séduisante. Les 4 *casitas*, sur 2 niveaux, comportent une grande terrasse, des meubles en bambou, des lits inclinables protégés par une moustiquaire et une charmante sdb en pierre avec douche de jardin. La villa dispose d'une cuisine. Quelle que soit la formule, sachez que le restaurant sert 3 succulents repas par jour. La cuisine, inventive, est un vrai plus.

Où se restaurer

Soda Valeria Soda $
(Rte 245 ; plats 3-8 $US). Propre, coquet et installé en plein centre-ville, ce *soda* est idyllique – il suffit de voir les employés de la collectivité locale s'y presser au déjeuner pour comprendre que c'est une bonne adresse. Frais, copieux et renouvelé quotidiennement, le menu (*casado*) est accompagné de tortillas maison et de fruits frais. Le service rapide et agréable en fait l'un des meilleurs *sodas* de la région.

Pizzamail.it Pizzeria $$
(pizzas 9-18 $US ; ⌚16h-22h30 ; ☰). Comme les pizzas costaricaines n'ont pas grande réputation et que le restaurant porte le nom d'un site Internet, un doute légitime s'installe. Mais il s'envole aussitôt que le serveur apporte votre pizza, cuite au four à bois. Du petit patio, on a vue sur les aras qui croassent dans les arbres au-dessus du terrain de football. *Bellissimo !*

Achats

Jagua Arts & Crafts Art et artisanat
(carte p. 290 ; ☎2735-5267 ; ⌚6h30-15h30). Superbe collection d'objets d'art et de bijoux fabriqués par des artisans locaux et expatriés, dont de splendides masques boruca.

Comment s'y rendre et circuler

Avion

NatureAir (☎2735-5428 ; www.natureair.com ; ⌚6h-14h) et **Sansa** (☎2735-5890 ; www.flysansa.com) assurent des vols quotidiens depuis/vers San José ; comptez environ 130 $US pour un aller simple.

Alfa Romeo Aero Taxi (☎8632-8150 ; **www.alfaromeoair.com**) possède de petits avions (3-5 places) qui assurent des vols charters à destination de Golfito, Carate, Bahía Drake, Sirena, Palmar Sur, Quepos et Puerto Limón. Les prix varient selon le nombre de passagers, aussi mieux vaut constituer un groupe. Les prix pour un vol à destination du parc peuvent alors descendre jusqu'à 60 $US/personne.

Bateau

Chaque jour, plusieurs ferries rapides rallient Golfito (6 $US, 30 min) ; départs à 6h, 12h et 14h. Revérifiez les horaires car ils changent souvent sans préavis.

Bus

La plupart des bus arrivent au terminal de couleur pêche, à l'ouest de la ville.

San Isidro de El General 9,50 $US ; 5 heures 30 ; départs 5h, 9h et 13h

San José 15 $US ; 8 heures ; départs 5h et 9h

Voiture et taxi

Les *colectivos* (camions-taxis) desservent quotidiennement Cabo Matapalo (6 $US, 1 heure 30) et Carate (10 $US, 2 heures 30), à l'extrême sud du parc national. Ils partent du Soda Deya à 6h et 13h30, et reviennent à 8h30 et 16h.

Les 4×4-taxis facturent jusqu'à 90 $US pour Carate, environ 55 $US pour Matapalo, et plus de 100 $US pour rallier la Bahía Drake par la terre.

CABO MATAPALO ET CARATE

Cabo Matapalo occupe la pointe sud de la péninsule d'Osa, sur la route accidentée qui va de Puerto Jiménez à Carate. Si vous parvenez jusqu'à Carate en *colectivo*, félicitations ! Dans ce village à 45 km au sud de Puerto Jiménez, au terme d'un périple épique, la piste cahoteuse qui fait le tour de la péninsule s'arrête brutalement.

Si Carate n'a rien de touristique, l'endroit est en revanche magnifiquement isolé. En outre, il constitue le point d'accès sud aux randonnées à destination du poste des gardes forestiers de Sirena, dans le Parque Nacional Corcovado.

Ci-contre : forêts luxuriantes, Península de Osa **Ci-dessous** : singe hurleur
(CI-CONTRE) ROY TOFT/GETTY IMAGES © ; (CI-DESSOUS) ALEX THOMSON PHOTOGRAPHY/GETTY IMAGES ©

Le secteur est idéal pour se vider la tête, ou pour se reposer avant ou après une incursion dans le Corcovado.

Où se loger

Étant donné le côté "bout du monde" de la zone, les tarifs des hébergements recensés ici comprennent l'ensemble des repas ; certains incluent même les circuits et les correspondances à destination de Puerto Jiménez.

Lookout Inn Huttes, cabinas **$$$**
(**2735-5431 ; www.lookout-inn.com ; ch à partir de 115 $US/pers ; P @**). Installé au flanc d'une haute colline escarpée, en surplomb de l'océan, le Lookout Inn est une retraite en pleine nature. Les confortables hébergements (*cabinas* perchées dans les arbres, huttes et spacieux bungalows), ouverts sur l'extérieur, s'agrémentent de peintures murales, parquet, portes en bois superbement sculptées et vue exceptionnelle.

Les huttes sont uniquement accessibles par une passerelle en bois qui serpente parmi les arbres. Et si vous ne voyez pas d'ara rouge durant votre séjour, vous ne paierez pas l'hébergement !

La Leona Eco-Lodge Écolodge **$$$**
(**2735-5704 ; www.laleonaecolodge.com ; s/d à partir de 160/280 $US ;**). À la lisière du Parque Nacional Corcovado, ce lodge sympathique promeut le "glamping", soit le camping version glamour. Montées sur pilotis, les 16 tentes vertes, pourvues de moustiquaires, de meubles confortables et d'une terrasse face à la plage, se nichent entre les palmiers. Le restaurant est alimenté à l'énergie solaire. Tous les hôtes doivent parcourir à pied les 2,5 km qui séparent le lodge de l'aérodrome de Carate.

Lapa Ríos Lodge **$$$**
(**2735-5130 ; www.laparios.com ; route de Carate km 17 ; s/d 576/904 $US ; P**). Ce lodge haut de gamme associe luxe et

ambiance tropicale rustique. Ses 16 grands bungalows au toit de chaume sont équipés de lits *queen-size*, de meubles en bambou, d'une douche de jardin et d'une terrasse avec vue panoramique. Un vaste réseau de sentiers permet d'explorer la réserve de 400 ha, tandis que baignade, snorkeling et surf vous attendent à deux pas. Les prix comprennent le transport aller-retour depuis Puerto Jiménez, ainsi que divers circuits organisés, cours et ateliers. Réservez bien à l'avance.

Luna Lodge Lodge **$$$**
(**☎2206-5859, au Canada 888-760-0760 ; www.lunalodge.com ; s/d à partir de 140/250 $US ;** P, wifi, restaurant). Une route escarpée franchit le Río Carate et grimpe dans la vallée jusqu'à ce lodge de montagne enchanteur, en lisière du Parque Nacional Corcovado. L'hébergement va des tentes-plateformes prolongées de petites vérandas en pleine nature aux bungalows à toit de chaume avec douche de jardin et terrasse privative. Tous jouissent d'une splendide vue sur le domaine et la forêt vierge qui ondoie jusqu'à l'océan. Cette adresse de luxe est le résultat de la passion contagieuse de Lana, la propriétaire, pour la conservation.

Depuis/vers Cabo Matapalo et Carate

Si vous conduisez, un 4x4 est fortement conseillé même durant la saison sèche. En effet, les routes sont fréquemment inondées. Vous trouverez plusieurs gués à franchir en chemin. Sinon, le *colectivo* (6 $US) en provenance de Puerto Jiménez vous déposera dans le secteur.

PARQUE NACIONAL CORCOVADO

Ce parc national constitue la dernière vaste étendue de forêt tropicale primaire sur la côte pacifique de l'Amérique centrale. Bastion de la diversité biologique, il abrite la plus importante population d'aras rouges du Costa Rica, ainsi que d'innombrables autres espèces menacées, tels le tapir de Baird, le fourmilier géant et la harpie féroce, plus grand oiseau de proie au monde. Sa faune exceptionnelle attire depuis longtemps un flux constant de visiteurs, qui viennent de la Bahía Drake et de Puerto Jiménez pour explorer cette zone lointaine et sauvage.

Ara rouge

MARCO SIMONI/GETTY IMAGES ©

Activités

OBSERVATION DE LA FAUNE

Sirena est le meilleur endroit pour l'observation de la faune au Corcovado, mais les sentiers côtiers possèdent deux avantages : ils sont plus dégagés et le bruit constant du ressac couvre celui des marcheurs. Des capucins moines, des écureuils à queue rouge, des pécaris à collier, des coatis à nez blanc et des tamanduas du Mexique font de régulières apparitions sur les chemins que nous détaillons ici.

D'innombrables oiseaux survolent le sentier côtier de Carate à Sirena. Vous verrez à coup sûr des aras rouges, car les amandiers tropicaux qui bordent le littoral constituent leur nourriture favorite. Des sections de plage abritent des dizaines de buses des mangroves, ainsi que quantité d'espèces d'oiseaux aquatiques.

Le long du sentier Los Patos-Sirena, vous observerez des oiseaux de forêt tropicale humide de basse altitude, tels le grand hocco, le toucan de Swainson, l'araçari de Frantzius et le piauhau roux. Les mammifères sont les mêmes que ceux que l'on aperçoit sur les sentiers côtiers, mais Los Patos compte plus de primates et de pécaris à lèvres blanches.

Si le fait de ne pouvoir distinguer les mammifères dans la jungle vous déçoit, un séjour au poste des gardes forestiers de Sirena vous enchantera. Vous êtes pratiquement sûr d'y voir des tapirs de Baird, une espèce menacée ; ces lointains cousins des rhinocéros viennent souvent paître le soir le long de l'aérodrome.

Le Corcovado est le seul parc national du Costa Rica qui abrite les 4 espèces de primates du pays. Atèles (singes-araignées), hurleurs à manteau et capucins moines se rencontrent partout, tandis que le saïmiri à dos roux, l'espèce la plus menacée, se voit surtout sur le sentier Los Patos-Sirena. Sirena offre de bonnes chances

Ma sélection

Environs du Parque Nacional Corcovado

PAR DIONISIO "NITO" PANIAGUA, GUIDE DU PARQUE NACIONAL CORCOVADO

1 TREK DE TROIS JOURS DANS LE CORCOVADO

Il faut s'arrêter au moins une nuit au poste des gardes forestiers de Sirena. C'est le meilleur moyen d'observer des animaux comme le tapir, le sanglier, le requin-bouledogue ou le crocodile ; vous aurez également de bonnes chances d'apercevoir des pumas et des ocelots. Bien qu'il ne s'agisse pas d'un lodge, le poste de Sirena n'est pas aussi rudimentaire que les voyageurs se l'imaginent parfois.

2 MATAPALO

L'endroit idéal pour conjuguer plages, forêt humide et cascades. Outre les quatre catégories de singe, vous y apercevrez des paresseux, des coatis, des agoutis, des aras rouges et des morphos bleus. On pourra aussi y admirer des dendrobates (des amphibiens colorés et venimeux), ainsi que les arbres géants de la forêt tropicale. Parfait pour les familles et les voyageurs manquant de temps.

3 ISLA DEL CAÑO

Accessible depuis la Bahía Drake, l'Isla del Caño permet de pratiquer snorkeling et plongée, avec une visibilité sous-marine excellente et des poissons multicolores en pagaille. L'occasion d'une parfaite excursion à la journée, offrant en outre la possibilité de randonner dans la forêt tropicale et de flâner sur la plage.

4 KAYAK DANS LE GOLFO DULCE

Lors d'une fabuleuse sortie en kayak dans les mangroves autour de Puerto Jiménez, vous apercevrez des boas, des sapajous capucins, des oiseaux d'eau et des crabes géants. En revenant vers Jiménez, le long du Golfo Dulce, vous aurez peut-être la chance d'être escortés par des dauphins.

d'apercevoir le très rare myrmidon (ou fourmilier nain), un animal nocturne qui fréquente les forêts côtières entre le Río Claro et le poste des gardes forestiers.

RANDONNÉES

Les randonneurs doivent affronter des sentiers rudimentaires, une chaleur humide et des nuées d'insectes. Malgré la difficulté du trek, l'interaction avec la nature rend l'expédition fascinante. Prévoyez suffisamment d'eau et de nourriture et un stock de produits antimoustiques.

L'itinéraire le plus emprunté traverse le parc de Los Patos à Sirena, puis sort du parc à La Leona (ou inversement). Il permet de commencer et de finir le trajet à Puerto Jiménez, qui offre un accès facile à La Leona et Los Patos.

La randonnée est plus agréable à la saison sèche (décembre-avril). Il pleut encore régulièrement mais tous les sentiers sont ouverts et, bien qu'ils soient boueux, on s'y enfonce moins.

Où se loger et se restaurer

Pour dormir, vous trouverez un hébergement basique en dortoir (8 $US par personne) au poste des gardes forestiers de Sirena. Les lits superposés sont équipés de simples matelas en plastique. Les repas (petit-déjeuner à 20 $US, déjeuner ou dîner à 25 $US), corrects, sont servis sur réservation uniquement. Si vous apportez des provisions, sachez qu'il est interdit de les faire cuire. Il faut donc prévoir des denrées qui se consomment sans préparation ou froides.

Renseignements

En raison de la nouvelle réglementation en vigueur depuis début 2014, tous les visiteurs du Corcovado doivent être accompagnés d'un guide certifié par l'ICT. Outre qu'ils connaissent les sentiers jusque dans leurs moindres recoins, ces guides possèdent une excellente connaissance de la flore et de la faune, et des meilleurs endroits où apercevoir les diverses espèces.

On se procure généralement un guide auprès du **bureau de l'Área de Conservación Osa** (**ACOSA ; siège de la zone de conservation d'Osa ; ✆2735-5036 ; entrée du Corcovado par jour et par personne 10 $US ; ⌚8h-12h et 13h-16h lun-ven**), à Puerto Jiménez, ou via les hôtels et les tour-opérateurs. Parmi les agences fiables, citons Osa Wild (p. 290) à Puerto Jiménez et le **Corcovado Info Center** (**✆8846-4734, 2775-0916 ; www.corcovadoinfocenter.com**) à Bahía Drake. Les prix varient considérablement selon la saison, la disponibilité, la taille du groupe et le type d'expédition. Dans tous les cas, négociez un prix qui comprend les droits d'entrée du parc, les repas et les transports.

Smilisca phaeota, Parque Nacional Piedras Blancas
JOHN SULLIVAN/ALAMY ©

Depuis/vers le Parque Nacional Corcovado

Depuis la Bahía Drake

De la baie, vous pouvez emprunter à pied le sentier côtier qui mène au poste de San Pedrillo (environ 4 heures d'Agujitas). De nombreux lodges organisent ici des circuits à la journée, avec trajet en bateau jusqu'à San Pedrillo (30 minutes à 1 heure, selon le point de départ) ou Sirena (1 heure à 1 heure 30).

Depuis Carate

Au sud-est, le point d'accès le plus proche est Carate, d'où une marche de 3,5 km vers l'ouest le long de la plage conduit au poste de La Leona en une heure.

Une piste mal entretenue relie Puerto Jiménez à Carate. Ce trajet aventureux de 45 km permet souvent d'apercevoir des animaux. Un 4x4 *colectivo* l'effectue deux fois par jour (10 $US).

Si l'on dispose de son propre véhicule, la *pulpería* (épicerie) de Carate est un endroit sûr pour stationner pendant quelques jours ; prévenez le gérant avant de partir.

Vaut le détour
Parque Nacional Piedras Blancas

Anciennement appelé Parque Nacional Esquinas, ce parc national a été créé en 1992 pour prolonger le Parque Nacional Corcovado. Il protège 120 km² de forêt tropicale primaire intacte et 20 km² de forêt secondaire, de pâturages, de falaises côtières et de plages.

Piedras Blancas (les Pierres blanches), qui est l'une des dernières étendues de forêt tropicale humide de basse altitude sur la côte pacifique, abrite une flore et une faune très variées. Selon une étude effectuée par la station biologique de Gamba, la biodiversité des arbres dans ce parc national est la plus dense du pays et surpasse même celle du Corcovado.

Pour découvrir le parc de l'intérieur, passez quelques nuits à l'**Esquinas Rainforest Lodge** (☎2741-8001 ; www.esquinaslodge.com ; s/d repas inclus 161/256 $US ; P ≋ ≋) , qui se fond parfaitement dans la forêt tropicale.

GOLFITO

Cité sans charme et ancien port bananier, Golfito s'étire le long du Golfo Dulce. Dans les années 1930, la United Fruit Company y installa son quartier général des opérations pour la région. Après 1980, le déclin du marché, l'augmentation des taxes, les revendications des travailleurs et les maladies affectant les bananiers aboutirent à son départ. Depuis, la ville essaie de survivre à la disparition de l'or jaune.

Pour tenter de dynamiser l'économie de la région, le gouvernement fédéral a construit à Golfito une zone franche, baptisée Zona Americana. Cette zone marchande surréaliste attire des Ticos de tout le pays, qui viennent dans cette cité moribonde pour 24 heures d'emplettes frénétiques. Elle est sans attrait le jour, et on y côtoie souvent la nuit d'anciens militaires, des plaisanciers ivres, des prostituées et des personnages plus ou moins louches.

Plus grande ville du Golfo Dulce, Golfito est un important carrefour de transports pour les randonneurs qui se rendent au Corcovado, les surfeurs qui rejoignent Pavones et les amateurs de pêche sportive qui y font escale pour la nuit.

À voir

Fundación Santuario Silvestre de Osa Réserve naturelle
(Osa Wildlife Sanctuary ; ☎8888-3803, 8861-1309 ; www.osawildlife.org ; Caña Blanca ; don minimum 25 $US ; ⏲8h-12h). Au début, Earl et Carol Crews ont créé un lodge, qui est

devenu par la suite un sanctuaire pour les oiseaux, puis un refuge pour les animaux blessés ou orphelins de toutes sortes. Cette réserve à but non lucratif s'occupe désormais de les remettre sur pattes et de les réintroduire dans la nature. Ceux pour qui c'est impossible restent dans le sanctuaire, où les visiteurs peuvent les observer de très près. Aménagée dans un coin reculé à 25 km de Golfito, la réserve peut organiser le transport par bateau pour 6 visiteurs maximum. Les lodges de Golfito et de Puerto Jiménez proposent également des visites.

Où se loger et se restaurer

Samoa del Sur Hôtel **$$**

(**2775-0233 ; www.samoadelsur.com ; s/d petit-déj inclus 79/96 $US ; P**). Tenu par des Français, le Samoa del Sur possède des chambres confortables avec sols carrelés, meubles en bois et douillettes serviettes de toilette. Le bar, au haut plafond voûté, est un lieu de rendez-vous populaire en soirée, et le restaurant sert des plats ticos traditionnels, ainsi que de délicieuses spécialités françaises comme les moules à la provençale. Le bateau *colectivo* pour Zancudo part de l'embarcadère du Samoa, mais le Muellecito (quai principal) n'est pas loin.

Casa Roland Marina Resort Hôtel **$$$**

(**2775-0180 ; www.casarolandgolfito.com ; d à partir de 170 $US ; P @**). Situé dans la Zona Americana, le Casa Roland, hôtel le plus chic de Golfito, vise principalement la clientèle fortunée de la zone franche. Habituels équipements haut de gamme de rigueur : piscine, bars, restaurants, courts de tennis et spa, plus un cinéma et un casino.

Restaurante Buenos Días Restaurant **$**

(**2775-1124 ; plats 5-10 $US ; 6h-22h ; P**). Rares sont les visiteurs qui passent par Golfito sans s'arrêter dans ce restaurant accueillant, en face du Muellecito. Les box colorés, la carte bilingue et un emplacement privilégié lui valent un flux constant de clients, que ce soit pour un petit-déjeuner matinal, un *casado* typique ou un burger.

Depuis/vers Golfito

Avion

L'aéroport se situe à 4 km au nord du centre-ville, près de la zone franche. **NatureAir** (**www.natureair.com**) et **Sansa** (**www.flysansa.com**) assurent des vols quotidiens depuis/vers San José. Un aller simple coûte environ 100 $US.

Bateau

Depuis le Muellecito (quai principal), des ferries express partent pour Puerto Jiménez à 6h, 11h30 et 14h (6 $US, 30 minutes). Ces horaires changeant fréquemment, mieux vaut vous

Jetée, Golfito (p. 297)

renseigner sur le quai. Au cas où, arrivez tôt de sorte à vous assurer d'obtenir une place.

Le bateau-taxi pour Zancudo (6 $US, 30 minutes) part de l'embarcadère du Samoa del Sur à 12h, du lundi au samedi. Le trajet retour est prévu à 7h le lendemain (sauf le dimanche).

Bus

La plupart des bus s'arrêtent à un dépôt en face du petit parc dans la partie sud de la ville.

Pavones (4 $US ; 2 heures ; départs à 10h et 15h). Ce service peut souffrir de l'état des routes et des conditions météorologiques, notamment à la saison des pluies.

San José, via San Isidro de El General (Tracopa) 14,70 $US ; 7 heures ; départs du terminal à proximité de Muelle Bananero à 5h et 13h30

Zancudo 4 $US ; 3 heures ; départs 13h30

Si vous aimez... Les parcs et les réserves naturelles

Si vous avez aimé le Parque Nacional Corcovado, voici quelques parcs et réserves naturelles du sud qui devraient vous plaire :

1 **HUMEDAL NACIONAL TÉRRABA-SIERPE** Quelque 330 km² de marais à mangrove protégés, peuplés de nombreuses espèces d'oiseaux aquatiques ; possibilité d'organiser des circuits depuis Sierpe.

2 **REFUGIO NACIONAL DE VIDA SILVESTRE GOLFITO** (**☎ bureau du SINAC à Golfito 2775-2620 ; 10 $US ; 🕒 8h-16h**). Cette minuscule réserve de 28 km², autour de la localité de Golfito, abrite de rares cycadées (ou "fossiles" vivants), des plantes splendides.

3 **TISKITA JUNGLE LODGE** (**☎ 2776-2194, 2776-2193 ; www.tiskita.com ; randonnée guidée 25 $US**). Dans le secteur de Pavones, cette réserve privée est constituée d'une forêt tropicale primaire de 100 hectares, sillonnée de sentiers desservant des cascades et des plans d'eau convenant à la baignade. Possibilité de réserver des randonnées avec des guides locaux très compétents.

ZANCUDO ET PAVONES

Occupant une mince bande de terre qui s'avance dans le Golfo Dulce, la bourgade de Zancudo est l'une des destinations balnéaires les plus paisibles du pays. Du côté ouest de la localité, les eaux tièdes du Pacifique baignent une plage de sable noir quasi déserte. À l'est, des marais de mangrove attirent des oiseaux, des crocodiles et des poissons. Contrairement à Pavones, une proche destination de surf en plein essor, Zancudo s'attache à rester une petite localité isolée.

Pavones, en revanche, est connue des surfeurs depuis des décennies pour sa gauche, l'une des plus longues de la planète. La ville en elle-même est un amas de lodges, de *cabinas* et de *sodas*. Un réseau de routes accidentées et non balisées, pour la plupart, permet d'effectuer le parcours sinueux entre les deux villages jumeaux.

Activités

Parmi les activités reines de Zancudo et Pavones figurent assurément la sieste en mode hamac, la balade sur la plage et la baignade dans les eaux bleu-vert du Golfo Dulce. À Zancudo, les vagues sont modestes et la nuit, quand on agite la main dans l'eau, on voit parfois plantes marines phosphorescentes et plancton s'illuminer à la surface. Un phénomène fascinant dit de bioluminescence.

Les marais à mangrove autour de Zancudo offrent quantité d'explorations possibles : outre la prolifique avifaune, on peut y apercevoir diverses créatures, comme les crocodiles, les caïmans, les singes et les paresseux. Le trajet en bateau depuis Golfito vous en donnera un aperçu, mais vous pouvez aussi louer un kayak auprès d'un des lodges mentionnés ci-après.

Vaut le détour
Isla del Coco

Minuscule tache verte perdue dans l'immensité du Pacifique, la splendide Isla del Coco (île Cocos) n'en nourrit pas moins l'imagination des aventuriers, grâce à son relief de pics vertigineux, des histoires de trésors, un écosystème unique et des spots de plongée parmi les plus beaux au monde.

La splendeur de l'île ne parvient cependant pas à égaler celle des fonds marins. Classées par la Professional Association of Diving Instructors (la fameuse PADI) comme l'un des dix plus beaux sites de plongée de la planète, les eaux qui entourent l'Isla del Coco recèlent d'innombrables espèces pélagiques, dont l'un des bancs de requins-marteaux recensés les plus importants du globe.

Très difficile à rejoindre, l'Isla del Coco se situe à quelque 550 km au sud-ouest de Cabo Blanco (péninsule de Nicoya), dans le Pacifique est. L'île demeure quasi inhabitée et les visiteurs ne peuvent pas y passer la nuit. Pour la découvrir, vous avez le choix entre une croisière sur un bateau de plaisance privé ou une expédition de plongée en bateau avec nuits à bord. Si les non-plongeurs sont facilement acceptés sur les seconds, les plongeurs expérimentés pourront explorer des sites sous-marins aussi difficiles d'accès qu'époustouflants.

Le grand atout de Pavones est le surf – quand les vagues sont au rendez-vous, des hordes de pratiquants chevronnés débarquent du monde entier, généralement entre avril et octobre. Toutefois, la cité balnéaire étant nichée au creux du Golfo Dulce, des semaines peuvent s'écouler sans que la moindre vague ne survienne. Dans ce cas, gagnez **Punta Banco**, plus au sud, qui compte un *reef break* avec des droites et des gauches honorables.

Où se loger et se restaurer

ZANCUDO

Cabinas Sol y Mar Cabinas $

(**☎2776-0014 ; www.zancudo.com ; bungalows à partir de 45 $US ; P @ wifi**). Un choix de *cabinas* – du petit bungalow économique un peu éloigné de l'eau aux bungalows deluxe, indépendants, avec jolie douche carrelée et vue dégagée sur l'océan. Rendez-vous favori de Zancudo, le bar-restaurant, ouvert sur l'extérieur et coiffé de chaume, accueille les non-résidents. C'est en outre le seul à fonctionner en basse saison.

Au Cœur du Soleil Cabinas $$

(**☎2776-0112 ; www.aucoeurdusoleil.com ; d 50-60 $US ; P wifi**). Des bungalows peints de couleurs gaies, avec grandes fenêtres, ventilateur et réfrigérateur. Certains ont une kitchenette, tous sont très douillets. Il y a aussi un barbecue central. Les propriétaires français, très sociables, fournissent à leurs hôtes des vélos pour découvrir Zancudo.

El Coquito Costaricain $

(**☎2776-0000 ; plats 7-8 $US ; ⏲7h-20h dim-mer, 7h-plus tard jeu-sam**). Au milieu de la grand-rue de Zancudo, ce *soda* lumineux et accueillant a tout bon. On peut s'y régaler d'un généreux *casado* de poisson frais, riz et fruits pour 7 $US et ses *licuados* (smoothies) sont délicieusement rafraîchissants. Le week-end, la salle attenante se transforme en discothèque.

PAVONES

Cabinas La Ponderosa Cabinas $$

(**☎2776-2076 ; www.cabinaslaponderosa.com ; ch 60-140 $US, maisons 235-275 $US ; P ❄ wifi**). De confortables bungalows installés sur un domaine de 6 ha joliment paysager, le tout tenu par le couple McCarthy, qui vit depuis des années à Pavones. Grand salon commun, propice aux rencontres et aux divertissements (table de ping-pong, vidéothèque bien fournie, etc). L'hospitalité des propriétaires reste le principal atout.

Tiskita Jungle Lodge Lodge **$$$**
(☎2296-8125 à San José ; www.tiskita.com ; ch à partir de 570 $US pour 3 nuits ; P @ wifi). Sans doute le plus beau lodge du Golfo Dulce, posé au cœur de jardins et de vergers. On séjourne dans de superbes bungalows en bois avec douche de jardin en pierre. Promenades guidées et pension complète comprises dans les tarifs (3 nuitées minimum). Réservation indispensable.

Café de la Suerte Café **$**
(☎2776-2388 ; plats 4-9 $US ; 8h-17h lun-sam ; wifi). À la carte, des choses légères – petits-déjeuners simples, omelettes et plats végétariens –, à accompagner d'un smoothie aux fruits tropicaux. Loue également quelques chambres sans prétention aux couleurs gaies (de 35 $US à 70 $US).

Depuis/vers Zancudo et Pavones

Bateau

Le quai des bateaux se situe près de l'extrémité nord de la plage, du côté de l'estuaire. Un bateau-taxi part de là pour Golfito (6 $US, 30 min) à 7h du lundi au samedi, et revient à 12h ; renseignez-vous sur place car les horaires peuvent changer.

Bus

Le bus pour Golfito (4 $US, 3 heures), avec traversée en ferry du Río Coto Colorado, part à 5h. Service irrégulier durant la saison des pluies ; renseignez-vous.

Chaque jour, deux bus rallient Golfito (4 $US, 2 heures). Le premier part à 5h15 du bout de la route à Punta Banco. Le deuxième part de l'école à 12h30. La plupart des bus passent par Zancudo.

Voiture

Pour rejoindre Zancudo en voiture, suivez la route au sud du Río Claro sur 10 km. Tournez à gauche au Rodeo Bar et suivez les panneaux de l'autre côté du nouveau pont. Ensuite, une piste de 30 km, très mal entretenue, conduit à Zancudo.

Méfiez-vous si vous poursuivez jusqu'à Pavones, car les panneaux sont épisodiques ; mieux vaut demander son chemin au fur et à mesure.

SAN ISIDRO DE EL GENERAL

Avec une population qui ne dépasse pas 45 000 habitants, San Isidro n'est guère plus qu'une ville de services. Plus importante agglomération de la région, "El General" (souvent appelée Pérez Zeledón, du nom de la municipalité) est aussi le centre névralgique des transports. Si vous allez vers les plages méridionales du Pacifique ou au Chirripó, une courte halte ici est inévitable.

Où se loger et se restaurer

Les hôtels de San Isidro, de style et de confort variables, servent habituellement de point de chute pour la nuit, tandis que les établissements à l'extérieur de la

San Isidro de El General

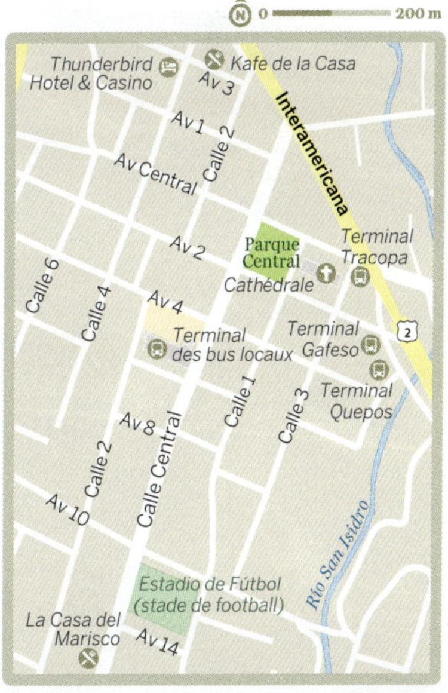

ville, qui ont davantage de cachet, sont propices à un plus long séjour.

Thunderbird Hotel & Casino Hôtel **$$**
(☎2770-6230 ; www.tbrcr.com/hotelcostarica ; angle Av. 3 et C. 4 ; ch standard/luxe à partir de 49/62 $US ; P ❄ @ wifi). Hôtel d'affaires entièrement rénové, devenu étonnamment chic – couleurs éclatantes et meubles noirs laqués. Petit casino au rez-de-chaussée (boissons offertes si vous jouez aux machines à sous).

Talari Mountain Lodge Lodge **$$**
(☎2771-0341 ; www.talari.co.cr ; Rivas ; s/d petit-déj inclus 62/90 $US ; P wifi piscine). Un lodge isolé dans la montagne, vrai paradis pour les amateurs d'ornithologie, puisqu'on peut observer plus de 200 espèces d'oiseaux sur la propriété, en bord de rivière. Les bungalows de bois, tout simples, se trouvent à l'orée de la forêt. Pour y accéder, suivez depuis San Isidro la route de San Gerardo de Rivas sur 7 km. L'allée carrossable se trouve sur la droite (trajet détaillé sur le site Internet).

La Casa del Marisco Produits de la mer **$**
(☎8366-1880, 2772-2862 ; plats 4-10 $US ; ⏲10h-22h lun-sam). Ce petit restaurant étant généralement pris d'assaut au déjeuner, mieux vaut venir en dehors du coup de feu pour goûter à ses divers *ceviches*, poissons et crevettes frais du jour préparés à votre goût. Il y a aussi des pâtes, burgers, salades et soupes, mais la clientèle d'habitués a une prédilection pour la spécialité de l'établissement.

Kafe de la Casa Café **$**
(☎2770-4816 ; Av. 3 entre C. 2 et C. 4 ; plats 6-13 $US ; ⏲6h-20h lun-ven, 7h-15h dim ; wifi). Ce café bohème occupe une maison ancienne aux murs ornés d'œuvres d'art éclectiques. Cuisine ouverte et jardin ombragé. À la carte : d'excellents petits-déjeuners, des plats légers pour le déjeuner et des spécialités plus raffinées le soir, ainsi que tout un choix de cafés.

Depuis/vers San Isidro de El General

Bus

Les bus pour San José partent du terminal Tracopa ; ceux qui rallient les localités de la côte pacifique centrale partent du terminal Quepos.

San José 7 $US ; 3 heures ; départs à 7h30, 8h30, 9h, 10h30, 13h, 16h, 17h30 et 20h30

Dominical 3 $US ; 1 heure 30 ; départs à 7h, 9h, 11h30, 15h30 et 16h

Puerto Jiménez (via Palmar Norte) 9,50 $US ; 5 heures ; départs à 6h30, 11h et 15h

Quepos 5 $US ; 3 heures ; départs à 7h, 11h30 et 15h30

Uvita 3,50 $US ; 2 heures ; départs à 9h et 16h

Dauphin et poissons, Isla del Coco (p. 300)
DMITRY MIROSHNIKOV/GETTY IMAGES ©

Taxi

Comptez entre 25 et 30 $US pour une course en 4x4 jusqu'à San Gerardo de Rivas. Adressez-vous de préférence à votre hébergement.

SAN GERARDO DE RIVAS

À l'entrée du Parque Nacional Chirripó, la paisible bourgade de San Gerardo de Rivas permet à ceux qui veulent faire l'ascension du Cerro Chirripó d'acheter quelques provisions, et surtout de prendre une bonne nuit de repos et une douche chaude.

Les randonneurs sont toujours pressés d'atteindre le parc, mais les préparatifs et les bus peu fréquents les forceront souvent à passer la nuit à San Gerardo avant et/ou après leur excursion. Ils ne le regretteront pas, car la localité s'inscrit dans un superbe paysage alpin, traversé par le Río Chirripó et où les oiseaux abondent.

À voir et à faire

Cocolisos Truchero — Pêche

(☎2742-5023 ; 8h-18h sam-dim, et sur rdv ; 👪). Le bel élevage de truites de la famille Marin se trouve à 500 m du centre de San Gerardo, en descendant la colline. On peut y pêcher dans les bassins ou admirer une collection d'orchidées réputée. La généreuse Garita vous cuisinera un festin de truites et d'autres spécialités pour 5 $US.

Sources chaudes — Bien-être

(Aguas Termales ; ☎2742-5210 ; Herradura ; 6 $US ; 7h-17h30). À 2 km au nord de San Gerardo, au-dessus du poste des gardes forestiers, prenez la route qui part sur la gauche. Suivez-la sur 1 km, puis tournez à droite et empruntez le pont suspendu plutôt branlant qui traverse la rivière. Un sentier en zigzag vous mènera, 1 km plus loin, à une maison assortie d'un *soda* qui marque l'entrée des sources.

Christ perché

La route du Cerro de la Muerte est si traîtresse que l'on risque souvent d'y croiser la mort. Pour autant, arrivé à 6 km au nord de San Isidro, ne manquez pas de lever les yeux au ciel. Une immense statue du Christ veille là, en équilibre précaire au bord du précipice.

Où se loger et se restaurer

La plupart des hébergements bordent l'étroite route parallèle au fleuve. La majorité d'entre eux louent du matériel (sacs de couchage, matelas gonflables, réchauds...), mais en quantité limitée et de qualité variable. Notez que la plupart ferment en même temps que le Parque Nacional Chirripó, pendant la deuxième quinzaine de mai et le mois d'octobre.

Casa Mariposa — Pension $

(☎2742-5037 ; www.hotelcasamariposa.net ; dort 15 $US, d 36-60 $US ; P @). Ce ravissant lodge, construit dans le flanc de la montagne, est proche à pied de l'entrée du parc. Ses 7 chambres et son dortoir se caractérisent par une belle atmosphère chaleureuse et les voyageurs y sont choyés – vêtements chauds à emprunter pour une randonnée, blanchisserie, assistance pour réserver le lodge du Chirripó...

Talamanca Reserve — Hôtel $$

(☎2742-5080 ; www.talamancareserve.com ; ch/ste 70/80 $US ; P @ wifi). Dotée de plus de 16 km² de forêts de nuages primaire et secondaire, cette réserve privée est sillonnée de sentiers menant à 10 chutes d'eau et à des bungalows nichés dans un écrin de verdure. Le jardin est ravissant, et les bungalows en bord de rivière, sur la propriété, ont l'eau chaude, une terrasse, et de superbes intérieurs avec boiseries

Le Chirripó en un jour ?

Quitter San Gerardo de Rivas le matin, faire l'ascension du Chirripó et revenir le soir paraît possible, mais ne le faites surtout pas ! Ce serait épuisant, même pour le plus aguerri des randonneurs, et, à la descente, la nuit vous surprendrait sur les parties les plus boueuses du sentier. Il vaut mieux compter 3 jours pour préparer l'ascension et la réaliser. Si votre temps est compté, consacrez plutôt la journée à randonner dans la Cloudbridge Nature Reserve (p. 307).

et carrelages. Bon restaurant et douillet coin salon sur place.

Monte Azul Hôtel **$$$**
(☎2742-5222 ; www.monteazulcr.com ; Rivas ; s/d avec 2 repas à partir de 359/416 $US ; P 🚭 📶). 🍃 Luxueux, élégant, écologique et à un jet de pierre du Chirripó, le Monte Azul rehausse le standing des hébergements des environs. Au milieu d'une réserve de 125 ha, on ne peut rêver établissement plus chic, avec de luxueuses suites au bord de la rivière – poutres apparentes, kitchenette, meubles signés et œuvres d'art contemporain, literie de qualité. On vous accueille avec des fruits frais et du fromage de la région, et le restaurant gastronomique propose une cuisine fusion internationale à base de produits de son jardin. Dans le village de Rivas, en contrebas de San Gerardo de Rivas.

ℹ Renseignements

Le **poste des gardes forestiers** (SINAC ; ☎ 2742-5083 ; ⏲6h30-12h et 13h-16h30) du Chirripó se situe à 1 km au-dessous du terrain de football, sur la route qui vient de San Isidro. Faites-y halte (mieux vaut y aller tôt) pour vérifier qu'il reste des places au refuge Crestones Base Lodge (p. 306), confirmer la réservation, présenter le reçu et régler le droit d'entrée dans le parc avant de vous lancer. Le refuge met de côté 10 lits par jour (premier arrivé premier servi), qu'on ne peut réserver que la veille de l'arrivée.

ℹ Depuis/vers San Gerardo de Rivas

Si vous arrivez par le bus, il faudra changer à San Isidro. Les bus pour San Isidro partent du terrain de football à 5h15, 11h30 et 16h (1,80 $US, 1 heure 30-2 heures). N'importe quel hôtel peut vous appeler un taxi (environ 30 $US).

Si vous venez en voiture depuis San Isidro, prenez la direction du sud sur l'Interamericana et traversez le Río San Isidro à l'extrémité sud de la ville. Après 500 m, franchissez le Río Jilguero et guettez un virage prononcé sur la gauche, 300 m environ après le Jilguero. Attention : cet embranchement n'est pas indiqué (en revanche, si vous le manquez, il est bien indiqué sur le côté de la route en direction du nord).

PARQUE NACIONAL CHIRRIPÓ

Point culminant du Costa Rica, le fameux **Cerro Chirripó** (3 820 m) est l'incontestable vedette du populaire **Parque Nacional Chirripó** (☎2742-5083 ; entrée valable 2 jours 15 $US, 15 $US/jour supplémentaire ; ⏲fermé 2e quinzaine de mai et tout oct). Il est pourtant loin d'être le seul à tutoyer le ciel. Deux autres sommets dépassent les 3 800 m, tandis qu'une grande partie du parc, vaste de 502 km², culmine au-dessus des 2 000 m.

Caractérisé par des paysages rocheux de haute altitude qui évoquent un peu les Andes, ce parc offre un répit inattendu à la chaleur et à l'humidité de la forêt tropicale – il y fait même franchement froid la nuit. Au-dessus de 3 400 m s'étend le *páramo*, composé pour l'essentiel d'épineux et de landes herbeuses où s'épanouit une incroyable diversité d'espèces de haute montagne. Des saillies rocheuses se détachent sur un relief plutôt nu. Les lacs glaciaires ont donné son nom au parc (*chirripó* signifie "eaux éternelles").

La marche est le seul moyen d'atteindre le sommet du Chirripó. Bien que les chemins de randonnée soient longs et difficiles, observer le lever du soleil depuis une telle altitude, littéralement au-dessus des nuages, est un moment particulièrement fort d'un voyage au Costa Rica. Il vous faudra être prêt à affronter le froid – et, à certaines périodes, l'humidité –, et à vous dépasser physiquement, mais vos efforts seront largement récompensés par une vue panoramique tout à fait exceptionnelle. La majorité des voyageurs s'accordent 3 jours pour conquérir le Chirripó : un jour pour arriver à San Gerardo de Rivas et obtenir les permis, un deuxième pour la randonnée jusqu'au refuge, le Crestones Base Lodge, et un troisième jusqu'au sommet avant de redescendre à San Gerardo.

La saison sèche (fin décembre-avril) est la plus propice à la découverte du Chirripó. Février et mars sont les mois les plus secs, malgré quelques averses. Le parc est fermé en mai et en octobre.

Les cartes que fournissent les gardes forestiers sont suffisantes pour suivre les principaux sentiers.

Activités

RANDONNÉE – ASCENSION DU CHIRRIPÓ

L'entrée du parc est située à San Gerardo de Rivas, à 1 350 m au-dessus du niveau de la mer. Pour atteindre le sommet, 2,5 km de dénivelé vous attendent ! Un sentier bien balisé de 16 km vous y mènera. Aucune compétence technique n'est nécessaire et il est pratiquement impossible de s'égarer.

Les 10 km qui mènent au refuge du sommet demandent entre 5 et 14 heures de marche, suivant votre condition physique. Il est recommandé de partir vers 5h-6h. Le départ du sentier se situe 50 m derrière l'Albergue Urán de San Gerardo de Rivas (à environ 4 km du poste des gardes forestiers). L'entrée principale est ouverte de 4h à 10h. Il est interdit d'entamer l'ascension après 10h – même si, dans les faits, il est peu probable qu'un bon marcheur retardataire soit refoulé. À l'intérieur du parc, le sentier est clairement indiqué tous les kilomètres.

Le plus difficile est d'arriver au refuge. Par la suite, le chemin de 6 km jusqu'au sommet est relativement plat, même si les derniers 100 m se révèlent particulièrement escarpés. Si vous êtes en bonne condition physique, prévoyez au moins 2 heures. Prenez une veste chaude, des vêtements de pluie, de l'eau, des en-cas et une lampe de poche (on ne sait jamais). Depuis le sommet, lorsque le ciel est dégagé, la vue s'étire de la mer des Caraïbes jusqu'au Pacifique.

OBSERVATION DE LA FAUNE

Le Parque Nacional Chirripó héberge une faune incroyablement variée,

Cerro Chirripó
CHRISTIAN KOBER/GETTY IMAGES ©

dont la répartition se fait essentiellement en fonction de l'altitude. Plusieurs espèces menacées y vivent, parmi lesquelles la harpie féroce (le plus grand et le plus puissant rapace des Amériques) ou le quetzal resplendissant (il est surtout visible de mars à mai).

Des reptiles, dont la présence est inhabituelle à haute altitude, se cachent ici : l'iguane à écailles malachite ou le lézard-alligator des montagnes sont très répandus. Parmi les mammifères, on compte le singe-araignée, le capucin, ou, un peu plus haut, le lapin de Dice et son prédateur, le coyote.

Où se loger et se restaurer

Le seul hébergement du Parque Nacional Chirripó est le **Crestones Base Lodge** (Centro Ambientalista el Parámo ; dort 10 $US), un refuge dont le dortoir à lits superposés (matelas en plastique corrects) loge jusqu'à 60 personnes. Le bâtiment de pierre, au confort rudimentaire, dispose d'un panneau solaire qui fournit de la lumière électrique pendant un nombre d'heures limité et un peu d'eau chaude pour la douche. Connexion Wi-Fi, surprenante en ces lieux. Il convient de louer l'équipement de base (sac de couchage, couverture, réchaud…) à San Gerardo de Rivas, où l'offre est nombreuse.

Le refuge met de côté 10 places par jour pour les randonneurs qui arrivent à San Gerardo sans réservation, prêts à entreprendre l'ascension le lendemain. C'est de loin la solution la plus pratique pour la plupart des visiteurs. Même si l'on n'est pas sûr d'obtenir une place pour le jour souhaité, se présenter au poste des gardes forestiers dès son ouverture à 6h30 est en principe une garantie de réussite.

Renseignements

Il est impératif de se présenter au poste de gardes forestiers du Chirripó (p. 304) au moins un jour avant de gravir le Chirripó. Chaque visiteur peut y réserver des places au refuge du sommet et acquitter le droit d'entrée (15 $US pour 2 jours, 15 $US/jour supp).

Depuis/vers le Parque Nacional Chirippó

En face du poste des gardes forestiers, devant les Cabinas El Bosque, une navette gratuite vous conduira au départ du sentier à 5h. Plusieurs hôtels proposent aussi un transport tôt le matin à leurs hôtes.

SAN GERARDO DE DOTA

Nulle autre localité du Costa Rica ne ressemble à San Gerardo de Dota. Ce bourg de montagne bucolique, situé au milieu de collines boisées et traversé par une rivière claire et vive, évoque plutôt les Alpes que les tropiques. Au fond de la vallée encaissée, l'air est

Gouttes d'eau sur fleur sauvage
JUDY BELLAH/GETTY IMAGES ©

WHIT RICHARDSON/ALAMY ©

À ne pas manquer
Cloudbridge Nature Reserve

Environ 2 km après le départ du sentier vers le Cerro Chirripó, vous découvrirez l'entrée de cette réserve naturelle au cadre magique. Couvrant 182 ha sur un flanc du Cerro Chirripó, cet espace protégé privé résulte d'un projet de reforestation et de préservation de l'environnement, initié par les New-Yorkais Ian et Genevieve Giddy. De nombreux sentiers quadrillent la propriété, qu'il est facile d'explorer sans guide. Peu après l'entrée, on atteint deux chutes d'eau, notamment la magnifique Catarata Pacifica.

INFOS PRATIQUES

917-494-5408 aux États-Unis ; www.cloudbridge.org ; don apprécié ; lever-coucher de soleil

frais et vivifiant, presque froid la nuit. Le bassin du Río Savegre abrite des espèces d'oiseaux de haute altitude, qui attirent des ornithologues du monde entier. L'insaisissable quetzal est si célèbre dans cette région qu'en 2005 le gouvernement a délimité ici un parc national (p. 309) en son honneur.

Le parc étant dépourvu d'infrastructures permanentes, il vous revient d'organiser presque entièrement votre visite. San Gerardo ne manque toutefois pas de lodges touristiques et permet d'accéder facilement aux points de départ des sentiers. Contrastant de façon étonnante avec les régions tropicales du Costa Rica, cette localité charmante vaut le détour pour quelques jours paisibles à respirer à pleins poumons l'air tonifiant des montagnes.

Activités

PÊCHE

Le Río Savegre est idéal pour pêcher la truite : mai-juin est la saison de la pêche à la mouche, décembre-mars celle de la pêche au leurre. Il existe également

Ci-contre : marais à mangrove, Humedal Nacional Térraba-Sierpe (p. 299)
Ci-dessous : quetzal

plusieurs fermes piscicoles dans les environs de San Gerardo.

OBSERVATION DES OISEAUX ET RANDONNÉE

Le Parque Nacional Los Quetzales permet d'associer la randonnée et l'ornithologie. À défaut de centre d'information dans le parc, on peut s'attacher les services de fabuleux guides locaux par l'intermédiaire des hôtels. Si vous voulez randonner longuement dans le secteur, procurez-vous des cartes avant d'arriver.

Où se loger et se restaurer

Sachez que nombre des lodges servent à dîner.

Dantica Cloud Forest Lodge Lodge **$$$**
(☎2740-1067 ; www.dantica.com ; ch/ste petit-déj inclus à partir de 189/217 $US ; P ❄ @ 📶). De loin l'adresse la plus chic de San Gerardo, voire de toute la région sud. Ce lodge haut de gamme se compose de ravissants bungalows décorés d'œuvres d'art et d'artisanat de toute l'Amérique latine. On apprécie le confort moderne (canapés en cuir, TV à écran plasma, Jacuzzi et éclairage sophistiqué), mais rien ne vaut le magnifique panorama sur la forêt de nuages.

Savegre Hotel de Montaña Lodge **$$$**
(☎2740-1028 ; www.savegre.com ; s/d/ste pension complète 136/190/254 $US ; P @ 📶). Ce lodge géré par la famille Chacón depuis 1957 est une véritable institution, surtout parmi les ornithologues amateurs qui viennent ici apercevoir le quetzal. Tout simplement magnifiques, les chambres et suites, aux hauts plafonds lambrissés, comportent des cheminées en pierre, des meubles en bois massif et des lustres en fer forgé.

Café Kahawa Café $

(☎2740-1081 ; plats 5-10 $US ; ⏲7h-20h ; P). Doté d'une terrasse donnant sur la rivière et d'aquariums étincelants grouillant de jeunes truites, cet établissement évocateur prépare le poisson local de diverses manières, toutes excellentes. Si la truite truste la majorité des plats, les variations sur le même thème – avec sauce à la noix de coco, en *ceviche*, etc. – sont tout à fait uniques.

Depuis/vers San Gerardo de Dota

La sortie vers San Gerardo de Dota est proche du km 80 de l'Interamericana. De là, la route escarpée alterne les tronçons goudronnés et en terre. Roulez doucement, car la circulation dans les deux sens réclame une vigilance accrue par rapport aux autres conducteurs. Les bus reliant San José à San Isidro de El General peuvent vous déposer à la bifurcation.

PARQUE NACIONAL LOS QUETZALES

L'ancienne Reserva Los Santos est devenue officiellement le **Parque Nacional Los Quetzales** (☎2206-5020 ; 5 $US ; ⏲7h30-15h30) en 2005. Le parc s'étend le long des berges du Río Savegre et comprend 50 km² de forêt tropicale humide et de forêt tropicale d'altitude couvrant les flancs de la Cordillera de Talamanca, entre 2 000 et 3 000 m d'altitude.

Élément vital du parc, le Río Savegre, qui prend sa source sur les hauteurs du Cerro de la Muerte, alimente plusieurs torrents et lacs glaciaires avant d'achever son cours dans le Pacifique, près de la ville de Savegre. La région présente une remarquable biodiversité, en dépit d'une taille relativement modeste : le bassin du Savegre accueille quelque 20% de toutes les espèces d'oiseaux identifiées du pays.

Comme son nom le suggère, le parc abrite le superbe quetzal, ainsi que des trogons, des colibris et des merles

GENEVIEVE VALLEE/ALAMY ©

À ne pas manquer
Wilson Botanical Garden

À 6 km au sud de San Vito, ce **jardin botanique**, entouré de 254 ha de forêt naturelle, s'étend sur 12 ha. Créé en 1963 par Robert et Catherine Wilson, il a acquis une réputation mondiale.

Les jardins sont bien conçus et des pancartes indiquent le nom des plantes ; une carte des sentiers est disponible pour les amateurs de randonnées, à la découverte de variétés exotiques comme les orchidées, les broméliacées et les plantes médicinales. Si les nombreuses variétés ornementales sont magnifiques, elles savent aussi être utiles, comme le souligne la visite (les communautés cabécar et bribrí recourent notamment à la délicate cycadée pour soigner les morsures de serpent). Par ailleurs, les jardins sont très prisés des ornithologues amateurs, qui pourront y apercevoir diverses espèces rares.

Si vous désirez passer la nuit sur place, réservez bien à l'avance car l'établissement, pris d'assaut par les chercheurs, affiche souvent complet. Les bungalows, confortables, sont installés dans un superbe environnement. Les chambres sont simples, mais disposent d'un balcon avec une belle vue.

Les bus reliant San Vito et Neily passent devant l'entrée du jardin. Prenez le bus passant par Agua Buena, car ceux qui vont à Cañas Gordas ne s'arrêtent pas au jardin.

INFOS PRATIQUES

2773-4004 ; www.ots.ac.cr/lascruces ; Las Cruces Biological Station ; 8 $US, visite guidée demi-journée/journée 28/54 $US ; 7h-17h lun-ven, 8h-17h sam-dim

fuligineux. Outre les oiseaux, on recense des mammifères protégés comme le jaguar, le tapir de Baird et le singe-écureuil. Le parc est également couvert de forêt tropicale humide de moyenne altitude, deuxième écosystème le plus menacé du Costa Rica.

Le parc ne possède pas d'infrastructures pour les touristes, hormis le petit **poste des gardes forestiers** (**2206-5020 ; entrée 5 $US ; 7h30-15h30**), qui accueille la billetterie. De là, un modeste réseau de sentiers propices à l'observation des oiseaux s'égaille dans la forêt. Tous les lodges aux abords de San Gerardo de Dota organisent des randonnées et des circuits d'observation des oiseaux.

L'entrée du parc national se trouve tout près du km 76 de l'Interamericana. La plupart des gens arrivent en voiture, mais n'importe quel bus le long de cet axe pourra vous déposer au poste des gardes forestiers.

RESERVA INDÍGENA BORUCA

La pittoresque vallée du Río Grande de Térraba abrite plusieurs villages, amérindiens pour la plupart, composant la **réserve** du peuple des Boruca (ou Brunka). À l'exception de quelques artisans qui vendent leurs produits, rien ou presque ne distingue à première vue ces villages des autres localités ticas. Cela dit, ils sont plutôt à l'écart des flux touristiques, ce qui a notamment permis aux Boruca de préserver leurs traditions.

Les villages amérindiens sont des communautés qui, dans un monde en pleine évolution, s'efforcent de maintenir coûte que coûte leur culture. Veillez à vous comporter avec respect lorsque vous effectuez une visite : habillez-vous décemment et ne prenez pas les gens en photo sans leur demander l'autorisation.

Les circuits à destination de la réserve des Boruca, avec séjours chez l'habitant, randonnées jusqu'aux cascades, démonstrations d'artisans et contes, peuvent être organisés via la Galería Namu (p. 69), à San José. À noter que le transport n'est pas compris.

Achats

Artisans habiles et réputés, les Boruca maintiennent un savoir-faire qui joue un rôle clé dans la survie de leur culture. Si la plupart des habitants vivent de l'agriculture, certains fabriquent des objets destinés aux touristes, notamment de jolis masques sculptés dans du bois de cèdre ou de balsa, et parfois teints de pigments naturels ou acryliques. Les femmes utilisent des métiers à tisser précolombiens pour réaliser sacs en coton, napperons et autres textiles bigarrés. On trouve difficilement ces productions ailleurs dans le pays.

Depuis/vers Boruca

En voiture, choisissez plutôt la route qui quitte l'Interamericana à environ 3 km au sud de Rey Curré – suivez la pancarte. Cet itinéraire, qui longe une crête, offre une vue spectaculaire sur la vallée. Il y a environ 8 km entre Rey Curré et Boruca, mais la route est mauvaise et l'on passe mieux en 4x4.

SAN VITO

Les immigrants italiens qui fondèrent le village de San Vito dans les collines au cours des années 1850 ont bien sûr disparu depuis longtemps, mais la localité n'en a pas moins conservé des traces de leur héritage, dans la langue, la culture et la cuisine. Aussi sert-elle de base aux voyageurs en quête d'un plat de pâtes fumant et d'une bonne nuit de sommeil avant de s'enfoncer dans la nature.

Du fait de sa proximité avec la Reserva Indígena Guaymí de Coto Brus, la bourgade voit passer beaucoup d'Amérindiens (notamment des Ngöbe, ou Guaymí, qui vont et viennent de part et d'autre de la frontière panaméenne). Il se peut donc que vous croisiez, en ville ou dans le bus, des femmes en vêtements traditionnels : de longues robes *nagua* très colorées, aux teintes contrastées.

Niché entre la Cordillera de Talamanca et la Fila Costeña, le Valle de Coto

Brus se caractérise par un magnifique relief vallonné couvert de verdoyantes plantations de café. La principale route emprunte un parcours spectaculaire à travers un cadre naturel saisissant. Partant de l'Interamericana à Paso Real, près de Rey Curré, elle suit le Río Jaba jusqu'à San Vito, puis continue vers le sud pour rejoindre l'Interamericana à Neily.

À voir

Finca Cántaros Réserve naturelle

(2773-3760 ; www.fincacantaros.com ; 5 $US ; 7h-17h ;). À 3 km au sud de San Vito, la Finca Cántaros intègre à la fois un centre de loisirs et un projet de reboisement. Le domaine de 7 ha (d'anciens pâturages et plantations de café) est devenu une superbe réserve naturelle dotée de sentiers, d'aires de pique-nique, le tout avec une vue splendide sur la bourgade. Le cimetière précolombien et le grand pétroglyphe découvert en 2009 sont particulièrement intéressants. Bien que l'on ait du mal à déterminer la signification du dessin et à le dater, on estime qu'il serait vieux de 1 600 ans.

Où se loger et se restaurer

Casa Botania B&B $$

(2773-4217 ; www.casabotania.com ; s/d petit-déj inclus 62/73 $US ;). Le B&B le plus pimpant de la région est tenu avec goût par un jeune couple tico-belge. Élégance exquise, des chambres modernes éclatantes de couleurs à la bibliothèque ornithologique en passant par les repas gourmets, servis sur une terrasse en bois poli surplombant la luxuriante vallée. On peut venir dîner sur réservation. Élaboré à partir des produits locaux, le menu (3 plats), toujours renouvelé, est composé de plats du Costa Rica réinterprétés avec une touche européenne originale. Il connaît un vif succès. À 5 km au sud de San Vito, sur la route du jardin botanique Wilson.

Cascata del Bosco Bungalows $$

(2773-3208 ; www.cascatadelbosco.com ; camping 20 $US, d 75 $US ; P). Les 4 bungalows circulaires de la Cascata del Bosco surplombent la vallée boisée. Leur confort douillet évoque celui d'une cabane dans les arbres. Chacun dispose

Grenouille arboricole, Parque Internacional La Amistad

MICHAEL & PATRICIA FOGDEN/CORBIS ©

d'une grande terrasse, d'une kitchenette et d'un ravissant intérieur en bambou et carrelage. Un court sentier, qui sillonne la propriété (il est également question d'installer une promenade dans la canopée), mène au restaurant en bord de route, lieu convivial où se rassemblent gens du coin et expatriés. À 200 m au nord du jardin botanique Wilson.

Renseignements

Si vous souhaitez vous rendre à La Amistad, renseignez-vous au **bureau Minae du parc (ministère de l'Environnement et de l'Énergie ; ☎2773-3955 ; Calle 2 entre Av. 4 et Av. 6 ; 🕘9h-16h)** avant de rejoindre le parc lui-même.

Depuis/vers San Vito

Bus

Le **Terminal Tracopa (☎2773-3410)**, principale gare routière, est à 150 m du centre, sur la route de Sabalito.

San Isidro 7,85 $US ; 3 heures ; départs à 6h45 et 13h30

San José 13,45 $US ; 7 heures ; départs à 5h, 7h30, 10h et 15h

Voiture

Depuis la ville de Neily, une route goudronnée part vers le nord. Abrupte, étroite et ponctuée de virages en épingle à cheveux, elle jouit d'un panorama vertigineux sur les plaines. Vous pouvez également rejoindre San Vito depuis San Isidro, en passant par le Valle de Coto Brus – un parcours magnifique, moins fréquenté, avec une vue superbe sur la Cordillera de Talamanca au nord et la Fila Costeña au sud.

PARQUE INTERNACIONAL LA AMISTAD

Immense étendue sauvage s'étendant de part et d'autre de la frontière entre le Panama et le Costa Rica, le "parc international de l'Amitié", qui couvre 4 070 km^2, est, de loin, le plus grand territoire protégé du Costa Rica. Emblème des perspectives ouvertes par la coopération internationale en matière de protection de l'environnement, le parc fut créé en 1982 et inscrit au patrimoine mondial de l'Unesco huit ans après. Il a été inclus par la suite dans le corridor biologique méso-américain, qui protège une grande variété d'habitats menacés. Son importance culturelle est également significative car il comprend plusieurs réserves amérindiennes.

La majeure partie du parc, logée dans les hauteurs de la Cordillera de Talamanca, est quasiment inaccessible. En revanche, les possibilités de randonnée et de camping ne manquent pas pour les voyageurs intrépides à des altitudes plus modérées.

Où se loger et se restaurer

L'**Asoprola (☎2743-1184, au Canada 877-206-4642 ; www.actuarcostarica.com ; Altamira ; 🕘7h-20h)** gère un petit lodge et restaurant tout simple dans le village d'Altamira, et organise au besoin l'hébergement chez l'habitant à Altamira et Santa Elena de Pittier, moyennant une somme modique (en principe 10-15 $US/pers) : une formule incomparable pour découvrir le mode de vie en bordure de la forêt tropicale.

Depuis/vers le Parque Internacional La Amistad

Si vous manquez de temps, un 4x4 est indispensable pour circuler dans le secteur : les bus ne sont pas fiables et ont des horaires pour le moins aléatoires ; quant aux routes, elles sont très accidentées et éreintantes.

Costa Rica
En savoir plus

Carreta (char à bœufs peint)

Le Costa Rica aujourd'hui

> *Les prochaines années diront si la neutralité carbone envisagée par le Costa Rica a des chances de devenir une réalité d'ici à 2021.*

Religion
(% de la population)

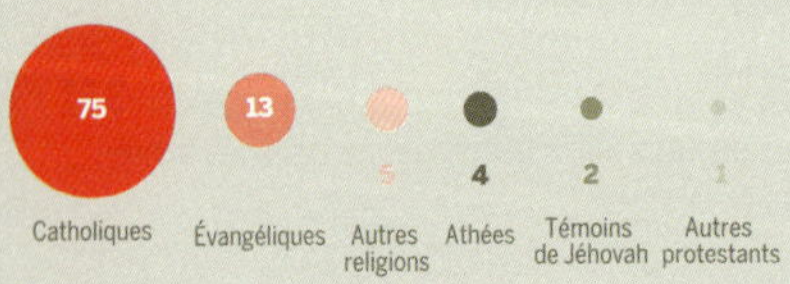

Sur 100 personnes au Costa Rica

Population par km²

Récolte de grains de café

Relève de la garde

Politiquement, les choses ont changé en 2014 avec l'élection d'un président de centre-gauche après cinquante ans de pouvoir détenu par la droite traditionnelle. Luis Guillermo Solís a remporté l'élection suprême au tour décisif (soit le second ballottage de l'histoire du pays), succédant ainsi à Laura Chinchilla, première femme président du Costa Rica. S'il y a peu de chances que le paysage politique costaricain change du tout au tout, la victoire de Solís pourrait marquer une rupture radicale pour le Parti de libération nationale (PLN), l'ancien parti au pouvoir, aujourd'hui poursuivi par les affaires de corruption.

Avec son Parti d'action citoyenne (PAC), Solís a promis de combattre ce fléau, mais aussi de s'attaquer aux inégalités sociales et économiques du pays. Pour autant, cet ancien professeur de l'université du Costa Rica, spécialiste de l'Amérique latine, est toujours considéré comme un outsider en politique.

DREAMPICTURES/GETTY IMAGES ©

Neutralité carbone

Le Costa Rica est depuis longtemps un pays pionnier en matière de politique écologique. Ainsi, en 2009, le président Óscar Arias a fixé un objectif ambitieux : la neutralité carbone pour 2021. En cas de réussite, le Costa Rica serait le premier pays au monde à atteindre ce résultat.

Bien que certaines mesures n'aient pas été mises en œuvre dans les délais prévus, les chiffres montrent que l'objectif est réalisable. La première phase – encore inachevée – concerne l'énergie et l'agriculture, deux grandes sources d'émissions de dioxyde de carbone.

Les progrès accomplis au cours des toutes prochaines années diront si la neutralité carbone au Costa Rica peut devenir une réalité d'ici à 2021. Toutefois, pendant sa campagne électorale, Solís a proposé que cette échéance soit repoussée à 2025.

Le Río San Juan

Sur son cours inférieur, le Río San Juan, rivière vaseuse ponctuée de petites îles marécageuses et de tapis de laitue d'eau flottant à la surface, forme la partie orientale de la frontière entre le Nicaragua et le Costa Rica.

Cette zone frontalière est un territoire délicat, et pas uniquement parce que la rivière constitue une entité géographique en constante évolution. Le traité de Cañas-Jerez (1858) stipule que la rivière appartient au Nicaragua mais que le Costa Rica détient le droit de navigation de son côté du cours d'eau. Plusieurs querelles frontalières ont déjà éclaté par le passé entre les deux pays, mais la tension s'est ravivée récemment.

Tout a commencé quand le Nicaragua a dragué le delta d'une rivière fin 2010. Devant la présence de militaires nicaraguayens pendant les opérations, le gouvernement costaricain a crié à l'invasion, avant que la situation ne se détériore encore. En mars 2011, lorsque la Cour internationale de justice a examiné l'affaire et réitéré la validité du traité de Cañas-Jerez, les deux parties ont interprété cette sentence comme une victoire.

À l'époque, la présidente Laura Chinchilla avait demandé l'attribution de fonds d'urgence pour la construction d'une route le long de la rive costaricaine, sans véritable étude environnementale ou technique préalable. L'impact écologique et politique de cette initiative a entraîné la consternation des deux côtés de la frontière.

Lors du dernier épisode en date, le leader nicaraguayen Daniel Ortega a laissé entendre qu'il souhaitait tendre une main pacifique par-dessus le fleuve au nouveau président costaricain. Affaire à suivre.

Histoire

Alajuela (p. 86)

JOSE FUSTE RAGA/CORBIS

L'Amérique centrale est habitée depuis au moins 10 000 ans et le territoire de l'actuel Costa Rica comptait quelque 400 000 habitants avant l'arrivée des Européens. Pourtant, notre connaissance de ces cultures précolombiennes n'a pas résisté aux catastrophes naturelles et à la brutalité de la colonisation espagnole.

Les héritiers de Christophe Colomb

Lors de son quatrième et dernier voyage au Nouveau Monde en 1502, Christophe Colomb dut jeter l'ancre près de l'actuel Puerto Limón car un ouragan avait endommagé son navire. Durant les réparations, il s'aventura dans les terres et échangea des présents avec des chefs accueillants et aimables. Il revint en affirmant avoir

11000 av. J.-C.

Les premiers humains peuplent le Costa Rica et prospèrent rapidement grâce à la fertilité des sols et aux ressources marines le long des deux côtes.

vu "davantage d'or en deux jours qu'en quatre ans à Española". Colomb baptisa Veraguas la bande de littoral entre le Honduras et le Panama, mais sa description enthousiaste de la *costa rica*, la "côte riche", donna à la région son nom définitif. Telle est du moins la légende populaire.

À la déception des conquistadors qui succédèrent à Colomb, la région ne regorgeait pas d'or et les habitants ne se montraient guère amicaux. La première colonie de Nicuesa, dans l'actuel Panama, fut brusquement abandonnée quand les maladies tropicales et les affrontements avec les tribus locales décimèrent ses rangs. Par la suite, des expéditions lancées de la côte caribéenne échouèrent également ; les marécages, la jungle et les volcans évoquaient plus un enfer tropical que le paradis décrit par le navigateur.

Les meilleurs... Lieux chargés d'histoire

1 Guayabo (p. 102)

2 San José (p. 60

3 Cartago (p. 95)

4 Alajuela (p. 86)

5 Heredia (p. 92)

La colonisation espagnole

La première colonie espagnole ne fut réellement établie au Costa Rica que dans les années 1560. Désireux de cultiver le sol volcanique fertile de la Vallée centrale, les Espagnols fondèrent la bourgade de Cartago, sur les rives du Río Reventazón. Bien que très isolée, la colonie survécut sous la direction de son premier gouverneur, Juan Vázquez de Coronado. Préférant la diplomatie aux armes pour régler les conflits avec les populations indigènes, Coronado utilisa Cartago comme base pour explorer les terres au sud jusqu'au Panama et à l'ouest jusqu'au Pacifique, et conforta sa position à la tête de la colonie.

Coronado, qui périt lors d'un naufrage, laissa une empreinte durable : le Costa Rica était officiellement devenu une province de la vice-royauté de Nouvelle-Espagne (Virreinato de Nueva España), le nom attribué aux territoires administrés par le vice-roi de l'Empire espagnol d'Amérique du Nord, d'Amérique centrale, des Caraïbes et d'Asie. L'héritage de Coronado, père fondateur de l'élite politique costaricaine, a également traversé les générations. Dans les années 1970, son arbre généalogique recensait 29 chefs d'État et plus de 200 membres du Parlement.

Pendant près de trois siècles, la Capitainerie générale du Guatemala (ou royaume du Guatemala), qui s'étendait sur l'actuel Costa Rica, le Nicaragua, le Honduras,

1000 av. J.-C.
Le centre du pouvoir huetar, dans la Vallée centrale, est consolidé par la construction de la cité de Guayabo, abandonnée en 1400.

800
Les sphères granitiques apparaissent dans la vallée de Diquis – les archéologues restent divisés quant à leur fonction et à leur signification.

1522
Des colonies espagnoles s'installent au Costa Rica, mais il faudra plusieurs décennies avant que les colons accaparent durablement les terres.

Le Costa Rica précolombien

Les premiers habitants du Costa Rica faisaient partie d'un vaste secteur d'échanges commerciaux qui s'étendait du Mexique au nord jusqu'au Pérou au sud. La région abritait une vingtaine de petites tribus, organisées en chefferies ; un cacique, le chef permanent, dirigeait une société hiérarchisée, composée de chamans, de guerriers, de travailleurs et d'esclaves.

Marins chevronnés, les Caraïbes dominaient les plaines du littoral atlantique et facilitaient le commerce avec le continent sud-américain. Dans le nord-ouest, plusieurs tribus entretenaient des relations avec les grandes cultures méso-américaines. Ainsi, des traces de pratiques religieuses aztèques, de jade et d'artisanat mayas ont été identifiées dans la Península de Nicoya, tandis que des plumes de quetzal et des colifichets en or provenant du Costa Rica étaient découverts au Mexique. Dans le sud-ouest, trois chefferies témoignaient d'influences indigènes andines, telle que la culture des feuilles de coca à des fins médicinales, ou la consommation de yucca et de patates douces.

Le huetar, la langue de la Vallée centrale, était connu de tous les groupes indigènes du Costa Rica, ce qui indiquerait la puissance et l'influence de cette ethnie. La Vallée centrale abrite le seul site archéologique majeur découvert au Costa Rica, Guayabo. Sans doute un ancien centre cérémoniel, Guayabo possédait jadis des rues pavées, un aqueduc et des éléments décoratifs en or. Des archéologues ont mis au jour de ravissants ornements en or, d'inhabituelles statues en pierre d'humains grandeur nature, ainsi que des poteries et des *metates* (plateaux en pierre utilisés pour moudre le maïs) caractéristiques.

Pour les visiteurs s'intéressant à l'histoire précolombienne du Costa Rica, il s'agit, de très loin, du site le plus important du pays. S'il se résume aujourd'hui à un champ de pierres et de rochers taillés, il atteste néanmoins l'existence d'une grande civilisation du Nouveau Monde.

le Salvador, le Guatemala et l'État mexicain du Chiapas, fut une colonie du vaste Empire espagnol administrée sans grande rigueur. Le quartier général politico-militaire du royaume se trouvant au Guatemala, le Costa Rica devint un avant-poste provincial mineur, sans importance stratégique ni richesses exploitables.

En outre, le développement du pays se retrouva freiné par la faible population autochtone. Disposant d'une maigre main-d'œuvre indigène, les colons espagnols et européens durent exploiter en grande partie par eux-mêmes une terre revêche, échouant à fonder le genre d'importante *hacienda* qui existait dans le reste de l'Amérique centrale, notamment au Mexique.

1540
Les Espagnols fondent le royaume du Guatemala (Costa Rica, Nicaragua, Honduras, Salvador, Guatemala et Chiapas).

1562
Juan Vásquez de Coronado, gouverneur du Costa Rica, déplace les communautés espagnoles excentrées dans la Vallée centrale.

1563
Coronado fonde Cartago, première ville espagnole du Costa Rica, sur un emplacement choisi pour la fertilité des sols.

La chute d'un Empire

Le 27 octobre 1807, l'Espagne et la France signèrent le traité de Fontainebleau, qui déterminait l'occupation du Portugal. Sous couvert de renforcer l'armée franco-espagnole au Portugal, Napoléon fit déplacer des dizaines de milliers de soldats français en Espagne. Dans une géniale intuition militaire, il ordonna à ses troupes de s'emparer des fortifications espagnoles clés. Sans tirer le moindre coup de feu, les armées napoléoniennes prirent Barcelone après avoir convaincu la municipalité de leur ouvrir les portes pour laisser passer un convoi de blessés. Malgré cette invasion sans heurts, la guerre péninsulaire qui s'ensuivit donna lieu à une terrible guérilla qui laissa les deux pays exsangues. Conséquence du conflit, ainsi que du vide politique et de l'agitation nationale qui en découlèrent, l'Espagne perdit la quasi-totalité de son patrimoine colonial durant le premier tiers du XIXe siècle.

Après la déclaration d'indépendance du Mexique en 1821, les Amériques parvinrent à se libérer du joug espagnol. Peu désireux de rester sous la coupe de ce nouvel Empire mexicain, les pays d'Amérique centrale revendiquèrent bientôt leur indépendance. Ces événements ne perturbèrent guère le Costa Rica, qui apprit son indépendance un mois après les faits.

Les colonies récemment libérées durent décider de leur sort : rester ensemble pour devenir des États unis d'Amérique centrale, ou se séparer pour devenir chacune une nation. Elles adoptèrent un compromis et formèrent la Fédération d'Amérique centrale (CAF), qui ne pouvait ni fonder une armée ni collecter des impôts. Accoutumé à une position dominante, le Guatemala tenta de diriger la CAF, suscitant l'opposition des colonies plus petites et précipitant sa chute. Les tentatives ultérieures de réunir la région échouèrent régulièrement.

Pendant ce temps, un Costa Rica indépendant prenait forme sous la houlette de Juan Mora Fernández, premier chef de l'État (1824-1833). Décidé à construire une nation, Mora créa de nouvelles villes, fit construire des routes, publia un journal et instaura une monnaie. Son épouse participa à ces efforts en dessinant le drapeau.

La vie reprit son cours, à l'inverse des autres pays d'Amérique centrale ravagés après leur indépendance par des guerres civiles. En 1824, la région de Nicoya-Guanacaste se sépara du Nicaragua et rejoignit le Costa Rica, plus calme, définissant la frontière actuelle. En 1852, le Costa Rica accueillit les premières représentations diplomatiques des États-Unis et de Grande-Bretagne.

Couleur café

Au XIXe siècle, les richesses longtemps promises par le Costa Rica devinrent une réalité quand on découvrit que le sol et le climat des hauts plateaux de la Vallée centrale convenaient parfaitement à la culture du café. Le Costa Rica fut le premier État d'Amérique centrale à cultiver les caféiers, faisant de ce pays pauvre la nation la plus prospère de la région.

1737
La fondation de San José, la future capitale, provoque une rivalité avec Cartago, qui culminera par une guerre civile entre les deux cités.

1821
Le Costa Rica obtient son autonomie après des siècles de domination espagnole.

Avril 1823
La capitale est transférée de Cartago à San José.

> ## Pour l'anecdote…
>
> Dans les années 1940, les enfants costaricains apprenaient à lire avec un texte qui clamait : "Le café est bon pour la santé. J'en bois tous les matins."

Lorsque l'exportation commença à se développer, le gouvernement encouragea les agriculteurs à cultiver le café en leur fournissant gratuitement des plants. Dans un premier temps, les producteurs costaricains exportaient les grains dans des pays voisins d'Amérique du Sud, où ils étaient traités et envoyés en Europe. Dans les années 1840, des marchands locaux mirent sur pied les infrastructures leur permettant d'exporter eux-mêmes leurs produits outre-mer. Ils persuadèrent le capitaine d'un navire anglais, le *Monarch*, de transporter plusieurs sacs de café costaricain à Londres, marquant la naissance d'une fructueuse amitié.

Ce fut le début de l'expansion du café costaricain, qui devint rapidement populaire parmi la classe ouvrière des pays de l'hémisphère nord, en pleine industrialisation. Cette activité prometteuse attira une vague d'immigrants allemands qui améliorèrent les compétences techniques et financières du secteur. À la fin du siècle, plus d'un tiers de la Vallée centrale était consacré à la culture du café, qui représentait environ 90% des exportations et 80% des entrées de devises.

La richesse issue du café devint une source de pouvoir politique, avec à sa tête les familles aristocratiques costaricaines. Au milieu du XIXe siècle, les trois quarts des barons du café descendaient de deux familles coloniales. Le principal exportateur de café du pays était alors le président Juan Rafael Mora Porras (1849-1859), un descendant du fondateur de la colonie, Juan Vázquez de Coronado.

L'empire de la banane

Le commerce du café provoqua, par ricochet, un autre boom économique : l'exportation des bananes. Acheminer le café jusqu'aux marchés mondiaux nécessitait la construction d'une voie ferrée depuis les plateaux centraux jusqu'à la côte caraïbe – en l'occurence Puerto Limón, un port en eaux profondes. L'arrière-pays était couvert de jungle épaisse et de marécages infestés d'insectes, ce qui poussa le gouvernement à confier les travaux à Minor Keith, le neveu d'un magnat américain du chemin de fer.

Le projet fut un désastre. Malaria et accidents décimèrent les ouvriers ticos qui durent être remplacés par des prisonniers états-uniens et des engagés chinois, lesquels furent remplacés à leur tour par des esclaves jamaïcains affranchis. Quelque 4 000 hommes, dont trois frères de Minor Keith, périrent durant la construction des quarante premiers kilomètres de voie. Pour inciter Keith à persévérer, le gouvernement lui octroya 3 200 km² de terre le long de la voie et une concession

Décembre 1823
La doctrine Monroe, du nom du président en exercice, condamne toute intervention européenne en Amérique du Nord et du Sud.

1824
À cette date, la région de Nicoya-Guanacaste vote la séparation du Nicaragua et son rattachement au Costa Rica.

1856
L'armée de l'aventurier américain William Walker est défaite lors de la bataille de Santa Rosa.

de 99 ans pour l'exploitation du chemin de fer. La voie fut achevée en 1890 et fonctionna à perte.

Keith avait planté des bananiers le long des voies pour fournir une nourriture bon marché aux ouvriers. Prêt à tout pour rentrer dans ses frais, il expédia quelques bananes à La Nouvelle-Orléans dans l'espoir de démarrer une nouvelle entreprise. Celle-ci fut couronnée de succès : les bananes devinrent un fruit recherché. Au début du XXe siècle, la banane supplanta le café en tant qu'exportation la plus lucrative du pays. Le Costa Rica devint le premier exportateur mondial de banane ; mais à l'inverse du café, les profits furent exportés avec les fruits.

Le Costa Rica fut transformé par l'essor de l'empire de Keith. Celui-ci s'associa à un autre importateur américain pour fonder la United Fruit Company, qui allait bientôt devenir le plus gros employeur d'Amérique centrale. Surnommée *El pulpo* (la pieuvre) par les habitants, la société étendait ses tentacules sur toute la région, se mêlant à l'économie et à la politique locales. La United Fruit, qui comptait de multiples bureaucrates, possédait d'énormes étendues de plaines luxuriantes et la plupart des infrastructures de communication et de transport. Elle provoqua une vague d'immigration de travailleurs jamaïcains, modifiant la composition ethnique du pays et créant des tensions raciales.

Régime de bananes
EISENHUT & MAYER/GETTY IMAGES ©

1889
Le Costa Rica organise ses premières élections démocratiques – les Afro-Américains et les femmes n'ont pas le droit de voter.

1890
Le chemin de fer entre San José et Puerto Limón est enfin achevé, après des années d'épreuves et des milliers de morts.

1900
La population du pays, qui se développe grâce aux exportations lucratives du café et de la banane, atteint 500 000 âmes.

Si le visiteur moderne y regarde de plus près, il apercevra des vestiges vieillissants de la United Fruit Company dans tout le pays, comme les voies ferrées rouillées près de Puntarenas et le long de la côte pacifique, ou encore les vieux bâtiments qui abritaient le siège de la société à Golfito.

Naissance d'une nation

Les inégalités du début du XXe siècle entraînèrent l'ascension de José Figueres Ferrer, qui se décrivait comme un agriculteur-philosophe, le père de la démocratie costaricaine sans armée. Fils de planteurs de café catalans, Figueres fut un écolier brillant et fit des études d'ingénieur au Massachusetts Institute of Technology à Boston. De retour au Costa Rica, il fonda sa propre plantation de café, organisée en communauté égalitaire où "tous bénéficiaient des mêmes chances", qu'il appela La Lucha Sin Fin (la lutte sans fin).

Dans les années 1940, Figueres devint une personnalité politique engagée dans la lutte contre le président Calderón. Au cours d'un entretien radiophonique dans lequel il critiquait le président, la police fit irruption dans le studio et l'arrêta. Il fut accusé

Parque Central, San José

1919
Le dictateur Federico Tinoco Granados est renversé au cours de l'un des rares épisodes de violence du pays.

1940
Le président Rafael Ángel Calderón Guardia instaure un salaire minimum et une journée de 8 heures.

Années 1940
José Figueres Ferrer entre en politique. Ses idées sociales-démocrates rencontrent l'opposition de l'élite costaricaine.

de sympathies fascistes et exilé au Mexique. Il y créa la Légion des Caraïbes, un groupe d'étudiants et de démocrates originaires de toute l'Amérique centrale désireux de chasser les dictateurs militaires de la région. Lorsqu'il revint au Costa Rica, la Légion des Caraïbes, forte de 700 hommes, l'accompagna et l'aida à organiser des manifestations.

Une descente de l'armée dans la plantation pour arrêter Figueres et désarmer la Légion des Caraïbes déclencha une guerre civile. Son heure de gloire était venue : le petit agriculteur-philosophe se transforma en combattant. Figueres sortit victorieux du bref conflit et saisit cette occasion de réaliser sa vision de la démocratie sociale costaricaine. En dissolvant l'armée, il cita H.G. Wells : "Les forces armées ne peuvent pas faire partie du futur de l'humanité."

À la tête de la junte provisoire, Figueres fit passer près de mille décrets. Il fit payer des impôts aux riches, nationalisa les banques et instaura un État providence moderne. Sa Constitution de 1949 accordait la pleine citoyenneté et le droit de vote aux femmes, aux Afro-Américains, aux Amérindiens et aux minorités chinoises. Aujourd'hui, le régime révolutionnaire de Figueres est considéré comme le fondement de la démocratie sans armée du Costa Rica.

Les meilleurs...
Places et parcs coloniaux

1 Plaza de la Cultura, San José (p. 64)

2 Parque Morazán, San José (p. 61)

3 El Fortín, Heredia (p. 92)

4 Parque Central, Alajuela (p. 86)

L'Empire américain

Durant les années 1970 et 1980, la souveraineté des petites nations d'Amérique centrale fut entravée par les États-Unis. L'autoritarisme, la politique du canon et la diplomatie du dollar furent les instruments d'une politique américaine hostile aux socialistes et soutenant les oligarchies militaires du Guatemala, du Salvador et du Nicaragua.

En 1979, les Sandinistes réussirent à renverser Arastasio Somoza, le dictateur du Nicaragua soutenu par les États-Unis. Inquiet des liens des Sandinistes avec les Soviétiques et les Cubains, le président Ronald Reagan, anticommuniste acharné, décida d'intervenir. La guerre froide s'installait sous les tropiques.

L'organisation de la contre-révolution fut confiée à Oliver North, un ambitieux officier subalterne qui travaillait pour la Maison-Blanche. Il incita les Contras, les rebelles antisandinistes, à déclencher une guerre civile au Nicaragua. Si les deux

1948
Les partis conservateur et libéral s'opposent, entraînant une guerre civile de six semaines qui fait 2 000 victimes.

1949
La nouvelle constitution abolit l'armée et garantit le droit de vote aux femmes et aux Afro-Américains.

1963
La Reserva Natural Absoluta Cabo Blanco, dans la Península de Nicoya, devient la première réserve officielle du Costa Rica.

camps invoquaient la liberté et la démocratie, il s'agissait en réalité d'un affrontement entre mercenaires de droite et forces de gauche.

Soumis à une pression intense des États-Unis, le Costa Rica se voyait contre son gré impliqué dans le conflit. Les Contras installèrent un camp dans le nord du pays, d'où ils lançaient des raids. Des agents de la CIA peu discrets et des conseillers militaires nord-américains les soutenaient. Un aérodrome secret fut construit dans la jungle près de la frontière pour livrer des armes et des provisions. Afin de collecter des fonds pour la Contra, North aurait utilisé son réseau d'approvisionnement pour transporter de la drogue dans la région. Bien que North ait formellement démenti tout soutien américain à la résistance nicaraguayenne via le commerce de la drogue, une enquête du Congrès prouva que divers hauts responsables, dont North, avaient contribué à créer un réseau susceptible d'attirer les trafiquants de stupéfiants, avant de fermer les yeux sur les rumeurs de trafics.

Le conflit divisait le Costa Rica. Les conservateurs voulaient rétablir le pouvoir militaire et rejoindre la croisade anticommuniste, tandis que 20 000 manifestants défilaient dans San José pour réclamer la paix. Le débat atteignit son paroxysme lors de l'élection présidentielle de 1986, remportée par Oscar Arias Sánchez, un intellectuel réformateur dans le style de Figueres.

Teatro Nacional (p. 61)

1987
Le président Oscar Arias Sánchez reçoit le prix Nobel de la paix pour son rôle dans les accords de paix en Amérique centrale.

2000
La population du Costa Rica atteint officiellement 4 millions d'habitants – sans compter la population des bidonvilles de San José.

2007
Lors du référendum national sur l'Aléac, le "oui" l'emporte de justesse.

Une fois au pouvoir, Arias affirma son engagement pour une solution négociée et rétablit l'indépendance nationale du Costa Rica. Il promit de maintenir la neutralité du pays et de chasser les Contras, provoquant le brusque départ de l'ambassadeur nord-américain. Au cours d'une cérémonie publique, des écoliers costaricains plantèrent des arbres sur l'aérodrome secret de la CIA. Arias devint une force d'union de l'Amérique centrale autour d'un plan de paix, qui mit un terme à la guerre nicaraguayenne et lui valut le prix Nobel de la paix en 1987.

En 2006, Oscar Arias retrouva la fonction présidentielle, remportant l'élection suprême avec une marge de 1,2 point, avant de ratifier le très controversé CAFTA (accord de libre-échange Amérique centrale-États-Unis).

Pour l'actualité du Costa Rica, reportez-vous au chapitre *Le Costa Rica aujourd'hui* (p. 316).

Les meilleurs... Bâtiments historiques

1 Basílica de Nuestra Señora de los Ángeles (p. 96)

2 Teatro Nacional, San José (p. 61)

3 La Casona (p. 194)

4 Iglesia de la Inmaculada Concepción (p. 92)

5 Iglesia San Bartolomé (p. 94)

2010
Le Costa Rica élit sa première femme présidente, Laura Chinchilla Miranda, du Parti de libération nationale.

2011
Les guerres de la drogue empiètent sur les frontières costaricaines.

2014
Luis Guillermo Solís, candidat du Parti d'action citoyenne (centre-gauche) pays), est élu président du Costa Rica.

Voyager en famille

Tyrolienne

MIKE TAUBER/GETTY IMAGE

Le Costa Rica est l'une des destinations familiales les plus accessibles d'Amérique latine. Les Ticos (Costaricains), très attachés à la famille, font tout pour satisfaire aux envies des plus jeunes. Laissez donc vos appréhensions à l'aéroport et préparez-vous à passer l'un des meilleurs séjours en famille de votre vie.

Où aller

Bien entendu, vous devrez prendre quelques précautions afin de garantir le bien-être de vos enfants. Toutefois, sachez que les normes de sécurité costaricaines sont plus proches de celles en vigueur en Amérique du Nord et en Europe que dans la plupart des pays d'Amérique centrale.

N'importe quelle destination du Costa Rica fera le bonheur des familles – même la capitale, San José, réserve quelques sites d'intérêt pour les enfants. Toutefois, mieux vaut s'éloigner de la ville et partir à la découverte des campagnes et du littoral.

Plonger avec masque et tuba dans les eaux caribéennes, surfer sur la côte pacifique centrale, observer des singes et des oiseaux tropicaux dans le parc national Manuel Antonio... autant de moments forts que vos enfants n'oublieront pas de sitôt.

Les familles souhaitant profiter au maximum de leur séjour privilégieront éventuellement la péninsule de Nicoya et la côte pacifique centrale, qui regorgent d'activités, de sites naturels magnifiques et d'infrastructures de premier plan.

Les meilleurs... Sites pour les enfants

1 Monteverde et Santa Elena (p. 168)

2 Parque Nacional Manuel Antonio (p. 261)

3 Parque Nacional Tortuguero (p. 124)

4 Playa Sámara (p. 227)

5 Volcán Arenal (p. 158)

Que manger

Le cuisine costaricaine est simple et copieuse, quoiqu'un peu fade (haricots, riz, poulet grillé, steaks et poissons sont omniprésents). Si ces mets récurrents risquent de vite lasser les gourmets exigeants, ils conviendront très bien aux enfants difficiles. Généralement absents des cartes des restaurants, les menus pour enfants sont en revanche proposés par certains lodges haut de gamme. Cela dit, la plupart des établissements locaux accepteront de servir une assiette pour deux, ou des portions adaptées aux petits appétits.

Si vous voyagez avec un bébé, faites le plein de lait en poudre et de nourriture adéquate avant de partir pour des endroits reculés. Prévoyez toujours des en-cas pour les longs trajets – vous ne trouverez parfois nulle part où faire une pause restauration.

Si vos enfants se lassent des jus de fruits et de l'eau, les boissons suivantes devraient leur plaire : *batidos* (smoothies aux fruits frais) *al agua* (à l'eau) ou *con leche* (au lait), lait de coco (à siroter avec une paille plantée directement dans la noix fendue) et *horchata* (lait de riz à la cannelle).

Pour le reste, n'ayez aucune inquiétude : l'eau du robinet et les glaçons sont en général propres à la consommation.

En pratique

Allaitement en public Ne pose aucun problème.

Espaces change Dans les hôtels et les complexes haut de gamme.

Lits bébé Dans les hôtels et les complexes haut de gamme (réservation conseillée).

Couches Largement répandues, sauf dans les zones rurales.

Santé Les maladies d'origine alimentaire ou infectieuses sont très limitées.

Chaises hautes Dans la plupart des restaurants touristiques.

Poussettes Prévoyez un modèle léger et pliable, ou, mieux encore, un porte-bébé.

Transports Pensez éventuellement aux bus privés ou à la voiture de location.

L'eau est-elle potable ?

Oui, l'eau est parfaitement potable au Costa Rica. Vous pourrez boire au robinet dans tout le pays, hormis dans les zones rurales les plus reculées.

Où se loger

En matière d'hébergements familiaux, vous n'aurez que l'embarras du choix au Costa Rica. Du somptueux écolodge dans la jungle à la tente en bord de plage, vous trouverez le logement adapté à vos besoins dans la plupart des destinations touristiques. Outre le grand nombre de chambres familiales bon marché, la plupart des hôtels de catégorie moyenne ou supérieure pratiquent des tarifs préférentiels pour les moins de 12 ans, à condition que ceux-ci partagent la chambre de leurs parents. Les hôtels haut de gamme fournissent des lits pour bébés et proposent généralement activités, piscines et aires de jeux pour les enfants.

Bon à savoir

- Les enfants de moins de 12 ans bénéficient d'une réduction de 25% sur les vols intérieurs ; pour les bébés de moins de 2 ans, c'est gratuit s'ils voyagent sur les genoux d'un adulte.

- Si vous voyagez avec un bébé, pensez aux couches jetables, aux produits de toilette, aux médicaments et au thermomètre, à apporter ou à acheter à San José. Vous peinerez peut-être à vous approvisionner dans les régions rurales, même si vous trouverez probablement des couches en tissu.

- Si la poussette peut s'avérer utile dans les complexes haut de gamme, elle sera d'un usage problématique dans le reste du pays. Peu de parcs nationaux sont équipés pour les accueillir. L'achat d'un bon porte-bébé de randonnée sera peut-être judicieux si vous envisagez de passer beaucoup de temps dans les parcs.

- Faciles, courts et bien balisés, les chemins sont parfaitement accessibles aux jeunes enfants dans la plupart des parcs nationaux. Parmi les exceptions notables figurent le Parque Nacional Corcovado, le Parque Nacional Chirripó et le Parque Nacional La Amistad.

- Bien que de nombreuses écoles de surf acceptent de très jeunes enfants, les moins de 10 ans devront généralement être accompagnés d'un adulte.

Sports et activités

Tramway aérien

MICHAEL MARQUAND/GETTY IMAGES ©

L'une des grandes spécificités du Costa Rica tient à la diversité et à l'accessibilité de son patrimoine naturel. Treks dans la jungle, chasses au trésor sur la plage, rafting au fil de rivières sinueuses et surf à l'assaut de vagues tempétueuses... le pays a de quoi ravir aussi bien les amateurs de grands espaces que les familles et les voyageurs novices.

Parcours dans la canopée

L'impressionnante quantité de réserves et de parcs nationaux costaricains témoigne de l'engagement unique du pays dans la protection de l'environnement, offrant un incroyable terrain d'exploration aux amoureux de la nature. Pour l'immense majorité des voyageurs, le Costa Rica évoque la forêt tropicale humide, où vous croiserez une riche faune, composée notamment de primates, d'oiseaux et de papillons. Comme vous ne tarderez pas à le découvrir, il n'existe pas deux forêts tropicales identiques, d'où cette palette naturelle sans cesse renouvelée.

Dans la forêt humide, la vie se déroule à hauteur de canopée. Avec des arbres oscillant entre 30 et 60 m de hauteur, l'humain peine forcément à voir ce qui se trame là-haut. Tôt ou tard, il était dit que

Les meilleures... Randonnées

1 Reserva Santa Elena (p. 183)

2 Reserva Biológica Bosque Nuboso Monteverde (p. 180)

3 Parque Nacional Corcovado (p. 294)

4 Cerro Chirripó (p. 304)

quelqu'un au Costa Rica inventerait le parcours dans les arbres.

Plusieurs entreprises ont donc construit des passerelles aériennes dans la canopée, invitant les visiteurs à s'y promener. SkyTrek (p. 175), dans la réserve de Monteverde, et le tout nouveau Cinco Ceibas (p. 195), figurent parmi les circuits les plus réputés du pays.

Harnachés à un système sophistiqué, les amateurs d'adrénaline pourront envisager de filer d'arbre en arbre au gré d'innombrables tyroliennes. Avec quelque 11 000 m de câble, reliant pas moins de 21 plateformes, Miss Sky (p. 225) est la plus longue tyrolienne de la planète. Plantée entre deux flancs de montagne, elle s'achève au dernier étage d'un bar-club.

Les parcours dans les arbres se trouvent en majorité dans les grands complexes touristiques, tels que Monteverde, Santa Elena et La Fortuna.

Randonnée

Que l'on soit tenté par une simple promenade dans un parc ou par un exigeant circuit en altitude, les possibilités de randonnée sont innombrables. Au Costa Rica, presque tous les visiteurs inscrivent une randonnée ou un trek à leur programme – qu'ils le sachent avant d'arriver ou non. Avec ses montagnes étendues, ses canyons spectaculaires, ses jungles touffues, ses forêts de nuages et ses deux côtes, le Costa Rica constitue l'un des meilleurs territoires de randonnée d'Amérique centrale, à la fois en termes de beauté et de variété.

La gamme des niveaux de difficulté est très large. Dans les lieux très touristiques, comme Monteverde ou Santa Elena, les sentiers sont clairement balisés, voire jalonnés de bornes de ciment par endroits – idéal quand on voyage avec des enfants ou quand on n'a aucun sens de l'orientation. Concernant les treks longue distance, les secteurs les plus isolés du pays n'ont pas leur pareil.

La plupart des parcs et des réserves offrent aussi des randonnées de niveau moyen dès lors qu'on quitte le parcours touristique classique. En général, les panneaux et les cartes suffisent pour se repérer, quoiqu'un certain sens de l'orientation ne nuise pas. Par ailleurs, les centres d'information touristique à l'entrée des parcs vous seront d'une aide précieuse pour planifier votre itinéraire.

Si vous disposez d'un équipement de camping *ad hoc*, des treks de plusieurs jours d'une difficulté supérieure sont envisageables. L'ascension du Cerro Chirripó, la traversée du Parque Nacional Corcovado et l'incursion au cœur de l'immense parc panamo-costaricain La Amistad figurent parmi les défis majeurs. Il est possible de s'attaquer au Cerro Chirripó en solo ou avec des compagnons fiables ; en revanche, un guide local sera requis dans le Corcovado et la majeure partie de La Amistad. Outre leur maîtrise du terrain, les guides présentent généralement cet avantage de bien connaître l'environnement local, ce qui leur permet d'attirer votre attention sur une flore et une faune que vous n'auriez pas remarquées sans eux.

Surf

Vagues sur fond de sable et déferlantes, gauches et droites, récifs et embouchures, eau chaude et rouleaux tout au long de l'année font du Costa Rica une destination rêvée pour le surf. Dans l'ensemble, la côte pacifique présente des déferlantes plus grosses et de meilleure qualité à la fin de la saison des pluies, et la côte caraïbe est idéale de novembre à mai. Pour résumer, il y a toujours dans le pays une vague attendant d'être surfée.

Les principales destinations de surf, en particulier les stations balnéaires très touristiques de Jacó, Dominical et Tamarindo, sur la côte pacifique, sont aussi parfaites pour les débutants, qui pourront y prendre des cours.

Dans tout le pays, la houle peut s'avérer impressionnante (sans toutefois rivaliser avec Hawaï) et l'on croise souvent des vagues creuses et rapides, idéales pour les pratiquants de niveau intermédiaire. Quant aux surfeurs chevronnés, ils pourront s'attaquer à quelques-unes des vagues mythiques de la discipline.

Les meilleurs... Spots de rafting et de kayak

1 Turrialba (p. 100)

2 La Virgen (p. 197)

3 Quepos et Manuel Antonio (p. 254)

4 Parque Nacional Tortuguero (p. 124)

5 Bahía Drake (p. 284)

Rafting en eaux vives et kayak

Depuis la naissance d'une économie fondée sur l'écotourisme au milieu des années 1980, le rafting en eaux vives s'est imposé comme l'une des activités de plein air les plus prisées du Costa Rica. Du cours d'eau de classe II, très familial, au rapide de classe V, à la limite du navigable, les rivières du pays offrent une vaste gamme d'expériences.

Si la saison privilégiée par les adeptes s'étend de juin à octobre, on peut cependant pratiquer le rafting toute l'année. On remarquera aussi des différences en fonction des régions, avec des cours d'eau plus paisibles à proximité de Manuel Antonio, sur la côte pacifique centrale, et des parcours de niveau international sur le Pacuare et le Reventazón, dans la Vallée centrale. Dans la mesure où toute pratique du rafting doit s'effectuer en compagnie d'un guide certifié, il faut impérativement passer par un tour-opérateur de bonne réputation.

Moins populaire que le rafting, le kayak de rivière possède néanmoins son lot de fidèles. Le minuscule village de La Virgen, situé dans les basses terres du nord, est la capitale officieuse du kayak au Costa Rica et le meilleur endroit pour rencontrer des amoureux de la discipline. Le Río Sarapiquí recèle une impressionnante variété de parcours pour tous les âges et tous les niveaux.

Avec ses quelque 1 228 km de littoral, ses deux golfes et ses nombreux estuaires à mangrove, le Costa Rica est un pays rêvé pour le kayak de mer. Pour les pagayeurs, c'est aussi un formidable moyen d'accéder à des secteurs isolés et d'apercevoir une faune peu connue. La difficulté d'accès, qui dépend énormément des marées et des courants, varie considérablement.

Plongée et snorkeling

Le Costa Rica possède des eaux chaudes, peu fréquentées et où vit une faune abondante. En revanche, la visibilité reste faible à cause de la vase et du plancton, et les éponges et coraux mous dominent. Si vous êtes en quête d'eaux turquoise et de coraux durs, préférez le Belize ou le Honduras.

Ceux qui s'aventurent sous l'eau croiseront néanmoins d'énormes bancs de poissons, ainsi que d'imposantes créatures marines comme les tortues, les requins,

Les meilleurs... Sites d'observation de la vie sauvage

1 Parque Nacional Corcovado (p. 294)

2 Secteur de Santa Rosa (p. 193)

3 Parque Nacional Tortuguero (p. 124)

4 Refugio Nacional de Vida Silvestre Caño Negro (p. 183)

5 Monteverde et Santa Elena (p. 168)

les dauphins et les baleines. Signalons aussi que le Costa Rica permet de plonger dans la mer des Caraïbes et dans le Pacifique dans la même journée – même si la chose requiert une bonne dose de détermination et d'organisation.

La côte caraïbe convient mieux aux novices et aux adeptes du snorkeling, les stations balnéaires de Manzanillo et de Cahuita étant particulièrement adaptées aux jeunes. Il y a à Puerto Viejo quelques sites corrects qui peuvent être explorés dans le cadre d'une plongée découverte. Sur la côte pacifique, Playa del Coco et Isla del Caño relèvent quelque peu le niveau, avec une gamme de spots pour débutants et pratiquants de niveau intermédiaire.

L'Isla del Coco constitue l'exception à la règle – cette île reculée en plein Pacifique est considérée par les plongeurs expérimentés comme l'un des meilleurs spots de la planète. Pour en découvrir l'univers sous-marin, vous devrez vous offrir une petite croisière et afficher quelques heures de plongée au compteur.

Observation de la faune

La biodiversité du Costa Rica étant déjà légendaire, on ne s'étonnera guère des possibilités incomparables que le pays offre en matière d'observation de la faune, et des oiseaux en particulier. Cerise sur le gâteau, les visiteurs de tous âges sont déjà familiers des animaux les plus emblématiques du pays. Vous identifierez ainsi instantanément les singes qui bondissent dans les feuillages, les paresseux agrippés aux branches et les toucans qui volent sous la canopée. Les plus petits, même les habitués des zoos, adorent la sensation forte que produit la vue d'animaux à l'état sauvage.

Pour les enfants un peu plus âgés, tenir une liste des bêtes aperçues ajoute un aspect éducatif au voyage. Si vous souhaitez dépasser le stade du naturaliste amateur, procurez-vous un guide sur la faune et les oiseaux avant de partir – privilégiez les guides avec des planches en couleur, qui font de l'identification formelle des espèces un jeu d'enfant.

Une bonne paire de jumelles est fortement conseillée, afin de pouvoir transformer un mouvement dans le lointain en une observation réjouissante. Les experts ornithologues n'oublieront pas leur télescope d'observation, tandis que votre petit carnet universel s'enrichira de dizaines de nouveaux spécimens au fil des itinéraires. Enfin, soulignons que le Costa Rica tout entier grouille de vie animale, d'où l'importance de toujours garder l'œil et l'oreille ouverts.

Culture et société

Femme tica

HOLGER LEUE/GETTY IMAGES ©

L'expression "pura vida" (littéralement, vie pure) représente plus qu'un slogan sur les lèvres des Ticos ou les objets souvenirs. Prononcée avec décontraction, elle constitue le mantra du mode de vie costaricain. L'essence même de ce concept s'expérimente sûrement mieux qu'elle ne s'explique, mais à force d'entendre ces mots par monts et par vaux en guise de bienvenue, d'au revoir ou de remerciement, vous comprendrez à quel point ils font partie de l'ADN de ce beau pays.

Mode de vie

Effectivement, la vie semble particulièrement pure, ou douce, au Costa Rica en comparaison avec les voisins d'Amérique centrale comme le Nicaragua et le Honduras. Pauvreté, illettrisme et tumulte politique restent marginaux ici.

Épargnés par les conflits armés et bénéficiant d'un niveau de vie élevé et d'une économie relativement solide, les Costaricains (Ticos) vivent pour la plupart assez aisément et confortablement, même selon les standards nord-américains. Comme souvent en Amérique latine, la famille est le noyau de la vie sociale.

L'espérance de vie au Costa Rica équivaut quasiment à celle des États-Unis, en grande partie grâce à un système de santé accessible et complet, de bonnes conditions sanitaires et un mode de vie généralement détendu.

Les meilleurs... Temples de la culture

1 Teatro Nacional (p. 61)

2 Museo del Jade (p. 60)

3 Museo de Arte y Diseño Contemporáneo (p. 61)

4 Jazz Café (p. 74)

5 Monteverde et Santa Elena (p. 168)

Économie

En dépit de la crise économique qui ébranle le monde depuis 2008, l'économie costaricaine est restée remarquablement stable grâce aux retombées régulières et en augmentation générées par le tourisme. Ce secteur est celui qui pèse désormais le plus lourd dans l'économie nationale devant l'agriculture et l'industrie. Si vous ne parlez pas espagnol, sachez que les Nord-Américains composent près de la moitié des 2,2 millions de touristes annuels et que l'anglais est donc assez couramment employé.

Depuis vingt ans, d'importants programmes de protection sociale ont permis de juguler la pauvreté. Même si approximativement 24% de la population vit sous le seuil de pauvreté, le pays compte beaucoup moins d'indigents et, dans les villes, les enfants des rues ne font pas partie du paysage comme dans d'autres pays d'Amérique latine.

Population

Dans les années 1940, le Costa Rica était majoritairement une société agricole. À présent, le secteur emploie plus de la moitié de la population active, contre un cinquième pour le secteur industriel (surtout agro-industriel).

Les habitants sont souvent *mestizos* avec des origines espagnoles et amérindiennes et/ou africaines. Pourtant, nombre de Ticos se considèrent blancs. Même s'il est bien difficile d'apporter une explication précise à ce phénomène culturel, cela vient en partie du fait que la population autochtone du Costa Rica a presque été anéantie par les conquistadors espagnols. Par conséquent, beaucoup de Costaricains situent leurs ancêtres sur le continent européen et ne sont pas peu fiers de la pureté de leur héritage espagnol.

Les Costaricains amérindiens ou afro-américains et les immigrés chinois ne représentent que 5% de la population. Ces dernières années, l'immigration en provenance d'Amérique du Nord et d'Europe a bondi et avoisinerait 50 000 expatriés vivant actuellement dans le pays.

Littérature

Peu d'œuvres d'une littérature relativement jeune ont été traduites, que ce soit en français ou en anglais. Carlos Luis Fallas (1909-1966) reste très populaire parmi la gauche latino-américaine. Son roman *Mamita Yunai* (Éditions Martinsart, 1971), qui dénonce les conditions de travail dans les plantations de banane, lui a valu une reconnaissance internationale.

Carmen Naranjo (1928-2012) est l'une des rares écrivaines costaricaines connues à l'étranger. Son recueil de nouvelles, *Nunca hubo alguna vez*, est disponible en espagnol et en anglais. Autre grand auteur, José León Sánchez (né en 1930) est un mémorialiste de renommée internationale d'origine huetar. Accusé de vol dans la célèbre Basílica de Nuestra Señora de los Ángeles à Cartago et incarcéré, il a écrit l'une des œuvres les plus poignantes du continent, *La Isla de los hombres solos*.

Mourons ensemble, Federico de Joaquín Gutiérrez (Actes Sud, 2003), l'un des rares ouvrages costaricains traduits en français, raconte les déboires d'un Josefino, écartelé entre le mysticisme de son épouse et les rêves impérialistes d'une compagnie nord-américaine.

Le meilleur livre de plage

Si vous cherchez de quoi lire sur la plage, il faudra souvent vous contenter d'ouvrages en espagnol ou en anglais. *Costa Rica: A Traveler's Literary Companion* réunit 26 nouvelles d'écrivains costaricains contemporains compilées par Barbara Ras et offrant un aperçu précieux sur la société costaricaine vue de l'intérieur.

Peinture et sculpture

Les arts visuels costaricains ont affirmé leur identité dans les années 1920, quand Teodorico Quirós, Fausto Pacheco et leurs contemporains ont commencé à peindre des paysages qui différaient des styles européens traditionnels, représentant les collines vallonnées et les forêts luxuriantes de la campagne costaricaine, souvent ponctuées de maisons en adobe typiques.

La scène contemporaine est plus variée et il est difficile de définir un style tico. Plusieurs artistes ont été plébiscités pour leurs œuvres, tels Isidro Con Wong et son réalisme magique, Francisco Amighetti pour ses peintures surréalistes et ses gravures primitives, et Rafa Fernández pour ses personnages féminins mystiques. Le Museo de Arte y Diseño Contemporáneo, à San José, est l'endroit idéal pour les découvrir et admirer son excellente collection permanente.

De nombreuses galeries d'art visent une clientèle touristique et se spécialisent dans l'"art tropical" : d'exubérantes peintures de couleurs vives représentant la faune et la flore, qui évoquent les œuvres du Douanier Rousseau.

Musique

S'il existe d'autres foyers musicaux bien plus célèbres que le Costa Rica en Amérique latine, la situation géographique du pays, au centre du continent, et son histoire coloniale ont engendré une culture musicale très riche, intégrant des influences d'Amérique du Nord et du Sud, et des Caraïbes.

Des musiciens de rock, de folk et de hip-hop nationaux et internationaux se produisent régulièrement à San José, mais les musiques régionales restent bien vivantes, chacune avec ses propres rythmes, instruments et styles. Parmi les musiques pour danser les plus prisées figurent la salsa, le merengue, le boléro et la *cumbia*.

La Península de Nicoya possède une riche histoire musicale qui privilégie les guitares, les maracas et les marimbas, tandis que sur la côte caraïbe résonne le calypso, une musique traditionnelle ancrée dans la culture afro-caribéenne.

Paysages

Golfo de Papagayo

PANORAMIC IMAGES/GETTY IMAGES

Malgré une superficie de seulement 51 000 km², le Costa Rica est une explosion de couleurs et de contrastes intenses. D'un côté, le vent et les grosses vagues de la côte pacifique. De l'autre, à seulement 119 km, le climat lourd et languissant de la côte caraïbe. Entre les deux : des volcans actifs, de hauts sommets et des forêts de nuages. Peu d'endroits au monde peuvent rivaliser avec l'interaction spectaculaire des forces naturelles, géologiques et climatiques, de ce petit pays.

Côte pacifique

Longue de 1 016 km, la côte pacifique du Costa Rica déroule un littoral escarpé, succession de golfs infinis, de péninsules sablonneuses et de baies désertes. Des promontoires rocheux sauvages alternent avec de plus traditionnelles plages de sable blanc ou noir frangées de palmiers. Les fortes marées créent un habitat propice aux oiseaux aquatiques et se traduisent par de beaux rouleaux et de bonnes conditions pour surfer.

Deux grandes péninsules forment un crochet dans le Pacifique le long de la côte : Nicoya au nord et Osa au sud, toutes deux on ne peut plus différentes. Nicoya est l'un des endroits les plus secs du pays et dispose d'infrastructures touristiques parmi les meilleures du Costa Rica ; Osa, à l'inverse, est humide et accidentée, des rivières sauvages et saisonnières la traversent et ses pistes de terre cahoteuses sont constamment menacées par la jungle réclamant ses droits.

Dans les terres, les plaines du Pacifique sont constituées d'une étroite bande de terre adossée aux montagnes. Cette région est tout aussi variée, des forêts sèches à feuilles caduques aux forêts tropicales humides, brumeuses et mystérieuses.

Centre

De la côte pacifique, il suffit de s'enfoncer un peu dans les terres pour butter sur l'épine dorsale en dents de scie du pays : la majestueuse Cordillera Central, au nord, et la Cordillera de Talamanca, sauvage et en grande partie inexplorée, au sud. En permanence modelées par les tremblements de terre et l'activité volcanique, ces montagnes font partie de la superbe chaîne de la Sierra Madre qui se dresse au nord jusqu'au Mexique.

Volcans actifs, ruisseaux limpides peuplés de truites et forêts tropicales d'altitude (forêts de nuages) caractérisent leur paysage. Elles suivent généralement une ligne du nord-ouest au sud-est, avec les sommets les plus élevés et les plus impressionnants au sud, près de la frontière du Panama. Le point culminant du pays est le sommet du Cerro Chirripó, à 3 820 m d'altitude, déchiqueté et battu par les vents.

Au milieu de ce paysage grandiose, la Meseta Central (Vallée centrale) est sertie dans un écrin montagneux. Cette plaine centrale fertile, à quelque 1 000 m d'altitude, est le cœur agricole du pays, grâce à des températures clémentes et une importante pluviosité. Elle comptabilise plus de la moitié de la population du pays, notamment à San José.

Les meilleurs... Sites naturels

1 Volcán Arenal (p. 158)

2 Forêt de nuages de Monteverde (p. 180)

3 Cerro Chirripó (p. 304)

4 Parque Nacional Tortuguero (p. 124)

5 Parque Nacional Marino Ballena (p. 271)

6 Parque Nacional Manuel Antonio (p. 261)

Côte caraïbe

L'élégante ligne droite de la côte caraïbe court sur 212 km le long d'une basse plaine ponctuée de lagunes saumâtres et de forêts inondées.

L'absence de grandes marées permet aux plantes de pousser dans les marécages côtiers, formant ainsi des murs végétaux. Les larges plaines humides rarement au-dessus du niveau de la mer et les eaux troubles dominent. Comme pour imiter le rythme lent d'une culture au parfum des Caraïbes, les cours d'eau dévalant des montagnes du centre prennent ici une allure alanguie en zigzaguant jusqu'à la mer.

Rien à voir avec les belles routes goudronnées et les plages fréquentées de la côte pacifique : ici, le bateau ou l'avion sont souvent les seuls moyens d'atteindre certains endroits. La meilleure porte d'entrée pour les voyageurs est le Parque Nacional Tortuguero, où découvrir de près cet espace méconnu entre terre et mer.

Parcs nationaux et secteurs protégés

La richesse des ressources naturelles du Costa Rica a conduit le pays à revoir sa politique. Confronté, au début des années 1990, à l'un des pires taux de déforestation

Six moyens de protéger la forêt tropicale humide

Voici quelques mesures simples à prendre pour contribuer à la sauvegarde des forêts tropicales humides.

Planter un arbre au Selva Bananito Lodge (☎8375-4419, 2253 8118 ; www.selvabananito.com ; formule 3 jours 432 $US). Sur la côte caraïbe, reboisez une ancienne bananeraie.

Boire l'eau du robinet Elle est tout à fait potable au Costa Rica. Emporter une bouteille à réutiliser est un moyen simple de réduire les déchets plastique.

Boire du café d'ombre bio La culture bio évite les pesticides et les engrais, limitant d'autant l'impact sur l'environnement.

Ne pas manger de bœuf La principale cause de déforestation en Amérique centrale ? L'alimentation du bétail, surtout destiné à l'export.

Privilégier l'écologie locale Optez pour des tour-opérateurs qui aident les populations sur place et emploient des guides locaux, comme Osa Wild (p. 290).

Faire la même chose à la maison Les pratiques de développement durable qui protègent le Costa Rica ont un caractère tout aussi urgent dans votre pays. Inspirez-vous-en pour sauvegarder les forêts près de chez vous.

d'Amérique latine, le Costa Rica fait aujourd'hui partie des pays leaders au niveau mondial pour la protection des tropiques. Doté d'un réseau exemplaire de réserves accessibles et bien gérées, il compte parmi les meilleures destinations au monde pour découvrir la forêt tropicale humide.

Mis en place dans les années 1960, le système des parcs nationaux s'est depuis développé pour devenir le Sistema Nacional de Areas de Conservación. Il englobe pas moins de 186 secteurs protégés, dont 32 parcs nationaux, 8 réserves biologiques, 13 réserves forestières et 51 réserves animalières. Au moins 10% du territoire sont strictement protégés, et 17% sont inclus dans des réserves à vocation multiple. Le chiffre le plus petit est encore le plus étonnant : les parcs du Costa Rica constituent un havre de paix pour environ 5% de la faune de la planète.

La plupart des parcs nationaux peuvent se visiter sans permis. Quelques-uns limitent le nombre de visiteurs par jour, d'autres nécessitent de réserver au préalable son hébergement à l'intérieur du parc (Chirripó, Corcovado et La Amistad). L'entrée coûte généralement 10 $US par jour pour les touristes, auxquels s'ajoute un supplément si vous y campez, quand c'est possible.

Les parcs possèdent le plus souvent un poste des gardes forestiers ou apparenté. Bien qu'il s'agisse principalement de bureaux administratifs peu tournés vers le service aux voyageurs, il est bon d'y faire un saut si vous prévoyez d'explorer un parc en profondeur. Les *guardeparques* (gardes forestiers) connaissent les parcs comme leur poche et pourront vous renseigner sur l'état des sentiers, les bons sites de camping et les lieux où observer la nature. Bien entendu, parler espagnol facilitera la communication.

Si les parcs costaricains contribuent grandement à l'économie régionale et nationale grâce aux nombreuses rentrées de devises étrangères, la prise de conscience de l'importance d'un environnement sain par les populations est faible. Si la protection de la nature bénéficie d'un large soutien, c'est plutôt parce qu'elle fournit de quoi vivre et du travail à beaucoup de monde et qu'elle favorise de grands programmes de recherche scientifique.

Géologie

La proximité avec cette beauté sauvage si diversifiée donne l'impression que le Costa Rica se situe à la croisée des chemins entre divers mondes, et c'est effectivement le cas. De par son emplacement entre les deux plus grands océans de la planète, sur une mince bande de terre séparant deux continents à la faune, à la flore et à la topographie distinctes, pas étonnant que le Costa Rica puisse se targuer d'un tel patchwork coloré de climats, de paysages, de faune et de flore.

L'histoire géologique du pays commença lorsque la plaque des Cocos, une plaque tectonique située sous le Pacifique, heurta de plein fouet la plaque des Caraïbes, qui se trouve au large de la côte est de l'isthme. Le déplacement, environ 10 cm par an, peut paraître insignifiant à l'échelle humaine, mais la collision provoqua un choc violent d'un point de vue géologique, créant une "zone de subduction" à risque. Les plaques sont toujours en mouvement, la plaque des Cocos poussant la plaque des Caraïbes vers le haut et rendant la zone sujette aux séismes et à l'activité volcanique.

Malgré cette agitation souterraine, ces éléments ont aussi doté le pays de paysages tropicaux parmi les plus beaux et les plus variés au monde.

Flore

La biodiversité végétale du pays est tout simplement époustouflante. Près de 12 000 espèces de plantes vasculaires sont déjà répertoriées et de nouvelles viennent s'ajouter chaque année. À elles seules, les orchidées comptent quelque 1 400 espèces.

La diversité des biotopes créés par le mélange de ces espèces est fabuleuse. On peut ainsi pagayer dans la moiteur de la mangrove et, le lendemain, arpenter une forêt de nuages où de fragiles orchidées percent le brouillard dense. Un court trajet en bus, et l'on se retrouve à devoir se frayer un passage dans la jungle de la forêt tropicale humide. Certes, tout le monde adore les célèbres plages du Costa Rica, mais il serait dommage de ne pas découvrir sa végétation typique, à commencer par les forêts tropicales humides, les mangroves, les forêts de nuages ou les forêts sèches.

La découverte pour la première fois de la forêt tropicale peut surprendre les voyageurs nord-américains ou européens, habitués à des forêts de climat tempéré peu variées, principalement de conifères ou de chênes, de hêtres et de bouleaux. Les forêts tropicales, au contraire, abritent un nombre impressionnant d'espèces végétales. Ainsi, près de 2 000 espèces d'arbres ont été recensées au Costa Rica. Il suffit de regarder autour de soi pour apercevoir quantité de plantes différentes et de parcourir quelques centaines de mètres pour en voir davantage.

Faune sauvage

Toucan à carène

STUART WESTMORLAND/GETTY IMAGES ©

Jungles, mangroves, forêts pluvieuses et forêts sèches, terres volcaniques, côte caraïbe et côte pacifique : nulle part ailleurs on ne trouve une si grande diversité d'habitats sur une si petite surface. Ceci explique que le Costa Rica arrive en tête des pays par nombre d'espèces (615) pour 10 000 km². À titre de comparaison, pour cette même superficie, le Rwanda, à la faune abondante, en totalise 596 et les États-Unis, comparativement très pauvres, 104. À elle seule, cette richesse (à laquelle s'ajoute une facilité de déplacement) fait du Costa Rica la première destination au monde pour les amoureux de la nature.

Oiseaux

La formidable biodiversité du Costa Rica se traduit par environ 850 espèces d'oiseaux, dont six sont endémiques. Le pays compte une avifaune plus variée qu'en Europe, en Amérique du Nord ou en Australie.

Des 16 espèces de perroquets présentes au Costa Rica, l'ara rouge est la plus spectaculaire. Reconnaissable à sa grande taille, à son corps rouge vif, à ses ailes bleu et jaune, à sa longue queue rouge et sa face blanche, il fait partie du paysage du Parque Nacional Carara et de la Península de Osa. Les aras entretiennent de longues relations monogames et peuvent vivre 50 ans.

Le quetzal resplendissant, oiseau le plus éblouissant d'Amérique centrale, avait une grande importance culturelle et un rôle symbolique très fort dans les cérémonies aztèques et mayas. Vous le reconnaîtrez à sa crête d'un bleu iridescent, sa poitrine rouge et sa longue queue verte, dans les zones d'altitude et près du Parque Nacional Los Quetzales.

Avec son corps noir, sa poitrine jaune et son bec multicolore, le toucan est un oiseau typique de la forêt tropicale humide. On en répertorie six espèces au Costa Rica. Leur énorme bec et leur plumage chatoyant rendent le toucan de Swainson et le toucan à carène, courants dans le pays, facilement identifiables. Au crépuscule, écoutez le chant du toucan à carène, sorte de coassement répétitif.

La bien nommée spatule rosée se caractérise par une tête blanche et un bec en forme de spatule. Elle s'alimente en fouillant avec son bec ouvert les eaux peu profondes. Elle est bien présente sur la Península de Nicoya et dans les plaines du Pacifique.

On dénombre 42 espèces de tangara au Costa Rica, souvent très colorées et dont le corps n'est pas plus grand que le poing d'un adulte. On peut voir ces oiseaux chantants un peu partout, sauf à haute altitude. Ils sont appelés *viuda* (veuve) au Costa Rica.

Plus de 50 espèces de colibris ont été recensées et la plupart vivent en altitude. Le plus grand des colibris, le campyloptère violet, possède des ailes vert foncé sur une tête et un corps violet vif.

Les meilleurs... Sites pour observer les oiseaux

1 Parque Nacional Tortuguero (p. 124)

2 Parque Nacional Carara (p. 250)

3 Wilson Botanical Garden (p. 310)

4 Parque Nacional Corcovado (p. 294)

5 Parque Nacional Los Quetzales (p. 309)

Mammifères terrestres

Un large éventail de mammifères peuplent les multiples écosystèmes du Costa Rica, mais la forêt tropicale humide abrite les animaux stars, de redoutables prédateurs et leurs proies rusées ainsi que moult primates joueurs.

On rencontre au Costa Rica le paresseux à trois doigts (ou tridactyle) ainsi que l'unau d'Hoffmann (à deux doigts). Ils mesurent tous deux entre 50 et 75 cm et possèdent une queue courte et épaisse. Ils ont tendance à rester immobiles suspendus aux branches ou à se mouvoir très lentement tête en bas vers les feuilles, leur principale nourriture. Vous pouvez les apercevoir dans le Parque Nacional Manuel Antonio.

Le singe-araignée doit son nom à la longueur de ses jambes, de ses bras et de sa queue qui lui permettent d'évoluer dans les arbres des forêts près de Monteverde. Il se balance d'un bras à l'autre à travers la canopée et peut se suspendre grâce à sa queue préhensile.

Roi des félins au Costa Rica, le jaguar, extrêmement rare et farouche, est un expert en camouflage. Les chances d'en apercevoir avoisinent donc zéro, mais elles augmentent au Parque Nacional Corcovado. Néanmoins, les jaguars évoluent sur de vastes territoires, si bien que vous verrez peut-être leurs empreintes ou leurs excréments, et entendrez leur feulement semblable à une quinte de toux rauque.

Les vocalises bruyantes du singe hurleur à manteau peuvent porter à plus de 1 km, même dans l'épaisse forêt tropicale et elles résonnent dans bon nombre de parcs nationaux y compris le Corcovado, Tortuguero et Monteverde. Ce cri qui va crescendo est l'un des plus caractéristiques et inoubliables de la forêt tropicale humide.

Petit singe inquisiteur, le capucin à tête blanche possède une queue préhensile dont il enroule habituellement l'extrémité. Les capucins ne descendent que rarement au sol pour se nourrir de maïs et même d'huîtres !

Le minuscule singe-écureuil se déplace en groupes d'une vingtaine d'individus durant la journée en poussant des cris stridents et en faisant des bonds dans la végétation, en quête d'insectes et de fruits. Il vit le long du Pacifique et il est courant dans le Parque Nacional Manuel Antonio et sur la Península de Nicoya.

Le coati à nez blanc fait partie des espèces que l'on aperçoit fréquemment. Il appartient à la famille des ratons laveurs, mais il est plus brun, plus grand et plus mince que son cousin plus commun. Il a pour principal trait caractéristique un long museau clair retroussé et mobile avec lequel il cherche de la nourriture en reniflant.

Parmi les autres mammifères que vous rencontrerez peut-être dans les forêts reculées figurent le malodorant petit pécari aux poils raides et aux lèvres blanches et le pécari à collier, ainsi que le tapir de Baird, un grand mammifère fouisseur grassouillet comme un cochon.

Animaux marins

Le Costa Rica compte parmi les écosystèmes marins les plus diversifiés biologiquement de la planète et recèle une variété remarquable d'animaux marins. La présence, constante toute l'année, de contre-courants en eau profonde fait la grande richesse des fonds et crée des conditions d'observation idéales en toute saison.

Avec sa carapace en forme de cœur, on s'attache facilement à la tortue olivâtre, la plus petite des tortues marines du Costa Rica. Ces tortues pondent à la saison des pluies. Entre septembre et octobre, elles arrivent en grand nombre sur la plage Ostional, dans la province du Guanacaste, et sont connues pour leur ponte synchronisée : 200 000 tortues émergent alors de la mer sur une courte période de quelques jours.

Avec ses 360 kg, la tortue luth est beaucoup plus grosse que sa cousine olivâtre. Elle se distingue par une carapace douce et tannée à sept carènes. Elle vient pondre sur les plages du Pacifique des péninsules d'Osa et de Nicoya.

Les plongeurs croiseront sûrement le requin-baleine, le plus gros poisson du monde, au large de la Reserva Biológica Isla del Caño, du Golfo Dulce ou de l'Isla del Coco. Ces gentils géants peuvent mesurer jusqu'à 6 m de long et peser plus de 2 tonnes. Les mâles adultes vivent parfois jusqu'à 70 ans.

D'une envergure pouvant atteindre 7 m, l'élégante raie manta est courante dans les eaux chaudes du Pacifique. Les plongeurs pourront en voir au large du Guanacaste et des Islas Murciélagos et Catalinas. Vous n'aurez peut-être même pas à enfiler une combinaison : certains voyageurs ont la chance de les voir surgir des vagues ce qui signifierait, dit-on, qu'elles ont envie de jouer.

Également assez courants, les dauphins à gros nez peuplent toute l'année les eaux du Costa Rica. Ces cétacés charismatiques se classent parmi les animaux les plus intelligents de la planète comme le prouvent les comportements socioculturels avancés observés entre eux. Gardez les yeux bien ouverts durant la traversée jusqu'à Bahía Drake, ils suivent parfois les bateaux-taxis dans la baie.

Parmi les mammifères marins qui migrent des hémisphères nord et sud figurent des orques, des baleines bleues, des cachalots et plusieurs espèces de baleines à bec. Des excursions en bateau le long de la côte Pacifique permettent souvent de voir des baleines à bosse. Bahía Drake est le meilleur endroit pour en apercevoir.

Reptiles et amphibiens

Plus de la moitié des 220 espèces de reptiles du Costa Rica sont des serpents, mais seuls deux d'entre eux sont mortels (et encore, si on n'applique pas de traitement). Des 160 espèces d'amphibiens, les grenouilles et les crapauds retiennent la plus

Les bestioles les plus venimeuses du Costa Rica

Sachez que leur morsure est très rare et non mortelle.

Alacrán escorpión (*Centruroides limbatus*) La piqûre de ce scorpion marron, très courant, est très douloureuse, mais pas mortelle.

Chauves-souris vampires Leur salive empêche le sang de coaguler. Elles mangent ensuite leur proie.

Guardacaminos lineada (*Conophis lineatus*) Une morsure de ce grand serpent marron du nord-ouest du pays peut provoquer des vomissements, des maux de tête et des saignements, mais elle n'est pas mortelle.

Serpent marin noir et jaune Même si on ne dénombre aucun décès, une morsure de ce serpent bicolore attaque le système nerveux.

Guêpes Pepsis Ces guêpes qui terrassent les mygales ne s'attaquent aux humains que lorsqu'elles se sentent menacées.

grande attention, car ils représentent les premiers indicateurs du réchauffement climatique.

L'iguane vert, au corps trapu et long de 2 m s'observe couramment allongé sur une branche au-dessus de l'eau. En dépit de leur taille massive, les iguanes sont végétariens et friands de jeunes pousses et de feuilles. On en trouve presque partout au Costa Rica.

Le basilic, un lézard vert vif, se distingue par une grande crête qui va de la tête jusqu'à la queue. Courant dans les cours d'eau de plaines (notamment près du Golfo Dulce), il a l'apparence d'un petit dinosaure.

Le dendrobate est une grenouille dont les sécrétions toxiques peuvent paralyser et tuer des animaux. Les populations amérindiennes s'en servaient traditionnellement pour empoisonner la pointe de leurs flèches de chasse.

Caractérisé par une gorge vert émeraude et des écailles vertes épineuses mouchetées de noir, l'iguane à écailles malachite est un reptile répandu dans les régions les plus sèches du pays. Il se prélasse souvent sur les piquets de clôture ou sur les branches d'arbre de la Península de Nicoya.

Symbole officieux du Costa Rica, la rainette aux yeux rouges se caractérise par un corps vert avec des raies bleu et jaune sur les côtés et des pattes orange. Ces couleurs vives ne l'empêchent pas de se camoufler facilement dans la forêt tropicale humide, ce qui la rend difficile à observer. Elle est cependant très répandue, hormis sur la Península de Nicoya, au climat trop sec.

Le crocodile est un animal fort ancien ayant peu changé sur plusieurs millions d'années. Le meilleur lieu pour en apercevoir est depuis le "pont aux crocodiles", sur la côte pacifique centrale.

Cuisine

Pargo rojo (vivaneau rouge)

OGPHOTO/GETTY IMAGES ©

La cuisine costaricaine traditionnelle met l'accent sur les plats simples et peu épicés. Si le riz et les haricots entrent dans la composition de presque tous les repas, les produits de la mer sont aussi à l'honneur. Dans les cuisines à toit de chaume des campagnes, les femmes mitonnent une comida típica *("nourriture typique") – des plats locaux simples et nourrissants. Dans tout le pays, les villes touristiques comptent généralement des restaurants internationaux convenables, des pizzerias italiennes au feu de bois aux bars à sushis.*

À table

Au petit-déjeuner, les Costaricains mangent habituellement du *gallo pinto*, composé d'un mélange de riz et de haricots noirs sautés. Servi avec des œufs, du fromage ou de la *natilla* (crème aigre), le *gallo pinto* est généralement bon marché, nourrissant et parfois très savoureux. Il constitue un excellent repas énergétique avant une bonne journée de surf ou de marche.

Dans la plupart des restaurants, il y a toujours au déjeuner et au dîner une formule peu coûteuse appelée *casado* ("marié"), constituée d'un plat équilibré de riz, haricots et salade, avec parfois des *plátanos maduros* (bananes plantains caramélisées) ou des *patacones* (bananes plantains frites), dont la saveur évoque celle des frites.

La cuisine est peu épicée, exception faite des plats traditionnels caribéens. La plupart des restaurants locaux mettent sur les tables une sauce de type Tabasco, de la sauce maison et/ou de la *salsa sizano,* version tica de la sauce Worcestershire (et ingrédient "secret" du *gallo pinto*).

Spécialités

Étant donné la longueur du littoral, l'abondance de produits de la mer n'a rien de surprenant et les plats de poisson sont généralement frais et délicieux.

Bien qu'il ne s'agisse pas d'une spécialité tica traditionnelle, le *ceviche* – généralement de *pargo* (vivaneau rouge), de *dorado* (dorade coryphène), de poulpe ou de tilapia – figure sur la plupart des cartes. La chair crue du poisson est marinée dans le jus de citron vert avec des piments, des oignons, des tomates et des herbes. Il est servi très froid et c'est une délicieuse manière de déguster des produits de la mer frais. Attention : s'agissant de poisson cru, ne vous risquez pas à le manger si vous doutez de sa fraîcheur.

La cuisine caribéenne, la plus typée du Costa Rica, est imprégnée des saveurs *criollas* (créoles) et afro-caribéennes. Elle change agréablement des éternels *casados et* comprend des spécialités régionales comme le *rondón* (un gombo de la mer épicé), le riz aux haricots (haricots rouges, lait de coco, curry) et le *patí,* version caribéenne de l'*empanada* (chausson garni d'une farce salée ou sucrée), idéal pour manger sur le pouce, dans le bus et en pique-nique.

Les meilleurs... Restaurants de spécialités régionales

1 Caribbean Kalisi Coffee Shop (p. 115)

2 La Casona del Maíz (p. 89)

3 Restaurant Betico Mata (p. 102)

4 Selvin's Restaurant (p. 139)

Boissons

Le café est probablement la boisson la plus prisée au Costa Rica et vous risquez de vous voir offrir un *cafecito* où que vous alliez. Également appelé *café con leche,* il est traditionnellement fort et mêlé de lait chaud. Les puristes peuvent demander un *café negro* (café noir) ; précisez *leche al lado* (lait à part) si vous voulez y ajouter vous-même un peu de lait. Beaucoup d'établissements branchés servent des expressos.

Pour se rafraîchir, rien ne vaut les *batidos,* ces boissons à base de fruits mixés *al agua* (avec de l'eau) ou *con leche* (avec du lait). La variété de fruits tropicaux a de quoi faire tourner les têtes : mangue, papaye, *piña* (ananas), *sandía* (pastèque), *melón* (melon), *mora* (mûre), *carambola* (carambole), *cas* (sorte de goyave acide), *guanabana* (corossol) ou encore *tamarindo* (tamarin). Si vous avez des doutes sur la salubrité de l'eau, demandez que votre *batido* soit préparé avec de l'*agua enbotellada* (eau en bouteille) et *sin hielo* (sans glaçon), mais l'eau potable est généralement sûre au Costa Rica.

Les *pipas* sont des noix de coco vertes décapitées à la machette dont on boit le jus à l'aide d'une paille – très rafraîchissant sous la chaleur tropicale. Avec un peu de chance, vous dénicherez de l'*agua dulce*, ce jus de canne à sucre au léger goût d'herbe sucrée que l'on obtient en écrasant la canne dans un pressoir à main.

Sur la côte caraïbe, demandez l'*agua de sapo* ("eau de crapaud"), délicieuse citronnade au jus de gingembre frais et au *tapa de dulce* (ou *tapa dulce,* sucre brun).

La *resbaladera,* principalement présente dans l'arrière-pays du Guanacaste, est une boisson lactée sucrée (voisine de la *horchata* de riz mexicaine) à base de riz, d'orge, de lait et de cannelle.

Il existe d'autres boissons locales comme la *linaza*, breuvage à base de graines de lin réputé pour faciliter la digestion, et le *chan*, à base de graines de chia (de la famille des sauges) et de citron, de texture plutôt visqueuse.

La boisson alcoolisée la plus répandue est la bière (*cerveza* ou *birra*), dont il existe plusieurs marques costaricaines. L'Imperial, omniprésente, est la plus consommée. La Pilsen, plus alcoolisée, est célèbre pour ses calendriers coquins où figurent *las chicas Pilsen* (les filles Pilsen). Bavaria produit aussi de la blonde, ainsi que la Bavaria Negro, une brune corsée, mais cette marque est plus difficile à trouver. De nouvelles bières artisanales viennent actuellement élargir la gamme des bières costaricaines et affiner le goût des palais ticos.

Après la bière, les préférences vont au *guaro*, un alcool de canne incolore qu'on avale généralement cul sec mais qu'on peut aussi commander en cocktail. Il se boit facilement mais provoque une gueule de bois redoutable.

Où se restaurer

Les établissements

Les endroits les plus populaires sont les *sodas*, gargotes informelles où l'on sert quotidiennement quelques *casados*. Parmi les autres établissements bon marché, citons notamment les omniprésentes rôtisseries de poulet.

Un vrai *restaurante* est généralement plus cher et plus plaisant en matière de décor. Nombre de *restaurantes* proposent aussi des *casados*, et les plus chics appellent *almuerzo ejecutivo* (littéralement "déjeuner d'affaires") le menu du jour.

Pour les petites faims, *pastelerías* et *panaderías* vendent des pâtisseries et du pain, et quantité de bars proposent des *bocas*, plats servis sous forme de ration, comme les tapas.

Cuisine végétarienne

Si vous aimez le riz et les haricots, le Costa Rica est une destination plutôt agréable pour les végétariens.

La plupart des restaurants préparent des *casados* végétariens à la demande, et beaucoup en proposent désormais à la carte. Ces plats comprennent généralement du riz et des haricots, de la salade de chou et un ou deux légumes cuisinés.

San José et les villes touristiques comptent désormais de nombreuses tables végétariennes ou avec une carte spéciale. Dans les régions isolées, les lodges où séjourner en pension complète peuvent préparer des menus végétariens si vous les prévenez à l'avance.

Les végétaliens, adeptes du régime macrobiotique ou du régime cru rencontreront plus de difficultés, car rares sont les établissements qui proposent ce type d'alimentation – une situation qui s'améliore lentement. Pour observer ce régime, mieux vaut faire sa cuisine soi-même. S'il y a dans nombre de villes des *macrobióticas* (magasins d'alimentation bio), l'offre s'avère toutefois inégale. Les légumes frais sont parfois difficiles à trouver dans les régions reculées et souvent onéreux, mais les marchés fermiers se multiplient dans le pays.

Les bonnes manières à table

Lorsque vous vous installez dans un restaurant, n'oubliez pas de saluer d'un *buenos días* (bonjour), *buenas tardes* (bonjour, l'après-midi) ou *buenas noches* (bonsoir) le personnel et les convives dont vous partagez éventuellement la table – de fait, il est de bon ton de saluer toutes les personnes présentes. Il est également poli de souhaiter *buen provecho* (bon appétit) au début du repas.

Carnet pratique

Crocodiles
S.B. NACE/GETTY IMAGES ©

A-Z

Infos utiles

Ambassades et consulats

Représentations étrangères au Costa Rica

Les ambassades suivantes sont à San José :

Belgique consulat (☎2289-5058 ; Residencial La Suiza casa 10, Bello Horizonte de Escazu)

Canada ambassade (☎2242-4400 ; www.costarica.gc.ca ; 3e ét, Oficentro Ejecutivo La Sabana, Edificio 5, Sabana Sur ; ⏲8h-12h et 12h30-16h lun-jeu, 7h30-13h ven)

France ambassade (☎2234-4167 ; www.ambafrance-cr.org ; Curridabat ; ⏲7h-12h30 lun-ven)

Suisse ambassade (☎2221-4829 ; www.eda.admin.ch/sanjose ; 10e ét, Edificio Centro Colón, Paseo Colón entre C. 38 et 40 ; ⏲9h-12h lun-ven)

Représentations du Costa Rica à l'étranger

Belgique (☎2-640 5541 ; costaricaembassy.be/fr ; 489, avenue Louise, 1050 Bruxelles)

Canada (☎613-562-2855 ; www.costaricaembassy.com ; 350 Sparks St. Suite 701, Ottawa)

France (☎01 45 78 96 96 ; www.ambassade-costarica.org ; 4, square Rapp, 4e ét., 75007 Paris)

Suisse (☎031-372 78 87 ; Marktgasse 51, 3011 Berne)

Argent

Carte bancaire

- Les transactions payées par carte internationale sont soumises à commission.
- Les cartes sont acceptées dans certains hôtels de catégorie moyenne et dans la plupart des hôtels de catégorie supérieure, dans les restaurants haut de gamme et auprès des agences de voyages.
- Toutes les agences de location demandent aux conducteurs de présenter une carte de crédit pour la caution (certaines n'acceptent pas les cartes de débit).

Change

Toutes les banques changent les dollars US, rarement les euros. Les files d'attente sont souvent longues, notamment dans les établissements d'État (Banco Nacional, Banco de Costa Rica, Banco Popular), car ils ne prennent pas de commission sur les changes en espèces. Les banques privées (Banex, Banco Interfin, Scotiabank) sont plus rapides.

Distributeurs automatiques de billets (DAB)

- *Les cajeros automáticos* (distributeurs automatiques) sont omniprésents dans le pays, sauf dans les petites localités.
- La plupart des DAB distribuent colones ou dollars.

Monnaie

- La monnaie nationale est le colón (colones au pluriel ; symbole ₡), du nom de Cristóbal Colón (Christophe Colomb).
- Il existe des billets de 1 000, 2 000, 5 000, 10 000, 20 000 et 50 000 colones, et des pièces de 5, 10, 20, 25, 50, 100 et 500 colones.
- Le taux de change peut être désavantageux lorsqu'on paie en dollars dans les restaurants, bars et commerces locaux.

Pourboire

Pour les excursions guidées, le pourboire du guide est de quelques dollars par personne et par jour. Les restaurants haut

Budget repas

Les fourchettes tarifaires suivantes correspondent à un repas standard. Ce sont les petits *sodas* (snacks) qui reviennent le moins cher ; ils affichent toujours leurs prix en *colones*. Dans ce guide, sauf mention contraire, la TVA est incluse.

$ inférieur à 10 $US

$$ 10-15 $US

$$$ supérieur à 15 $US

Dollars ou colones ?

Les colones (₡) sont la monnaie officielle du Costa Rica. Pourtant, les dollars américains ont pratiquement cours légal. D'ailleurs, la plupart des DAB des grandes villes distribuent les deux devises. Néanmoins, mieux vaut savoir où et quand payer avec chacune de ces monnaies.

On peut utiliser les dollars US pour payer les chambres d'hôtel, les repas de catégorie moyenne à supérieure, l'entrée dans les sites, les circuits, les vols intérieurs, les bus internationaux, la location de voiture, les bus des compagnies privées et les gros achats. Repas et boissons dans les petits établissements, bus des compagnies intérieures, taxis et menus achats doivent être réglés en colones.

Dans ce guide, les tarifs sont en général indiqués en dollars US.

de gamme ajoutent parfois 10% pour le service à l'addition. Si ce n'est pas le cas, vous pouvez laisser un pourboire.

Climat

Du fait de ses paysages variés et de sa situation géographique, le Costa Rica connaît une grande variété climatique : froid dans les régions montagneuses, fraîcheur et brume dans la forêt tropicale d'altitude, printemps éternel à San José et dans la Vallée centrale. La côte pacifique et la côte caraïbe transpirent elles presque toute l'année, mais il y pleut davantage de mai à novembre.

Désagréments et dangers

Randonnée

- Emportez beaucoup d'eau, même pour un court trajet.
- Munissez-vous de cartes, d'une boussole et de plus de nourriture que nécessaire.
- Avertissez quelqu'un de votre destination.
- Gardez à l'esprit que les animaux peuvent représenter un danger, en particulier dans le Parque Nacional Corcovado.

Risques en mer

Environ 200 personnes se noient chaque année dans les eaux costaricaines, 90% d'entre elles à cause de courants sagittaux (courants puissants qui entraînent les nageurs vers le large).

La majorité des accidents est due à la panique :

Climat

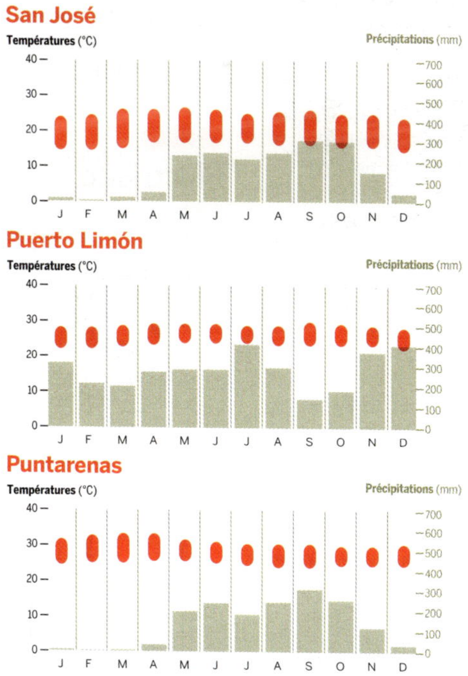

Numéros utiles

Urgences 911

Pompiers 118

Police 117

Croix-Rouge 128, 2542-5000

Police de la circulation 2222-9330

les baigneurs pris dans ces courants luttent jusqu'à l'épuisement. Il est préférable de se laisser flotter, sans lutter, car le courant disparaît au-delà des brisants et vous pourrez alors nager parallèlement à la côte et laisser la houle vous ramener jusqu'à la plage.

Séismes et éruptions volcaniques

Le Costa Rica est situé dans une région de forte activité sismique. Les derniers tremblements de terre importants ont eu lieu en 1990 (7,1 sur l'échelle de Richter) et en 1991 (7,4). Des secousses de moindre importance se produisent fréquemment (notamment sur la Península de Nicoya).

Les volcans ne présentent pas vraiment de danger tant que l'on reste sur les sentiers balisés et que l'on ne tente pas de s'approcher du cratère. Renseignez-vous systématiquement auprès des gardes forestiers avant de vous aventurer aux abords d'un volcan en activité.

Vol et agression

Les larcins (principalement vol à la tire et vol dans des voitures) constituent le danger le plus courant pour les voyageurs. Restez constamment sur vos gardes et ne laissez jamais rien dans votre véhicule.

Douane

- Tous les voyageurs de plus de 18 ans peuvent importer 5 litres de vin ou d'alcool et 500 g de tabac (400 cigarettes ou 50 cigares).
- Le matériel photo, les jumelles, l'équipement de camping, de snorkeling ou d'autres activités sportives sont également autorisés.
- Chiens et chats sont autorisés à condition d'avoir un certificat de santé et de vaccination contre la rage.
- Il est interdit d'importer de la drogue ou des documents pornographiques.

Électricité

120 V/60 Hz

120 V/60 Hz

Formalités et visas

Passeport

- Le passeport doit être valide six mois au minimum après la date de fin de votre séjour.
- La loi costaricaine exige que vous ayez votre passeport sur vous à tout moment quand vous circulez dans le pays.

Visas

- Les ressortissants canadiens, américains, français, belges et suisses sont dispensés de visa pour un séjour touristique inférieur à 90 jours.
- Il est en général aussi pénible qu'inutile de chercher à proroger son visa au-delà des 90 jours autorisés. Il est beaucoup plus simple de sortir du pays pendant 72 heures pour bénéficier d'une nouvelle autorisation.

Pour les dernières réglementations en matière de visa, consultez le site Internet de l'ICT (p. 355) ou de l'Ambassade du Costa Rica de votre pays.

Handicapés

Bien qu'il existe au Costa Rica une loi pour l'accessibilité des personnes handicapées, elle ne concerne que les infrastructures récentes ou rénovées et reste peu appliquée. Par conséquent, très peu d'hôtels et de restaurants, hormis les adresses les plus haut de gamme, sont adaptés aux fauteuils roulants : les rampes sont rares et les portes des chambres ou des sdb se révèlent trop étroites.

Pratique

- **Urgences** L'Instituto Costarricense de Turismo, à San José, fournit une brochure répertoriant les numéros d'urgence de chaque région. Le 911, numéro général, vous connecte à un opérateur anglophone (soyez patient).
- **Système vidéo** Norme NTSC.
- **Poids et mesures** Système métrique.
- **Électricité** Courant alternatif, 120V/60H. Prévoyez un adaptateur. Fluctuations de courant fréquentes.

Hébergement

- Les prix mentionnés s'entendent pour la haute saison, de décembre à avril. Beaucoup d'établissements baissent leur tarif pendant la saison des pluies (mai-novembre). Gardez à l'esprit que les tarifs évoluent rapidement et qu'il vaut donc mieux considérer les prix donnés dans ce guide comme des estimations. Entre Noël et le jour de l'An et pendant la semaine précédant Pâques (Semana Santa), vous paierez le prix fort. Les prix s'entendent taxes incluses et sont donnés en dollars US. Les colones sont évidemment acceptés partout et habituellement changés au taux en cours, sans commission.
- La TVA de 13% vient s'ajouter au prix pour tous les hébergements et les restaurants. Le paiement par carte bancaire entraîne souvent des frais supplémentaires. Dans ce guide, les prix s'entendent TVA incluse.
- Soyez attentif aux tarifs car ils sont souvent donnés par personne, non pour la chambre.
- Le terme *cabina* est un mot passe-partout qui recouvre une large gamme de prix et de logements, de la chambre rustique à la résidence indépendante haut de gamme.
- Il est préférable de visiter la chambre et la sdb avant de payer, surtout dans les établissements bon marché.

Tarifs

Petits budgets

- Dans les régions les plus visitées, les tarifs des adresses économiques sont compétitifs. Réservez bien à l'avance.
- Les chambres les plus chics de cette catégorie disposent souvent d'un ventilateur et d'une sdb avec eau chaude.
- L'eau est, la plupart du temps, chauffée par une pomme de douche électrique. Sachez que ce système ne fournit de l'eau chaude que si la pression reste faible.
- L'accès au Wi-Fi s'intensifie dans cette catégorie, surtout dans les régions les plus touristiques.

Catégorie moyenne

- Plus confortables, les chambres disposent d'une sdb avec eau chaude, d'un ventilateur ou de la clim, parfois de la TV sat ou câblée.
- La majorité des établissements de catégorie moyenne ont une connexion Wi-Fi, parfois limitée à l'espace de la réception.
- Certaines adresses proposent des circuits organisés et beaucoup sont agrémentées d'un restaurant, d'un bar, d'une piscine ou d'un Jacuzzi.
- Certains hôtels mettent à disposition une kitchenette, voire une cuisine équipée.

Catégorie supérieure

- Cette catégorie englobe les écolodges, les complexes touristiques qui pratiquent des formules tout compris, les chaînes hôtelières et les hôtels d'affaires, ainsi que les hôtels de charme plus intimes, certains camps isolés dans la jungle et les B&B haut de gamme.

Budget hébergement

Les prix ci-après s'entendent pour une chambre double standard avec sdb en haute saison. Sauf mention contraire, les taxes de vente et hôtelière (13% au total) sont incluses dans le prix.

$ inférieur à 50 $US

$$ 50-100 $US

$$$ supérieur à 100 $US

- Les hôtels haut de gamme du Costa Rica adhèrent aux mêmes standards de qualité dans l'équipement et le service que des établissements de prix similaire en Europe.
- Le personnel dans cette catégorie parle anglais.
- Beaucoup des logements comptent une baignoire avec eau chaude, un spa, une terrasse, la TV sat, la clim, un service de gardiennage et d'excursions organisées.

Appartements et villas

Le réseau de location à long terme s'est considérablement accru ces dernières années. Louer un appartement, généralement composé d'une cuisine et de plusieurs chambres, peut s'avérer une excellente option pour les familles. Les sites de location ci-dessous, fiables, présentent des appartements dans une large gamme de prix, de sophistication et de confort.

Airbnb Costa Rica (www.airbnb.com)

Escape Villas (www.villascostarica.com). Villas haut de gamme dans tout le Costa Rica, la plupart près de Manuel Antonio. Idéales pour les familles et les couples en quête de luxe.

Vacation Rentals by Owner (www.vrbo.com). Réseau mondial de locations proposées par des particuliers.

B&B

En principe, les B&B s'inscrivent dans des catégories d'hébergement moyenne à supérieure, et sont souvent gérés par des expatriés européens et nord-américains. Certaines adresses sont indiquées dans le *Tico Times* et sur les sites Internet suivants :

BedandBreakfast.com (www.bedandbreakfast.com/costa-rica.html)

Costa Rica Innkeepers Association (www.costaricainnkeepers.com)

Heure locale

Le Costa Rica retarde de 6 heures sur l'heure GMT et ne change pas d'heure en été. Par rapport à la France, comptez 7 heures de décalage en hiver et 8 heures en été.

Heures d'ouverture

- **Restaurants** Ouverts dès 7h, ils servent le soir jusqu'à 21h ; les établissements haut de gamme n'ouvrent parfois qu'en soirée. Dans les régions reculées, les petits *sodas* (snacks ou restaurants bon marché) ne travaillent parfois qu'aux heures des repas.

Réserver par carte bancaire

- Des hôtels de catégorie supérieure demandent parfois à leurs clients de confirmer leur réservation en versant des arrhes par carte de crédit. Avant de le faire, sachez que certains établissements requièrent entre la moitié et la totalité du paiement lors de la réservation. Ce n'est pas toujours clairement indiqué. De plus, beaucoup d'hôtels prélèvent une commission importante pour les règlements par carte bancaire.
- Toute réservation peut être annulée et remboursée si l'on s'y prend tôt. Renseignez-vous auprès de l'hôtel sur sa politique d'annulation avant de réserver. Au Costa Rica, il est beaucoup plus facile d'effectuer une réservation que de l'annuler.
- Exigez un fax ou un e-mail de confirmation car la surréservation est monnaie courante.

Marchandage

Avec l'augmentation du niveau de vie et les flux incessants de touristes, la tradition latino-américaine du marchandage disparaît peu à peu au Costa Rica.

- N'essayez pas de négocier le tarif de votre chambre dans un hôtel – c'est une pratique rarissime.
- Il est encore possible de discuter les prix sur les marchés, ainsi qu'avec les taxis longue distance, mais marchander s'avère rarement avantageux.

- **Administration** 8h-17h du lundi au vendredi ; souvent fermés entre 11h30 et 13h30.
- **Banques** Horaires variables, en général 9h-16h, du lundi au vendredi.
- **Magasins** Le plus souvent 8h-18h, du lundi au samedi.

Homosexualité

L'accueil réservé aux voyageurs homosexuels s'avère bien meilleur que dans la plupart des autres pays d'Amérique centrale ; quelques villes dans le pays, en particulier Quepos et Manuel Antonio. Sur place, procurez-vous le magazine gay *Playita*. Le mensuel *Gayness* et le magazine *Gente 10* (en espagnol) sont disponibles dans les bars gays de San José.

Depuis 1998, des lois reconnaissent le libre choix de "l'orientation sexuelle" et interdisent la discrimination dans le domaine public, notamment au travail. Si le pays est de plus en plus ouvert envers les homosexuels, la culture traditionnelle n'est pas aussi rapide à adopter cette attitude.

Internet

- Les cybercafés, souvent avec connexion Wi-Fi sont légion au Costa Rica.
- Comptez 1-2 $US l'heure à San José et dans les villes touristiques.
- Le Wi-Fi est courant dans les hôtels des catégories moyenne et supérieure. La plupart des établissements pour petits budgets disposent d'un ordinateur en accès libre pour leurs clients et/ou d'une connexion Wi-Fi.

Jours fériés

Lors des jours fériés nationaux (*días feriados*), les banques, les administrations et la plupart des magasins sont fermés, tandis que les transports publics et les hôtels affichent rapidement complet.

- **Nouvel An** 1er janvier
- **Semana Santa** (Semaine sainte ; mars ou avril). Le jeudi et le vendredi qui précèdent le dimanche de Pâques sont les jours fériés officiels. La plupart des commerces et entreprises ferment toute la semaine. Du jeudi au dimanche, les bars sont fermés et la vente d'alcool est interdite. Le jeudi et le vendredi, les bus ne circulent pas.
- **Día de Juan Santamaría** (11 avril). Cette fête célèbre le héros national mort en combattant l'incursion de William Walker en 1856.
- **Fête du Travail** (1er mai)
- **Día de la Madre** (fête des Mères ; 15 août). Coïncide avec la fête catholique de l'Assomption.
- **Fête de l'Indépendance** (15 septembre)
- **Día de la Raza** (jour de Christophe Colomb ; 12 octobre)
- **Noël** (25 décembre). Le 24 décembre est aussi un jour férié non officiel.
- **Semaine entre Noël et le jour de l'An** Semaine chômée (congés non officiels) ; les commerces ferment et les villes balnéaires font le plein.

Offices du tourisme

- Au Costa Rica, l'**Instituto Costarricense de Turismo** (☎ 506-2299 5800 ; www.visitcostarica.com) gère deux offices dans la capitale.
- L'ICT est pratique pour se procurer des cartes, les horaires des bus, et des renseignements sur les conditions de circulation à l'intérieur des terres. Ses employés parlent en général anglais.
- En France et en Belgique, l'office du tourisme est à la même adresse que l'ambassade (voir p. 350).

Problèmes juridiques

- Si vous avez des ennuis et que vous êtes emprisonné au Costa Rica, votre ambassade ne vous sera pas d'un grand secours. Elle contactera votre famille et vous mettra en rapport avec un avocat costaricain que vous devrez payer vous-même.
- Vous êtes soumis aux lois du Costa Rica et non à celles de votre pays, hormis en ce qui concerne les relations sexuelles (c'est une façon de lutter contre le tourisme sexuel).

Accidents de voiture

- Les conducteurs doivent toujours être en possession de leur passeport et de leur permis de conduire.
- Si vous êtes impliqué dans un accident de voiture, contactez immédiatement les secours et la police (☎ numéro unique 911), à qui vous devez faire une déclaration (nécessaire pour l'assurance).
- Laissez les véhicules sur place jusqu'à ce que le constat soit terminé et ne faites aucune déclaration, excepté aux policiers.

Santé

Avant le départ

- Faites les vaccinations nécessaires de 4 à 8 semaines avant votre départ.
- Conservez les médicaments que vous emmenez dans leur emballage d'origine, clairement identifiable.
- Si vous transportez des seringues ou des aiguilles, ayez toujours sur vous l'ordonnance du médecin attestant de leur caractère nécessaire.
- Il est conseillé de souscrire une assurance voyage qui vous couvrira en cas de maladie ou d'accident.

Vaccins

- Aucun vaccin n'est obligatoire pour pénétrer au Costa Rica, hormis pour les voyageurs en provenance de zones infectées par la **fièvre jaune** (Guyane française, Bolivie, Colombie, Équateur, Pérou et Venezuela, ainsi que certains pays d'Afrique), qui devront produire un certificat de vaccination contre cette maladie.
- Les vaccins suivants sont conseillés : diphtérie, tétanos, poliomyélite et coqueluche (DT-Polio) ; hépatite A ; hépatite B ; rage ; typhoïde ; fièvre jaune ; rougeole.

Services médicaux

- Des services médicaux de qualité existent dans la majorité des villes, mais peuvent être plus limités à la campagne.
- Vous pouvez contacter votre ambassade pour obtenir une liste de médecins, de dentistes et d'hôpitaux. Vous en trouverez une détaillée sur le site de l'ambassade américaine au Costa Rica (costarica.usembassy.gov/service/lawyers-and-doctors2.html).
- La plupart des pharmacies sont bien approvisionnées. Quelques-unes sont ouvertes 24h/24. Les pharmaciens ont l'autorisation de prescrire des médicaments. Si vous prenez un médicament pour un traitement à long terme, assurez-vous de connaître les noms génériques (scientifiques).

Maladies infectieuses

Dengue

Cette affection est transmise par le moustique *Aedes aegypti*. La dengue est très répandue dans les milieux urbains densément peuplés. Ses symptômes font penser à une grippe et, dans la plupart des cas, le malade guérit en quelques jours sans complications. Il n'existe pas de traitement prophylactique, il est donc recommandé de se prémunir contre les moustiques. Il faut consulter un médecin dès les premiers symptômes et éviter toute prise d'aspirine pour empêcher les risques d'hémorragie.

Hépatite A

C'est la plus répandue des hépatites (une inflammation du foie), et la contamination est alimentaire. Il n'y a pas de traitement médical ; il faut se reposer, boire beaucoup, manger légèrement en évitant les graisses et s'abstenir totalement de toute boisson alcoolisée pendant au moins 6 mois. L'hépatite A se transmet par l'eau, les coquillages et, d'une manière générale, tous les produits manipulés à mains nues.

Leishmaniose

Transmise par les phlébotomes (sortes de petites mouches), la leishmaniose se déclare surtout dans des forêts récemment déboisées. C'est dans la cordillère de Talamanca que l'incidence est la plus élevée. Prenez les mêmes précautions que contre les moustiques.

Paludisme

Le paludisme (ou malaria) est rare au Costa Rica, où il ne sévit qu'épisodiquement dans les zones rurales de la province de Limón. La meilleure prévention est de se protéger des moustiques.

Diarrhée

L'eau du robinet est potable et de bonne qualité au Costa Rica, mais loin des sentiers battus, mieux vaut ne pas en boire à moins qu'elle ne soit bouillie, filtrée ou désinfectée. Pour prévenir la diarrhée, faites attention aux produits laitiers qui peuvent contenir du lait non pasteurisé, et encore plus aux mets vendus dans la rue. Le premier traitement consiste à boire beaucoup, idéalement de l'eau contenant une solution réhydratante ou simplement beaucoup de sel et de sucre. Consultez un médecin si la diarrhée persiste.

Typhoïde

La fièvre typhoïde est une infection du tube digestif. La vaccination n'est pas fiable à 100% et l'infection est très dangereuse. Un suivi médical est indispensable, car les complications sont fréquentes, en particulier la pneumonie et la péritonite (éclatement de l'appendice).

Affections liées à l'environnement

Morsures d'animaux

Ne touchez ou ne nourrissez aucun animal. Toute morsure ou égratignure causée par un mammifère, y compris les chauves-souris, doit être immédiatement nettoyée à grande eau avec du savon. Il faut ensuite appliquer un antiseptique. En cas de morsure, contactez tout de suite un médecin.

Piqûres d'insectes

Même si vous vous protégez, les piqûres de moustiques font partie de tout voyage au Costa Rica. La meilleure prévention est de rester couvert, en portant pantalons longs, manches longues, chapeau et chaussures (plutôt que des sandales). Achetez un bon produit antimoustique, préférablement à base de DEET, que vous appliquerez sur la peau exposée et sur les vêtements. Les compositions à base de DEET ne conviennent pas aux enfants de moins de 2 ans et doivent être utilisées avec parcimonie sur des enfants de moins de 12 ans. De nombreux hôtels du Costa Rica n'ont ni fenêtres ni moustiquaires. Une petite moustiquaire au maillage serré (inférieur à 1,5 mm) pour votre lit (avec quelques punaises ou clous pour la fixer) vous évitera bien des piqûres nocturnes. Le crépuscule est la période préférée des moustiques : redoublez alors de vigilance.

Exposition au soleil

Ne vous exposez pas au soleil aux alentours de midi et évitez des exercices exténuants à ces heures les plus chaudes. Lunettes de soleil et chapeau à large bord sont indispensables. Appliquez aussi un écran solaire d'indice élevé, bloquant les UVA et les UVB. Buvez abondamment.

Téléphone

- Le réseau cellulaire couvre aujourd'hui presque tout le pays et l'ensemble des destinations touristiques.
- Pour appeler le Costa Rica de l'étranger, composez l'indicatif du pays (☎506) avant les 8 chiffres du numéro.
- En raison de la démocratisation de la téléphonie par Internet avec des systèmes tels que Skype et des connexions Ethernet plus fiables, voyager avec un smartphone peut être le moyen le moins cher de passer des appels à l'étranger.

Voyager seule

Hormis quelques sifflets, les femmes ne rencontrent en général pas de problèmes avec les Costaricains. On notera cependant que la plupart des hommes du pays ont tendance à penser que les femmes étrangères sont de mœurs plus légères que les Ticas. Les femmes seules, et en particulier les blondes, doivent s'attendre à de multiples tentatives de séduction. Les femmes voyageant à plusieurs ne sont pas épargnées. La meilleure réaction à adopter est celle des Ticas : l'ignorance totale. Celles qui résistent fermement aux avances sont en général traitées avec respect.

Transports

Depuis/vers le Costa Rica

Entrer au Costa Rica

- Les ressortissants français, belges, suisses et canadiens n'ont actuellement pas besoin d'un visa touristique pour un séjour inférieur à 90 jours. Vous devez en revanche être en possession d'un passeport valide (voir p. 352).

- L'entrée au Costa Rica se fait sans complication, malgré les longues files d'attente à l'aéroport.

- Traverser les frontières terrestres n'est pas un problème. Les voyageurs peuvent passer librement au Panama, au sud, et au Nicaragua, au nord.

- Les voyageurs doivent posséder un billet retour ou de continuation pour être autorisés à entrer au Costa Rica. Celui-ci est désormais systématiquement exigé. Ceux qui arrivent par voie terrestre sans billet pour poursuivre le voyage peuvent en acheter un auprès des compagnies de bus internationaux à Managua (Nicaragua) et dans la ville de Panama.

Voie aérienne

- Le Costa Rica est bien relié aux autres pays d'Amérique centrale et du Sud, ainsi qu'aux États-Unis.

- Les vols internationaux arrivent à l'**Aeropuerto Internacional Juan Santamaría** (www.fly2sanjose.com), à 17 km au nord-ouest de San José, dans la ville d'Alajuela.

- L'**Aeropuerto Internacional Daniel Oduber Quirós** (www.liberiacostaricaairport.net), à Liberia, accueille également des vols internationaux. Il est surtout desservi par des compagnies américaines et canadiennes et par quelques vols charters depuis Londres.

- La compagnie nationale, Avianca (qui fait partie du consortium des compagnies d'Amérique centrale, Grupo TACA), dessert de nombreuses destinations aux États-Unis et en Amérique latine, dont Cuba.

- La US Federal Aviation Administration a engagé les autorités aéroportuaires du Costa Rica à être en conformité avec les normes de sécurité internationales.

Depuis l'Europe

- La plupart des vols en provenance d'Europe ont une correspondance aux États-Unis, à Mexico ou à Panama. Iberia assure un vol direct entre Madrid et San José (comptez environ 11 heures de vol) et des compagnies nord-américaines, comme American Airlines et Delta, proposent des vols à tarif accessible. Le vol Paris-Panama récemment mis en place par Air France est également intéressant.

- Au départ de la France, de la Belgique ou de la Suisse, comptez entre 16 et 23 heures de vol avec une ou deux escales. Les tarifs sont très élevés pendant la haute saison (de décembre à avril), qui correspond à l'été (saison sèche) de l'hémisphère nord.

- Pour un aller-retour, les tarifs commencent à environ 670 € depuis la France, un peu plus depuis la Suisse et la Belgique. Ils peuvent atteindre 1 500-1 600 € en haute saison.

DEPUIS LA FRANCE

Air France (☎ 36 54 ; www.airfrance.fr)

Compagnie d'Amérique latine et des Caraïbes (☎ 01 55 35 05 05 ; www.compagniesdumonde.com ; Centre d'affaires Paris-Trocadéro, 112 avenue Kléber, Hall Longchamp 6e ét, 75016 Paris)

Iberia (☎ 0825 800 965 ; www.iberia.com/fr)

KLM (☎ +33 (0)9 69 36 86 05 ; www.klm.com/fr)

Nouvelles Frontières (☎ réservation vols secs 0 826 285 385, 0,15 €/min ; www.nouvelles-frontieres.fr)

Voyageurs du Monde (☎ 01 42 86 16 00, Costa Rica 01 83 64 79 38 ; www.vdm.com ; 55 rue Sainte-Anne, 75002 Paris). Nombreuses agences en province.

DEPUIS LA BELGIQUE

Airstop (☎ 070-233 188 ; www.airstop.be) ; Bruxelles (☎ 02/209 61 97 ; bd Émile Jacqmain 76, Bruxelles 1000).

Autres agences à Anvers, Bruges, Gand et Louvain.

Connections Bruxelles (☎ 070 23 33 13 ; www.connections.be) ; Bruxelles (☎ 02/550 01 30 ; rue du Midi 19-21, Bruxelles 1000). Plusieurs agences en Belgique.

Éole/Gigatour (www.voyageseole.be, www.gigatour.be) ; Bruxelles (☎ 02/672 35 03 ; Place Keym 3, 1170). Plusieurs agences en Belgique.

DEPUIS LA SUISSE

Jerrycan (☎ +4122/346 92 82 ; www.jerrycan-travel.ch ; rue Sautter 11, 1205 Genève)

STA Travel (☎ 058 450 49 49 ; www.statravel.ch ; rue Rousseau 29, 1201 Genève). Autres agences à Genève, Lausanne et Fribourg.

Swiss (☎ 41 848 700 700 ; www.swiss.com)

Depuis le Canada

Depuis le Canada, il est courant de prendre une correspondance aux États-Unis. En revanche, Air Canada assure des vols directs depuis Toronto à partir de 720 $C l'aller-retour. Air Transat propose également une liaison directe à partir de 910 $C l'aller-retour (durée environ 5 heures 20).

Air Canada (☎ 888 247 2262 ; www.aircanada.ca)

Travel Cuts (☎ 1-800-667 2887 ; www.travelcuts.com)

Certaines compagnies aériennes et agences basées aux États-Unis peuvent organiser des départs depuis le Canada :

American Express Travel Services (☎ 800-297-2977 ; www.itn.net)

Cheap Tickets (www.cheaptickets.com)

Exito Latin America Travel Specialists (☎ 800-670-2605 ; www.exitotravel.com)

Hotwire (www.hotwire.com)

Lowestfare.com (www.lowestfare.com)

STA Travel (☎ 800-781-4040 ; www.statravel.com)

Tico Travel (☎ 800-493-8426 ; www.ticotravel.com)

Depuis les autres pays d'Amérique centrale et latine

- American Airlines (www.aa.com), Delta (www.delta.com), United (www.united.com) et US Airways (www.usairways.com) proposent toutes des connexions à partir d'autres pays d'Amérique latine. La compagnie colombienne-salvadorienne Avianca-Taca (www.avianca.com) en assure le plus grand nombre.

- Nature Air (www.natureair.com), compagnie nationale, relie désormais Liberia à Granada, au Nicaragua, quatre fois par semaine, et à Bocas del Toro, au Panama, deux fois par semaine. Les tarifs varient considérablement selon la saison et les disponibilités.

- Avianca-Taca (www.avianca.com) propose des vols directs vers Caracas, la ville de Guatemala et San Salvador. Avianca-Taca et Mexicana ont des vols quotidiens directs vers Mexico. Avianca-Taca et COPA assurent plusieurs vols par jour vers la ville de Panama. Là encore, les tarifs varient considérablement en fonction des saisons et des disponibilités.

Voie maritime

- Des bateaux de croisière s'arrêtent dans les ports costaricains pour permettre aux passagers d'avoir un aperçu du pays. En général, les bateaux font escale aux ports de Caldera, Quepos et Bahía Drake, sur la côte pacifique (près de Puntarenas) ou à Puerto Limón, sur la côte caraïbe.

- On peut aussi arriver au Costa Rica en yacht privé.

Voie terrestre

Postes-frontières

- Le Costa Rica partage des frontières terrestres

Avertissement

Les informations contenues dans ce chapitre sont particulièrement susceptibles de changements. Vérifiez directement auprès de la compagnie aérienne ou de l'agence de voyages les modalités d'utilisation de votre billet d'avion. N'hésitez pas à comparer les prestations. Les détails fournis ici doivent être considérés à titre indicatif et ne remplacent en rien une recherche personnelle attentive.

communes avec le Nicaragua et le Panama. Les voyageurs qui entrent au Costa Rica ne sont pas soumis à une taxe, même si certaines villes ticas ont récemment introduit leur propre droit d'entrée/de sortie, généralement de 1 $US.

- Lors de la sortie du Costa Rica, vous devrez vous acquitter d'une taxe de 7 $US. Prévoyez l'appoint car les douaniers n'ont généralement pas la monnaie.

Bus

- Si vous traversez la frontière en bus, sachez qu'un bus international coûte bien plus cher qu'un bus local pris de part et d'autre de la frontière.
- Traverser la frontière n'est pas un problème tant que vos papiers sont en règle. Si vous voyagez dans un bus international, vous devrez descendre du bus et passer le contrôle des deux postes-frontières.

Voiture et moto

Le trajet en voiture s'avère souvent beaucoup plus cher qu'un voyage en avion en raison des frais d'assurance, de l'essence et de l'autorisation pour passer la frontière.

Voyages organisés

Quantité de tour-opérateurs au Canada et en Europe proposent des circuits au Costa Rica. Certaines agences de voyages s'adressent essentiellement aux homosexuels ou aux handicapés. Du circuit organisé en petit groupe au voyage sur mesure entre amis ou en famille, les possibilités sont infinies.

Vous pouvez également vous adresser à une agence costaricaine depuis la France ou sur place pour organiser un circuit, une randonnée ou une excursion sportive de quelques jours.

Agences généralistes

Amerik Aventure (☎ au Canada 866 679 7070, en France 09 75 17 11 30, au Costa Rica 4000 1935 ; www.amerikaventure.com). Agence axée sur l'écotourisme.

Caminando Costa Rica (☎ 506 2221 7033 ; www.caminandocostarica.com ; Barrio Amón, apartado 10574, San José). Une petite agence franco-tica, basée au Costa Rica, qui propose divers circuits et séjours, dont certains s'adressent aux personnes handicapées.

Le Cercle des Vacances (☎ 01 40 15 15 03 ; www.vacancesameriquelatine.com ; 4 rue Gomboust, 75001 Paris). Circuits autotour en individuel, circuits privés avec guide francophone naturaliste, voyage en groupe ou en famille, le tout coordonné par **Creo Travel** (www.creotravelcr.com), une agence locale pointue.

Club Aventure-Huwans (☎ 04 96 15 10 20 ; www.huwans-clubaventure.fr ; 18 rue Séguier, 75006 Paris). Une agence axée sur la randonnée et les treks proposant des circuits variés, dont certains adaptés aux enfants.

Compagnie d'Amérique latine et des Caraïbes (☎ 01 55 35 05 05 ; www.compagniesdumonde.com ; centre d'affaires Paris-Trocadéro, 112 avenue Kléber, Hall Longchamp, 6e ét, 75016 Paris)

Explorator (☎ 01 53 45 85 85 ; www.explo.com ; 23 rue Danielle-Casanova, 75001 Paris)

G Adventures (☎ 0826 101 865 ; www.gadventures.com). Agence canadienne.

Un monde Costa Rica (☎ 01 70 38 22 11 ; www.unmondecostarica.com ; 24 rue Chauchat, 75009 Paris)

Voyageurs du Monde (☎ 01 42 86 16 00 ; www.vdm.com ; 55 rue Sainte-Anne, 75002 Paris)

Séjours sports et aventure

Allibert (☎ 04 76 45 50 50 ou 01 44 59 35 35 en France ; 02 31803202 en Belgique, 022 519 03 23 en Suisse ; www.allibert-trekking.com ; 37 bd Beaumarchais, 75003 Paris). Un spécialiste de la randonnée ; autres agences en province.

Atalante (www.atalante.fr). Lyon (☎ 04 72 53 24 80 ; 36 quai Arloing, 69009 Lyon) ; Paris (☎ 01 55 42 81 00 ; 41 bd des Capucines, 75002 Paris) ; Bruxelles (☎ 02 627 07 97 ; rue César Franck, 44A, B-1050 Bruxelles). Plusieurs itinéraires de randonnées au Costa Rica.

Aventure et Volcans (☎ 04 78 60 51 11 ; www.aventurevolcans.com ; 73 cours de la Liberté, 69406 Lyon). Circuits et randonnées pour découvrir les volcans et parcs nationaux du Costa Rica, mais aussi des conférences avec des spécialistes du sujet.

Club Faune côté pêche (☎ 01 42 88 31 32 ; www.club-faune-peche.com ; 14 rue de Siam, 75116 Paris). Dix jours de pêche côtière et hauturière au départ de Golfito.

Costa Rica Pêche passion (☎ 0970 466 206 depuis la France, au prix d'un appel local, ☎ 5062 775 35 01 au Costa Rica ; www.costaricapechepassion.com). Basée à Golfito.

Galiano Kayak (☎ 250 539 2442 au Canada ; www.seakayak.ca). Une agence canadienne spécialiste du kayak de mer au Costa Rica.

Nomade Aventure (☎ 0825 701 702 ; www.nomade-aventure.com). Des treks de divers niveaux, dont plusieurs intégrant le Nicaragua.

Tamera (☎ 04 78 37 88 88 ; www.tamera.fr ; 26 rue du Bœuf, 69005 Lyon). Voyage à pied.

Terres d'Aventure (☎ France 825 700 825, Belgique 02 543 95 60, Suisse 022 518 05 13 ; www.terdav.com). De la randonnée et des voyages en famille, à la carte ou sur mesure.

Turquoise Surf Travel (☎ 04 91 13 94 82/93 ; www.turquoise-voyages.fr ; 8 rue Neuve-Saint-Martin, 13001 Marseille). Un autotour conçu pour découvrir les plus beaux paysages du pays et profiter de ses plus belles vagues.

Ultramarina (☎ 0 825 02 98 02 ; www.ultramarina.com). Nantes (2 ter rue des Olivettes, 44032 Nantes Cedex 01) ; Paris (29 rue de Clichy, 75009 Paris) ; Marseille (27 rue de la Palud, 13001 Marseille) ; Lyon (11 rue Bugeaud, 69006 Lyon) ; Genève (☎ 022 786 14 86 ; rue des Eaux Vives 76, 1207 Genève, Suisse) ; Villeneuve (☎ 021 965 65 00 ; chez Scubashop, 1844 Villeneuve, Suisse) ; Liège (☎ 04 344 34 30 ; rue aux Frênes 1, B-4020 Liège, Belgique). Des croisières consacrées à la plongée.

Velorizons (☎ 04 76 45 99 29 ; info@velorizons.com ; www.velorizons.fr). Spécialiste des voyages à vélo proposant un circuit VTT au Costa Rica.

Vélo Québec (☎ 514-521 8356 ; www.veloquebecvoyages.com ; Maison des cyclistes, 1251 rue Rachel Est, Montréal). Agence québécoise proposant un circuit à vélo.

Zig Zag (☎ 01 42 85 13 93 ; www.zigzag-randonnées.com ; 54 rue de Dunkerque, 75009 Paris). L'une des grandes agences françaises spécialistes de la randonnée.

Voyages et changement climatique

Tous les moyens de transport fonctionnant à l'énergie fossile génèrent du CO_2 – la principale cause du changement climatique induit par l'homme. L'industrie du voyage est aujourd'hui dépendante des avions. Si ceux-ci ne consomment pas nécessairement plus de carburant par kilomètre et par personne que la plupart des voitures, ils parcourent en revanche des distances bien plus grandes et relâchent quantité de particules et de gaz à effet de serre dans les couches supérieures de l'atmosphère. De nombreux sites Internet utilisent des "compteurs de carbone" permettant aux voyageurs de compenser le niveau des gaz à effet de serre dont ils sont responsables par une contribution financière à des projets respectueux de l'environnement. Lonely Planet "compense" les émissions de tout son personnel et de ses auteurs.

Comment circuler

Avion

Vols réguliers

- Les vols intérieurs au Costa Rica sont gérés par **Nature Air** (☎ 2220-3054 ; www.natureair.com) et **Sansa Airlines** (☎ 2290-4100 ; www.flysansa.com).
- Ces compagnies font appel à de petits avions de ligne et vos bagages ne doivent pas peser plus de 12 kg.
- Les places sont limitées et la demande est élevée pendant la saison sèche – mieux vaut réserver et régler vos billets à l'avance (sans oublier de confirmer votre vol).
- Les horaires changent constamment et les retards sont fréquents en raison des conditions climatiques.

Si vous réservez un vol national en correspondance avec un vol international pour rentrer chez

Liaisons aériennes nationales

vous, prévoyez un intervalle suffisant entre les deux vols.

- Tous les vols nationaux décollent et atterrissent à San José. Parmi les villes desservies au départ de San José figurent Bahía Drake, Barra del Colorado, Golfito, Liberia, Palmar Sur, Playa Nosara, Playa Sámara/Carrillo, Playa Tamarindo, Puerto Jiménez, Quepos, Tambor et Tortuguero.

Avions particuliers et charters

- Pour ceux qui en ont les moyens, ou voyagent en groupe, affréter un avion privé est le moyen le plus rapide pour voyager dans le pays.
- On rejoint en moins de 90 minutes la plupart des destinations, mais les conditions atmosphériques peuvent grandement modifier les temps de vol.
- Les deux compagnies de charters les plus réputées du pays sont **Nature Air** (p. 361) et **Alfa Romeo Aero Taxi** (www.alfaromeoair.com). Sur l'une ou l'autre, vous pouvez réserver directement auprès de la compagnie, en passant par une agence ou par un hôtel de la catégorie supérieure.
- La place pour les bagages est très limitée.

Bateau

- Des ferries traversent le Golfo de Nicoya pour relier la côte pacifique centrale au sud de la Península de Nicoya.
- Le **Ferry Coonatramar** (☎2661-1069 ; www.coonatramar.com ; adulte/enfant/vélo/moto/voiture 2/1/4/6/18 $US) va du port de Puntarenas à Playa Naranjo 4 fois par jour. Le **Ferry Naviera Tambor** (☎2661-2084 ; www.navieratambor.com ; adulte/enfant/vélo/moto/voiture 1,65/1/4,50/7/23 $US) circule toutes les 2 heures entre Puntarenas et Paquera,

avec une correspondance en bus pour Montezuma.

- Dans le Golfo Dulce, un ferry pour piétons relie chaque jour Golfito à Puerto Jiménez sur la Península de Osa et un bateau-taxi dessert Playa Zancudo en semaine. De l'autre côté de la Península de Osa, des bateaux-taxis relient la Bahía Drake à Sierpe.

- Sur la côte caraïbe, un service combinant bus et bateau relie plusieurs fois par jour Cariari à Tortuguero, tandis qu'un autre relie Parismina à Siquirres.

- Des bateaux quittent Moín, près de Puerto Limón, pour Tortuguero, mais il n'existe pas de service régulier. Un bateau-taxi part chaque jour de Puerto Viejo de Sarapiquí en direction de Trinidad sur le Río San Juan. Le San Juan est en territoire nicaraguayen – pensez à prendre votre passeport. Toutes ces villes sont reliées par bateau à Barra del Colorado.

Bus

Bus interurbains

- Les bus locaux sont le meilleur moyen (même s'ils sont lents) de découvrir le Costa Rica. Vous pouvez en trouver un peu partout et ils sont fréquents et bon marché – le trajet le plus long au départ de San José coûte moins de 20 $US.

- San José est la plateforme nationale des transports, mais il n'existe pas de gare routière centrale. Les agences sont réparties à travers la ville : certaines sociétés de bus disposent de leur propre gare routière (*terminal*) qui vend des billets à l'avance, alors que d'autres ne disposent que d'un simple arrêt.

- Même si les bus sont très empruntés, vous trouverez toujours de la place à bord. Aucun bus ne circule les jours qui précèdent le dimanche de Pâques.

- Il existe deux types de bus. Les bus *directo* sont censés se rendre d'une destination à une autre en ne s'arrêtant que quelques fois. Quant aux *colectivos*, ils effectuent de nombreux arrêts et roulent très lentement.

- Les trajets de plus de 4 heures marquent souvent des pauses (il n'y a pas de toilettes à bord).

- La place étant limitée, si vous devez enregistrer des bagages, vérifiez qu'ils sont bien dans la soute. Vérifiez également qu'ils ne sont pas "malencontreusement" remis à quelqu'un d'autre au cours d'un arrêt. Gardez avec vous vos documents importants. Les vols dans les compartiments à bagages sont fréquents.

- Comme les horaires varient largement, vérifiez toujours l'heure de départ de votre bus en achetant votre billet. Si vous prenez un bus le long d'une route, rendez-vous sur place le plus tôt possible. Les horaires de départ étant approximatifs, le bus risque d'arriver en avance et de partir de même.

- Pour en savoir plus sur les départs de San José, rendez-vous au bureau de l'Instituto Costarricense de Turismo (ICT ; voir p. 355) ; les horaires sont aussi disponibles en ligne sur le site www.visitcostarica.com.

Navettes touristiques

Les navettes touristiques (aussi appelées "bus des gringos") offrent une solution de remplacement aux bus interurbains. Elles sont gérées par deux compagnies : **Grayline** (☎2220-2126 ; **www.graylinecostarica.com**) et **Interbus** (☎2283-5573 ; **www.interbusonline.com**). Ces deux sociétés proposent des trajets de San José aux destinations les plus demandées, ainsi qu'entre différentes villes (les sites Web en donnent la liste complète). Ces navettes viendront vous chercher à votre hôtel et vous pouvez réserver en ligne ou auprès d'un hôtel ou d'une agence de voyages locale.

Vélo

- Avec un réseau de routes secondaires goudronnées qui s'intensifie, le Costa Rica émerge comme l'un des pays d'Amérique centrale les plus agréables pour le cyclotourisme.

- Il est très facile de louer un vélo dans les villes touristiques (6-15 $US/jour). Certaines agences organisent des excursions cyclotouristiques à travers le pays.

Voiture

- Les conducteurs doivent posséder un permis de conduire valide. De nombreuses villes acceptent également un permis de conduire international, délivré par votre préfecture de police. Au-delà de 90 jours, vous devrez obtenir un permis de conduire costaricain.

- Vous trouverez de l'essence et du diesel un peu partout et de nombreuses stations-service sont ouvertes 24h/24 le long de l'Interamericana.

- Dans les régions plus retirées, les tarifs sont plus élevés et c'est souvent la *pulpería* (épicerie) du quartier qui vend le carburant en bidon (veillez à avoir votre propre bidon).

- Les pièces de rechange sont difficiles à trouver.

Location et assurance

- La plupart des agences de location de voitures se trouvent à San José et dans les villes touristiques de la côte pacifique.
- Toutes les grandes agences internationales de location de voitures sont représentées au Costa Rica, mais les compagnies locales offrent parfois de meilleurs contrats.
- De nombreuses agences vous inciteront à choisir un 4x4 pour un long voyage, surtout pendant la saison des pluies (ou saison verte). En raison de l'état des routes, opter pour un 4x4 s'avère réellement indispensable, à moins que vous ne vous limitiez à l'Interamericana.
- Pour louer une voiture, vous devrez présenter un permis de conduire valable, une carte de crédit et un passeport. L'âge minimal requis est de 21 ans.

Traverser les rivières en 4x4

Si vous conduisez un véhicule au Costa Rica, vous serez certainement amené à traverser une rivière à un moment donné. Pour traverser une rivière, respectez les règles suivantes :

- **Utilisez obligatoirement un 4x4 et non une voiture ordinaire** (ce conseil peut sembler évident, mais de nombreux voyageurs ne le respectent pas). Sortir d'un lit de rivière abrupt et gravillonné nécessite un 4x4. En outre, un moteur de voiture traditionnelle se noie très facilement.
- **Vérifiez la profondeur du cours d'eau avant de le traverser**. Pour un 4x4 classique, le niveau de l'eau ne doit pas monter au-dessus du genou. Pour un véhicule plus robuste (Toyota 4-Runner ou équivalent), l'eau peut monter jusqu'à la taille.
- **Il ne doit pas y avoir de courant**. Si vous remarquez de l'écume à la surface de l'eau, ne tentez pas la traversée. Non seulement la force de l'eau risque de noyer le moteur, mais votre véhicule pourrait aussi être emporté.
- **Conduisez très lentement**. Si vous accélérez trop fort, l'eau atteindra directement le moteur et le système électrique sera détruit en un rien de temps. Accélérez de manière constante de sorte que le tuyau d'échappement ne se remplisse pas d'eau, mais allez-y doucement.
- **Faites preuve d'une extrême prudence**. Les agences de location de voitures costaricaines n'assurent pas les dommages causés par l'eau, ce qui signifie que noyer le moteur ou le véhicule risque de vous coûter cher.

- Inspectez attentivement votre voiture avant le départ et veillez à ce que tous les dommages soient notés sur le contrat de location. Si votre voiture tombe en panne, appelez la société de location. Ne tentez pas de réparer vous-même votre véhicule ; la plupart des sociétés ne remboursent pas les dépenses effectuées sans autorisation préalable.
- Les tarifs varient considérablement, mais comptez plus de 200 $US par semaine pour un 4x4, *kilometraje libre* (kilométrage illimité) ; une voiture ordinaire revient bien moins cher, parfois seulement à 80 $US. L'assurance de base (obligatoire) fait souvent doubler le prix.
- Les polices d'assurance étrangères ne sont pas acceptées au Costa Rica. Beaucoup d'agences refuseront de vous louer une voiture si vous ne contractez pas l'assurance (15-25 $US/jour) de l'Instituto Nacional de Seguros (Institut national pour la sécurité routière), qui en a le monopole. Cette assurance ne couvre que les dommages causés à autrui et à ses possessions, en aucun cas la voiture de location. Il n'est pas légal de conduire sans cette assurance et il sera difficile de passer outre chez un loueur ; l'assurance complète peut monter jusqu'à 50 $US/jour.
- Les tarifs de location variant énormément, faites le tour des agences avant de vous engager. Certaines agences proposent des remises si vous réservez en ligne ou pour de longues périodes. Vous paierez en général un supplément de 12% dans un aéroport.
- Les routes sont cahoteuses et accidentées et les petits accidents sont courants.

- Les sociétés prennent généralement en charge les dégâts subis par la voiture si les clients paient avec une carte de crédit Gold ou Platinum : dans ce cas, il n'est pas nécessaire d'opter pour l'assurance complète. Renseignez-vous auprès de votre banque avant de partir.
- La plupart des polices d'assurance ne couvrent pas les dommages causés par les inondations ou le passage des rivières (pourtant parfois inévitable) ; vérifiez bien toutes les clauses de votre assurance.
- Les voleurs reconnaissent facilement les voitures de location. Ne laissez jamais rien en vue dans votre voiture et retirez tout bagage du coffre pendant la nuit. Garez votre voiture dans un parking gardé plutôt que dans la rue.
- Vous pouvez louer des motos à San José et Escazú.

Le coup du pneu crevé

Une escroquerie semble en vogue dans les rues autour de l'Aeropuerto Internacional Juan Santamaría.

Elle se déroule de la manière suivante : après avoir loué une voiture et être sorti de la ville, vous réalisez que vous avez un pneu crevé. En sortant pour changer la roue, vous êtes rejoint par quelques âmes charitables. Une certaine confusion s'ensuit, on s'agite en tous sens... et vos sauveurs en profitent pour subtiliser votre portefeuille, vos bagages, etc.

Cet incident s'est répété assez souvent pour que l'on puisse suspecter que la crevaison n'est pas accidentelle. Faites preuve de la plus grande prudence lorsque quelqu'un se propose de vous aider et gardez votre portefeuille et votre passeport sur vous quand vous descendez de votre véhicule.

État des routes et sécurité

- L'état des routes est plutôt bon sur l'asphalte de l'Interamericana, mais tout juste passable sur les routes secondaires. Toutes peuvent être sujettes aux glissements de terrain, aux inondations et au brouillard.
- La plupart des routes ne comprennent qu'une voie et sont dépourvues de bandes d'arrêt d'urgence ; d'autres sont des pistes sinueuses qui traversent montagnes et rivières.
- Conduisez toujours sur la défensive, en vous attendant à n'importe quel obstacle : cycliste, piéton, bétail, voiture en panne, etc. Faites attention aux bosses de décélération installées sans signalement sur certaines portions de route.
- Seules les routes des grandes régions touristiques sont bien signalées.
- Renseignez-vous toujours sur l'état des routes avant d'entreprendre un trajet, surtout pendant la saison des pluies ; certaines sont alors impraticables.

Code de la route

- On conduit à droite au Costa Rica et on ne double que sur la gauche.
- La vitesse est limitée à 100 km/h sur les routes principales et à 60 km/h sur les routes secondaires.
- La police de la route utilise des radars et vous risquez une amende pour excès de vitesse
- Laissez la priorité à droite s'il n'y a pas de signalisation.
- Si les voitures venant en sens inverse vous font des appels de phares, elles veulent en général vous avertir d'un incident ou de la présence de radars. Dans ce cas, ralentissez.

Transports locaux

Bus

Le réseau des bus citadins est surtout étoffé à San José, Puntarenas, San Isidro, Golfito et Puerto Limón. La plupart des bus prennent leurs passagers dans les rues et sur les routes principales.

Taxi

À San José, les taxis utilisent des compteurs, appelés *marías*, qu'il est illégal de ne pas brancher. En dehors de San José, la plupart des taxis n'en ont pas et il faut souvent convenir du tarif à l'avance

- En zone rurale, les taxis sont souvent des 4x4 et leur prix varie considérablement. En principe, il faut compter entre 5 et 15 $US pour une course de 10 minutes.
- Il n'est pas d'usage de laisser un pourboire au chauffeur, à moins qu'il ne vous aide à porter vos bagages ou ne vous offre un service particulier.

Langue

L'espagnol maintient une entière cohérence entre l'écrit et l'oral, ce qui signifie que l'on prononce ce que l'on voit écrit. En outre, la plupart des sons espagnols existent en français, ce qui simplifie la tâche aux francophones. Les quelques sons qui diffèrent ne sont par difficiles à prononcer : le z se prononce "s", le v est proche du "b", le g (devant e et i) et le j (jota) se prononcent "rh" (roulé) ; le r (eres) est également roulé lorsqu'il suit *n*, *l* ou *s*, lorsqu'il est en début de mot ou s'il est doublé. Les phrases et mots indiqués dans ce guide s'accompagnent de leur prononciation phonétique. En ce qui concerne les mots et adjectifs, la forme masculine est présentée d'abord, suivie de la désinence au féminin *perdido/a* (m/f).

Conversation et expressions utiles

L'espagnol d'Amérique centrale est généralement plus formel que celui d'Amérique du Sud. L'usage du vouvoiement est à peu près le même qu'en français, le tutoiement étant réservé aux proches et aux enfants. La forme de politesse *usted* (vous) est systématiquement utilisée dans cet ouvrage. N'oubliez jamais de saluer quelqu'un d'un *buenos días* ou d'un *buenas tardes* avant de lui demander des renseignements. Utilisez de préférence le vouvoiement, surtout avec les policiers ou tout autre fonctionnaire.

> Indispensable pour mieux communiquer sur place : le ***Guide de conversation espagnol latino-américain*** de Lonely Planet. Pour réserver une chambre, lire un menu ou simplement faire connaissance, ce manuel permet d'acquérir des rudiments d'espagnol. Inclus : un minidictionnaire bilingue.

Salut	*Hola*	o·la
Bonjour (matin)	*Buen día* / *Buenos días*	*boué* di·ya / *boué*·nos di·yas
(après-midi)	*Buenas tardes*	*boué*·nas tar·dès
Bonsoir	*Buenas noches*	*boué*·nas *no*·tchés
Au revoir	*Adiós*	a·*dyos*
Oui	*Sí*	si
Non	*No*	no
S'il vous plaît	*Por favor*	por *fa*·vor
Merci	*Gracias*	*gra*·syas
De rien	*Con mucho gusto*	konn *mou*·tcho *gou*·sto
Excusez-moi (pour attirer l'attention)	*Con permiso*	konn pér·*mi*·so
Excusez-moi (pour s'excuser)	*Discúlpe*	dis·*koul*·pé

Comment vous appelez-vous/ t'appelles-tu ?
¿Cómo se llama usted?
ko·mo sé *lya*·ma ou·stèd
/¿Cómo te llamas?
/ko·mo té *lya*·mas

Je m'appelle...
Me llamo... mé *lya*·mo...

Parlez-vous/Parles-tu français ?
¿Habla /Hablas francés?
a·bla/*a*·blas fran·sés

Je (ne) comprends (pas)
(No) Entiendo. (no) énn·*tyénn*·do

Hébergement

Avez-vous une chambre...?	*Tiene una habitación...?*	*tyé*·né *ou*·na a·bi·ta·*syonn*
simple	*sencilla*	sén·*si*·lya
double	*doble*	*do*·blé

Combien coûte-t-elle par nuit/ personne ?
¿Cuánto es por noche/persona?
kouann·to es por *no*·ché/per·*so*·na

Le petit-déjeuner est-il inclus ?
¿Incluye el desayuno?
Inn·*klou*·yé el dé·sa·*you*·no

camping	*área para acampar*	a·ré·a *pa*·ra a·kam·*par*
hôtel	*hotel* o·*tèl*	
auberge	*hospedaje*	os·pée·*da*·rhé
pension	*casa de huéspedes*	*ka*·sa dé *oués*·pé·dès
auberge de jeunesse	albergue juvenil	al·*bèr*·gé rhou·vé·*nil*
climatisation	*aire acondicionado*	*ai*·ré a·konn·di·syo·*na*·do
salle de bains	*baño*	*ba*·nyo
lit	*cama ka*·ma	
fenêtre	*ventana*	vén·*ta*·na

Orientation

Où est... ?
¿Adónde está...? a·*donn*·dé es·*ta*...
Quelle est l'adresse ?
¿Cuál es la dirección?
koual ès la di·rèk·*syonn*
Pouvez-vous l'écrire ?
¿Podría escribirlo? po·*dri*·a es·kri·*bir*·lo
Pouvez-vous me montrer (sur la carte) ?
¿Me puede enseñar (en el mapa)?
mé *poué*·dé én·sé·*nyar* (én el *ma*·pa)

Au coin	*en la esquina*	én la es·*ki*·na
Au feu de circulation	*en el semáforo*	én el se·*ma*·fo·ro
derrière...	*detrás de...*	dé·*tras* dé...
loin	*lejos*	*lé*·rhos
devant...	*en frente de ...*	én *frén*·té dé ...
à gauche	*a la izquierda*	a la is·*kyér*·da
près de	*cerca*	*sér*·ka
à côté de...	a la par de ...	a la par dé ...
en face de...	opuesto a ...	o·*poués*·to a ...
à droite	a la derecha	a la dé·*ré*·tcha
droit devant	aquí directo	a·*ki* di·*rek*·to

TYPIQUEMENT TICO !

Les expressions familières suivantes et les mots d'argot *(tiquismos)* reviennent fréquemment dans la conversation. Ils sont en général propres au Costa Rica.

¡Adiós! – Salut ! (en rencontrant un ami dans la rue, ou quiconque dans les zones rurales ; signifie aussi "au revoir" mais uniquement lorsqu'on part pour longtemps).

Buena nota – OK, excellent (littéralement "bonne note").

chapulines – un "gang", une bande de jeunes voleurs.

chunche – truc (ce terme s'emploie pour désigner presque tout).

cien metros – un pâté de maisons (littéralement "cent mètres").

¿Hay campo? – Il y a de la place ? (dans le bus).

machita – femme blonde (argot).

maje – pote, copain (se prononce "maé" ; généralement utilisé par les garçons et les jeunes hommes).

mi amor – mon amour (utilisé par les hommes et les femmes pour s'interpeller familièrement).

¡Pura vida! – Super ! (marque également l'approbation, voire une forme de salutation).

sabanero – cow-boy, notamment originaire de la province de Guanacaste.

salado – dommage, pas de chance.

soda – café ou restaurant (déjeuner).

¡Tuanis! – Cool !

¡Upe! – Il y a quelqu'un ? (utilisé le plus souvent dans les zones rurales, en entrant chez quelqu'un).

vos – tu.

Au restaurant

Puis-je voir la carte, s'il vous plaît ?
¿Puedo ver el menú, por favor?
poué·do ver el mé·*nou* por fa·*vor*
Que me recommandez-vous ?
¿Qué me recomienda?
ké mé ré·ko·*myén*·da
Avez-vous des plats végétariens ?
¿Tienen comida vegetariana? *tyé*·nén ko·*mi*·da vé·rhé·ta·*rya*·na
Je ne mange pas de (viande rouge).
No como (carne roja).
no *ko*·mo (*kar*·ne *ro*·rha)
C'était délicieux !
¡Estuvo delicioso! es·*tou*·vo dé·li·*syo*·so

À votre santé ! *¡Salud!* sa·*loud*
L'addition, s'il vous plaît.
La cuenta, por favor.
la *kouén*·ta por fa·*vor*

J'aimerais avoir une table pour...
Quisiera una mesa para...
ki·*syé*·ra *ou*·na *mé*·sa *pa*·ra...

(20) heures	*las (ocho)*	las (*o*·cho)
(2) personnes	*(dos) personas*	(dos) per·*so*·nas

Les mots à la bouche

amuse-gueule	*aperitivos*	a·pe·ri·*ti*·vos
avec/sans	*con/sin*	konn/sinn
bar	*bar*	bar
bol	*plato hondo*	*pla*·to *onn*·do
bouteille	*botella*	bo·*té*·lya
café	*café*	ka·*fé*
chaud	*caliente*	kal·*yén*·té
couteau	*cuchillo*	kou·*tchi*·yo
cuillère	*cuchara*	kou·*tcha*·ra
déjeuner	*almuerzo*	al·*mouér*·so
dîner	*cena*	*sé*·na
fourchette	*tenedor*	té·né·*dor*
froid (trop)	*frío (muy)*	*fri*·o (mouy)
marché	*mercado*	mer·*ka*·do
menu	*menú*	mé·*nou*
nourriture	*comida*	ko·*mi*·da
petit-déjeuner	*desayuno*	dé·sa·*you*·no
plat principal	*plato fuerte*	*pla*·to *fouér*·té
plat	*plato*	*pla*·to
restaurant	*restaurante*	res·to·*ran*·té
supermarché	*supermercado*	sou·pèr·mèr·*ka*·do
verre	*vaso*	*va*·so

Viande et poisson

agneau	*cordero*	kor·*dé*·ro
bœuf	*carne de vaca*	*kar*·né dé *va*·ka
canard	*pato*	*pa*·to
dinde	*pavo*	*pa*·vo
poisson	*pescado*	pès·*ka*·do
porc	*cerdo*	*sér*·do
poulet	*pollo*	*po*·yo
veau	*ternera*	tér·*né*·ra

PANNEAUX

Abierto	Ouvert
Cerrado	Fermé
Entrada	Entrée
Hombres/Varones	Hommes
Mujeres/Damas	Femmes
Prohibido	Interdit
Salida	Sortie
Servicios/Baños	Toilettes

Fruits et légumes

abricot	*albaricoque*	al·ba·ri·*ko*·ké
ananas	*piña*	*pi*·nya
asperges	*espárragos*	ès·*pa*·ra·gos
banane	*banano*	ba·*na*·no
carotte	*zanahoria*	sa·na·o·rya
cerise	*cereza*	sé·*ré*·sa
champignon	*hongo*	*on*·go
chou	*repollo*	ré·*po*·yo
citron	*limón*	li·*mon*
citrouille	*calabaza*	ka·la·*ba*·sa
concombre	*pepino*	pé·*pi*·no
épinard	*espinaca*	ès·pi·*na*·ka
fraise	*fresa*	fré·sa
fruit	*fruta*	*frou*·ta
haricot	*frijol*	fri·*rhol*
laitue	*lechuga*	lé·*tchou*·ga
légume	*vegetal*	vé·Rhé·*tal*
lentilles	*lentejas*	lén·*té*·Rhas
maïs	*maíz*	ma·*is*
noix	*nueces*	*noué*·sès
oignon	*cebolla*	sé·*bo*·lya
orange	*naranja*	na·*ran*·Rha
pastèque	*sandía*	san·*di*·a
pêche	*melocotón*	mé·lo·ko·*ton*
pois	*petipoa*	pe·ti·*po*·a

poivron	*pimentón*	pi·mén·*ton*
pomme de terre	*papa*	*pa*·pa
pomme	*manzana*	man·*sa*·na
prune	*ciruela*	sir·*oué*·la
raisins	*uvas*	*ou*·vas
tomate	*tomate*	to·*ma*·té

Autres aliments et condiments

beurre	*mantequilla*	man·té·*ki*·lya
fromage	*queso*	*ké*·so
huile	*aceite*	a·*séy*·té
jambon	*jalea*	Rha·*lé*·a
miel	*miel*	myél
œuf	*huevo*	*oué*·vo
pain	*pan*	pan
pâtisserie	*pastel*	pas·*tel*
poivre	*pimienta*	pi·*myén*·ta
riz	*arroz*	a·*ros*
sel	*sal*	sal
sucre	*azúcar*	a·*sou*·kar
vinaigre	*vinagre*	vi·*na*·gré

Boissons

bière	*cerveza*	ser·*vé*·sa
café	*café*	ka·*fé*
eau (minérale)	*agua (mineral)*	*a*·goua (mi·né·*ral*)
jus(d'orange)	*jugo (de naranja)*	*rhou*·go (dé na·*ran*·rha)
lait	*leche*	*lé*·tché
thé	*té*	té
vin (rouge/ blanc)	*vino (tinto/ blanco)*	*vi*·no (*tin*·to/ *blan*·ko)

Urgences

Au secours !	*¡Socorro!*	so·*ko*·ro
Allez-vous-en !	*¡Váyase!*	*va*·ya·sé
Appelez... !	*¡Llame a...!*	*lya*·mé a...
un docteur	*un doctor*	oun dok·*tor*
la police	*la policía*	la po·li·*si*·a

Je suis perdu.
Estoy perdido/a.
es·*toy* pér·*di*·do/a (m/f)

Je suis malade.
Estoy enfermo/a.
es·*toy* én·*fér*·mo/a (m/f)

Ça fait mal ici.
Me duele aquí. mé *doué*·lé a·*ki*

Je suis allergique aux (antibiotiques).
Soy alérgico/a a (los antibióticos).
soy a·*ler*·rhi·ko/a a (los an·ti·*byo*·ti·kos) (m/f)

Où sont les toilettes ?
¿Dónde está el baño?
donn·dé es·*ta* él *ba*·nyo

Achats et services

Je voudrais acheter...
Quiero comprar... *kyé*·ro kom·*prar*...

Je regarde simplement.
Sólo estoy viendo. *so*·lo és·*toy* *vyén*·do

Puis-je regarder ceci ?
¿Lo puedo ver? lo *poué*·do ver

Combien coûte-t-il ?
¿Cuánto cuesta? *kouann*·to *koués*·ta

C'est trop cher.
Está muy caro. es·*ta* mouy *ka*·ro

Il y a une erreur dans la note.
Hay un error en la cuenta.
ai oun é·*ror* én la *kouén*·ta

DAB	*cajero automático*	ka·*rhe*·ro ao·to·*ma*·ti·ko
carte bancaire	*tarjeta de crédito*	tar·*rhe*·ta dé *kré*·di·to
marché	*mercado*	mér·*ka*·do
poste	*correo*	ko·*ré*·o
office du tourisme	*oficina de turismo*	o·fi·*si*·na dé tou·*ris*·mo

QUESTIONS

Comment ?	*¿Cómo?*	*ko*·mo
Que/Quoi ?	*¿Qué?*	ké
Quand ?	*¿Cuándo?*	*kouann*·do
Où ?	*¿Dónde?*	*donn*·dé
Qui ?	*¿Quién?*	kyénn
Pourquoi ?	*¿Por qué?*	por ké

Heures et dates

Quelle heure est-il ?
¿Qué hora es? ké *o*·ra és

Il est (10) heures.
Son (las diez). son (las dyés)

Il est (1 heure) et demie.
Es (la una) y media.
és (la *ou*·na) i *mé*·dya

matin	*mañana*	ma·*nya*·na
après-midi	*tarde*	*tar*·dé
soir	*noche*	*no*·tché
hier	*ayer*	a·*yéer*
aujourd'hui	*hoy*	oy
demain	*mañana*	ma·*nya*·na

lundi	*lunes*	*lou*·nés
mardi	*martes*	*mar*·tés
mercredi	*miércoles*	*myér*·ko·lés
jeudi	*jueves*	*rhoué*·vés
vendredi	*viernes*	*vyér*·nés
samedi	*sábado*	*sa*·ba·do
dimanche	*domingo*	do·*minn*·go

janvier	*enero*	é·*né*·ro
février	*febrero*	fé·*bré*·ro
mars	*marzo*	*mar*·so
avril	*abril*	a·*bril*
mai	*mayo*	*ma*·yo
juin	*junio*	*rhoun*·yo
juillet	*julio*	*rhou*·lyo
août	*agosto*	a·*gos*·to
septembre	*septiembre*	sép·*tyém*·bré
octobre	*octubre*	ok·*tou*·bré
novembre	*noviembre*	no·*vyém*·bré
décembre	*diciembre*	di·*syém*·bré

Transports

bateau	*barco*	*bar*·ko
bus	*bús*	bous
avion	*avión*	a·*vyonn*
train	*tren*	trén
premier	*primero*	pri·*mé*·ro
dernier	*último*	*oul*·ti·mo
prochain	*próximo*	*prok*·si·mo

Un ticket...,	*Un pasaje*	ounn pa·*sa*·rhé
s'il vous plaît	*de..., por favor.*	dé ..., por fa·*vor*
1re classe	*primera clase*	pri·*mé*·ra *kla*·sé
2e classe	*segunda clase*	sé·*goun*·da *kla*·sé
aller simple	*de ida*	dé *i*·da
aller-retour	*de ida y vuelta*	dé *i*·da i *vouél*·ta

NOMBRES

1	*uno*	*ou*·no
2	*dos*	dos
3	*tres*	très
4	*cuatro*	*koua*·tro
5	*cinco*	*sinn*·ko
6	*seis*	sé·is
7	*siete*	*sié*·té
8	*ocho*	*o*·tcho
9	*nueve*	*noué*·vé
10	*diez*	di·ès
20	*veinte*	*vé*·in·té
30	*treinta*	*tré*·in·ta
40	*cuarenta*	koua·*rén*·ta
50	*cincuenta*	sin·*kouén*·ta
60	*sesenta*	sé·*sén*·ta
70	*setenta*	sé·*tén*·ta
80	*ochenta*	o·*tchén*·ta
90	*noventa*	no·*vén*·ta
100	*cien*	siénn
1 000	*mil*	mil

Je veux aller...
Quisiera ir a... ki·*syé*·ra ir a...

Est-ce qu'il s'arrête à...?
¿Hace parada en...?
a·sé pa·*ra*·da én...

À quel arrêt sommes-nous ?
¿Cuál es esta parada?
koual és *és*·ta pa·*ra*·da

À quelle heure arrive-t-il/part-il ?
¿A qué hora llega/sale?
a ké *o*·ra *yé*·ga/*sa*·lé

S'il vous plaît, dites-moi quand nous arrivons à...
Por favor, avíseme cuando lleguemos a...
por fa·*vor* a·*vi*·sé·mé *kouan*·do lyé·*ge*·mos a ...

Je veux descendre ici.
Quiero bajarme aquí.
kyé·ro ba·*Rhar*·mé a·*ki*

aéroport	*aeropuerto*	a·é·ro·*pouér*·to
place sur l'allée	*asiento de pasillo*	a·*syén*·to dé pa·*si*·yo
arrêt de bus	*parada de autobuses*	pa·*ra*·da dé ao·to·*bou*·sès
annulé	*cancelado*	kann·sé·*la*·do
retardé	*atrasado*	a·tra·*sa*·do
quai	*plataforma*	pla·ta·*for*·ma
billetterie	*taquilla*	ta·*ki*·lya
horaires	*horario*	o·*ra*·ryo
gare ferroviaire	*estación de trenes*	es·ta·*syonn* de *tré*·nés
siège côté fenêtre	asiento junto a la ventana	a·*syén*·to *rhoun*·to a la vén·*ta*·na

Je voudrais louer un(e)...	*Quiero alquilar un(a)*	*kyé*·ro ...al·ki·*lar*...
4x4	*un cuatro por cuatro*	oun *koua*·tro por *koua*·tro
bicyclette	*una bicicleta*	*ou*·na bi·si·*klé*·ta
voiture	*un carro*	oun *ka*·ro
moto	*una motocicleta*	*ou*·na *mo*·to·si·*klé*·ta

siège enfant
asiento de seguridad para niños — a·*syén*·to dé sé·gou·ri·*da* pa·ra *ni*·nyos

diesel	*diesel*	di·*sél*
casque	*casco*	*kas*·ko
mécanique	*mecánico*	mé·*ka*·ni·ko
carburant (essence)	*gasolina*	ga·so·*li*·na
station -service	*bomba*	*bom*·ba
camion	*camión*	ka·*myon*

Est-ce la route pour... ?
¿Por aquí se va a...? por a·*ki* sé va a...

(Combien de temps) puis-je rester garé ici ?
¿(Cuánto tiempo) Puedo parquear aquí?
(*kouan*·to *tyém*·po) *poué*·do par·ké·*ar* a·*ki*

La voiture est en panne (à...).
El carro se varó (en...)
él *ka*·ro sé va·*ro* en...

J'ai eu un accident.
Tuve un accidente.
tou·vé oun ak·si·*dén*·té

Je suis en panne d'essence.
Me quedé sin gasolina
mé ké·*de* sinn ga·so·*li*·na

J'ai un pneu à plat.
Se me estalló una llanta
sé mé es·ta·*yo ou*·na *lyann*·ta

En coulisses

À nos lecteurs

Merci à tous les voyageurs qui ont utilisé la dernière version de ce guide et nous ont écrit pour nous faire part de leurs conseils, de leurs suggestions et de leurs anecdotes : L. Archambeau, C. Barré, M. Biscay, E. et J. Blas, M. et G. Bergeret, C. Bordes, H. Bouju, M.-E. Dalmaou, B. Daron, D. Dubois, A. et T. Estival, F. Gilot, F. Grégoire, M. L. Jacquelin, T. Kakiche, C. Knappe, V. Mathieu, C. Mayousse, L. Million, G. Olmos, E. Puaud, B. Thouary, C. et C. Trehel, I. et V. Vieille-Girardet, K. Widmer

Un mot des auteurs

Wendy Yanagihara

J'aimerais remercier de formidables collaborateurs de Lonely Planet avec lesquels j'ai eu le plaisir de travailler – ils sont partis depuis et nous manquent énormément. Catherine, Kathleen et Bruce ont effectué la préparation de ce guide. Au Costa Rica, je remercie tout spécialement Corey, Chapu, Bob, Monique et Marcel, Kathleen, les gardes forestiers Herold et Roger, Yolanda et Manuel. *Abrazos* à Chris pour avoir fait le voyage du Moyen-Orient à l'Amérique centrale, et à mon super réseau de soutien à Carp.

Remerciements

Données des graphiques climatiques adaptées de Peel MC, Finlayson BL & McMahon TA (2007) "Updated World Map of the Köppen-Geiger Climate Classification", *Hydrology and Earth System Sciences*, 11, 163344.

Photo couverture : cordillère centrale, Kevin Schafer/Alamy ; photo quatrième de couverture : grenouille, Parque Nacional Tortuguero, Paolo Giocoso/4Corners.

À propos de cet ouvrage

Cette 1re édition française du guide *L'essentiel du Costa Rica* est une traduction-adaptation de la 3e édition anglaise du guide *Discover Costa Rica* commandée par le bureau américain de Lonely Planet. Les recherches et la rédaction ont été assurées par Wendy Yanagihara, Gregor Clark et Mara Vorhees. L'édition précédente avait été rédigée par Nate Cavalieri, Adam Skolnick et Wendy Yanagihara.

Traduction Pierre-Yves Raoult, Karine Thuillier
Direction éditoriale Didier Férat
Adaptation française Sandrine Gallotta
Responsable prépresse Jean-Noël Doan
Maquette Gudrun Fricke
Cartographie Cartes adaptées en français par Nicolas Chauveau
Couverture Adaptée en français par Annabelle Henry

Un grand merci à Maud Bruguière pour sa relecture attentive et à Ludivine Bréhier pour sa préparation du texte. Merci également à Dominique Spaéty pour son soutien attentif et à toute l'équipe du bureau de Paris. Enfin, merci à Andy Nielsen, Darren O' Connell, Chris Love, Sasha Baskett, Angela Tinson, Jacqui Saunders, Ruth Cosgrave et Glenn van der Knijff du bureau australien, ainsi qu'à Clare Mercer, Joe Revill, Sarah Nicholson et Luan Angel du bureau de Londres.

VOS RÉACTIONS ?

Vos commentaires nous sont très précieux pour améliorer nos guides. Notre équipe lit toute vos lettres avec la plus grande attention. Nous ne pouvons pas répondre individuellement à tous ceux qui nous écrivent, mais vos commentaires sont transmis aux auteurs concernés. Tous les lecteurs qui prennent la peine de nous communiquer des informations sont remerciés dans l'édition suivante, et ceux qui nous fournissent les renseignements les plus utiles se voient offrir une sélection de chapitres de guide numérique au format PDF.

Pour nous faire part de vos réactions et suggestions ou demander un renseignement, consultez notre excellent site Internet, www.lonelyplanet.fr, où vous trouverez aussi des récits de voyage, des infos et un forum.

Nous reprenons parfois des extraits de notre courrier pour les publier dans nos produits, guides ou sites web. Si vous ne souhaitez pas que vos commentaires soient repris ou que votre nom apparaisse, merci de nous le préciser. Notre politique en matière de confidentialité est disponible sur notre site Internet.

Index

Références des cartes **en gras**

Références des cartes **en gras**

Q

Références des cartes **en gras**

R

S

NOTES

Comment utiliser ce guide

Ces symboles vous aideront à identifier les différentes rubriques :

- À voir
- Activités
- Cours
- Circuits organisés
- Fêtes et festivals
- Où se loger
- Où se restaurer
- Où prendre un verre
- Où sortir
- Achats
- Renseignements/transports

Ces symboles vous donneront des informations essentielles au sein de chaque rubrique :

- Numéro de téléphone
- Horaires d'ouverture
- Parking
- Non-fumeurs
- Climatisation
- Accès Internet
- Wi-Fi
- Piscine
- Végétarien
- Menu en anglais
- Familles bienvenues
- Animaux acceptés
- Bus
- Ferry
- Métro
- Subway
- Tube (Londres)
- Tramway
- Train

La sélection apparaît dans l'ordre de préférence de l'auteur.

Les pictos pour se repérer :

GRATUIT Des sites libre d'accès

Les adresses écoresponsables

Nos auteurs ont sélectionné ces adresses pour leur engagement dans le développement durable – par leur soutien envers des communautés ou des producteurs locaux, leur fonctionnement écologique ou leur investissement dans des projets de protection de l'environnement.

Légende des cartes

À voir
- Plage
- Temple bouddhiste
- Château
- Église/cathédrale
- Temple hindou
- Mosquée
- Synagogue
- Monument
- Musée/galerie
- Ruines
- Vignoble
- Zoo
- Centre d'intérêt

Activités
- Plongée/snorkeling
- Canoë/kayak
- Ski
- Surf
- Piscine/baignade
- Randonnée
- Planche à voile
- Autres activités

Où se loger
- Hébergement
- Camping

Où se restaurer
- Restauration

Où prendre un verre
- Bar
- Café

Où sortir
- Spectacle

Achats
- Magasin

Renseignements
- Poste
- Point d'information

Transports
- Aéroport/aérodrome
- Poste frontière
- Bus
- Téléphérique/funiculaire
- Piste cyclable
- Ferry
- Métro
- Monorail
- Parking
- S-Bahn
- Taxi
- Train/rail
- Tramway
- Tube
- U-Bahn
- Autre moyen de transport

Routes
- Autoroute à péage
- Autoroute
- Nationale
- Départementale
- Cantonale
- Chemin
- Route non goudronnée
- Rue piétonne
- Escalier
- Tunnel
- Passerelle
- Promenade à pied
- Promenade à pied (variante)
- Sentier

Géographie
- Refuge/gîte
- Phare
- Point de vue
- Montagne/volcan
- Oasis
- Parc
- Col
- Aire de pique-nique
- Cascade

Population
- Capitale (pays)
- Capitale (État/province)
- Grande ville
- Petite ville/village

Limites et frontières
- Pays
- Province/État
- Contestée
- Région/banlieue
- Parc maritime
- Falaise/escarpement
- Rempart

Hydrographie
- Rivière
- Rivière intermittente
- Marais/mangrove
- Récif
- Canal
- Eau
- Lac asséché/salé/intermittent
- Glacier

Topographie
- Plage/désert
- Cimetière (chrétien)
- Cimetière (autre religion)
- Parc/forêt
- Terrain de sport
- Site (édifice)
- Site incontournable (édifice)

Mara Vorhees

Nord-ouest, Península de Nicoya En 18 ans de voyages au Costa Rica, Mara a aperçu 156 espèces d'oiseaux, les quatre espèces de singes du Nouveau Monde, des fourmiliers, des paresseux et des tapirs ainsi qu'un kinkajou et un jaguarondi, mais aucun de ces animaux n'a autant de dynamisme, assure-t-elle, que ses jumeaux de quatre ans, qui l'ont suivie au Costa Rica à pied, à la nage, en raft, à cheval ou à l'affût des oiseaux. Mara a rédigé de nombreux guides pour Lonely Planet, notamment *Central America on a Shoestring* et *Belize*. Lorsqu'elle ne traque pas les paresseux, elle vit à Somerville, dans le Massachusetts, avec son mari, ses fils et ses deux chats. Suivez ses aventures en ligne sur www.havetwinswilltravel.com.

Les guides Lonely Planet

Une vieille voiture déglinguée, quelques dollars en poche et le goût de l'aventure, c'est tout ce dont Tony et Maureen Wheeler eurent besoin pour réaliser, en 1972, le voyage d'une vie : rallier l'Australie par voie terrestre via l'Europe et l'Asie. De retour après un périple harassant de plusieurs mois, et forts de cette expérience formatrice, ils rédigèrent sur un coin de table leur premier guide, *Across Asia on the Cheap*, qui se vendit à 1 500 exemplaires en l'espace d'une semaine. Ainsi naquit Lonely Planet, dont les guides sont aujourd'hui traduits en 12 langues.

Nos auteurs

Wendy Yanagihara

Auteure coordinatrice, côte pacifique centrale, sud du Costa Rica et Península de Osa
Wendy Yanagihara s'est pour la première fois aventurée au Costa Rica en 1996. Dix ans plus tard, elle effectuait son premier voyage de recherche au pays de la *pura vida*, qu'elle couvre depuis cette date. Elle a exploré le Costa Rica d'une frontière à l'autre et d'une côte à l'autre tout en participant à la rédaction de plus de 20 guides pour Lonely Planet, dont les éditions Japon, Vietnam, Mexique et Grand Canyon National Park. Comme c'est souvent le cas, le Costa Rica lui a permis de devenir une ornithologue en herbe, d'apprendre à repérer les paresseux, d'improviser un *gallo pinto* à la californienne. En revanche, en piètre surfeuse, elle s'en tient toujours aux vaguelettes.

Gregor Clark

San José, Vallée centrale, côté caraïbe Lors de son premier périple au Costa Rica en 1997, Gregor s'est rendu tout droit au Parque Nacional Corcovado : les randonnées et le camping lui ont tellement plu qu'il y est retourné l'année suivante avec sa fiancée (qu'il a épousé depuis). Les temps forts de ses recherches pour ce guide ont été la découverte de destinations hors des sentiers battus, comme La Danta Salvaje et le Volcan Turrialba Lodge en compagnie de sa famille, amoureuse de la nature, ainsi que l'observation de son premier quetzal avec sa fille Meigan Quetzal Clark. Gregor collabore régulièrement à des guides Lonely Planet sur l'Amérique latine et l'Europe.

Plus d'infos sur Gregor sur :
lonelyplanet.com/thorntree/profiles/gregorclark

Auteurs (suite)

Costa Rica
1re édition
Traduit et adapté de l'ouvrage *Costa Rica, 3rd edition, December 2014*

Dépôt légal Novembre 2015
ISBN 978-2-81614-867-1

Imprimé par IME by ESTIMPRIM, Baume-les-Dames, France
Réimpression 02, mars 2016

En Voyage Éditions | un département place des éditeurs